LES MOTS DES FEMMES
ESSAI SUR LA SINGULARITÉ FRANÇAISE

Mona Ozouf

女性的话语

论法国的独特性

〔法〕莫娜·奥祖夫 著

蒋明炜 阎雪梅 译

商务印书馆

2017年·北京

Mona Ozouf
LES MOTS DES FEMMES
ESSAI SUR LA SINGULARITÉ FRANÇAISE
© Librairie Arthème Fayard, 1995
中译本根据法国法雅出版社 1995 年版译出

革命·女性·文学三部曲

中译本前言

《革命节日》《女性的话语》《小说鉴史》是这个中文版收集的三部著作。表面上看它们彼此之间没有什么关联。第一部论述自1789年起的那十年和革命事件；第二部描述了自18世纪到当代的一些女性形象，这些妇女的身份、抱负和成就各不相同；第三部专注于19世纪，分析了代表法国文学的几部小说。因此，这三部著作考察的年代不同，研究的对象不一致，研究的方法也各异——从历史学到集体心理学再到文学分析。更有甚者，在第一部和其他两部之间，我们甚至还能察觉到一种"对立"。《革命节日》强调的是关于整合法兰西的意志主义教育法。其他两部讲述的是对这种整合的抵抗以及呈现多样性的途径：或者是性别的多样性，或者是小说情节的无限多变性。

尽管如此，在我看来，我们可以为这三部著作主题之间的联系以及把这三部著作放在一起译成中文的内在逻辑加以辩护。因为三部著作都是围绕着什么构成了法兰西特性这个问题进行的思考。

　　首先，我们来看三部曲中的第一部《革命节日》。大革命显然是我们民族历史上具有象征意义的事件，在国外，谈起"革命"这个词就必然想到法国。当然，有人可能提出反对意见，说其他国家也如我们一样发生过革命：这里说到的是美国革命。美国革命也肯定了一些具有普世价值的原则；它甚至在法国大革命之前拟定了一份人权宣言，主张保护公民，反对任何损害他们自由的行为。由于两个民族受到的束缚不同，这两个事件呈现出了非常不同的特点。美国人的根本目标是与远方的宗主国决裂，并以英国人的自由传统的名义举行反叛。法国人则是在一个非常古老的国家内进行斗争，要与一个有着几百年历史的古老的君主政体决裂，并反对它的传统。他们的的确确希望恢复人的原始目标。与美国人的事业相比，这项事业张扬了一种唯意志论和一种激进观念；时至今日，这两点还是法国人性格的显著特征。

　　我们脑子里必须存有这样一个问题，法国人从抛弃国家的拱顶石——国王的人身——之时就不得不面对这个问题了。君主制秩序的根基是拟人化的，体现在一个具体的人身上，"共和国"则是用抽象观念打造的。后者的精髓在于用某些理念而不是用某些人来描述和代表法兰西。因此，她必须假定和主张共和国是统一而不可分割的，以便让人们忘记被她砍去头颅的国王，并且与曾经被国王代表的统一体竞争。正因为如此，革命者如此热衷于领土的统一，方言的统一，最终是世界的统一，以至于他们主张法兰西具有一种普世的使命，相信她有能力为全人类立法，而不管构成人类的具体人群的特性。

总之，这是一个完全反对特殊性的革命方案。先看看他们的时间设计：革命者确信可以用一个自由的共和元年作为开端，重新开创人类的历史；他们相信可以重建历法，取消礼拜日，废除地方性的旧圣徒，崇拜抽象的神灵诸如理性女神。再看看他们的空间设计：他们想合理地组织空间，清洗掉过去的印记，让按几何学设计的城市拔地而起，推倒钟楼，让垂直的钟楼不再凌辱住宅的平等。再看看他们的教育设计：他们希望为那些一直被视为荒唐混乱的人际关系提供一些固定模式，为成人设计一套公民教育。简言之，他们有一套全盘掌控社会的方案。

正是在这种总体性的教育蓝图中设计了革命节庆。在革命者创造一套节庆体制的计划中包含着某种吊诡的东西。这些人正忙于应付内战和对外战争，很显然，在倾注精力组织复杂的节庆外，他们还有其他事情要做。但我们可以做一个推测，他们都对刚刚完成的决裂心存隐隐的恐慌，都有一种对空虚的恐慌。他们觉得，没有了旧仪式，人们的生存丧失了意义。既然拒绝委托一个人来做权力的化身，就更应该考虑设计一套体现团结一致的剧目。

因此，革命者寄希望于节日发明一些交流手段，传递给所有法国人一些感受和一些统一、共同的情感。正因为如此，他们念念不忘地希望在全国各地同时举行节庆，处心积虑地想让节庆在一年内有规律地举行，并持续下去。借助于与旧制度的节庆截然不同的革命节庆，革命者希望强化一种情感，即法国是由一块单一的、相同的材料制成的。他们认为节庆是儿童学校向成年人的延伸。他们把节庆定义为"成人的学校"。在这里，我们发现了这种把学校变成建构民族统一性的核心的法国特性。

该系列的第二本书——《女性的话语》致力于探讨女性在法国社会中的地位和角色。为何选定女性的角色作为法国独特性的标志呢？有一点确定无疑。无论是在18世纪或19世纪，所有游历法国的外国旅人都为法国女性所扮演的角色而震惊。他们注意到，人们乐意交予女性来维持家庭关系、社会联系，以及谈话交往：她们在私人空间内的主导地位不容置疑。此外，在一个女性与世隔绝的时代，较之于欧洲其他国家，法国女性则更加频繁地出现于各社会领域，拥有非同一般的社会权威与地位。于我而言，在思考女性主义在法国社会中的地位时，国家的独特性也呈现出来。法国的女性主义，除个别特例外，并不具有在其他地方，特别是北美地区所表现出的攻击性，以及强烈激昂的语气。这是一种温和的女性主义，至少迟才展开征服，选举权这一点便足以证明。此般退缩缘何而来呢？且为何极端女性主义的说辞在法国回音寥寥？

由此，我萌生了一个想法：让人们倾听18世纪至20世纪的十位女性之声。她们彼此相差迥异，但都对爱情、女性的生存条件、婚姻、母性、同男性的关系、命运之幸福与不幸进行了思考。或许，由于人生轨迹的不同，她们对于这些问题的看法也千差万别。但在我看来，某种深层次的东西将她们彼此相连：对于女子教育的信仰、学习的欲望、爱好传播，以及确信在男性与女性之间，能够达成幸福的交易。

因此，通过研究这些女性之声，我确信在法国存在一种同时体验差异与平等的独特方式,其中原因众多,包括长期习惯于混杂性、诱惑之文化、社会关系和习俗中的信任、贵族统治模式在共和体制中的复活——我所列举的女性之一斯塔尔夫人就鼓吹这一点。由此,我发现了一种法国式倾向,一种对社群主义的反叛:一方面是对那种接纳了两性之间幸福关系的贵族社会的怀念,另一方面是对平等观念不做任何限制的民主现状,二者竟如此独特地结合在一起。由此就出现了一个特殊的社会,在这个社会中平等是最根本的要求,但同时人们也要发挥差异性;人们对差异性不仅不会惶恐不安,而且会乐于加以利用,比如利用诱惑或感情关系的暧昧;总之,可以领略小说中的无限风光。

这正是我在该系列的第三本书——《小说鉴史》中着手探讨的。文学也是法兰西的一种特性,因为法国是这样一个国家,早在黎塞留时期,就已经隆重庆祝过文学与国家的联姻。因此,我这本书是对19世纪小说的纵览。动荡的革命实际上开启了一个既矛盾又混杂的世纪:它既投向未来,却又着迷于向过去回归,它既仿效古老的君主制,又反复叨念伟大的革命;从此以后,它迫使年轻人史无前例地创造自己的命运,但同样使他们背负上回忆、习俗、社会和道德准则的重负;最终,年轻人对于他们刚经历过的那场大震荡举棋不定,不知采取何种方式对待:是否定它,拒绝它,接受它,拥护它,还是仅仅去理解它?他们是否应该和自由主义者一道庆祝1789年、谴责1793年?还是和社会主义者一道庆祝1793年、质疑1789年?我们是应该忘记大革命,还是应该结束大革命呢?要么是再发动一场大革命?要么是对刚刚发生的大革命予以完善?这种困惑有时会让同一个人做出矛盾的反应，也能激起人们在一个世纪里做出千百次和解，一些和解是众望所归，一些和解被愤怒地拒绝，还有一些和解是人们在屈服与厌恶中达成的。

小说本身是一种复合体：从它善于包容一切来说，它具有民主特性；从它热衷的形式来看，它又具有贵族气质；小说的生存凭借的就是人的差异和混杂的欲望、情趣，因此，小说尤其适合阐释时代变迁。19世纪小说"供述"的是：在法国，大革命总是活色生香地存在着。但同时在新法国，18世纪的风度举止仍然留存，人们仍然能从宗教中获得慰藉，仍然对文学充满尊敬，女人的出场总能发挥有益作用，她们是家庭生活的主导、道德的守卫者、举止风范的教育者，是调停者和教化者。在这里我们又一次发现了法兰西民族的特性：法国是这样一个国家，尽管革命中有很多过激行为，它仍然知道从它的传统中吸取能提供掩蔽和庇护的东西，以对抗粗暴的民主生活方式。

革命，女性，文学。三个主题、三本书放在一起，可以让读者更清楚地理解，我长期探讨的问题是，自法国大革命这一基本事件以来民族特性是如何建构的。在革命节日这个个案里，人们是通过革命者的意志主义教育学，通过消除相异事物的热火朝天的事业来进行这种建构。在另外一些情况下，人们反其道而行之，通过抵制这种事业来从事这种建构。我们从中可以看到妇女或文学所扮演的角色：二者体现的不再仅仅是统一，而是多样性。

这三部著作展示了我的研究工作的两个方面。一方面是致力于理解为全人类寻求普世和抽象原则的动力——这也是法国

中译本前言

大革命的邀约——是如何在一个纷繁复杂、邪恶横行的世界里建立民主的承诺。另一方面是致力于理解这种动力如何使人们发现一种文明的明显特征,用普世的启示来评价它的价值、魅力、潜在的精力以及抵抗能力。这两方面关系紧密,相辅相成。

关于第一本书的结论

三部曲的第一部《革命节日》探讨的正是普世性这一面。创建一个崭新的节庆体制对革命者而言既有必要,也颇多争议。之所以必要,是因为要展示新政权。之所以有争议,则是因为关于革命节庆的研究揭示出这一事业所面临的众多困难。首先是审美上的困难,因为在那样一个时代,仪式越来越被看作是一种惯例,君主庄重的典礼被看作是幻象。因此,应该给人民提供关于他的另一种表象:所以,革命节庆的舞台装置注定是贫乏的。其次是历史过程的困难,因为大革命几乎不能在一个统一的仪式中庆祝它自己的历史,它充满着矛盾:那些大人物相互残杀,不同的阶段相互否定。最后是形而上的困难,因为超验性被驱逐出仪式:人们不再援引神圣的事物,被颂扬的崇高完全是一种人世间的崇高,不朽只是在人们的记忆中存在。因此,这部著作描写的是一个悲怆的事业:它对于保证民族统一极为迫切,而又令人绝望。

关于第二本书的结论

三部曲的第二部《女性的话语》侧重于多样性。在纪念大革命两百年之际,当听到人们反复谈论女性在这一重大事件中集体迷失时，我便想到要描绘一些女性的画像。我并不认同这一说法，因为大革命的核心就在于相信人人将得以改善。而女性立即便知晓这一承载着平等的想法——若非即刻，至少在未来——将赋予她们斗争的武器。

因此，我所描绘的女性并未因面对阴郁命运的安排而感到沦为囚徒；她们保留着一定的主动权，正如她们灵活、敏慧和讽刺的能力所呈现出的那般；她们并未感到需要融入男性的世界。在研究她们的策略时，我信服于法国是一个长期坚持内克尔所说的"基于尊重与教养的立法"，认为两性之间对话十分有益，并实践男女混处及诱惑之文化的国家。人们会说这是理想化的标准，充满幻想而不切实际。然而，女性就寄希望于此般心灵和思想上的理想关系。由此我想到，法国对于不可调和的女性主义——视所有男性为潜在敌人——表现出了特殊的抗拒：是为法国之独特性。

关于第三本书的结论

三部曲的第三部《小说鉴史》通过对19世纪几部伟大小说的巡礼来探讨多样性这个方面。19世纪变化多端，在被旧制度吞没的世界和因大革命产生的新世界之间存在着一场持久的较量，小说正适合描述这样一个世纪，因为小说本身就是一个变动不居的世界。

这本书讲述了小说家观察这种冲突以及可能出现的和解的诸多方式。一些小说中的人物以积极、实用的方式应对这种和解：诸如，巴尔扎克的小说总是泰然自若地记述革命带来的社会

中译本前言

动荡。有一些小说家，诸如斯塔尔夫人或乔治·桑，对协商抱有兴趣，几乎把它当作一种信仰。我们可以把雨果也算作他们中的一位，他与他笔下的那些具有革新意识的主人公一样，对逝去的世界不抱有任何怀旧的忧伤。有一些小说用一种沮丧的顺从态度描写两个世界的和解，如福楼拜和阿纳托尔·法朗士的小说。有一些小说家，诸如巴尔贝·多尔维利，扬言两个世界绝对不可调和，他们不接受两者之间达成的任何妥协。还有司汤达这样的小说家，认为大革命仍在不断地产生影响，旧制度已经死亡，他幻想把共和国精神嫁接到贵族道德上，但却不相信这一点。对这些小说的巡礼使我们能够通过文学理解19世纪消化法国大革命这个大事件的方式——19世纪正是产生于这个大事件之中的，这是比通过历史作品更好的一种方式。

莫娜·奥祖夫

2009年

目　录

导　论　十位女性之声………1

迪·德芳夫人………23
玛丽或固定不变………25

德·沙里埃夫人………53
伊莎贝尔或变幻不定………55

罗兰夫人………87
玛侬或英勇无畏………89

德·斯塔尔夫人………113
热尔曼娜或焦虑不安………115

德·雷米萨夫人………145
克莱尔或忠贞不渝………147

乔治·桑··········*177*
奥罗尔或宽宏大度··········*179*

于贝蒂娜·奥克莱尔··········*207*
于贝蒂娜或执拗··········*209*

科莱特··········*247*
加布里埃尔或贪婪··········*249*

西蒙娜·薇依··········*279*
西蒙娜或苦行主义··········*281*

西蒙娜·德·波伏瓦··········*313*
西蒙娜或渴望··········*315*

论法国的独特性··········*349*

人名、地名译名对照表··········*433*
译者后记··········*445*

导 论
十位女性之声

女性画像属于一种男性体裁。它鲜有出自女性之手，也极少关心她们的话语。该领域有一些堪称典范的男性大家，诸如龚古尔兄弟、米什莱、圣伯夫。它有自己的规则，也有自己的方式。不仅为描述，也要建立规范，这出自于一种坚信：描述男性的作家无须先行考虑何为男性。

与此相反，刻画女性的作家只有在头脑中对于女性的身份、言行和品德等主要方面有所认识后才肯动笔：因为，他认为面对的首先是一种本性，其次才是一个人，米什莱视其为"恒星世界的产物"①。作家脑海中女性应有的形象是他们进行创作时参照的无形模本。这也是强制性的模本，因为它限定了女性不该具有的形象。倘若哪位女性的言行举止背离了此种隐性

---

① 米什莱（Michelet）：《大革命中的女性》（*Les Femmes de la Révolution*），巴黎，卡尔曼－莱维出版社（Calmann-Lévy），1898年，第313页。

规范，描绘者将不顾其本人的意愿而将她拉回其中。圣伯夫用德·沙里埃夫人"感人的贞节"①来弥补她的活跃，努力从乔治·桑夸张的表达中分离出细腻的情感。他为罗兰夫人强烈的自由思想所震惊，并看到她身上某种粗鲁庸俗的东西，要立即谈及"她同其他女性共有的优雅举止"②，来加以粉饰淡化。米什莱所做的，仅仅是指出露西尔·德穆兰在断头台上表现出的勇气似乎填补了女性的弱点，并将女英雄们在革命中的粗鲁表现归咎于"残暴的政府：倘若不是因为它，她们将仅仅为人妻，为人母"③。若是遇到他们喜爱的女性形象，两人便欣喜地大为感叹：在米什莱看来，年轻的迪普莱小姐*活泼而迷人；德·雷米萨夫人的庄重优雅则令圣伯夫欣喜不已。在她的身上，他看到了自己所偏爱的象征性的女性形象，即那些写出少有的好书，在密友圈中颇受青睐，在文学领域和生活当中均保持着谨慎的高贵，并且羞于自身才华的女性。她们若是胆敢谈论爱情，则总是带着温柔的伤感。她们宛如天使，艳如鲜花，静若仙女，只有在贵妇们那小客厅的暗处，或乡村静修场所的深处才可寻到。

　　头脑中有了这些理想的女性形象，作家描写时还要采用一种特殊的手法。还记得狄德罗写下的一席话："描写女性时，需

---

① 圣伯夫（Sainte-Beuve）：《妇女肖像》（*Portraits de femmes*），巴黎，迪迪埃出版社（Didier），1852年，第405页。
② 出处同上，第186页。
③ 米什莱：《大革命中的女性》，同前书，第346页。
* 疑为玛丽－埃莱奥诺尔·迪普莱（Marie-Éléonore Duplay，1768—1832），罗伯斯庇尔的朋友。——译者

将笔头浸满彩虹,将蝴蝶翅膀的细粉撒落在字里行间。"①如此这般,龚古尔兄弟甚至为妓女也赋予了诗意。正是这样,当米什莱在18世纪下半叶看到在女性心中燃起了人性与母性两种火花时,笔触也变得柔和。至于圣伯夫,他在谈论女性时习惯运用夜曲般的笔触:含蓄的语言,暗示影射,轻声耳语才适合她们。作家的笔下应表现出夸张力、说服力,甚至鲜明的特性:要使人浮想联翩,而并非一味描写。一种小心谨慎、柔和细腻的风格,甚至带有些许苦行有益的论调,正好适合于忍受痛苦、转瞬即逝的人们。圣伯夫承认,在刻画女性时延续着一首"无休止的哀歌"。同时,他明言,女性画像不属于文学"批评"的类型:他认为,那样的词语过于粗俗,而此处只有爱、同情,书写轻描淡写的篇章。只需运用特殊的手法稍加修改、擦晕,进行彩色粉笔画的处理,让轮廓变得模糊。

综上所言,较之人物自身的个性,刻画女性的作家对于描述对象是否合乎典范的兴趣往往更大。不幸的罗兰夫人即是如此。描写她的作家们不断将她送上如同国民公会*一般残酷的法庭,并且依据是否遵从于人们期待中女性应有的感情与行为标准而对其评判。谁都不清楚,当事人本人对于女性特征如何评说。不过,罗兰夫人恰巧就身为女性这一事实对于自身,及其特殊的命运有何意味进行了认真的思考,并创作了大量的作品。当我的研究偶

---

① 狄德罗(Diderot):《论女性》(« Sur les femmes »),见《作品集》(*Œuvres*),巴黎,伽利玛出版社(Gallimard),七星文库丛书(Bibl. de la Pléiade),1951年,第949页。
* 即Convention (nationale),法国大革命时期的最高立法机构,在法兰西第一共和国的初期拥有行政权和立法权。——译者

然涉及她时,听听她自己的说法和道理似乎才够公平。由此,我萌生了一个想法:探究其他女性,并关注她们在谈论自身作为女性,以及评述女性大众时寻找并使用了哪些词汇。

对于女性的评述,如今已探讨得十分全面,透过蓬勃发展的女性历史而被挖掘出来。[1]然而,即使由女性所写,却显然是男性说了算数。男性确定女性的角色和义务,大量使用关于脆弱与强大、表面屈从与暗藏专制的隐喻,确定女性形象的规范和标准。即使当政治或文学领域的女英雄们围绕女性的特征创作作品时——需再次强调,此种情况显然十分罕见,[2]我们依然怀疑她们的思考从属于占据主导的框架之内。女性从中解放,来谈论女性特征,这似乎十分困难,甚至不可能做到。然而,这一切是否真的不容置疑?只要我们承认——例如西美尔[3],较之男性,女性会更少丧失作为女性的意识,又怎能不去想象她们有能力诠释身为女性这一含蓄而意味深长的存在呢?归根结底,在那

---

[1] 参见让-保罗·德赛夫(Jean-Paul Desaive)、埃瑞克·尼克尔森(Eric A. Nicholson)、米谢勒·克朗普-卡斯纳贝(Michèle Crampe-Casnabet)、埃弗利娜·贝里奥-萨尔瓦多(Évelyne Berriot-Salvadore):《关于她,已评论太多》(« D'elle, il est tant parlé »),见乔治·杜比(Georges Duby)和米谢勒·佩罗(Michèle Perrot)(主编),《女性的历史》(Histoire des femmes),巴黎,普隆出版社(Plon),1991年,5卷本,第3卷,第269页。

[2] 作为例证,参见萨拉·马扎(Sarah Maza):《女性,有产阶级,以及公共领域:对丹尼尔·戈登和大卫·贝尔的回答》(« Women, the Bourgeoisie, and the Public Sphere : Response to Daniel Gordon and David Bell »),《法国历史研究》(French Historical Studies),第17册,n° 4,1992年。

[3] 乔治·西美尔(Georg Simmel):《现代性哲学[1923]》(Philosophie de la modernité [1923]),法文译者维埃亚尔-巴龙(J.L. Vieillard-Baron),巴黎,帕约出版社(Payot),1989年。

导论 十位女性之声

些创作了大量有关女性命运的作品,并且当我们仔细倾听,其独立的声音令人震惊的女性当中,这也正是我想要对其中的十位进行探询的。

并非女性作家完全脱离了有关女性特征的规范性言论;可是,谁又遵从于此呢? 最令人吃惊的,在于她们也无法屈从于这一言论,因为,仅仅为了拿起笔,她们就必须拥有脱离轨道的胆量与冲动。她们需要具备些许不敬,甚至胆魄。她们仿佛拥有创造力,一下笔就必须突破有关女性的单一且习惯性的言论。我希望让人们听到的,便是这些别具一格的声音。为此,首先要尽可能忠实地将它们收集整理,同那些认定男人或女人对于自身的描述并不可信——仿佛它们每时每处都最不客观,并且被视为掩盖真相,或天真无知——的强烈偏见决裂。因为,如果说不相信女性作家的一面之词,假设她们并非总是了解生活的真相,并且质疑她们是否清醒,这一切似乎都合乎情理,那么与之相反,完全否认她们头脑清醒,却宽宏大量地相信哪怕最为平庸的传记作家,则有失公允。因此,可以肯定,在向怀疑与傲慢妥协之前,在最贴近于她们言论的所在,我们一定能够有所收获。

然而,这一倾听计划也使人顿生疑惑。在同其他国家进行比较时,法国女性主义的表现形式为何或多或少地显出一份平静、克制,或者内敛? 其他国家,特别是英国的女性主义者对于这种节制都大呼遗憾。她们指出,法国的大学中缺少女性历史学系,教授职位稀缺,研究分散,并且研究成果和论文都相对匮乏。而研究成果本身在言辞和语气上的尺度也令她们备感吃惊。这些研究并不致力于,也并不奢望透过女性的历史来重新诠释世界历史,并且,与其说是对教学计划进行整体调整,它们则更多地在提出增补建议。它们并没有那种将女性的不幸转化为荣誉的激进语气,也并不采用攻击性的腔调。它们并不将男性作为集体的罪人而同女性作为集体的受害者对立起来。我们很难想象在法国,某位著名的大学研究人员能够写出:男性投入了"一场对抗女性的世界战争"①。如今,面对女性主义运动,且鉴于这一原因,这场战争的规模无可匹敌,残酷程度也前所未有。美国作家列数了男性的暴力,男性甚至有意识地将一些新技术应用于某些致命的计划:例如羊膜穿刺术,"帮助鉴别胎儿的性别,将女婴流产",还有"制造婴儿,并视为己出"的人工受精技术。如此这般,普通的女性主义言论便在大洋彼岸散播开来。而在法国,这一言论尚不为人们所接受,很难相信一切男女关系的背后隐藏的却是暴力,男性简单的口头坚持不足以定义强奸的发生,这的确引人深思。

还应补充一点:女性的斗争进展缓慢,选举运动在法国女性当中取得的成果少之又少,这使得法国女性主义的适度节制表现得更加淋漓尽致。怀俄明州和科罗拉多州的妇女分别于1869年和1893年参与选举;1914年,全体美国女性赢得了选举权;德国是在1919年;英国为1928年(甚至波兰基督教妇女也于1918年获得了此项权利)。此外,在大部分的这些国家当中,市选举,或地区选举还要早于全国选举。而法国女性则要等到1945年才获此权利,且直至1974年,对于女性不忠的特殊惩罚才全

---

① 马里利·弗朗什(Marilyn French):《对抗女性的战争》(*La Guerre contre les femmes*),法文译者布约(F. Bouillot)和塔特(I. Tate),巴黎,阿希佩尔出版社(L'Archipel),1992年。

部予以废除。对于这些在权利方面的滞后，我们原以为法国女性会奋起反抗，事实却并非如此。该作何解释呢？法国特殊之处的原因何在？这一疑问贯穿了米谢勒·萨尔德关于法国女性的一部巨作的始终——该书并不广为知晓，实属不公。菲利普·雷诺在《辩论》杂志中的一篇思路清晰的小文章也围绕这一主题。①在皮埃尔·罗桑瓦隆关于全球选举史一书②，以及《女性的历史》③一书——其作者米谢勒·佩罗提出了一条走向女性主义的"法国之路"——当中，也能够找到有关这一疑问的答案。我也由此萌生了一个想法，即透过十位女性的声音来探寻并指明这一道路：她们是迪·德芳夫人、德·沙里埃夫人、罗兰夫人、德·斯塔尔夫人、德·雷米萨夫人、乔治·桑、于贝蒂娜·奥克莱尔、科莱特、西蒙娜·薇依和西蒙娜·德·波伏瓦。

当然，选择上述十位女性，主要原因在于，她们每个人都通过写作表达了对于女性主义的看法。还可以辩驳，这一事实本身就令她们与普通女性有了天壤之别。她们仅"代表"——假设我们真要她们代表某类群体——极少数拥有财富、学识和才华

---

① 米谢勒·萨尔德（Michèle Sarde）:《法国女性观察（10—20世纪）》（*Regard sur les Françaises (X^e-XXe siècles)*），巴黎，斯托克出版社（Stock），1983年；菲利普·雷诺（Philippe Raynaud）:《女性与礼仪：贵族阶级与革命激情》（« Les Femmes et la civilité : aristocratie et passions révolutionnaires »），《辩论》杂志（*Le Débat*），n° 57，1989年。
② 皮埃尔·罗桑瓦隆（Pierre Rosanvallon）:《公民的盛典：法国普选史》（*Le Sacre du citoyen. Histoire du suffrage universel en France*），巴黎，伽利玛出版社，1992年。
③ 乔治·杜比和米谢勒·佩罗（主编）:《女性的历史》，同前书。

的幸运者。每一位都创造出若非一部作品,至少是某种风格的关系。每一位都置身于男性的世界之外。此外,她们决不希望成为典型的代表,不愿同被她们称为"大多数的女性"混为一谈。她们与众不同,首先是对于生存的意识,有时还感受到生存的痛苦。能否由此得出结论,她们的例证对于女性整体的历史并无意义呢?近期的历史文献学家们——他们借代表性之名走过了统计数据的枯燥之地,至少,精确度有所提高——幸好跳出了对于代表性的过度重视。①自此,隐姓埋名,且晦涩含蓄的话语较之鲜明的证言似乎更具分量。此外,这些女性并未因为其他女性,以及她们自身和其他女性所代表的女性命运而丧失功名。

因此,她们都从事写作,哪怕是写给自己的朋友,如迪·德芳夫人,并且除她之外,其他人均突破了出版的障碍,战胜了作为女性作家这一事实,即按照德·让利斯夫人*所作的定义,须放下所有矜持,乔装打扮,加入男性的队伍。因为依她所言,出版一部作品,即相信自己的想法值得传承和宣传。我们能够宽容男性如此狂妄自大,而对于女性呢?德·让利斯夫人警告女性作家们会面临怎样的危险。她将失去女性的关照与男性的支持,因为她的罪过在于混淆了男女两个世界的界限。她对这些女性述说道:若要写作,你便走出了你的阶层,却进入不了男人的领地。在本书挑选的十位女性当中,很多都深知这一点,面对出版书作

---

① 参见劳伦斯·斯通(Lawrence Stone):《回归叙事或对新的古老历史的思考》(« Retour au récit ou réflexions sur une nouvelle vieille Histoire »),《辩论》杂志,n° 4,1980年,第116页。

* 德·让利斯夫人(madame de Genlis, 1746—1830),法国作家,曾任查特里公爵夫人子女的女教师,写有关于教育的论文。——译者

不禁退缩,唯有如罗兰夫人,为形势所迫,面临走上断头台的危险时,才表示同意。她们都本能地知晓,如有机会获取知识,最好还是藏而不露,让人们忘记她们拥有头脑。她们明白,女性作家要在社会中付出何种代价:被边缘化,显得滑稽可笑,缺乏关爱,同男性社会形成直接且激烈的对立。德·斯塔尔夫人以无与伦比的笔触描述了这一巨大的痛苦:她所深爱的父亲嘲笑自己眼中的女性作家,专制的母亲则教导她,女性应当如萤火虫般散发光芒,即在黑暗中释放微弱的光亮;如此情况之下,他们的女儿在作品中探讨的中心主题便是女性因艺术与文学爱好而遭受惩罚的不幸,爱与荣耀之间激烈的冲突。甚至最不可能表述此种痛苦的女性作家也了解到这一点,并不需要在幸福与荣耀之间作一抉择的德·波伏瓦说道:倘若遇到此种情况,按照德·斯塔尔夫人归诸所有女性的偏好,她也会选择幸福。

为何要挑选一位18世纪的女性作为这道画廊的第一幅画像,接下来又选择四位直接(德·沙里埃夫人、罗兰夫人、德·斯塔尔夫人)或间接(德·雷米萨夫人)通过父母经历了革命分裂的女性呢?想要了解法国的特征,不管是哪一方面,总要回归这一重大事件。而另一方面,有关这段两百年历史的丰富研究也进一步发展了这一观点:令男性同女性在理论上赢得了自由的大革命标志着女性遭遇到历史性的挫败。它表现出对于女性参与政治的强烈反感,又将家庭生活的大门重新向她们关闭,使得可憎的19世纪形成了性别歧视和对女性权利的否认。由此,我便萌发了兴趣:让那些亲历过这一事件,感受到痛苦,且理性思索其后果的女性来证明这些论点。

15　　在这些证据当中,一部分空间留给了最不矫揉造作、最具个性化的文章:比起小说,我更乐于参考回忆录,而比起回忆录,我则偏重于书信集。这十位女性作家留下了大量此类作品,并且阐释了为何书信中的词汇具有独特的身份印记。只有我的书信是真实的,德·斯塔尔夫人如是说。德·雷米萨夫人则断言,作家们在书信中会褪去一层包装,完全展示自己。是否会被收到的书信打动,她们曾说,这仿佛"倾听"来信者的时刻。因此,为了反过来听听她们的声音,我倾向于保留她们吐露心声的那些信件,但并非仅限于此。

　　她们的声音各不相同。反复阅读她们的作品使我信服,女性并非只有一种固定的共同命运,而是每个人的人生轨迹都千差万别。循着她们的性情、感受和举止为我指明的路线探寻,我努力形成各不相同的看法。我想要将迷恋于固定性的迪·德芳夫人同两位灵活性的信徒(德·沙里埃夫人、德·斯塔尔夫人)对立起来;在一位生活动荡的不幸女性(德·斯塔尔夫人)之后,既而安排一位平静安逸的幸福女性(德·雷米萨夫人);继一位著名且大胆的女性——伟大的乔治·桑——之后,则是一位模糊且腼腆的女性——于贝蒂娜·奥克莱尔;并发掘出享乐主义者(科莱特)与禁欲者(西蒙娜·薇依)之间的反差。我将反叛者(于贝蒂娜·奥克莱尔)同和平主义者(德·雷米萨夫人)两相对照,将想要拥抱整个世界的德·波伏瓦同将世界圈入设定界限的科莱特相提并论。在她们当中,有人执拗,有人随和,有人固执,有人漫不经心,有人庸俗乏味,有人富于创意,有人温和,有人独断专行。最终,我在她们身上看到了《玫瑰传奇》(*Roman de la Rose*)* 中的形象，优雅地对鲜明并有时敌对的美德给予讽喻。

此外，如果说她们每个人的语气和音色都大相径庭，她们对于爱情、婚姻、母性、男女间的关系，以及命运之幸福与不幸的看法亦是如此。罗兰夫人是一位对女儿大失所望的母亲；而德·斯塔尔夫人则是一位对母亲感到失望的女儿：在小女孩的眼中，母亲看破世事，而这位母亲又反过来抱怨自己设计为杰作，却半途而废的女儿并不完美。母亲对于女儿的关系通常十分尖锐，科莱特和乔治·桑的例子就是证明。女儿之于母亲的关系或许亦然（还是乔治·桑，以及德·波伏瓦）。不过，这种关系有时也能够和谐融洽：科莱特无可比拟，升华成为令人欣慰的神话；德·雷米萨夫人对此体验的方式则更为简单而真实。至于母子关系，通常令人较为满意，我们可以借用乔治·桑和克莱尔·德·雷米萨的例子加以说明，她们的生活都由此而被照亮。来看一看这几位女性经历婚姻的方式，就又将这支情感的万花筒转动了起来。迪·德芳夫人的婚姻关系是松散的，她随便且急切地将其解除。伊莎贝尔·德·沙里埃痛苦地缔结了婚姻关系，接下来则以一种出乎意料的坚韧忍受折磨。乔治·桑体验的是一场失败，饱含泪水与呐喊，从此不愿再想。科莱特和德·斯塔尔夫人也艰难地走出了婚姻，却又再次陷入其中。最后，是德·雷米萨夫人幸福洋溢、丝毫不受束缚的婚姻生活。

综上赘言，每一位女性都以自己的方式来设计两性之间的关系和女性的地位。在她们当中，有人相信男女融洽，并且几乎

---

* 13 世纪的法国寓言长诗。——译者

女性的话语

得以体验（迪·德芳夫人），也有人认为，男性与女性是两个截然不同的族群，两者之间有时会盲目地缔结含混不清的契约，但总是转瞬即逝。其中，有两位女性（于贝蒂娜·奥克莱尔、德·波伏瓦）自称为女性主义者和斗士。有两位则是扰乱者，又是于贝蒂娜（违心而为），以及西蒙娜·薇依（尽情于此）：对于后者，难道不是投身于女性的事业吗？她们对待性别歧视的方式也各不相同。迪·德芳夫人生活在一个充满差异的世界中，勉强感觉到这一区别，还自在地习惯于此。伊莎贝尔·德·沙里埃、玛依·罗兰和热尔曼娜·德·斯塔尔则感受到痛苦的束缚，否认其固定不变，并提出解决方案。德·雷米萨夫人意识到这一点，但并不为之感到痛苦，且坚信灵魂平等。乔治·桑在生活中完成了诸多大胆的创举，信服于人类的心灵不曾改变，女性永远身为奴隶，仿佛男性的内脏器官。于贝蒂娜·奥克莱尔则固执地希望，性别差异只存在于繁衍后代，并消除所有其他方面的差别。科莱特认为，这既无可能，也并不希望如此，她能够与这些差异和平相处。西蒙娜·薇依另辟蹊径，仇恨一切决定论，也包括性别方面，但较之其他束缚的程度相当，不会增加或减少。在这些女性当中，德·波伏瓦捍卫不加区分的状态，公开主张，若想让女性不再遭受排斥，就需要使其融入男性的价值和角色。于贝蒂娜的做法相同。乔治·桑则并不尽然，她更相信，应将价值等级颠倒过来。

在这串珍珠各异的项链当中，有一条短线贯穿始终，防止珍珠散落，在接下来的一幅幅女性画像中，它都穿插其间。首先，每一位女性都或多或少地提到过其他几位。第一位，迪·德芳夫人，她披着沉着笃定和坚守隐忍的外衣，是一位才华横溢的书简作家，成为所有其他女性的典范。德·沙里埃夫人的朋友愿意将两者作一比较，以说明伊沙贝尔答辩敏捷的才华，同时强调，她懂得摆脱生活的枯燥无味。德·斯塔尔夫人承认，迪·德芳夫人还受到"尖锐"对话的另一种毒害，并感谢她曾写道，在认识的男性当中，内克尔先生*最为可亲。她同德·雷米萨夫人一道，对可怜的侯爵夫人与沃波尔**之间不平等的关系愤愤不平；沃波尔只是通过她来寻找一位新闻传播者，而她却要苛求感情。欣赏过这位被烦恼吞噬的女性所经历的生活之后，温柔的克莱尔·德·雷米萨无法相信旧制度真如人们通常认定的那样，对于女性也同样温和。

罗兰夫人被所有女性所欣赏；有德·斯塔尔夫人，虽未引用她的原话，却显然读过她的作品；有德·沙里埃夫人，向身边的人们传播《罗兰女公民回忆录》(*Mémoires de la citoyenne Roland*)；还有乔治·桑，坦言自己并不具备她的勇气。每一位女性都承认，德·斯塔尔夫人具备天资才华：德·雷米萨夫人略带同情地欣赏着她，热尔曼娜的躁动不安使德·雷米萨夫人产生了与古代人对于阿波罗神殿女祭司，和现代人对于动乱分子一样困惑的情感；乔治·桑对她的欣赏带有厌烦情绪，经常为人们将她同德·斯塔尔进行可笑的比较而愤懑不平，被圣伯夫生硬地

---

* 雅克·内克尔（Jacques Necker, 1732—1804），日内瓦金融家，在巴黎经营银行业多年。法国路易十六时期，先后任财政总监和财政大臣。——译者
** 霍勒斯·沃波尔（Horace Walpole, 1717—1797），英国作家，哥特式小说和建筑的开创者。——译者

女性的话语

重新拉回到女性的一致性当中,最终脱口说出,她认为德·斯塔尔夫人令人生厌,却意识到,如此评价只能让自己的身边发出憎恶和愤怒的叫嚷。对于其他女性,乔治·桑本人也是一位标志性人物:于贝蒂娜·奥克莱尔刚刚住进巴黎的一间公寓,便将乔治的画像挂在墙上;科莱特向这位强悍的文字工匠致敬,欣赏她能够杂乱地安排"自己的工作,并不持续的悲伤和有限的幸福"。最后,德·波伏瓦成为十位女性肖像的终曲。我们在她的文章中读到,面对迪·德芳夫人的精神,伊莎贝尔·德·沙里埃的新颖独特,罗兰夫人的英勇无畏,她都惊叹不已。对于德·斯塔尔和乔治·桑这类独立自主的女性,不曾成为男人臂弯中的战利品,而是自己选择情人,德·波伏瓦深表敬意。她还向于贝蒂娜·奥克莱尔争取选举权的斗争致敬。

在这些女性当中,有五位,两两之间均是通过彼此的作品结缘并相识的。斯塔尔同沙里埃最为亲密。人们对内克尔夫人——热尔曼娜的母亲——描绘了伊莎贝尔,仿佛各方面都与之相称,伊莎贝尔遇到热尔曼娜,则是通过卢梭,热尔曼娜曾针对他写过一篇讽刺性短文,很快便遭到尚瑟讷茨的批评质疑。而轮到伊莎贝尔来批评尚瑟讷茨,并为这本小册子辩护时,她以生动且讥笑的方式指出了这位年轻作者的夸张做作。一年之后,她在"戴莱丝·勒瓦瑟*的申诉与辩护"当中并未解决这一问题,"男爵夫人,"她大叫道,"您不够善良!"在这两位女性真正相识之后,这场辩论似乎也就此终止。她们拜读彼

---

* 卢梭的女仆,后成为他的情人。——译者

此的作品,竞相奉承——不管怎样,我们已经感觉到伊莎贝尔的退让,相互批评,彼此通信。伊莎贝尔不由自主地欣赏这位灵活多变的女性,相貌平平却具备让自己显得漂亮的才能。热尔曼娜面对这位年长者漫不经心且尚未完成的小说,则表现出敏锐的洞察力,她说道:"我对《纳沙泰尔信札》(*Lettres neuchâteloises*)很感兴趣,但不知还有什么比您有始无终的方式更加令人难以忍受。"当德·沙里埃夫人收到《聚尔玛》(*Zulma*)时,她很快便觉察出其中的夸张,首先以"模棱两可"的方式回复了作者,之后决定不假思索地脱口说出内心的感受,这便是:《聚尔玛》愤懑的语气实在令人无法忍受。并非她不愿欣赏,而是自身浅薄的讽刺才华在年轻的德·斯塔尔热烈汹涌的天分面前也相形见绌,她深深地叹息道:"见鬼去吧,我忍无可忍!"

而得知这一情况,邦雅曼·贡斯当写信给伊莎贝尔,并述说道,如果热尔曼娜对于两人围绕同一主题进行创作——公众对于爱情故事心存偏见,女性从中走出,伤痕累累——以令人难以忍受的真诚表示容忍,他将宁愿"剁掉两只耳朵"。很快,在这两位女性之间,不仅存在一个主题,还出现了一个男人,确切地说,就是这位邦雅曼。他写信给伊莎贝尔·德·沙里埃,讲述热尔曼娜是自己生活中的第二位女性,能够取代世界(他补充道,您知道谁才是第一位)。伊莎贝尔很快便心知肚明,德·斯塔尔夫人于他而言仿佛"圣约柜",并从中吸取教训,她总结道:"这是一种无法将您从我这里,或我从您那里夺走的感情。"邦雅曼同她的学徒同伴关系——他们并肩而坐,一起写

15

作，她从身后，注视着他在塔罗牌上胡乱涂写对于各种已知宗教的评价，并以此为乐——在同德·斯塔尔一道时，转变为一种每时每刻的文学合作，已分不清彼此的准确分量，确知了这一点更加令人伤感。基于学识和情感上的双重竞争，这两位女性无法相互喜欢。

将其他三位女性彼此分割开来的并非一位男士，而是情感和观点上的差异。当德·波伏瓦在西蒙娜·贝里奥[*]家中遇见科莱特时，她十分重视这位作家。她很喜欢其作品中的女主人公，例如《麦苗》（*Le Blé en herbe*）中自由且迷人的万卡，借用了科莱特对于闺房的描写，也欣赏她与茜朵的关系，并把它当真。她欣赏这个人物，也喜欢她的长相。但她为小说作家表现出来的自我满足感到扫兴，批评她视野平庸，操心过细，厌恶普遍观点。尽管如此，科莱特冷淡地接待了她，勉强算作相识。与此相反，德·波伏瓦同西蒙娜·薇依拥有相同的地点（索邦大学），同样的学习经历（获得了哲学教师资格），共同的同事：她们之间的互不理解要多于漠不关心。西蒙娜·薇依独特的个性使得另一位西蒙娜萌生了某种尊敬，她的神话——勒埔依农舍，教师待遇每月公布，方便大家查阅，行列领头摇动的红色旗帜，前往省政府的失业者代表团——令后者印象深刻。然而，德·波伏瓦模糊地感觉到，西蒙娜·薇依并不喜欢她——她们在索邦大学的操场上就革命的主题进行争辩——或至少不怎么喜欢。她努力通过讥讽挖苦来摆脱这个麻烦之人，并满意地记

---

[*] 西蒙娜·贝里奥（Simone Berriau, 1896—1984），法国喜剧演员、歌唱演员、戏剧监制和指导。——译者

导论 十位女性之声

录道,当这位女战士在西班牙申请手枪时,却被分配到厨房工作,还烫伤了自己。然而,嘲笑无济于事:西蒙娜·薇依就算显得笨手笨脚,滑稽可笑,她依然代表着来自于一种判断的威胁。以至于当德·波伏瓦想要在一部小说中表现相异性时,她想到了薇依。

因此,在她们之间,是或成功或错过的相逢,缔结又中断的关系,没完没了的对话,喋喋不休,或缄口不语。然而,某种更深层次的东西将她们彼此相连:一种信仰,一种担忧。信仰在于女子的教育方面。她们当中有人抱怨自己所受的教育:迪·德芳夫人梦想拥有一位贺拉斯作为家庭教师,对于德·波伏瓦亦是如此,他充分替代了欲望课堂的小姐们。另一些人所受的教育则多种多样,零乱而松散,例如罗兰夫人,但都懂得利用各种条件,同母亲研习教理,向父亲学习绘画,随叔伯苦修拉丁语,还有阅读书籍(她们在孩童时代都拥有大量书籍)。此外,还有一些人则在家中,或修道院里接受了细致考究的教育:因为无论是对于乔治·桑,还是于贝蒂娜·奥克莱尔,修道院都并非人们通常所想象的那样,是狂热崇拜与过分迷信的场所,而是使精神和灵魂经受磨炼的地方。[1]至于她们的母亲,则专心完成自己的任务:德·斯塔尔夫人的母亲教授挺直身子坐在矮脚凳上的小热尔曼娜古代和现代语言,德·雷米萨夫人的母亲努力向克莱尔讲解高贵的讽刺所在,茜朵向科莱特传授社交

---

[1] 关于这一点,参见波勒·康斯坦(Paule Constant):《为小姐们所用的世界》(*Un monde à l'usage des demoiselles*),巴黎,伽利玛出版社,1987年。

技巧。最后，本书余下的两位女性，两位西蒙娜，都接受了与男性相同的教育，获得了同等的文凭，并且，学业完成得十分出色。

而最有趣的，在于衡量每位女性自身对于教育寄予了怎样的希望。她们不合常理地利用卢梭——这位女性学习的诽谤者，并没有为爱弥儿找到一位头脑灵活的女伴。但另一方面，卢梭塑造了朱丽，这是拥有意愿和智慧来打造自我的女性象征。诚然，这是所选女性的共同目标。她们是否确信，启蒙运动能够带来幸福？此外，她们认为教育包含着对尚未出现的事物的意识与承诺：它并不满足于带给女性一种命运或状态，而总是超越其上，宣布解放，承诺我们能够跨越女性的身份，远离致命的女性主义。伊莎贝尔·德·沙里埃完美地定义了教育的缘由（"让人们自孩童时便考虑能够从自身获取什么"）和目的：不要成为"在日式大碗中不停转圈的金色美丽的鱼儿"。她们也狂热地想要学习，而后自己成为教育家：伊莎贝尔将洛克的作品借给她的女仆，还将《忒勒玛科斯》(Télémaque)借与一位年轻的牧羊女，让她一边在山中放羊，一边将作品熟记于心；克莱尔开设了一所男子教育学校，并游说加尔默罗会修女上级建立一所女子学校；乔治·桑在完成了子女的教育之后，又潜心教育孩子们的下一代；于贝蒂娜赞成共和国法律关于教育的规定；西蒙娜·薇依无偿地为无产者授课，向他们讲述选自普鲁塔克和荷马作品的寓言故事，她认为最美好的职业，便是在不起眼的小村庄担任小学

导论 十位女性之声

教师；德·波伏瓦不知疲倦地向所庇护的人们讲解《伦理学》*和《沉思集》**。阅读，对于她们每个人来说都是一剂良药，而写作，则是保障。写作，便是打开心结。

文学活动，这一对抗女性生活平庸与单调的保护符，能否也战胜一大共同敌人——时间？这一切对于女性而言似乎更加困难。女性的时间是一条特殊的曲线，受到青春期危机的波动，而当更年期到来，无法生育孩子时，曲线便就此中断。谁也不能无视这些戛然而止，生命中空虚与充实彼此交替，面对死亡都毫无畏惧的人们在时间面前也会战栗。她们每个人都反复思量女性面对的这一大不幸，生活中唯有年轻可以依靠，大多数人都面临着衰老可怕的临近，对于某些人，还会提前，例如德·斯塔尔——自20岁起便知晓："在女性的生活中，一切都将走向宿命"；另一些人，例如德·波伏瓦，则在猛然之间有所觉察。她们每个人都为时间有限而感到失望。

然而，这里又显出荒谬来。在客观上并不连贯的时间，在她们的体验中却并非如此：独立的活动贯穿而成，令人气喘吁吁的时间；简单过去时并不连贯的时间；松散的时间，或是每天清晨，展开新的生活，这些都是属于男人们的时间。与此相反，女性所处的时间是未完成过去时，连贯的时间：她们承载着儿童、

---

* 《伦理学》（*Éthique*）为荷兰哲学家斯宾诺莎于1661年至1675年完成的拉丁文著作，是其最重要、也是最著名的作品，对法国思想界产生了重大影响。——译者

** 即《形而上学的沉思》（*Méditations métaphysiques*），该书的拉丁文版本于1641年初次面世，是欧洲最具影响力的哲学家笛卡尔的一部重要的哲学著作。——译者

习惯和传统的分量；谁也无法摆脱过去在现时中的不断延续。德·雷米萨夫人写道，当她们醒来时，脑海中还是入睡时的想法。而德·波伏瓦写道："时间的活动总是令我不知所措，在我看来，一切都具有决定意义。"由此，她们都产生了与男性不平等的感觉。男人们能够永久地更新他们的感情，而女人们既不懂得放弃已毫无激情的情感，也不晓得开启一段新的爱情——这正是德·斯塔尔描写的主题。

由此，还形成了她们思考和体验婚姻的方式。她们当中除一人之外，都痛苦地经历了把女性作为交换物的婚姻生活，并认为婚姻若是互不般配，将是人生中最大的不幸。她们人人知晓，全心满意缔结的婚姻非同寻常。对于婚姻是平等伴侣之间完美的关系这一想法，她们从未放弃。她们渴望——以《新爱洛漪丝》作为范本，这是她们每个人的梦想——用友谊来浇灌爱情。在她们看来，没有什么比固守在一个地点、一种状态更加令人平静的。同时，我们看到，她们都未曾遇到能让自己体会此种宁静停靠的那个人，于是，便试图改变时间。除了西蒙娜·薇依，没有人相信永生。因为，尽管很多人都信奉一种开明的宗教，天主教（罗兰夫人、德·雷米萨夫人）或新教（德·沙里埃夫人、德·斯塔尔夫人），并强烈地感觉到彼此相连，但她们对于超验性并无兴趣。她们所期待的并非永恒，而是生命的长久。她们坚韧地将瞬间转换为一种状态，正如阿尔菲耶里*的说法，德·斯塔尔夫人曾兴奋地引用："每一天自己选择"打发无聊的时间，强化兴奋

---

* 维托里奥·阿梅迪奥·阿尔菲耶里（Vittorio Amedeo Alfieri, 1749—1803），意大利皮埃蒙特的剧作家、哲学家、诗人和作家。——译者

的时刻，祛除脆弱和悲伤，用尽量多的小快乐将生活填满；伊莎贝尔·德·沙里埃确信：即便我们在其他方面一无所成，快乐也不会改变。在这里，她们自我恢复的天分在发挥作用，对于其中一些人，例如桑和科莱特，甚至还被说服，去享受年老的丰富充实。

此种对于时间的充分关注，德·雷米萨夫人赋予它出色的定义："在我们所拥有的一切当中找寻快乐的能力。"从"我"过渡到"我们"，意味深长。在此，克莱尔·德·雷米萨在对所有女性述说。关于时间的女性艺术，这便是她们对我们低语的秘密；也正是透过她们所选择的词汇而与其同行中，我们能够抓住的共同的主旋律。

迪·德芳夫人

迪·德芳侯爵夫人，本名玛丽·德·薇奇-香露，1696年生于勃艮第。她自幼沦为孤儿，在修道院中长大，但并未因此而虔诚信教。22岁时，她嫁给了一位远房表兄，但很快便与之分道扬镳。她在动荡的摄政时期步入社会，进入了奥尔良公爵*放荡的交际圈。此后，与富有的埃诺庭长**保持关系为她重新赢得了威望。她曾在迪·曼纳公爵夫人***身边主持索镇著名的消遣活动。公爵夫人去世后，她迁居圣约瑟夫修道院，住进了德·蒙特斯庞夫人的旧公寓，并在那里开设了著名的沙龙。1751年，她双目失明，于是将25岁的侄女朱丽·德·莱丝比纳斯招来身边，这位聪慧的侄女成为沙龙中的第二大魅力人物，甚至很快还跃居

---

* 奥尔良公爵（菲利普二世）（duc d'Orléans Philippe, 1674—1723），法国幼王路易十五的摄政，奥尔良公爵菲利普一世之子。——译者

** 夏尔-让·弗朗索瓦·埃诺（Charles-Jean François Hénault, 1685—1770），法国历史学家、诗人。——译者

*** 迪·曼纳公爵夫人（duchesse du Maine, 1676—1753），1692年嫁给路易十四与蒙特斯庞侯爵夫人的私生子迪·曼纳公爵。——译者

女性的话语

第一。她与朱丽之间出现不和,许多沙龙的忠实访客也因此而背叛,其中包括达朗贝尔,这带给她巨大的打击。侯爵夫人只是进一步保持了与伏尔泰的交往,以此作为弥补。生活还为她安排了另一次波动,即1765年,她与英国贵族沃波尔相遇:由此,在生命的最后几年中,她陷入了一场单相思之恋。1780年,正如在世时一样,她在沙龙宾客们的簇拥之中告别了人世。

玛丽或固定不变

卡蒙泰勒[*]的一幅画作将她表现得十分端庄，略显生硬，双目无神，直视前方。五官端正而瘦削的脸庞还流露出黯淡的温柔，让人理解了塔列朗在两人初次相遇时的反应：那年她73岁，而他仅18岁；得知她已双目失明，塔列朗深受触动；他宽慰，甚至惊叹地发现，失明并未损害侯爵夫人的形象，相反，还为"她心平气和的温柔形象平添了某种近乎至福的表情"。在人们的记忆当中，迪·德芳夫人始终是端坐"木桶椅"中的不变形象，带着德·让利斯夫人所说的仪态端庄与性情平和，以及她自我描述的"举止简洁而统一"，然而，没有过多的色彩和动作：几乎一幅抽象的剪影，可谓对启蒙运动时期热衷交际之风的讽喻。

在背景上，并无过多着墨来使画面变得生动。毫无风景：她厌恶乡村，无论是在福尔日的水边，或是拉朗德城堡，她所能记录的，仅仅是巴黎来信的时间。为了驱散现时带给侯爵夫人的黯淡心境，伏尔泰特意提醒她花儿艳丽依旧，山鹑和松鸡还是一样美味。而她很少在意这些。她对植物漠不关心，嘲笑圣朗贝尔[**]

---

[*] 路易·卡罗日·卡蒙泰勒（Louis Carrogis Carmontelle, 1717—1806），法国作家、素描画家。——译者
[**] 让-弗朗索瓦·德·圣朗贝尔（Jean-François de Saint-Lambert, 1716—1803），法国作家，法兰西学院院士。——译者

满脑子装着枝杈、榆树、溪流和芦苇。至于动物,她则怀疑布丰对其如此热衷也有些愚蠢。关于乡村,她最严重的说法便是:在那里百无聊赖。因此,在她的四周,总是那著名的沙龙中令人压抑的背景,以及反差强烈且沉闷的色彩——黄色的云纹绸,绯红的塔夫绸。三十年间,她每天下午都来此接待圈中密友,他们同她一道老去,年复一年日渐衰弱,每个人似乎都在拖延时间,不肯退场。而她也试图尽可能长久地留住身边的簇拥者,推迟睡眠和孤独来临的时间,以及失眠的黑暗;并且尽快迎来第二天的黎明,等待同样的大幕在同一时间、同一个舞台再次拉开。

似乎任何东西,无论是友谊,还是爱情,都无法改变这一时间表,或撼动此种生活模式。近乎爱情的友谊将她同可亲的埃诺庭长,一位拙劣的诗人兼议员联系在了一起。这是一种毫无激情的关系,谨小慎微,深思熟虑,同样令人压抑。此外,侯爵夫人怀疑,在内心的深处,想象总是多于感觉。她没有与生俱来的温柔,也憎恶"甜言蜜语"。我们意外地发现,在她的书信当中,要是感觉某句话语流露出淡而无味的多愁善感,她便会立即修正。面对同样小心谨慎的埃诺庭长,她放弃了如此做法,迫不及待地纠正道:"这并非甜言蜜语,而是我想要给您的准确表达。"

这位我们只能想象为年事已高,在失明的牢笼里寸步难行,仿佛被活生生地埋没在那披金挂红的沙龙中的女性,却也曾年轻貌美;按照马蒙泰尔[*]的说法,甚至还相当时髦。迪·德芳侯爵

---

[*] 马蒙泰尔(Marmontel, 1723—1799),法国作家,法兰西学院院士。——译者

夫人,闺名玛丽·德·薇奇-香露,生活中也一度热情奔放。无法确知她可曾爱过;但足以肯定的是,她根本不爱那个22岁时人们为她挑选的生活伴侣:她很快便判断出,自己所遭遇的,正是"根本不爱自己丈夫的普遍不幸"。在她与迪·德芳侯爵,这位喜欢家庭氛围和乡村绅士生活的远房表兄之间,毫无和谐相处的可能。她开玩笑地说道,这是一桩人们称之为般配的婚姻,"除了性格不合"。对于此种深层次的不相融合,所有和解的尝试都宣告失败。这是否成为年轻的侯爵夫人红杏出墙的原因所在呢?据沃波尔——她短暂的情人,她对其吐露心声——所言,她甚至不厌其烦地出入奥尔良公爵放荡的晚餐宴会。她情人众多,对于这一游戏乐此不疲,以至于在摄政期结束时,貌美而洁身自好的埃西小姐*证实,侯爵夫人已"声名尽失"。为了成为大型沙龙中的女皇,在一些"特定的日子"拥有稳定的来访者,赢得公众的尊重,她需要扭转人们的看法:这一行动困难重重,她表现得机智而又坚韧,而同和蔼亲切的埃诺庭长的关系也在其中发挥了作用。

这一做法大获成功:时至今日,我们依然为迪·德芳侯爵夫人披上规矩庄重、举止端庄的外衣,而她自己也期望如此包装。子孙后代们似乎完全忘记了她人生当中最初的一面,它转瞬即逝,的确如此,因为她走过了84个春秋,而早在34岁时,奢华节日的所有灯光便已对其熄灭。她自称,从那时起便完全摆脱了

---

* 夏洛特·埃西小姐(Mademoiselle Charlotte Aïssé, 1694—1733),法国女作家。——译者

"此种克雷比永*不懂如何描述的感觉和印象"。它们似乎从她身边掠过，了无痕迹。人们想要在她的书信当中找到感受、情感、儿时的记忆，或她年轻时的印记，却徒劳无功。对于沙罗莱地区的草坪，修道院里的年少时光，最初的爱情，她都只字未提。玛丽·德·薇奇-香露只是个影子，在迪·德芳夫人的身后若隐若现。这一个她似乎随着在圣约瑟夫修道院的房间安顿下来才开始真正的生活，在这里，她成为皮克牌与埃卡泰牌游戏桌之间这个小社会的中心，坐在"木桶椅"中，除了少数特殊情况，她不再挪动。她固守于此种贵族的漠不关心，而仇视像司汤达那样热衷于行动的人们。在年近50岁时，失明以一种残酷的方式对固定不变构成了讽喻。

* * *

表现固定性，直至被同时代的人们，如伏尔泰，视为18世纪早期的象征，这便是迪·德芳侯爵夫人刻意追求的社会目标。而她仅仅因为这一目标符合自身的秉性而追随于它。在书信当中，侯爵夫人形成了关于固定性的一种哲学，几乎成为一种信仰：真可谓伏尔泰的好学生，甚至青出于蓝而胜于蓝。

事实上，同他一样，她也与大自然对立。大自然作为这个世纪所崇敬的对象，于她而言却仅仅是人类——微不足道的创造物，在不变的生物进化系统中栖息于天使与牡蛎之间——所承受的种种约束的一个缩影。正是大自然区分出不同的性格，生而

---

* 疑为克洛德·克雷比永（Claude Crébillon, 1707—1777），法国小说家，或普罗斯珀·克雷比永（Prosper Crébillon, 1674—1762），法国悲剧作家。——译者

迪·德芳夫人

辨分出善与恶，决定每个人的幸福与不幸，打造出各种命运。因为，没有人能够改变自身的欲望和自私。谁也无法自我修正。是否正如她对于自己的看法，人们认清了自身的缺点，却感觉不到丝毫动力予以纠正。至少，这是一项无望之举：因为，我们若是能够主宰自己的行为——这一点还远远未能确定，却无法掌控自我的心灵：感情、兴趣、激情，人们一一感受，仿佛梦中的想法，却"并未融入其中"。因此，只能服从于手中的牌，它不受意愿支配。

个性不变，正是她的信条，并在描述人物时予以表达，这在当时还备受欣赏，她对此运用得相当精准。她留下了许多人物描绘，有他人，也有自己。每一幅人物肖像都仿佛置身于北方固定且冰冷的光线之中，采用直陈现在时的手法，赋予作家仿佛昆虫学家的中立，以及模特静物写生中的静谧。这里绝无颤抖的笔迹，说教者的夸张做作，以及用以美化的模糊处理。这位是肥胖、粗俗、极端的艾吉永公爵夫人："她就像为拱梁所做的雕塑，在广场上显得巨大怪异。"这位是福尔蒙，一位漠然而忠诚的朋友，清心寡欲，"对于朋友，他的好心肠弥补了感情的贫乏"。这位是夏特莱夫人，伏尔泰的饱学友人，美丽的埃米莉："由于她天资平平，却想要美丽，尽管财富不丰，却想要出色，她只得放弃必要的东西，来换取额外的收获。"迪·德芳夫人所有的人物描述都倾向于对生存状态给予某种不容置疑的定义。达朗贝尔即是如此，描述充分，被称之为"自由之奴"：肖像画家不仅要抓住相似之处，还要将其锁定。

固定性将每一个人束缚于自身，甚至大自然撒播的多样性

女性的话语

也无法弥补。因为，如果说多种多样的个性能够丰富绘画艺术，却总是万千变化不离其宗：人人相似，统统智慧贫乏，道德稀缺。面对自己挑选的小社会所呈现出的场景，侯爵夫人感到困倦，烦恼挥之不去："我们每个人都愚蠢至极，只是方式各不相同。"在宾客们的举止、言谈，甚至俏皮话当中，她看出了自动木偶的刻板："在我看来，男人和女人们仿佛弹簧机器，来来往往，谈话嬉笑，却不假思索。"这是因为大自然将闪耀的角色写入了一个枯燥的剧本，不断重复着人类生存的不幸，出生与死亡的失望，人们在生活的舞台上匆匆而过，走向年老与死亡。然而，这些并非是如此残酷公平的自然教授给迪·德芳夫人有关平等的课程——按照朱丽·德·莱丝比纳斯的说法，她"完全反对生而平等"，而更像是一种温和的包容，对每个人的恶习均视而不见。当路易十五的女儿路易丝夫人成为加尔默罗会*修女时，此种被侯爵夫人现实主义的眼光认定为荒谬的举动却能够归结为共同的法则：人类无法得到幸福。因此，条件与性格尽可以无限改变，不满和担忧却始终如一：嘉布遣会修士、宗教人士同无信仰者一样，灵魂遭受折磨。她意识到，这样看待生物的固定且冰冷的眼光有些可憎；这种认为一切事物最终将毫无意义的感觉也略显冷酷无情；但至少，我们由此放弃了一切提出要求和进行指责的意图，提防了将自己的痛苦转嫁于外界的可笑之举。

---

* 天主教的一个修会，会内修士以托钵行乞为生，标榜苦修，戒规很严。12 世纪在巴勒斯坦加尔默罗山上创立。路易十四时代传入法国。——译者

迪·德芳夫人

伏尔泰认为她言之有过。对于两人而言，人类都微不足道，命运悲惨。复仇、渴望、利益，总而言之各种欲望，都有着不可抗拒的拉动力。但他也相信，人类的天性中有着希望的本能，人类毫无价值这一想法将他们从自杀的企图中拯救出来，哲学也发挥着一定的作用。然而，侯爵夫人对此感到十分可笑。伏尔泰与侯爵夫人之间的分歧总是围绕着同样两个问题。首先，是思想与幸福的关系：思考越多，我们就越是不幸，她叹息道；而伏尔泰却不予赞同，他明言思考能够使人摆脱偏见，"感觉到自己并非愚蠢之人是快乐的"。其次，是经验。她坚持认为，经验不能带来任何东西，而一切都无法长久获得。而在他看来，经验可以积累。他相信人们合理的发明能够改造世界，相信改革，相信启蒙运动能够战胜蒙昧主义和迷信。他庆幸，摆脱了神话信仰并非一无是处。而在她看来，恰恰相反，摒弃了神话信仰绝不代表知识渊博，更不意味着得到安慰。

由此，便解释了她对于哲学家的不信任态度，甚至在她同达朗贝尔保持朋友关系，而朱丽——尚未成为她的"德·莱丝比纳斯小姐"——还未曾使她远离百科全书派时，她已流露出对于18世纪一则信条的困惑，即有一个好的政府，人们能够成为立法者。正如不相信自然的可塑性，迪·德芳夫人也不相信历史的进步。甚至争取宽容的大战似乎也值得怀疑。遭受迫害的人们无疑在劝诫宽容，然而，当他们不再身为受害者时，便不再对此大肆宣扬。同时，她还心存可怕的疑虑——伏尔泰本人也曾一度有此同感,即走入了帕利索*派和蓬皮尼昂**派局限的阵地。事实上,她并非对这些平庸之人表示尊重,而是拒绝与他们为伍,她厌恶对于教义学说的迷恋,以及派性的愤怒与狭隘:这位失明者担心会盲目轻率。当她亲爱的伏尔泰强烈反对无耻之人时,她犹豫不决:这是衰老?还是幼稚?至少证明品位糟糕。

如果说她判定伏尔泰将才华浪费在了反对教权的斗争当中,这并非因为她相信另一个世界,即来生,另一个世界的存在是一些莫测之事。然而,她来到紧邻圣约瑟夫修道院公寓的小教堂参加日课。当得知她的大侄女皈依宗教时,她满心欢喜:至少她不会再生下不幸的孩子了。这是负面的好处,而她也充分感受到了皈依宗教有怎样的积极好处。人们告诉她:信仰,才最为稳妥。她表示赞同,但补充道:"对于并不理解的事物,该如何相信呢?"无论是在这一点,还是其他方面,她都坚持人的性情不可强迫,也无法相信尚不准备相信的事物。但做不到这一点,她也感到遗憾。总是专讲别人坏话的拉阿尔普***讲述道:这是因为圣保罗的书信体诗文令她厌烦透顶。事实上,她对于基督教不感兴趣还有着更为深层的原因,同她对于时间的描述有关,依她所见,无休无止絮絮叨叨的时间永远不可能隐藏独一无二的事件。任何罪过不曾带来人类命运与其本性之间的

---

* 疑为夏尔·帕利索·德·蒙特内(Charles Palissot de Monteney, 1730—1814),法国剧作家。——译者
** 疑为让-雅克·勒弗朗,蓬皮尼昂侯爵(Jean-Jacques Lefranc, marquis de Pompignan, 1709—1784),法国诗人。——译者
*** 让-弗朗索瓦·德·拉阿尔普(Jean-François de La Harpe, 1739—1803),法国评论家,法兰西学院院士。——译者

迪·德芳夫人

差距，任何皈依也无法改变幸福的条件。人生既不能扭转，也无法补过。

她很愿意相信的唯一事物，也是表现她思想深处固定性的一种方式，即品位，在她看来，这包含亘古不变的规则和不容置疑的范例，因此，它高于习俗，这一点证实了她本能的反卢梭主义。她相信自己的品位，确信拥有真、善、美的典范。圣伯夫赞同，在这一方面，无人可与之匹敌。后人认可了她的喜好，感激她支持蒙田，而反对沃波尔，无法容忍后者能够同时喜欢塞维涅和克雷比永。人们赞赏她，与诸多同时代的人物不同，她梳理出了托马*的平庸、圣朗贝尔的乏味，发现了英国小说的朴素自然，期望将《克拉丽莎》(*Clarisse*)的三分之一删去，对伏尔泰教育人的戏剧并不热衷，如《袄教徒》(*Les Guèbres*)、《米诺法典》(*Les Lois de Minos*)**，并且在《西徐亚人》(*Les Scythes*)中看到了"夏约或沃吉拉尔的农民"。品位，同古典语言一样，在她眼中是一种永恒的标准，她正是依据这一标尺来衡量作家及作品的。她据此评价《圣经》：只要翻开，便感觉到通篇的"可怕语气"，惊讶地发现"圣灵是何等地缺乏品位"。事实上，当我们一旦掌握了写作的经典范例，便少有作品还值得反复阅读。对于当代人，她又如何评说呢？在侯爵夫人的信件，特别是写给伏尔泰——尽管他有因年老而犯的错误，侯爵夫人在他身上看到了品位这一伟大事业的同盟者——的书信当中，她抱怨不断：活力

---

* 疑为安托万·莱昂纳尔·托马（Antoine Léonard Thomas, 1732—1785），法国诗人、评论家，法兰西学院院士。——译者
** 一部反对宗教狂热的悲剧。——译者

不再，优雅不复，学究气和说教的口吻无处不在；甚至从前通过些许荒诞行为来补过自己蠢行的愚钝之人，也不过是故作庄重，平淡无奇。老者之言？她担心人们如此评说，但并不认为判断品位的准确性会受到年龄影响：灵魂不会老去。

* * *

因此，于她而言，未来无可期待：她最不擅于希望。至于过去，也无从相信会看到幸福重现。朱丽·德·莱丝比纳斯尽管心怀怨恨——或许正因如此——却清楚地发现了侯爵夫人的这一主要倾向："她很少想念过去，也根本不考虑将来。"可是，生活还要继续。因此，唯一的源泉便在于瞬间，以及感受它的方式，即尽量不去为之痛苦，在可能之时尽情消遣。在迪·德芳夫人身上，没有什么比这种对于瞬间的信仰更加坚定，也没有什么比这更令人失望的。

当霍勒斯·沃波尔在 1765 年见到她时，他为这位上了年纪，却穿梭于戏剧与歌剧院，创作歌曲，编写讽刺短诗，口授写给伏尔泰的信稿，每周在家中安排两次晚餐会的夫人深感迷惑。1767 年，他再度来到巴黎，不乏赞赏又有些怀疑地记录下，侯爵夫人因为钟爱彗星而站着等到凌晨三点。她谈起话来不知疲倦，甚至还从中悟出了生活的真谛，她表现出沃波尔所说的一种不可思议的敏捷：无论是叙述的方式——她总是讲得很快（"图卢兹的大主教有一位祖父，这位祖父是我的叔叔，这位叔叔是个笨蛋，而这个笨蛋很喜欢我"）——还是机智风趣的谈话，这种转瞬即逝的才华很符合她的哲学；她自认为并不擅长找出想法之间的关联,辩论讲理需要花费的时间令她疲惫,而在阅读并大为欣赏《论文人》*之后,她建议达朗贝尔将其"整理为箴言录",即分块整理,这便很能说明问题。事实上,片段正是她的专长,"智者自明,无须多言"(intelligenti pauca)是她的座右铭,而她十分擅长的风趣话,确切地说,就是把握机会,画出点睛之笔,使瞬间静止、凝固,并定格成为永恒。在与她同时代的人们当中,无人能够挑剔侯爵夫人在稍纵即逝的活动方面取得的成功:人们重复她的词汇,她引以为傲。

而这同样会感到痛苦。因为想要运用这一才华,这种我们十分幸运地从瞬间汲取的才华,就离不开他人,需要他们给予的支持,表达的期望,以及他们表现出或重新提起的兴趣。伏尔泰建议她通过写作来打发时间,对此,她回复道:写作这种如此孤独的活动并非其天赋所在。因此,她总要力争为自己赢得"社会"。还有什么比这位年迈的夫人最后的几页日记更加令人心碎的?在她去世前的几天里,人们还看到她兴奋地记录着宾客的人数、收到的信件,操心着安排晚餐:即使在她临终之际,家中的宾客有时仍可多达十三位。焦虑不安是对她一生的概括:她总是为要在家中召集众多宾客以排解痛苦所困扰,这正是那些既无事可做,也不挥霍放荡,并没有欲望,却进行思考,思想活跃的人们所特有的痛苦——她对此了然于心,并进行了细致的描述。因此,这是对于他人的绝对依赖。她从自

---

* 达朗贝尔的作品,全名为《论文人社会及大人物》(*Essai sur la société des gens de lettres et les grands*)。——译者

身找不到任何办法,"只有通过他人给予",她痛苦地感受到这种桎梏,却竭尽全力使其延续下去。透过她同德·舒瓦瑟尔夫人——她最喜欢的女性通信者之一——的一次简短对话,便能够清楚地了解这一点。舒瓦瑟尔夫人向她坦言,自己的生活不够"忙碌"并不要紧,它其实"十分充实"。而这无法说服迪·德芳夫人:想要生活变得充实,难道不应该让它忙碌起来吗?在这两位女性之间,横亘着误会的鸿沟。因为舒瓦瑟尔夫人相信灵魂生而完整,而对于迪·德芳夫人,完整性必须付出劳动,而友谊需要耗尽能量。

我们只能想象着朋友们围绕在她的身边,而她对于友谊的深厚与稳固却不抱多少幻想。因为害怕失望,她对流露真情厌恶至极。埃诺庭长尽管有点冷淡,竟然也大胆地写给她一封言辞略显温柔的书信,并为此承受了后果:她嘲笑一番,很清楚自己并非这些甜言蜜语的灵感来源。错误显而易见,在于"特定的环境",在于美妙的时间对于庭长善感而脆弱的心灵做出的安排。她对近亲采取极端现实主义的态度——她欣赏德·曼特农夫人的这一特质,如此生硬,却有着不对任何事物心存幻想的明智。福尔蒙和达朗贝尔之所以成为她最在意的朋友,更多则在于"他们极度的真实",而并非对她个人的爱慕。此外,自己不曾体会的感觉,她也不会苛求于他人。她憎恶废话连篇,和对于美好感情的喋喋不休。她在《新爱洛漪丝》中将这些通通择去,她承认其中的美好,令人生厌的情感说教却使其变了质。这种厌恶甚至还达到了巅峰:另一位爱洛漪丝,以及她同阿伯拉尔的通信混杂着"莫名其妙的文字,爱慕之情,不切实际的幻想,以及肉体之欲"。这一切统统"虚假、离谱，可憎可恶"。

害怕上当受骗铸就了侯爵夫人冷酷的名声，对此，卢梭曾发出令人难忘的感慨："我宁愿带上她仇恨的桎梏，也不愿陷入她友情的牢笼。"在同朱丽·德·莱丝比纳斯成为朋友时，她写下了大量谨小慎微且注重实际的书信，试图将通信中的用词和要求固定下来，提前设想对方的反感，并想办法消除厌恶（朱丽在对这位庇护者报复性的描述中回忆了此种不信任）。对于她想要留在身边的父母，她亦是如此。她从未忘记社会与朋友交往中的利益关系。她曾向沃波尔描述了同德·米尔普瓦元帅夫人——对某些事物也同她一样心怀憎恶——的一次谈话，以及它所带来的苦涩的满足。务实的侯爵夫人说道，这些厌恶"让我原谅了她对于我的漠视，或许是仇恨"。对此，她评论道："美好的社会，迷人的交往！"因为，无论是对于自身，还是他人，她从未放弃投以批判的眼光，有如观看戏剧般漠然地看待她的社交圈子。此外，这位失明的夫人还坚持使用戏剧词汇，着实稀奇。

朋友并不可靠；表达友谊的话语尽是欺骗，因为"被彼此并不喜欢的人们滥用"；确信人们从来都只爱自己；需要全力保持社交圈，却无法确定真心喜欢；遗忘的瞬间是人们能够得到的唯一幸福，却无法持久；对话毫无内容，而只是因为惧怕静寂；快乐稍纵即逝；放荡实为必要而又可笑：这一切让我们明白了，迪·德芳夫人所想象并维持的安排，其必然结果便是苦恼与失望。她请求达朗贝尔提供祛除烦恼的良药，对她而言，这是真正的点金石。在所有书信中驱之不散的烦恼正是她在生活与文学领域进行一切评判的试金石("《大百科全书》令我厌烦透顶")。然而,这是一种极为特殊的烦恼。她的蓝颜知己沃波尔在年轻时就曾写道:"烦恼的幽灵始终萦绕在他的心头。"由于沃波尔拥有自我娱乐的无限能力,这位文学爱好者的烦恼——他很乐意用"自我接受"加以诠释——形式温和,极为文明,毫无杀伤力。而对于迪·德芳夫人,烦恼如同一场骤降的危机——迪·沙泰尔先生曾这样写道:"突然之间,我们看到她思想中的一切光芒消失殆尽"——猛烈,痛苦。犹如一种坠落,陷入地狱之中。

1751年前后,她体会到了我们今天所说的抑郁,并称其为"眩晕的深渊"。我们无法还原这段历史。巴黎变得不堪忍受,不可思议的是,她甚至考虑遁居乡下。后来,在向伏尔泰讲述这段出现"可怕眩晕"的小插曲时,她将其描述为:"我的灵魂深陷于虚无之中。"甚至在渡过了这段危机之后,那些令人感到时间难挨的普通烦恼也总是让她重新陷入往日的焦躁不安当中;因为,这是虚无的先兆,让人"了解到另一个世界的痛苦"。对于迪·德芳夫人来说,烦恼和悲伤是一种常态。烦恼在她心中的分量,甚至带有刺激人的新鲜感,令所有同时代的人感到吃惊。突然搬空的房子,骤然熄灭的蜡烛:这便是人们用以描述侯爵夫人陷入消沉时的画面。每逢这些时刻,她寻觅自己的灵魂,"却只找到了模糊的记忆"。这便是"强烈的眩晕"。对于这些,她有时能够战胜,却从未得以摆脱小眩晕。对她来说,只有两种生存方式:烦恼与快乐,在仿佛拥有双重时间,如发动机般运行的生活中更迭交替。于是,心灵对于时间带来的破坏大感恼火,只得穿梭于消遣之间,而在两者的间隙,则陷入

"消沉",备受折磨。在侯爵夫人的作品当中,也出现了如此反差:书信的自相矛盾之处在于既万分生动,又老生常谈;她明白,单调的抱怨会令收信人感到厌倦,不时想要从中摆脱出来,却又总是随即跌落回去。

奇怪的是,当我们倾听这些冗长的抱怨时,身为女性这一事实在其中所占的分量却少之又少。迪·沙泰尔先生看到,在她"阴柔且虚弱"的身体当中是"阳刚而雄健"的思想,并不无吃惊地写道:打量着她,我们便相信了什么是性别错误。他总结道:"她的性别阻碍了她的天赋。"那么她自己,是否感觉到身为女性呢?与同时代的诸多女性不同,她憎恶这一世纪的女性圣经,即托马的《不同世纪女性的颂歌》(*Éloge des femmes des différents siècles*)。至少,在她的文章当中,"女性"一词就很少出现。此外,对女性特有的脆弱的各种隐喻也十分少见。但也有一处例外:在记录下德·布夫莱伯爵夫人*一项少有的品质,即持之以恒的思想之后,她补充道,"特别是在女性身上。"但我们感觉到,这是更加强烈的赞美方式:与其说是个人的确信,则更像是有义务树立恰当的形象。因为,如果说侯爵夫人对于自身的思想品质心无幻想,她却并不小看自己。她自知是身边人们必需的中心,一位不可替代的女性形象,按照莫雷莱**的说法,缺少了她,通常有趣的谈话便不复存在。朋友的欣赏强化了如此感觉。

---

* 德·布夫莱伯爵夫人(comtesse de Boufflers,1724—1800),法国女智者。——译者
** 安德烈·莫雷莱(André Morellet,1727—1819),法国作家、哲学家,法兰西学院院士。——译者

伏尔泰视其为独特的女性而同她讲话，对她说道："不要为兼具个人的魅力与思想的力量而脸红。去和其他女性争吵吧，但要理性地同我讲话。"她并未反驳，且以同样的口吻予以回复。当这位伏尔泰不再寄来任何"可怜的文字"，而她却视其为医治烦恼的良药而望眼欲穿时，她苦苦哀诉：被他视为饶舌妇来对待。她承认，这一特殊类型的女性——"饶舌妇们"——符合约定俗成的女性规范。但她并不想将其扩展到全部女性，并且对于女性的欣赏，也是以不做"饶舌妇"的能力大小来加以衡量的。她确信自己完全不是，并向伤感而严肃的德·拉法耶特夫人表达了坚决的敬意：她并非"饶舌妇"。

同时，她的抱怨从来都只是针对人类的普遍不幸。她哀叹年龄和无能为力这些宿命的象征。她所热切期盼的，便是为"人为何老去？""我们为何来到世间？"这些永恒的问题找到答案。她从不为女性在身体上的独特之处浪费时间。她庆幸得以逃避了母亲这一身份。而这并非因为作为母亲所要经受的苦难和痛苦，而是在于不必为这个世界增添一个不幸之人。疾病本身，以及失望带来的"眩晕"并非女性个体所遭遇的偶然，而是威胁着所有人。她曾向舒瓦瑟尔夫人坦言，能够令女性与众不同的唯一特征，在于她们从不承认自己的烦恼。在这一方面，她再次跳出了规则，而常常只唠叨这些。总而言之，在境遇悲惨的人类所承受的制约当中，作为女性并无特殊之处。

历史上也不过如此。她曾短暂地关心过女子教育的问题，早在她生活的时代，这一问题已然揭露出社会不公强加于女性的毫无价值。然而，迪·德芳夫人对于修道院教育的种种抱怨（她多么希望能够品读优秀作家的作品，并关注自己思想的发展）并无特别的性别指向。侯爵夫人使用极富个性的语言来探讨教育这个问题。而教育并未帮助她弥补天生才智的不足，战胜无法强烈关注某一事物的困难，跨越写作与思想表达的障碍，这令她深感遗憾。然而，这些不足根源何在？它归结于任何人都无法避免的消化困难和体质虚弱。如若对她而言，真有通往功德与才华的阶梯，能够区分出"普通人"与"上等人"，那么这一等级的划分与性别的区分毫无关联。性别并不构成某种特殊的生存方式。至少，侯爵夫人憎恶一切笼统的分类，嘲笑哲学家们口口声声地说着面向全人类，却只愿与一部分特殊的个体打交道——由此，她对小说中的主人公、回忆录，以及人物传记颇感兴趣。她无法原谅克雷比永对女性作为整体进行刻画。不仅因为她无法从中辨认出自己——她对沃波尔写道："把我从克雷比永的女性刻画中圈掉"——而且在她看来，这一做法本身也完全不合时宜。克雷比永是"一个生活中只存在物种的无赖"。

然而有时，她也会被朋友们带回到这个缄口不谈的女性主义话题。在她同伏尔泰的关系最为紧张之时——他同蓬皮尼昂决斗，而她认为毫无必要同这位平庸之人争论——伏尔泰致信埃诺庭长，确信该信将转交侯爵夫人，并在信中写道："我看，尽管她头脑清醒，也还是位女性。"而在后来写给侯爵夫人的另一封信中，他又说道："我提醒您的朋友，您同那些百媚丛生，在迷住追求者后又将其抛弃的女性如出一辙。"然而，她对这一挑衅无动于衷，从未想要探讨这一话题。还要等到另一次相遇，另一位朋友和几乎另一种生活,她才会予以接受,但并非毫无怨言。

* * *

因为,如果说迪·德芳夫人的生活早在1760年便已结束,此时已64岁高龄的她,也还是一副极端多疑、思想尖锐生硬的形象,面对一切处乱不惊,看待世界仿佛一场演出(她尽情娱乐,却很少投入情感)——如此能力对于失明之人实属荒谬,她将自己的生活安排得舒适安逸,但十分做作。在与沃波尔相遇之后,这一切彻底改变,对于这一点,没有人比她自己的说法更为强烈:"自打与您相识的那天起,我的生活才算开始。"

1765年秋天,来到巴黎刚刚两周,霍勒斯·沃波尔便在日记中记录道,拜访了一位"双目失明、机智风趣的老夫人"。在几天后写给朋友康威*的信中,他进一步写道:"一位双目失明、思想放荡的老妪。"再过了几天,他又写下:"年事已高,完全失明。"这与侯爵夫人自我定义为"常年不变"的方式不谋而合。然而,从一月份开始,他们的关系变得不再浮于表面,他心怀欣赏地写道:衰老与失明的双重不幸并未影响到她的其他方面——"活力、思想、记忆、判断、欲望、愉悦"。与同一时代著名男士间的交往也令她的形象赫然高大——特别是她与伏尔泰之间的通信:沃波尔将她视为活生生的纪念碑;而对于热衷于闲话的沃波尔来说,红金相间的沙龙正是他的第一处栖息之所,

---

* 托马·康威(Thomas Conway,1734—1800),出生于爱尔兰的法国士兵,在美国独立战争中担任美军的总参谋长助理。——译者

为他敞开了巴黎生活的大门。

那么通过最初的几次见面，她又是怎样评价这位爱好文学、一心迷恋于修饰的雅士贵族呢？沃波尔精心装饰了他位于草莓山的房子，摆放了哥特式风格的家具；并用心整理大量的信件，充满爱意地将它们剪出月牙花边。这种喜好修饰的性格主要是在意自己留下的印象和树立的形象，并对于滑稽可笑感到惶恐不已，他的传记作家们对此诠释不一。有些，例如麦考莱[*]，从中看到了模仿、矫揉造作和装腔作势的本性。有些，例如里敦·斯特莱切[**]，则洞察到感情脆弱的迹象。不论他究竟怎样，此种心理特征使得沃波尔同侯爵夫人之间的关系并不愉快。然而，她在当时并未看到这一点，就像没有看透他本人一样，并且为人们对他的描述感到满意："一双众人所言如此美丽的眼睛"。她首先对他的声音、口音中迷人的迟疑，以及善于交谈的才华十分敏感——她从中找回了倍加欣赏的带有讽刺的距离感：他"风趣幽默"。她也满意地记录下他对于启蒙运动的毫不热心：比她年轻许多丝毫无妨，他一样看破红尘。从某种意义上来说，他也是位怀旧之士。并且，与她相同，也是贵族。或许还表现得有些过分：当沃波尔在写给伏尔泰的一封信中使用"尊贵之人"来自我定义时——他将这个无意间犯下的错误归咎于翻译，她则提醒他唯才主义的平等法则。而他会伤害到伏尔泰作为资产阶级

---

[*] 托马斯·巴宾顿·麦考莱（Thomas Babington Macaulay, 1800—1859），英国政治家、演说家、政论家、历史学家。——译者
[**] 里敦·斯特莱切（Lytton Strachey, 1880—1932），英国著名传记作家、评论家。代表作《维多利亚女王传》。——译者

的耳朵吗？伏尔泰还以有力的反驳，自称并不晓得尊贵之人与其他人有何不同。

然而，性情与品位的不谋而合并不代表一切。因为，除此之外，沃波尔身上还有诸多特点令迪·德芳夫人困惑不解。例如，他酷爱修饰，热衷瓷器和园艺，这些在她看来都是略显可笑的难解之谜：我们如何能够从毫无生命的事物中发掘出魅力呢？此外，对她而言，这并非在于针对彼此之间的相同或不同之处做出深思熟虑的评价，而是因一次误会点燃了一见钟情，带来了"莫名其妙的感觉"。沃波尔在返回伦敦途经尚蒂伊时，写给她一封书信，可惜已经遗失，我们无法确知信中的语气。此举实为不慎。因为她认为从中读出了爱的宣言，"您承认对我的感觉。"她有失分寸地回复了来信，也吐露了心中情感：提到他带来的失眠痛苦，还有温柔（"有谁的爱，有如我对您的爱这般温柔"），甚至，她保持的所有不信任仿佛顷刻之间荡然无存，冒险做出了与她生硬的天性完全相悖的表达："我想，人们的功德迟早会得到补偿［无法想象她甚至会有如此期望］；我拥有一颗温柔而真诚的心灵，在生命的最后，我得以回报。"

这，是爱情吗？确定无疑。迪·德芳夫人刚刚遭遇了突如其来的爱情，几乎并不清楚在她身上发生了什么。转眼之间，她改变了语言（甚至使用她一向摒弃，并称之为"斯居代里*风格"

---

* 疑为乔治·德·斯居代里（Georges de Scudéry, 1601—1667），法国小说作家和剧作家；或他的妹妹马德莱娜·德·斯居代里（Madeleine de Scudéry, 1607—1701），法国女文人。——译者

富于感情的词汇)、年龄("我只有13岁")、生活和经验("我忘记了过往的经历"),并感到从这种刚刚萌生的感情中获得了新生,她并不害怕将其命名为一次"新的洗礼"。爱情对于生活的这种转变有着怎样的好处!我失去了自我("我属于您,胜过于自己"),这一思想所围绕的唯一事物,神奇地具备绝无仅有的深邃,由此,她摆脱了可恶的烦恼:"当我们身处一地时,我猜出您的想法,您知晓我所考虑,我们会毫不迟疑地彼此述说。"被所爱之人爱着,这样的意识会将每一天照亮。这是灵丹妙药:"当我们爱并被爱时,便高于一切。"在这位天性多疑的女性身上,垂暮之年的炎炎烈日才刚刚升起。

绚美也有反面。爱情是一只潘多拉盒子。一旦打开,一连串的焦虑便随即飞出。对于自我的焦虑:我怎样才能讨您欢心?有什么能够让您依恋于我?对于另外一方的不安:有时是对他本人,害怕坏消息,她不知自己能否面对,害怕疾病和意外;而更多的时候,则是对彼此感情的性质感到担忧:她焦灼等候的来信是否言辞冰冷?1765年秋天,倔强的侯爵夫人变得疑虑不安。那是因为就沃波尔对她的感觉,她已不抱幻想,并且在他们互通了两封书信之后,他也并未留下多少可供幻想的余地。

他的感情到底具有怎样的性质?如果仅就外在表现而言,毫无疑问,沃波尔对她表现出充满爱意的忠诚:他多次来到巴黎,唯一目的就是与她相见,在她去世之后,还收养了她那条丑陋的家犬。然而,他对于得体与否十分多疑,憎恶毫无保留,并且害怕成为某部书信体小说受人嘲弄的主人公。在他的书信中,

47 一开头便处处叮嘱：不要将信拿给任何人看，不要提起他。她稍稍表现出温柔，他便惶恐不已，训斥她，请求她像个理智的女性那样讲话。他拒绝她的一切抱怨，并威胁道："如果您希望我们的关系继续下去，请不要再用如此悲惨的口吻。"他自称将完全不在意同她之间的友谊，假如"这种友谊有爱情带来的不便，却毫无快乐"。这个缺乏教养之人。面对此般严厉与轻蔑，她感到必须不断向他重复，谁会相信他是一位七旬老妇的情人。然而，他的不信任丝毫无法改变。他十分清楚，她最难以忍受的，就是被指责哭哭啼啼，多愁善感——如同一位粗俗的饶舌妇。于是，他揭发她充满诗情画意的想象力。对于这位曾经向埃诺庭长吐露心声，带着些许骄傲承认自己既无"性格，也无离奇故事"的女性而言，实在过分至极。沃波尔常常出言粗俗，但他也并非完全错误。严厉的侯爵夫人做起事来却仿佛理智尽失的小姑娘。她会在送信时间坐立不安，颤抖着仔细查看来信，买来个大箱子，装满珍贵的信件。

那个重复着"我喜欢秩序，我喜欢道理"的女性哪里去了？谁还能够认出那位善于讽刺和挖苦的迪·德芳夫人？她准备好一切听从于这位谜一般的英国人（但文学评论除外，她自认为在这方面头脑更加清楚，不肯让步，并坚持维护蒙田，反对克雷比永）。首先，面对这样一位备受恐惧折磨，只有在信件归还本人的条件下才肯写信的男士，她接受了此般羞辱。她循规蹈矩，很少冒犯他人，在她看来，沉默应当成为两人关系的主宰："我不再唤出您的名字"；"我遵循您的一切决定，不吭声，不抱怨"。此等约束或许还微乎其微。更糟糕的在于，她要克制所有本能的行为——不耐烦、愤怒、温柔;来假装嘲讽和冷漠,因为这才是他想要的,将爱情的词汇隐晦为友谊的词语;然而,面对我们唯一所爱的人,坚持使用"我对其毫无感觉,只当作朋友对待的人所用"的词语,何其残忍!对于这种竭尽全力的掩饰,她伤心地述说:"您几乎将我变得名不副实。"钟爱事实的她憎恶沃波尔强加的扭曲,然而,她更加害怕的,是受到他冷若冰霜且粗暴无礼的对待:"我宁愿扼杀我的一切想法,也不愿惹您不悦。"同时,她发誓改正,坚持遵照他的喜好安排社交时间表。她给予他期待中的一切:巴黎的传闻、晚餐会、戏剧、娱乐、光鲜的大人物。此番传播新闻令她灰心失望:对于付出真爱之人,这难道即是真谛吗?可她自认倒霉,她不停写作,甚至对于写给他的作品在文学质量上也并无把握。因为,她知道自己有一个奇特的对手,那便是沃波尔所热情崇拜的德·塞维涅夫人。迪·德芳夫人估量着自己同这位侯爵夫人之间的一切差异,在对方那丰富且光芒四射的想象力面前,她自身在犀利生硬的小文章方面所具备的天赋也逊色了许多。

　　在这种甘愿服从的关系当中,她也感受到了魔力。听到自己被唤作"我亲爱的小东西",带着某种心醉神迷的疯狂来使用从属性质的语言,都饱含甜蜜。她未曾对任何人——甚至伏尔泰也不例外——表现得如此虔诚,却一上来便对他写道:"您是我的保护人,我的主宰。"她恳求他不要放弃自己的教育,颇为陶醉地谈及他的"课程"。她还会不时极有分寸地算计着冒险写下"甜言蜜语"。甚至完全磨灭自身个性也带给她模糊的快乐:"您将我化为尘埃。"

有时，在不计其数的"我服从"当中，迪·德芳夫人反叛的本性会突然重现。她会在书信中对自己痴狂迷恋的这位"疯癫之人"怒火中烧。她尝试使用擅长的讽刺挖苦（或许，他认为她决心将其征服？而只是能够将其"驯服"，她便深感幸福）。她向他索要书信范本，依此来复制信件，以最终博得他的满意。她有时会突然受到冒犯而流露出骄傲本性："我不明白，您怎能对一位如我这般年纪的女性写下此等侮辱的话语。"她试图找回曾经自我价值的感觉："我才是您该爱的人。"她试着要挟：如果他不再来信，便会在某天清晨看到她来到草莓山。她威胁将停止一切通信。她做到了。这一切仅仅持续了两个月，而后，她妥协了："我的朋友，我唯一的朋友，看在上帝的份上，我们讲和吧。"她很清楚，也反复对沃波尔说过，不可能"改变我为您的感觉"。这句"我情难自禁"——她至此用以描述人性中亘古不变的固定性——从此证实，她已偏离了自我本性。

* * *

对于最后这一出乎意料的举动，批评家们欣喜不已。她着实陷入了圈套，她曾经说着"我知道，人们根本没有爱，我并不想被爱"，如今却叹息道："被我爱的人爱着才是幸福。"谢雷等一些评论家在沃波尔的这段插曲当中看到的是不合时宜（一位七旬老妇的爱情不仅十分可笑，且绝无可能发生）。另一些评论家，例如圣伯夫，则更加深刻，也更为宽容，他们为迪·德芳夫人终于表现得像位女性而感到高兴。迟暮之年的这段感情正是她想要无视，甚至嘲笑的女性本性的相反一面。令人生畏的侯爵夫人在晚年接受了这种不平等的附属关系，这暴露出她深深隐藏，许久未曾用过的温柔。在许多人看来，她也体现出女性共有的言行不一。

最后这种解释涵盖面过大：在迪·德芳夫人这个人物身上，已存在太多自相矛盾的个性特征，根本不需要再借助这样一个平淡无奇的矛盾之处。因为，如果我们查阅她的两位传记作家，或寻访与她同时代的两位人物，便会得到对于侯爵夫人两种不同的描述。这边是欲望强烈，那边就是通情达理。一些人认为她脆弱，另一些则评价她冷漠。如果按照百科全书派的说法，她冷酷无情，他们全都依据朱丽·德·莱丝比纳斯对侯爵夫人的描述，如同一个"坏孩子"，蛮横专行，令人无法忍受。相反，如果相信沃波尔的说法，她则是脆弱的，是一位"需要克服心中对于友谊种种幻想的善良之人"。在伏尔泰的眼中，她通达明理。而在朱丽看来，与此相反，她毫无理智，欲望主宰着她的大多数决定。朱丽的定论这一次得到了沃波尔的认同，他承认侯爵夫人在道理上判断准确，而在行动上却极易犯错：在这一点上，她"爱得投入，恨得纯粹"。

但我们无法想象，是什么使得冷酷与脆弱、欲望与理智最终在她的身上两两融合？侯爵夫人的冷酷正是她对于自身脆弱的反抗，她的镇静（她认为一切归根到底都是平等且无关紧要的一种方式）则是她对抗失望与痛苦的计谋。而至于道理，德·福卡尔基耶先生曾恰如其分地说过，"她对待理性的态度，就如同女性对待笃信宗教。"她也清楚，自己是个"小暴躁"，正是这一点使得她在沃波尔将其作为小说的主人公（在她看来，那是一个令人反感和厌倦的角色）时大发牢骚，这与她的自我感觉恰好相反。她实践道理仿佛一种狂热的练习，像个完整主义者。这也是她实践怀疑的方式，她曾说过，要避免对他人的证明提出抗议，担心要轮到自己来做出证明。然而，此种自愿的紧张练习似乎并无效果。这样的道理是否真的能够消除激情的幻想？她不置可否。

消除幻想可否期待，何时才能成为可能？迪·德芳夫人明白放弃幻想的必要，也了解人们对此的需求。对于使我们受到伤害的幻想，她极为不屑，却自愿祈求一种永久的幻想：例如对于爱丽舍田园的信仰，甚或坦率质朴的人们"对橡树叶珍视如金"的与生俱来的能力。这是因为，狂热的幻想一旦持续下去，至少能够让整个人专注于一件决定一切的事情：唯有疯子、情人和醉鬼能够摆脱烦恼。

因此，正是对于无用的苦涩感觉，掺杂着对于空虚的反感，表明了她个性的两个方面，将思想的固定和行为的疯狂，追求放荡挥霍和对自身空虚的认识，唯意志论与怀疑论两相融合。我们也愈加明白了，为何对于沃波尔的情感远不止一段不合时宜的小插曲，它以严密一致的方式结束了这段生活。尽管蒙受耻辱，尽管爱得死去活来，不管怎样，她的灵魂得以充实："当灵魂被完全占据，便了无缺憾。"倘若灵魂平日里的无聊是一种不同寻常的空虚，那么不幸的爱情本身就成为了某种形式的幸福。与沃波尔的相遇，让迪·德芳侯爵夫人将空虚换作了痛苦，然而，如若空虚是绝对的伤害，对另一人的苦苦思念则是充实。

因此，让我们片刻倚靠在沃波尔欣赏泰晤士河的窗前，同他一道拆开侯爵夫人的来信，在信中，侯爵夫人向他承认自己心中至上的真谛：需要爱。保密！"这是留给您的秘密，我不愿对任何人述说。"

德·沙里埃夫人

伊莎贝尔·德·沙里埃,本名贝勒·德·祖伊伦,出生于荷兰贵族世家。家庭为她提供了文雅的教育,而她也贪婪地抓住了这些机会。她试图通过婚姻从家庭当中解放出来,却徒劳无功,这正是她同詹姆斯·鲍斯韦尔*,以及邦雅曼·贡斯当的叔叔贡斯当·德·埃尔芒什**饶有兴味的通信的主要内容。此后,她最终于1771年嫁给了自己兄弟的家庭教师,一位沃州的绅士,并定居纳沙泰尔附近的科隆比耶。在那里,她通过写作来排遣孤独,创作了多部小说,如1784年的《纳沙泰尔信札》,以及1787年完成、并令她开始小有名气的《卡利斯特或洛桑来信》(*Caliste ou Lettres écrites de Lausanne*)。为了完成后一部小说,并将其出版,她旅居巴黎,并在那里遇到了生命中最重要的人物——邦

---

* 詹姆斯·鲍斯韦尔(James Boswell, 1740—1795),苏格兰律师、旅行家、记者和传记作家。——译者

** 贡斯当·德·埃尔芒什(Constant d'Hermenches, 1722—1785),行为放荡的瑞士军官。——译者

女性的话语

雅曼·贡斯当。1787年至1795年，他们互通了大量书信，直至德·斯塔尔夫人以第三者的身份介入其间，并最终切断了他们之间近乎爱情的友谊。大革命爆发时，人人平等的感觉已深植于心的德·沙里埃夫人对此热烈欢迎。这至少持续到8月10日*，自那天起，她对于法国革命进程的敌意日渐强烈。在科隆比耶定居生活的最后几年当中，书信、她所庇护的女性青年的教育问题、音乐，以及文学占据着她的生活，她还专心创作伤感小说，其中包括1798年完成的《三个女人》(*Trois femmes*)。1805年，她溘然长逝。

---

* 指1792年8月10日，巴黎人民再次起义，推翻君主立宪派统治，逮捕路易十六国王。——译者

伊莎贝尔或变幻不定

  想要认识尚未成为伊莎贝尔·德·沙里埃,而只是贝勒·德·祖伊伦的她,最直接的方式便是看一看她在德·布伦瑞克公爵1760年2月28日在海牙为他的妹妹卡罗琳大婚举办的舞会上的表现。不到20岁的年纪,漂亮,或不漂亮? 很难评判,她曾说过,这要"看她是否想要博得喜爱"。讨人喜欢,这一点确定无疑,她活力充沛,表情如此丰富,以至于多年以后,画家们都对此感到绝望。受邀为其作画的康坦·德·拉图尔毁掉了第一幅画作,因为仅剩下"在眼睛部分加点什么,而这点东西却不肯出现",他大为恼火。这一点便是全部:如今,日内瓦博物馆的参观者们看到拉图尔的第二幅肖像画——这一次成功完成,依然会被伊莎贝尔的目光打动;人们会从中读出活力、好奇、平静的胆量与坚定的探知欲。这是一双从不会谦卑顺从的眼睛,难以同当时人们对于年近二十的年轻人的看法相吻合。这,是位小姐吗? 那些一本正经的老贵妇们迷惑不解又不怀好意地说道。

  那天夜晚,在海牙的舞会上,装扮光鲜的人群当中,有一位奇特的男士,一位男爵上校,额头上系一根黑色绑带,以掩盖他在丰特努瓦战役中弹留下的伤疤。这位贡斯当·德·埃尔芒什可非同一般:身为羽管键琴演奏军人,在部队驻地靠谱写乐曲和编写戏剧来解闷，他艳遇不断，忘记了自己已是有妇之夫，把一位郁郁寡欢而徒有虚名的妻子留在洛桑。不管怎样，对于寻求别致相貌的那位小姐，这副面孔吸引到了她热情的眼神。她用尽各种伎俩与之接近，而他却全无注意；她不思慎重，首先上前搭讪："不想跳支舞吗，先生？"；她洞察敏锐，立即便看出他"行动的活力与热情"；她自信满怀，敞开心扉，同他聊了整个晚上，并立即建立起将维持一生的友谊；她还胆大敢为，几天后便主动写信，虽然在此期间，她已得知男爵声名狼藉。她并未因此而放弃，而是不断受到激励。舞会、男爵，"您，您的手，您的绑带"，正如她在给他的信中所言，整个晚上都透着一股魔力，留存在她的记忆当中。

她是如何将自己塑造成为如此不可思议的年轻姑娘呢？她生于富足之家。父亲雅各布·范图伊尔·范祖伊伦，赛卢斯科肯和维斯特布洛克男爵，出身乌特勒支名门。他严肃正统，循规蹈矩，深知自己的义务。而她的母亲出生在阿姆斯特丹一个富裕的贵族家庭。按照贝勒的说法，母亲不像父亲那般严厉，但不经丈夫同意，她无法决定任何事情。总之，他们是世界上最好的父母，对年轻女孩的管教也格外严格：因为深爱着他们，不想毁掉他们的生活，她发誓"不做尼侬*"。

然而，这对严厉的父母却为他们活泼好动的女儿安排了自主选择的教育。他们同意伊莎贝尔前往日内瓦学习法文，更多地使用法语，而非荷兰语，就简单地叫作贝勒·德·祖伊伦，而不是伊

---

* 疑为尼侬·德·昂克洛（Ninon de l'Enclos, 1620—1705），法国女作家、交际花和自由思想家。——译者

莎贝拉·范祖伊伦。他们听任她自由地安排时间，选择读物：在祖伊伦低沉的天空下，在那些沉闷漫长的时光里，从15岁开始，她就同男孩子们一道学习英语，写作诗文，研习物理，将这些日子填满，因为，她希望探究一切"我们能够了解的大自然"。父母还为她明智地挑选了一位精明的女家庭教师，她敏感地洞察到年轻姑娘与生俱来的魅力，并鼓励她继续培养。当伊莎贝尔一度陷入忧愁时，这位让娜－路易丝·普雷沃便反复劝慰道，听任自己一些疯狂的小举动也是好的，提醒她在这方面颇具天赋，并叹息道："这个在睡梦中也会微笑的孩子是怎么了？"

　　她对自身十分了解，并且愿意自我分析。无论是在她化名"泽利德"尝试创作的自画像，还是在同男爵之间自我陶醉的通信中，她都得意地强调自己的多面个性，自相矛盾，反复无常，总是在过头与不及之间徘徊不定，"时而自称诗人，时而变为轻佻女子，时而多情，时而又成为冷漠平静的哲学家"。她有时悲叹，自己会随环境而摇摆不定，但并不确信于此：在她的笔下，性情与品位中缺少平等——感觉强烈的结果——这显然是一种品德。事实上，她所偏爱的几位主人公均具备如此美德，如《纳沙泰尔信札》中的玛丽安娜，《三个女人》中的约瑟芬。什么也不比偏离宗旨的变动来得重要——司汤达因此而偏爱她。而爱情——同所有年轻女孩一样，她也希望在舞会上相遇的爱情——在她看来尤为珍贵，因为它会带来极其丰富的变化。

　　同丑闻缠身的男爵保持通信就意味着不得宁静。严厉细心的父母发现了此事，令事态骤然变得复杂。想要书信顺利传递，

女性的话语

就需要机智、谨慎、行动敏捷，讨好一位机灵的女仆，或一位年龄略长，但因其身份而拥有自由的年轻寡妇。然而，什么也比不上那一封封感情炽热的情书被如此细心地计算着，从他那里定时来到她的身边。并非她想象着与一位有妇之夫之间的关系会拥有未来。而是她情愿相信，在爱情与友谊之间——至少"当这些朋友并不惹人讨厌，或者还不曾老态龙钟时"——界限并不明确。她所喜欢的，就是徘徊在此种模糊不清而又十分危险的边缘。如此这般，她挑逗德·埃尔芒什，得意地为他绘制风俗画，画中的她正被女友爱抚，"褪去所有束缚我们的衣着"。她强调脱去衣衫时的娴熟，反复对他说道，他若是不明内中含义，她将在彼此的通信中挑明。她预测，两人的关系很难保持在平静的友谊界限之内，而终有一天，她注定成为他的情妇，"除非我们被分隔在世界的两个尽头"。甚至婚姻也无法构成障碍，她自问道：记忆中互表的誓言，彼此忠诚的义务，是否足以让她放弃"爱情、机会、仲夏之夜"？答案是否定的，她敢于承认。

于是，便出现了这段鸿雁传书的离奇关系。大胆的她并不害怕询问对方可能拥有的情妇，想象自己将会生下的孩子，担心未来的丈夫染上可怕的疾病，都是一些年轻女孩根本不该揣想的问题。甚至在他们终于安排的一次见面之前——这一次仿佛两人荆棘密布的故事中显现的一块林中空地，她要求他严肃地对待彼此，因为，对于"有伤风化的媚态举止"，她再熟悉不过，完全能够运用在他的身上。这一切的关键何在？她有着——她更多地是叫喊出来，而不是窃窃低语——"欲望和感觉"。数年之后，她对鲍斯韦尔——一位同样与她保持暧昧通信的朋友——

讲述了这一切。

有时，德·埃尔芒什也备感困惑。摸不透与他通信的是一位夫人，还是小姐。小姐，是一位小姐，她对其保证，"而且依我看，还过分贞洁"。而这位男爵身为行家，似乎对于伊莎贝尔的放荡并不感到吃惊。在他看来，她的激情只是带有投机的目的，"您的想象便是一切"。她主动提到接吻，但相隔甚远。他怀疑，她对于肉欲的偏爱仅仅是因为它能够造就美丽的词句，在给她的信中，他写道："言辞最优美的书信制造出的往往是最为冷漠的对话。"他明白，比起爱抚，伊莎贝尔更喜欢赞扬（一时间，他毫不吝啬地对她大加赞美，称其为自己"神圣的阿涅丝"，发誓自己的书信堪与伏尔泰相媲美），并且怀疑她的思想活动要超越真正的感官感受。他清楚地感到，她在信中如此冲动而跨越的障碍在现实生活中却令她望而止步。于是，两人一道有些可耻地安排伊莎贝尔嫁给他的一位朋友。因为，他想不出其他办法，能够同她一道生活，他对此直言不讳。而她也十分高兴，认为如此做法能够"既走入婚姻，又不会过分受到束缚"。两人都梦想着此般结合能够令他们从容地会面。甚至，或许还将开创一种前所未有的三角关系："我们将组成隐秘而完美的三重关系，我想还没有哪位诗人敢于想象。"

* * *

从海牙的舞会到1771年伊莎贝尔的婚礼，其间，十年光阴流逝，大量的书信往来，全部围绕着结婚之难。并非是她缺少希望，她以平静务实的态度向德·埃尔芒什细数道：十万荷兰盾的嫁妆每年将带来三千盾的收入，而在她的母亲去世之后，自己未来的子女还将分得八到十万荷兰盾。也并非她的身边缺乏追求者，在英国和德国的一些偏僻之地，都不乏她忠实的仰慕者。然而，似乎每逢缔结婚约之时，便有障碍横亘其间。她厌恶那些不经认识便加入追求者的行列，而一经了解便令她大失所望的求婚者们。后来，她通过笔下的汉雷女士（按照圣伯夫的说法，她在这部小说中塑造出一位"不被理解"，但前程美好的人物）表达出自身的反感："那些爱我的人，我一点都不喜欢；我拒绝了一位既没有显赫出身，也缺乏修养的有钱人；打发了一位陈旧迂腐且负债累累的贵族老爷；回绝了一位自负而愚钝的年轻人。人们认为我傲慢不羁。"对于其中每一句简单的描述，伊莎贝尔都能够找到对应的面孔；正如她遇到的一位愚蠢之人，当被问及是否读过《秦纳》（*Cinna*）时，他自命不凡地回答道：不仅读过，而且是"拉丁文"版本。

而她也常常遭到拒绝。有时，一些求婚者一旦得知嫁妆的数额，便感觉不够丰厚。更多的时候，则是伊莎贝尔自命不凡的名声令他们迟疑不前。例如安哈尔特伯爵。还有最与众不同的一位，爱慕虚荣又缺乏礼貌的鲍斯韦尔在写下"见鬼，她得是我的"之后，以最后通牒的形式向她发出了一连串问题：她是否确定将成为好妻子？能否每年在乡下生活六个月——苏格兰乡村，也就是说与世隔绝，而且那里还盛行"夫权妻奴"？能否将家庭视为全部的幸福？答案当然是否定的，不，绝不可能。贝勒并不愿受此约束。此外，善变无常的鲍斯韦尔并非爱她，而她也深知这一点："您来到科西嘉岛等待爱上我，而直到您爱上了另一个女人，并且已经谈婚论嫁，才告诉我这一切。"总之，她表示怀疑，"需要妻子陪伴来挨过严冬的丈夫比比皆是。"但这些并未阻止她寄去挑逗的书信，因为她的轻率依旧不改。他看出信中示爱的表达，而她很快又予以否认，说那只是笔下的胡言乱语，抱怨一时吐露了真言。她并不否认也曾萌生爱意，甚至承认爱上过他。但爱情一词是否就是爱情本身？在伊莎贝尔身上，变幻不定的事物总是在对抗名词的固定不变和语言的束缚。

在此情况之下，是否真该结婚？她看到了婚姻带来的种种不便，也知道将无法投入足够的时间来练习羽管键琴和学习数学。她明白男性与女性需要担负不平等的义务，掂量着夫权的分量，丝毫不去期待幸福的婚姻。然而，她依然想要结婚。首先，因为生活本身已令人沮丧，正如《洛桑来信》中年轻的女主人公塞西尔的感受，在那些被情人、丈夫和孩子所围绕的妇人们中间，她备感孤独。其次，也是最为重要的，她以同时代年轻女子的眼光来看待婚姻，认为它是建立在爱情的基础之上，却能够给予自由的一种结合。婚姻便是自由。她写道，"我将是自由的。"自由地行动，可以前往海牙、阿姆斯特丹，甚至巴黎。摆脱喋喋不休的教训："不要没完没了地训诫我应尽的义务。"自由地同德·埃尔芒什交谈。正是这一自由让她抱定决心："我将拥有自己的丈夫和家庭。"

如此这般，她接受了德·埃尔芒什的建议，决定嫁给他的一位老友。德·贝勒加德侯爵既不愚蠢——否则，这将成为决定性的障碍——也无嫉妒。他热衷社交；他四处游历，合乎变幻无常的女人心中的想象；他善于交友；他身世显贵，家庭富有。显然，两人年龄悬殊，但她开玩笑地说道："我们可以熬到很晚。"似乎这样能够消除彼此间的差距。这也恰恰证明，她绝不会忘记男爵，"我们将维持三角关系"。总而言之，她"心怀善意"地打算结婚。男爵——他想象着伊莎贝尔的财富对于她未来丈夫抵押的地产会有怎样的帮助——以及侯爵本人都心怀此种毫无激情的现实想法。这个有些自命不凡的懒散之人并不急切地想要成婚——按照他这位朋友的说法，他从来就不是个"结婚的料"。可是，他已年过五旬，负债累累，又后继无人。事实上，他教育浅薄；德·埃尔芒什说过，不曾见他读书超过两页。他更不会主动写点东西，他的拼写糟糕透顶——她承认这是大人物的风格，文字平庸乏味，令人失望：心照不宣的两人都乐此不疲，伊莎贝尔也心知肚明，这个男人不会"强迫她服从"。又有何妨，此项计划合乎她的心意，足以让她运用一切活力与机智。

　　这正是她所需要的。但从一开始，就存在一个巨大的障碍：侯爵信奉天主教，而贝勒是基督教徒。对于这一分歧，未婚夫妻谁也不曾大惊小怪。厚颜无耻的贝勒加德并不狂热，甚至毫无信仰。至于尊重宗教的伊莎贝尔，则希望拥有这些，可她应看到，自己其实丝毫全无，并且在教堂里厌烦透顶。事实上，在她看来，信奉天主教而讨人喜欢的丈夫似乎较之令人反感的新教徒丈夫更为可取。然而，到底是什么使得这位启蒙运动时代的女子不肯让步呢？是那些永恒的誓愿，令人生厌：因此，她未来的儿子将不会拥有神甫，女儿也不必因进入修道院而被"玷污了想象力"。然而，孩子们若是信奉天主教，她将欣然接受，甚至更希望他们接受"各种宗教义务"的教育,除了"一些上帝似乎允许质疑的疑难教条"。她以卡拉斯*不容置疑的榜样为例,充满激情地为宗教融合的婚姻辩护:"如果在图卢兹,信仰天主教的父亲和信仰基督教的母亲共同教育子女,便不会再有无辜的老人惨遭车裂刑了。"

唉,启蒙运动的18世纪坚定的信念尚未影响到范祖伊伦的父母。在他们看来,天主教确实同狂热宗教信徒合拍,并预见到女儿将被竭力使其改宗的人们哄骗。该如何说服他们呢?伊莎贝尔叹息道:"那么,一个女孩子何时才能独自创造奇迹,来赢得自己的丈夫呢?"然而,这样的事情总要发生:一切都来自于年轻女子的实践主义。她写信给德·埃尔芒什,由他将来信誊写后交予她的父亲;信中介绍了德·贝勒加德侯爵的高贵不凡,表达了她与之结婚的愿望,并试图摆脱教皇至上主义令人痛恨的幽灵。她又为这封不同寻常的书信——她亲自求婚!——写给父亲一封短笺,并有意改变了风格,使其不会对第一封信的作者产生怀疑。她还隐姓埋名向乌特勒支大主教询问:天主教徒可否与其他宗教信仰的人士通婚。她独自寻找获得许可的机会。按照固执的教廷大使的证明,贝勒加德向其保证,绝无任何豁免的可能;她伤感地评论道:"我若不去努力,为他赢得豁免,他一定无法做到,除非奇迹发生,然而,不知他是否与此相配,也不晓得自己是否配得上。"而她远未找到想象中可如鱼得水的上

---

* 让·卡拉斯(Jean Calas, 1698—1762),法国图卢兹的一位新教徒商人,被人诬控杀死亲子以杜绝后者信奉天主教,1762年,被当地法院判处车裂刑。——译者

策。她有所感觉，策划阴谋的才华损害了自己的真心，并破坏了事情本身的魅力，使其拖延下来。

事实上，作为尽职的父母，伊莎贝尔的双亲在努力赢得时间，要求她必须年满25岁，达到女孩子独立的年龄。年轻的伊莎贝尔对于这一期限大为恼火，德·贝勒加德侯爵却表现得达观明理，但他的形象并未因此而得到改观。结婚的计划依旧，并继续成为她与男爵之间通信的内容，但侯爵并不明朗的态度很快便令伊莎贝尔感到比"尚未成年"这一障碍更加难以忍受。在贝勒加德留给她的感情与行动的空虚当中，梦想与现实之间的差距不断加深："当我远离侯爵的时候，我的想象力便对他尽情发挥，他的心，我的心，我们的日日夜夜。"而与他相见时，却看到他完全无所事事。对于他追求自己时的无精打采，她感到羞愧，徒劳无功地寻找那个"与她鸿雁传书的男人"，并开始想到放弃。时间如斯，渐渐流逝。其实也并非一无是处：由于不断公开她的计划，在世人眼中，她便俨然一副"丈夫不在身边的妻子"形象，并由此找到了她认为高于一切的行动自由："我的来去，别人无权干涉。"不幸的是，在这样的拖延当中，求婚者们纷纷望而却步，或翻了脸。她叹息道："侯爵这一篇章，让我琢磨不透，害怕触碰。"在她愿意与德·埃尔芒什重新谈及这一段的时候，它已成为"我们之间一个久远的话题"。当侯爵心血来潮，想要努力一番，并写下一封言辞生硬、十分可笑的书信，再次向她表达不变的仰慕之情时，"才写下两句，便已感觉无须多言"，她则讽刺地评价道："我并不认为，两三句话便能够唤醒沉寂的心灵。"

由于德·贝勒加德侯爵无所行动，而伊莎贝尔在处心积虑地想要嫁入侯爵的城堡之后，对此已厌烦透顶，新的求婚者便又探过头来：一位英国豪绅，一位维特根斯坦先生，也同此前的追求者一样并未成功。于是，出现在伊莎贝尔的书信当中、被冠以"我所爱的男人"神秘称谓的那个人，最终成为了她的丈夫。这位德·沙里埃先生曾是伊莎贝尔兄弟们的家庭教师，他讨人喜欢，但遭遇破产。她对他了如指掌，他善于倾听，并且年复一年，已成为她不可缺少的知己和寻求安慰的源泉。一场悲剧加速了事态的发展：范祖伊伦夫人因一次接种而意外去世，像贝勒这样见识丰富的女孩一定会推荐接种。她的确曾极力说服。父亲的内心难以平复，甚至不肯相见。家中的兄弟们则缄口不语，以示控诉。她感到自己背负着罪名，陷入了最为可怕的圈套——如此这般，父亲便将她囚禁在身边。于是，她跳入了同德·沙里埃的婚姻当中，奇怪的是，她谈及此事，仿佛与己无关："昨天，我被订了婚。"

夫妻两人谁也不曾对这场结合抱有太多幻想。男方在向沃州的亲戚们宣布这一消息时不无幽默地承认："的确，对我而言，她太富有思想，出身太过显赫，家产过于丰厚，但总要放弃一些东西。"而对于婚姻，她区分出"平淡无奇"与"荒诞离奇"两种类型，承认倾向于后者，却深知自己的婚姻其实属于前者。然而，历时十年挑选丈夫已令她身心疲惫，她也想象出，自己将在这桩门当户对的结合中重新上演《新爱洛漪丝》。德·沙里埃先生是另一位沃尔玛*吗？他拥有一定的年纪和阅历，具备自制力，

---

* 《新爱洛漪丝》中的人物。——译者

且了解她的秘密。她写道:"我从未见过像他这样通情达理、温顺随和、坦率真实的男人。"而这一点决定了一切:"我将和我所爱的人一道生活,享有正派女人能够拥有的自由;我的朋友、书信、言论和写作的自由均不会改变。"

那么,这是一桩幸福的婚姻,让她找到了一贯追寻的自由吗?还是一场不幸的结合?德·埃尔芒什大发雷霆,很快便形成了鲜明的反差。在他看来,这属于那种毫无快乐,且不情不愿的婚姻,她此般有欠考虑的言行终将失败。为何她不明白,幸福的多少不应仅靠感情"计算",而是需要一件件事情的积累?他细细数来,正是她同德·沙里埃在一起无法拥有的:"财富的增加,融洽的关系,更加宜人的住所,尊重,以及快乐"。在前往德·沙里埃位于纳沙泰尔附近科隆比耶的家庭住所参观之后,他证实了这一点,德·沙里埃要带着年轻的妻子同年迈的父亲,以及两个习惯在家中发号施令、掌管家务的姐姐一道生活:在他眼中,这是最为可怕的牢笼。他预言,她会发觉自己的丈夫越来越不讨喜。而他自己——如此细腻,足以明白她表达爱意时需要伪装激情——也不会更加幸福。未来那些伊莎贝尔的传记作家都是通过这位卡桑德拉[*]尖酸刻薄的话语来做出判断的。安东尼·韦斯特[**]毫无怜悯,也并无悲伤地认为,德·沙里埃过分缩手缩脚,无法平复两性生活带给伊莎贝尔的恐惧,又过于笨手笨脚,在她已激情澎湃时,无法令其满足。西蒙娜·德·波伏瓦则带着怜悯和

---

[*] (希腊神话)特洛伊公主,女预言家。——译者
[**] 安东尼·韦斯特(Anthony West, 1914—1987),英国作家、文学批评家。——译者

忧伤得出了结论：光彩夺目的贝勒·德·祖伊伦一经走入婚姻，便完全遭到谋杀。

那么，她又究竟作何感想呢？她从来只字不提。韦斯特着墨描述了她的新婚之夜，在他看来犹如一场灾难。德·沙里埃喝得烂醉，而她牙痛难忍。伊莎贝尔的描述则更加可笑："不合时宜的潘趣酒令德·沙里埃先生有些难受，而一种无法忍受的牙疼则在早上折磨着我，好像我根本就不是新娘。"这篇讽刺滑稽的短文写给他的兄弟迪蒂，她还向其吐露隐情：自从婚礼以来，她就一直身体不适，而当她感觉良好的时候，便无比幸福。果真如此吗？我们无法信服，就她是否有所改变这个问题，我们听到的回答是，只是改换了姓，并且"不再总独自睡觉，这就是区别"。有时，她会随口说出绝望的真心话：德·沙里埃的风格如此贫乏，生硬枯燥！他自己是何等墨守成规！他对一切事情都表现出古怪的匆忙，恪守午饭与晚饭的时间，以至于她从不愿陪他散步。邦雅曼·贡斯当却说，他欣赏德·沙里埃先生让人心存感激的方式。她承认处境的乏味，并抱怨道：婚姻并非一条"粗糙、沉重且脆弱的锁链"，而是一种温柔的联系，如此极富诱惑力的想法，何以找回？

她并未找到。看到身边缔结的一桩又一桩婚姻，她并未得到内心的满足，仿佛一些"过于平淡"的交易，在同她所庇护的年轻姑娘们评论此事时，她表达了各种幡然醒悟的想法：她祝福伊莎贝尔·德·热利厄拥有幸福，"唉，像我这样，不好不坏。"因此，很难不将其小说视为自传。其中尽是忧心忡忡地为女儿物色丈夫的母亲，充斥着可悲的婚姻计谋。年轻女子被迫去爱自己的丈夫，因为她们没有其他所爱。还有多愁善感的女人，例如汉雷女士。同德·沙里埃一样，汉雷先生富有耐心，温柔而沉闷。在他身上，并无可供具体抱怨的地方。只是他对一切既无感觉，也猜度不透，而她也无从知晓他的所思所想，对他的感觉则是漠不关心。有如伊莎贝尔，面对"同护界神相似的婚姻之神那可怕的稳定"，汉雷女士也惊呆了。

因此，很容易得出结论：德·沙里埃夫妇以"旱獭与蜗牛的方式"彼此结合，甚至直到1801年，在她结婚三十年之后，对侄子谈及这段婚姻时，德·沙里埃夫人依然将它描述为最不幸的诅咒；一心喜欢看鸟的冲动女子（相似的生物，因为按她的说法，灵活敏捷是"它们的规则"）落入了科隆比耶沉重、温暾且坚固的生活之网；自此，她曾在十年间不懈为之奋斗，并引以为傲的对于自由的兴趣惨遭禁锢。

* * *

随着幸福——至少是一种获得持久快乐的幸福——变为不切实际的幻想，随着慢慢发现自己将不会拥有孩子——而她曾认定那是一种"富有意义"的前景——并且，将科隆比耶变为另一个克拉朗[*]这个令人兴奋的设想一旦灰飞烟灭时，她的生活该何去何从？伊莎贝尔的手中只剩下几张王牌，她将好好加以利用。何以得到帮助？德·埃尔芒什曾对她述说，感觉相比于男人，女人更容易适应婚姻这种固定的关系。而她一向认为，绝对主

---

[*] 阿尔卑斯山脚下的小城，卢梭在《新爱洛漪丝》中所描述的故事发生于此地。——译者

义哲学十分荒唐。幸福多一点或少一些在她看来并非无关紧要，"哪怕对于一条狗"。因此，她努力提升幸福的程度，运用良好的天赋去感受瞬间的乐趣，培育"抹不去的鲜活印象"，她坦言，这些将填满她的生活，而其优势就在于经得起财富的变化，能够应对世界之纷繁状况。"一个又一个时间点便构成了生活。"她毫不掩饰地说道。因此，只需抓着这些时刻，并调整自己与时间的关系。

这完全是门艺术，因为大部分人都"过迟或过早地活在自己的想法当中"，只有在期待或回忆时才可感知幸福。对于生活节奏缓慢的科隆比耶——至少带给她美丽的景致：鸟儿掠过天空，冬青和带刺的花朵围绕篱笆，"陆生常青藤浅红色的小花"随处可见——伊莎贝尔运用她的时间策略：快乐的时光里，从不向前追赶（"于我而言，夜晚仿佛永远不会到来"）；不开心的时刻，则让它提前过去；并且不管怎样，尽可能填满每时每刻。每一天，都学习一些事物：塔西佗、萨卢斯特、西塞罗、大部头的字典堆满了她在科隆比耶的书桌；做一些事情：给衬裙缝边，为披巾绣花；品味一些东西：谈话、竖琴，以及她痴迷的羽管键琴，为此，她"每天都谱写一段小步舞曲、快板，或行板乐曲"。关注细节——荷兰式的，圣伯夫说道——如花卉、小狗、钢琴、棋盘、炭火、好书，令她的状态更加温和有礼。

而当悲伤痛苦显露苗头时，她也自有办法：借文字加以表达。22岁的年纪，伊莎贝尔就凭借精练的短文《贵族》（*Le Nobel*）——一篇关于贵族自负的讽刺寓言——引起了腓特烈大帝的关注。二十年后，她重拾故事写作，并开始不间断地创作多愁善感和隐晦暗示的故事，影射自己，也同自己的故事一样，尚未结束。1784年至1797年，她先后完成了《汉雷女士》(*Mistriss Henley*)，描写缺乏沟通；《洛桑来信》，讲述一位母亲为女儿的幸福担忧，深藏心中的痛苦，读罢此书，看到的结果却是彻底妥协；《纳沙泰尔信札》，以相爱的年轻人作为主人公，为他们描写了更加开阔的未来，而纳沙泰尔同洛桑一样，是平淡无奇的乡下生活（这些略带讽刺的小说无一是为了迎合乡土观念，或为伊莎贝尔博得当地社会的同情）。三年之后，她又完成了《卡利斯特》(*Caliste*)，同德·斯塔尔夫人的《柯丽娜》(*Corinne*)描述了同一主题：一位优秀男士爱上了一位出色的女士，却遭遇世人道德观念的谴责。男方屈从于社会压力，抛弃了成为不公偏见牺牲品的悲伤女士，从此苦闷过活。热尔曼娜更增添了宏大感人的场面，描写毒药、大火、公众的指摘都毫不吝啬，让女主人公们兼具所有美德；而伊莎贝尔则运用含蓄与影射的方式。在她看来，生活在一些微不足道的小事中摇摆不定：从棋盘掉落的一个小卒，一封隐秘的书信，突然掩面的双手。在她的书中，悲剧并非爆发，而是正在酝酿，而她书中的女性，则被她赋予了自身的冲动、粗心大意和多言多语，难以抑制地想要说出内心的想法，她们是一些敏锐精明的女人，并无英雄主义，也不会呆板生硬，仿佛点彩派画家运用各种手法刻画的人物形象。品德正派的女人从来都并非绝对，或者说只在感觉迟钝的情况下才会如此，真可谓道德的假象；缺乏贞节的女人是好女人；接受不正当钱财而将其用于有益之事也能够将功补过；缺乏耐心需要等待；为人忠诚并非在一切情况下皆能坚守不渝，通情达理之人有时也

德·沙里埃夫人

会疯狂。每个女人都会经历犹豫不决和脆弱无助的日子,这里并无强大的思想。

这些含糊不明、如同生活本身一样悬而未决的作品所呈现出来的魅力为她赢得了读者。在她完成了《卡利斯特》的时候,沙里埃很快便明白,这部作品将在当地再次激起不满情绪,于是建议她移居巴黎,那里的公众不会如此吹毛求疵。她在巴黎小有名气,继续写作,总是选择婚姻中的烦恼作为主题。在她最后的几部作品之一《沃尔特·芬奇爵士》*当中,一位贵族出身、拥护卢梭的父亲为他的儿子威廉挑选合适的妻子。而在《圣阿内》(Saint-Anne)当中,一位母亲则阻挠年轻贵族想要同迷人的野孩子结婚的计划。德·沙里埃夫人来回围绕这些主题进行创作,它们同时勾起了人们的想法,并消除了她自己的难题。然而,不要以为这些胡言乱语的小说是漫不经心创作完成的:她可是作为真正的职业作家来仔细检查校样,反对盗版,选择石版画为作品搭配插图的。

一种温和的享乐主义,她潜心学习,体会创作的幸福感:这一切使她得以打发时日。此外,情感历程并不会随着走进婚姻而自然告终,生活还为她安排了一些惊喜:1787年春天,德·沙里埃先生在泰蕾兹街租下了一套公寓,让她能够安静地完成《卡利斯特》。而此时,有人为她介绍了一位红棕色头发、衣着邋遢、机智诙谐的年轻人。他们在索兰夫人的沙龙上相识,在这里,人们有时也会困倦无聊,然而聚集在此的男士女宾们都坚持表现

---

* 书名全称为《沃尔特·芬奇爵士和他的儿子威廉》(*Sir Walter Finch et son fils William*)。——译者

出机智风趣。尽管她不无讽刺地说道,两人均来自于在此方面并不出众的国度——荷兰和瑞士,对此却都相当擅长。尽管年龄悬殊——他19岁,而她47岁,见面第一眼,却已相互喜欢。年轻人这样写道:"我们天造地设,完全沉浸在彼此之间的玩笑和对人类的蔑视当中。"同德·埃尔芒什的故事再次上演,且最为讽刺的是,这又是一位贡斯当,甚至正是男爵先生的侄子。她的阅历比他丰富,而他读过的书超过于她,在这种平等关系的基础之上,构建出一段纯洁的传奇故事,对话贯穿始终,书信穿插其间,还有彼此饱含爱意的友情誓言,其中他的表达更加温情脉脉,他曾在1793年8月写道:"我对您的爱超越世间的一切——无一例外?——是的,无一例外。"在这段故事当中,最美妙的一段章节莫过于邦雅曼在科隆比耶调养时度过的八周时间。她讲述了如何在一楼转角的小楼梯旁为他留出客房,走上楼梯便可直接进入她位于二楼的房间;他们在睡意浓浓的居室平和的氛围中彻夜长谈,度过了一个又一个夜晚,"您随意地坐在一旁,而我躺在床上,月光轻洒在小床脚边,谈话柔和而缓慢,这一切依旧在我的眼前耳畔。"他与之呼应,叙说又看到那"白色的小桌、那些夜晚和椴花茶"。他认为,这是一生当中最为幸福的八个星期,几乎减轻了"不幸命运"带来的痛苦,因为,在他心灰意冷时,是她令世界的荒漠"重生出欲望与希冀"。在终止这段关系时,她也幽默地提醒道,他不会同任何人断绝往来,并且承认,是他带来了一个"迷人的冬天"。

仅仅八周吗?事实上,是整整八年,其间不时被邦雅曼即将结婚和接下来放弃婚约的一个又一个计划打断,长期的犹豫不决不断使得他想要维持长久关系的努力宣告失败。明智的伊莎贝尔这样评论道:"夫妻关系无论是在精神上,还是肉体上,都并不适合您。"因此,将"同邦雅曼一道生活的快乐视为高于一切"的她,在与之相关的其他种种都无法持续时,还拥有继续下去的幸福,坚信是他的必需,并且比任何人都更加爱他,理解他。他心甘情愿表示赞同,并在她身上品味出"如此充满活力又新颖别致来看待生活的方式",直到1794年秋季的一天与德·斯塔尔夫人相遇。突然之间,他改变了。德·沙里埃夫人发现,这位年轻人开始精心打扮,闻到他身上的龙涎香,看到他修剪指甲,便很快明白,他已移情别恋。她深感不悦:"您更加迷人了百倍又有何用,您已变了个人。"事已至此,他们对一切事物的看法都不再一致。首先是对于德·斯塔尔夫人。初一见面,她并不反感:在热尔曼娜身上,她找回了自己曾偏爱的变化不定,钦佩这位相貌丑陋的女人拥有使自己显得美丽的天赋。然而,她很快便怀疑这不过是一位矫揉造作之人,厌恶德·斯塔尔式的夸张做作与华而不实,并且想要贡斯当分享自己的嫌恶之情,得到的却是愤怒的回应:她难道不是在热尔曼娜的身上看到了"一位与众不同,超越其上之人,甚至或许百年才可遇见一位"吗?自此番侮辱开始,两人之间的隔阂不断加深,直至最终写下告别信,她在信中拒绝被他视为负担而拖延通信,此等施舍和侮辱,她既不能,也不愿忍受。但这并非出于自尊心,"是我的心受到了伤害",她说得简单,却满是哀伤。

各种事件不断加剧着彼此间的分歧。她激情满怀地迎接大革命,如她所说,随时准备"支持仆役们反抗主人,孩子们反对父亲，臣民们对抗君主"。这是她的共和主义精神倾向，她本能地支持自由和平等，仇视生而有别。但同时，她也十分清醒地阐释革命带来的震撼。在1789年9月的一封信中，她自称预见到王室将抗拒变革，并大胆地提出一个远期预想，事后再看时，她也并不感到脸红。她预言出二十年的政治动荡和戏剧性变化，但历史不会因此而倒退；那些坚守自己习惯和语言的人们将注定比再穿上估衣店的旧衣显得更加可笑。"把一个世纪放回到另一个世纪的想法"实在荒谬；因此，谁也无法重新沦为奴隶。正是8月10日的起义浇灭了她赞同大革命的冲动，它为热爱自由的人们划分出无法接受的界限。然而，对于恐怖时代*的憎恨并未使伊莎贝尔趋向于任何简化：她承认初期的罗伯斯庇尔政权能够为公众谋利；如果说她丝毫不肯相信"专门成立的政权"可长久维持——在这点上，她同梅斯特尔**的看法一致，也十分欣赏他的独到见解——她也不曾相信能够回到曾如此高尚慷慨的骑士制度；此外，她认为真正的平等只是空想，在她看来，大革命造成的破坏无法通过财富的平等化而得以补偿。至少，她绝不相信雅各宾主义的萌芽会在法国消亡，并预感到不断升级的平等将不可抑制，永无止境。

将她同邦雅曼分隔开来的，并非此种直觉（他同样认为，平等是新时代的主要思想），而是对于他纨绔子弟的躁动、政治野心，以及他倾注早期的几部政治文册维护督政府的行为做出

---

* 指法国大革命时期自1793年5月至1794年7月这一阶段。——译者
** 约瑟夫·德·梅斯特尔（Joseph de Maistre, 1754—1821），法国作家。代表作有《关于法国的思考》《论教皇》《圣彼得堡之夜》。——译者

德·沙里埃夫人

的严厉评判。她从中感测到了脆弱：贡斯当努力将革命与恐怖时代区分开来，却令后者显得更加神秘。而当他同莱泽－马赫内希亚*——此人认为恐怖时期实为必要，应是实用且卓有成效的——展开论战时，对于双方孰是孰非，她不作评判："说起原因，他们得心应手，谈及结果，却立不住脚，而要是做出预言，则根本读不下去。"由于不断感到厌烦，她终于对他明确宣布："我既不喜欢您的生活方式，也不赞同您的政治观点。您对我已完全不再适合，既然您并不需要我，那就各行其道吧。"她得出了一个伤感而又骄傲的结论：对于这个受到旧式关系约束的男人，她指出，自由让她得以摆脱。

不管怎样，德·沙里埃夫人决不会放弃自由的生活，也就是遵照内心的意愿，既无诡计，也不伪装。她最憎恶的，便是看到自由的思想"变得麻木迟钝"。她在英国逗留期间——遇到了休谟——享受到的，便是没有任何先入为主的声名，即没有"需要摧毁的成见，也绝无有待修正的轻率"。邦雅曼当即予以承认，她的所有观点都"基于对一切礼仪和常规的蔑视"。在同侯爵的关系当中，她最不堪忍受的，便是在毫无出路的尴尬境地中保持虚伪的礼貌。她难以使作品完整，正如生活本身一样，既不确定，也不连贯——对于这一点，德·斯塔尔夫人首当其冲，常常对她加以指责——这同样可以归结于她对于自由的顽念。读罢掩卷，我们并不知晓塞西尔是否会走入婚姻（《洛桑来信》）；玛丽安娜简单的爱情表达能否为她带来幸福（《纳沙

---

* 阿德里安·德·莱泽－马赫内希亚（Adrien de Lezay-Marnésia, 1769—1814），拿破仑一世时的外交官和省长。——译者

泰尔信札》）；汉雷女士将最终屈从，抑或失去生命。伊莎贝尔厌恶为自己的小说锁定结局，让女主人公墨守成规：对于自由的个体，没有结束语。

在科隆比耶如修道院般的生活，以及同沙里埃平淡的婚姻也得到了相应的补偿：她能够保持话语的自由——她请求自己的侄子在写给她的信中保留约定俗成的称谓，坏脾气的"亲爱的姑妈夫人"；行动的自由：充分利用财富在她看来是一种美德，与之相反，克制言行的精打细算则是最为丑陋的欲望；思想的自由：年纪尚轻时，她便梦想撼动约定俗成的奴隶制度，如今，她能够自己做主，也拥有了更多办法。她有一位贴身女仆，名叫亨丽埃塔，她顽固自信——德·沙里埃夫人承认自己的缺点，也宽容他人同样的缺点；又极为独立——德·沙里埃夫人也并未要求她盲目服从。并且，亨丽埃塔十分聪明。伊莎贝尔让她阅读洛克的书籍，认为这是帮助梳理想法的绝妙手段。后来，亨丽埃塔怀了身孕，对于孩子的父亲，她缄口不提。伊莎贝尔恳求德·沙里埃同意她自由行事，不过是程序过场，因为须得到配偶许可，至于他会改变主意，她根本不放在眼里，并且声明不会因任何事情而受到羁绊。因此，她对"身体臃肿，像个酒桶"的亨丽埃塔精心照顾，给予安慰，让她开心，保护她不受亲朋好友恶意流言的伤害。孩子降生之后，她成为教母。透过她对于整件事情的处理，也解释出亨丽埃塔如何将轻率的行为转变为幸福，甚至美德。对于这个会引起说教，且矫揉造作的话题（年轻女子，还身为仆人，怀有身孕，又遭到抛弃），有必要听一听德·沙里埃夫人如此自由且独特的说法：亨丽埃塔"将完成（的确，这很困难，还存在风险）一个幸福的飞跃，从焦虑的年少走向稳重的成熟。男人、孩子、卖俏、快乐、遗憾、尊严和耻辱，她知道这一切意味着什么，并且既不充当好奇、伤感、装腔作势的姑娘，也不会成为寡淡、忧郁、悲悯可怜的女人"。

* * *

从亨丽埃塔的故事当中，我们还能得出一个令人安慰的寓意，即女性的不幸从来都不会无药可救。德·沙里埃夫人很少抛开身为女性的意识。德·埃尔芒什有时会一半严肃、一半玩笑地悲叹，她怎么不是男人，她说道，自己同样深感遗憾。并非她确信自身会造就一位令人赞赏的男士。而是能够拥有更加自由的风格，更为强壮的体魄，至少，她感觉这样"更适合自己"。凭借经验，她也知道生活对于女人的安排会更加艰难，因为好名声是她们的一切。透过女性作家的例子，便极易验证。无论是贞洁，抑或轻佻，都与文学才华无关。可惜啊：女性要考虑的，是根深蒂固地将女性的写作风格当作一切想要独立的表达，而同下流放荡联系在一起的老套。她们不得不去适应自己爱的方式所带来的不平等处境：男人只对"女人"感觉到爱，而女性则对个体拥有独一无二的感觉。女性出于同情和温柔给予情人他们急于得到的，而接下来，他们又对女性的付出感到担忧。如此本能的行为令女性感到费解。《洛桑来信》中的塞西尔询问她的母亲——两性之间的互不理解正是母女俩对话的核心内容：那位突然受了刺激而强行亲吻她的表兄是不是疯了。"差不多吧。"明察秋毫的母亲回答道。无论如何，女性的内心难以参透。

女性的话语

　　这当中存在着明显的女性特征、感情和职责。但伊莎贝尔·德·沙里埃对待这一问题既无追讨的想法，也无尖刻的语气。正是从卢梭身上汲取的想法在其中发挥了作用，即大自然是明智的，无论男性或女性，都应当完成自然赋予的角色，遵循自然的法则比与之相悖要来得明智。然而，在伊莎贝尔·德·沙里埃的身上，起到更大作用的是复杂的感觉。任何情况下，有利和不利都形成互补。每种性别都存在局限性：塞西尔的母亲一边历数社会强加于女性的种种规范，一边绝不会忘记它也强加于男性的规则，并且，他们服从起来也不会更加轻松，例如军事义务。此外，女性付出爱的方式并非就简单得近乎于低微：女性拥有心灵的优越感。令男人们感到乏味的爱情，能够使她们经受历练和教育。这是她们经常光顾的唯一"大学"，在这里，她们积攒了大量对于人类欲望的观察，懂得如何从半句话中参透意思；在这里，她们学会了利用男性的自命不凡；甚至卖弄风情在此也是一门不容忽视的课程；总之，这里教授对于她们有用的实践。伊莎贝尔就在其作品中表现此种隐藏的优越感：在她的小说世界里，是机智敏感的女性之间即刻产生的默契。家中温暖的灯光，只言片语的对话，一两个简单的动作，几丝笑容，都显示出女性掌控着感情世界的秘诀。男人们则尽量远离此种隐居而安逸的生活。有时，他们来到沙龙中小转几圈，充当聪明的配角。男人们一经离开，这里便最终成为女人们的地盘，准确而细致地对人类的情感进行诠释。

76　　想要理解德·沙里埃夫人如何看待女性的义务，最清楚明了的便在于她针对照料家务的思考，她丝毫不予怀疑，这归属于女性义务的范畴。在定居科隆比耶的最初几天里，她乐意像瑙西卡[*]来到河边洗衣般消磨时间，而遭到男爵的讽刺挖苦，他幸灾乐祸地预言，洗衣妇将在"乡间的快乐"中褪去美丽。当科隆比耶牧师的女儿，她所庇护的伊莎贝尔·德·热利厄——一位天资聪颖、阅读萨卢斯特、令德·沙里埃夫人备感骄傲的姑娘——想要结婚时，她预言道，她将在照顾家庭中找到诸多乐趣，因为"不论做什么，若要追求完美，便能对它产生兴趣"。可是，这里又要不偏不倚。要避免过多地关注家务，以免同荷兰女人一样，认为5点钟品茶，7点到8点享用甜点，处处使用平纹细布，便注定幸福。琐碎、缓慢、吹毛求疵、胆小懦弱是这种平庸信念的代价。因此，她不会感到平淡乏味。但也不会超凡入圣：才刚刚订婚，一位如此自高自大的伊莎贝尔便夸耀道，要让丈夫远离一切家务，以至于他甚至不会想到衣服还需要清洗。德·沙里埃夫人开玩笑地说道：让自己的丈夫认为干家务是一项神奇的工作可不好。诚然，这可不是什么魔法。更不是施魔法。

　　这一切表明，她希望女性特征一旦得到应有的承认，也不要成为一个陷阱。每当德·埃尔芒什为了挑衅，假装将她同她所定义的"女性大众"混为一谈时，她便严正反驳。她声称，自己善良的话语、玩笑根本不存在性别。在所有作品当中，她都宣布不愿认同，也不承认"女性整体"；因为，她一如既往地厌恶集体

---

[*] 希腊神话中一位拥有绝世美貌的女子。曾帮助在归途中沉船落水的奥德修斯。——译者

称呼和机械地使用词语。她憎恶在大革命中赋予"人民"集体的意愿这一事实,仿佛只有一个"人民"。对于倾向于人民整体胜过自己村庄居民的博爱者,她只有嘲讽。她总是为具体的事物进行辩护,声称只对可感知的资料和个人进行思考:"当群体变得过大时,就谁也辨认不出了。"因此,不应当使用"军队供应不足"这种抽象且机械的表述,而应改为"士兵们忍饥挨饿"。她反对一切令人无法感知的概括。德·埃尔芒什曾在给她的信中写道,在他看来,"同一类人应该拥有相同的心灵"。她回复道,不曾知晓同样的心灵,甚至并不了解何谓同类之人:"我的友谊并无类别之分。"

承认两性各具特点绝非赞同不平等。在德·沙里埃夫人身上,最为明显的,就是这个拥有无限未来的主题。或许,没有一种人权宣言宣布男女平等。但是,宣布所有男性生而平等,难道不是意味着所有人也生而平等吗?因为,"如果说男性生而具备才华,我们也可以争辩,这样的才华对于男性和女性十分相似",这一点才合乎情理。我们看到的差别并不能说明我们根本看不到的不平等。每逢遇到男女生而平等的例证,她便欣喜若狂。因此,读到拜罗伊特边境总督夫人的来信,她便沉浸在对于全体女性的热情和虚荣当中。总督夫人乐意讲述战争的情况,这个主题与女性并无特别关联。然而,伊莎贝尔"还从未读到任何一位女性的作品,能够如此完整地证明女性有能力做到同男性一样"。

并非她对于看似成功、通常用以反驳这一"证据"的异议了如指掌,即善于思考推理的女性远远少于男性。但此种统计学上的优越性并非我们习惯所想象的那样。事实上,她们不曾接受训练，进行学习和实践。人们对其劝说，"厨房沸腾的水和物理、醋栗果冻与化学都毫无共同之处。"人们说服她们享乐，使其背离学习，并促使她们"给自己的思想放假，而只想着照照镜子"。她们也获准阅读一些书籍，目的只是消遣，并不会将书中的内容同现实生活混为一谈，也不会从中学到任何知识。人们对于她们一知半解的状态十分满意，三针花边，三堂算术课（这便是塞西尔的母亲为女儿设想的全部课程）。然而，"各有一点"而怠惰的业余爱好令德·沙里埃夫人最为反感。在夏特莱夫人的梳妆台上，圆规和装饰绒球散乱地混杂摆放，令伏尔泰赞叹不已。她对此的评价则是炫耀卖弄，不过是想让庸俗之人为之惊叹。女孩子们应该接受真正有效的学习。倘若能够令她们信服于此，我们将会发现，不同性别具备的独特能力并无显著区别，并且可以消除许多贫穷与无知。为了结束诉说女性地位低下的陈词滥调，《三个女人》中的康斯坦丝对两个同胞兄妹设想出一段闻所未闻的经历，将男孩按照女孩的方式，而女孩换做男孩的模式抚养长大。男孩被叫作夏洛特，女孩则改名夏尔。由此观察女孩是否会拿起刨子，而男孩能否学会操作纺车。这一试验虽大获成功，但康斯坦丝本人认为，它并不具有决定性：我们继续支持所谓的差异，这一次则是以实用为名。无论如何，条理清晰的头脑不会"因一件事情可能的用途而对其信服"。

对于女孩，以及男孩的教育，这位对自身接受的教育引以为傲，并擅长于此的科隆比耶女性从不缺少想法：那些无法在自己孩子身上实践的设想，她乐意向自己的庇护对象们展示。她支持读书，再读书，断言多读书要比认真读书更加可取，那些嗜书如命，甚至忘我的人们便得救了。她为数学辩护，反驳德·埃尔芒什，他十分循规蹈矩，指责数学使心肠变得冷酷，而她则视其为宗教与精神困惑的解毒剂（在她写下这些话的时候，正在为圆锥曲线的属性所着迷），并坚信经常接触真实的道理会令人精神更加自由，心灵更为活跃。她无情地驳斥那些自称妙趣横生的方法和幼稚无知的教育学：聪明才智要在困难当中磨炼而成。她还为保持规律进行辩护：每天早上学习，不妨学点拉丁语，如果说不懂拉丁语也可以算作开明，缺少拉丁语却是教育上的一大不足；每天晚上，对一天进行简单的分析，总结快乐与痛苦。中间的时间，则做些手工活儿：在一个贵族阶级得以消灭，宣布人民自由，而无人知晓未来将从事何种工作的时期，这些都尤为有用。男孩子们也开始学习种植白菜和生菜，成为"萝卜地里的雷古鲁斯"，这并非坏事。

因此，所有建议对于男性和女性同等适用，但她给女孩子们出主意的想法更加强烈。要有学问，亲爱的伊莎贝尔，要有学问，她对这位与自己同名的年轻女孩反复说道。由于她从未放弃对于个体的认识，她承认，此番劝告并非针对所有女孩，也并非对所有男孩有效：每个人都应当根据自身的天性来发挥作用，而对于把萨卢斯特的作品熟记于心的伊莎贝尔，局限于"饶舌妇"（德·沙里埃夫人在这里找回了迪·德芳夫人的不屑）的说教，祈求一般意义上的女性教育则是愚蠢的。例如，别去责怪戴莱丝·勒瓦瑟——卢梭将把内衣拿去浆洗、让人来煮汤大大地归功于她——不曾成为爱洛漪丝？在她借戴莱丝之口进行表达的那篇迷人的讽刺文章中，出于"抱怨和防卫"，她同巴吕埃尔、迪佩鲁进行争辩。特别是同德·斯塔尔夫人，因其猜测卢梭的自杀在于戴莱丝对一个"最底层的"男人"大献殷勤"。这足以激起德·沙里埃夫人讽刺挖苦的情绪："对于家庭主妇可笑的重罚！对于哲学家荒谬的辩词！如果换作是位亲王，他会不会更加宽慰？这位让-雅克！"

正是同这位让-雅克，她有着最为严重的分歧，特别是关于女子教育这个话题。因为它涉及受挫的爱情。在伊莎贝尔的文章当中，我们感觉到卢梭无所不在。谈及家庭教师，她的脑海中便会出现圣普乐。目睹乡下打麦，就必定近乎可笑地幼稚，将自己同朱丽相比。25岁时，她每天都在阅读卢梭，《新爱洛漪丝》正是她想要实践的道德典范。在这段年轻时的迷恋已过去25年之后，她依然想要找回"一位1725年时在都灵服侍的名叫马里翁的女孩"：无意之间成为"饰带被偷"那段著名小插曲的女主人公，她若在世，此时已耄耋之年，德·沙里埃夫人很想同她一道去纠正身边的不公。她坚持以卢梭作为参照，并十分赞同他对于幸福的要求（与可靠的朋友在一起时愉快的孤独，一位温柔、诚实、温和的女性），并引起人们注意到这些表面朴素的愿望背后隐藏的野心——因为她从未放弃批判的精神。这只会令她对于《爱弥儿》第5卷的反感更为强烈，强调她所欣赏的卢梭在书中是怎样的自相矛盾。我们知道，卢梭并不希望父母和家庭教师令爱弥儿的性格屈从于社会的桎梏。相反，他却明确希望苏菲能够如此，成为"为其主人抚养的奴隶"。德·沙里埃夫人评论道：要么父母有权根据生活中不可避免的制约来预见孩子的命运，并为之准备，要么他们没有，二者必居其一。倘若他们拥有此种能力,正如她所希望的那样,他们对于不同性别将拥有同等权力。倘若他们能够运用自己的经验,就该让两种性别均习惯于生活中完全可以预见的束缚。没有刻板的头脑,但也不会强迫他们成为另一个自己。在这里,我们检验了德·沙里埃夫人的严密一致,即相比道德而言,她总是更加珍视自由。

* * *

正是这个有时仿佛勉强的偏好,在最终战胜了犹豫不决之后,成为她那些未完作品的魅力所在:它们拥有至交间对话的灵活,掩卷却不曾忘记。在这位变化无常的女性身上,她的想法几乎总是符合相继出现的三种变化。首先,作为一名女性活动分子,她希望以合适的方式安排一切事情:由此,才会千篇一律地追逐婚姻;也正是由此而制定了完美的教育计划,以及每一格都仔细填写的时间表。她将这种对于安排的迷恋传递给作品中的女主人公们。在《洛桑来信》中,塞西尔的母亲需要培养一个穷苦的女孩子,她想象着能有种社会体系,令女性拥有使丈夫成为贵族的特权,乌托邦有三重好处:出身好的贫穷女孩可寻到令人称赞的丈夫;富有才华之人组成的贵族令世袭贵族变得富有;最终,塞西尔将获得幸福。《三个女人》中的康斯坦丝则在阿尔滕多夫创办了一所模范学校,既而充实自己的生活,学生的数量、教学时间、教材、参考书,学校的一切都并非盲目而行。看得出来,这位女性小说作家对于这些美好的计划欣喜不已。

但唯意志论的冲动接下来会受到现实感的抑制。因为这位积极分子也是实用主义者。她只能相信安排者会考虑一切

(至少,是否需要这样?口口声声说着"保护"女孩子免遭不幸,她反驳道:一个 20 岁还"一直受到保护的"的女孩子会是怎样?)。她相信时间不会保留惊喜;当得意扬扬的伊莎贝尔·德·热利厄断言不同丈夫吵架其实也很容易时,她大声叫道:"容易!你才结婚几个星期?"她认为人能够随意转变。阿尔滕多夫的学校作为示范毫无用处,我们很快便从中了解,想要人们做事和为他们做事都实为不易。塞西尔的母亲发现,如果说遗传通过女性得以实现,祖母身为贵族的塞西尔却并未跻身于贵族阶层。在任何方面,都得放弃"从头重塑人们"的要求——在德·沙里埃夫人看来,这正是法国大革命的荒唐之处。

因此,抱有怀疑态度的明智总在纠正她主观意愿上的乐观主义。但第三,她也并非悲观得无法调动意愿重新活跃:预计会对人感到失望,需要抑制对他们的梦想促使她打消了乌托邦的幻念,但不会消除乌托邦的冲动。只需要制定计划,构建方案,因为,这是赌定变化,而对抗一成不变:没有人过分"饶舌轻浮",不懂讲道理;没有人年纪过大,难以学习;没有人太过卑微,无法提出要求;没有人要禁锢于自己的生活,甚至思想当中,因为,每个人都能够摆脱自己信念的桎梏。这便是德·沙里埃夫人的信仰。

对于刚刚令她备感失望的伊莎贝尔·德·热利厄,她写道,至此为止,"小说中的伊莎贝尔"最终转变为"现实中的伊莎贝尔"。没有丝毫遗憾。因为,总的说来,最好自己的面前并不是虚幻之物,而是能够灵活适应的真实事物。灵活性:对于这个词,我们可以交给这位颇具魅力的女性,同德·斯塔尔夫人——她那位思想上拥有活力、感情上带着忧伤的敌人——所描绘的理想如此相似。1790 年，她创作了一个美丽的教育故事。有一位教名艾格洛内特的公主，在其摇篮四周，一群仙女应召而来，给予公主应有的一切：美貌、思想、勇气。一位二等的灵巧小仙子也来到了那里，但很快便遭到那些更具天赋的姐姐们驱赶：她所能给予的只有灵活，毫无疑问，备受宠爱而蛮横的艾格洛内特认为并不需要这些。生活就该原原本本地呈现给遭遇厄运的小公主，在这种遭受蔑视的灵活性背后隐藏着怎样的财富！这则寓言献与玛丽-安托瓦内特，它所蕴含的寓意显而易见。伊莎贝尔·德·沙里埃无须惋惜缺少此种灵活的天赋：她生来便掌握抓住机遇，适应环境变化，并保持讽刺眼光的艺术。她从未丢掉这门艺术，即使死亡临近，对于我们每个人，那是肉体之于精神的复仇。1805 年 12 月 10 日，临终前的几天，在写给邦雅曼·贡斯当的最后一封信中，她宣布自己将告别人世，并写道："我确定自己快要死去；我的朋友们却不肯相信，因为我毫无致命的痛苦，但于我而言，生命的消损即是死亡。"

罗兰夫人

玛侬·罗兰，本名玛丽－雅娜·菲利普，1754年生于巴黎的一个小资产阶级家庭，父亲是一位雕刻工匠，这使她接受了较为完整的家庭教育，其间还被送去修道院一年。她的母亲于1773年去世，父亲毫无规律的生活促使年轻的姑娘一到成年，便于1780年同意嫁给了一位年长自己20岁的工厂巡视员，并且，对于这场婚姻中的分歧不抱幻想。她同丈夫生活在亚眠，后迁居里昂附近。1781年，她生下女儿，开始全心照料家务，同时替丈夫执笔；1784年，她陪同丈夫前往英国；1787年，又移居瑞士。她激情满怀地迎来了1789年，此年伊始，她参与撰写《里昂信使报》，开始同一些爱国党派大有希望的人物通信，并以带有猜疑的热情追随制宪会议最初的步伐。1791年，她定居巴黎盖内戈大街：在此，未来的吉伦特派在布里索、佩蒂翁和比佐的周围聚集起来。罗兰于1792年3月进入内政部，他的妻子也得到机会一展才华，并表现出极端主义的倾向：她为路易十六写去一封劝谏信，罗兰为此丢掉了职位，但很快，他又在8月10日

女性的话语

之后重新掌权。玛侬由于分担了一部分内政部的工作，也由此激起了周遭的怨恨，并于1793年5月31日夜晚被捕，关押在圣比拉志监狱*：身陷囹圄，她开始焦躁不安地撰写《回忆录》。她未能得以申辩，于1793年11月9日遭到处决。

---

*　1790年至1899年，巴黎的一座监狱。法国大革命期间，许多重要人物在此关押。——译者

玛侬或英勇无畏

对于罗兰夫人的描写林林总总：或为简洁生动的侧面描述，例如司汤达所为；或是正面刻画，例如出自圣伯夫之手。作家也不胜枚举，从拉马丁到米什莱，还有蒲鲁东和卡莱尔。对此进行描写的作家们十分奇怪，他们对于刻画对象的特征不感兴趣，而是想要将她归类。透过他们为女主人公描绘的形象，她的这些崇拜者们——司汤达不在其列——几乎总在努力回答一个关乎标准的问题：罗兰夫人是否真如女性那般行事？做女人所能做的？做女人所该做的？那些对她进行严厉批判的人们也在思考这个问题。所有人都不约而同地将她同完美女性的代表进行比较，从而对她加以看待，并做出评价。透过比较，他们或赞美其相似之处，或惋惜其巨大反差。仿佛在喜爱或贬低当中，各有偏袒的后人们继续透过她而对女性整体进行评判。人们的耳边仿佛还回响着《箴言报》(Le Moniteur) 的那句墓志铭："一心博学的愿望使她忘记了作为女性应当具备的美德，而此种遗忘十分危险，最终将她送上了断头台。"

关于这一点，透过看似最不适合引证的例子，能够予以验证，即她最为狂热的欣赏者拉马丁，一开始便将她定位为理想女性。"似乎真谛均由两性构成。所有伟大事业的起始总有一位女性，革命的起源亦是如此。"然而，由于她背离了整个《吉伦特派史》(*Histoire des Girondins*),拉马丁最终认定,这一神圣女子拥有带来厄运的能力:贻害了所有"束缚在她光芒之下"的人们。此种破坏力始于一个让人安心的平庸缘由:对于爱情的失望促使罗兰夫人在公众活动中对个人的不幸加以报复。我们知道,拉马丁并非为找出相关性而苦恼:由于无法笃定地为他的模特刻画蓝色或棕色的眼睛,他便将它们描画为"蓝色,但在思想的阴影之下,透出棕色"。更严重的不确定性在于对才智和道德做出判断。继续品读下去,这位在寻常情况之下(我们所说的被爱并且幸福)"只是一位妻子"的女性典型,在非同寻常的革命时期,成为了"一党之首"。

一旦呈现为一位如此标志性的女性人物,她身上隐藏的男子气概便成为放之四海而皆准的注解。正是这种阳刚之气令优雅的玛侬具备了胆识(圣伯夫之评价)、良知(基内之评价)和生命的活力(米什莱之评价)。这阐释了她"钢铁一般"的个性(基内),这位密涅瓦智慧女神身上"水晶般的恒久"(卡莱尔)。最后,还令她的朋友博斯克、邦卡尔、尚帕尼厄、朗泰纳——很容易以她作为标尺对他们进行评价——成为她谨慎腼腆的护卫队,米什莱还使用了女性化这个词语。我们能够感觉出此种分析的含糊不清。因此,罗兰夫人作为一个折中式的人物可有多种解读,相比于女性特质过于男性化,较之男性特质又太过女性化。

过于男性化:正是由于这一点,与她公开为敌的蒲鲁东,尽管原则上对吉伦特派心怀同情,依然会再一次将她处决。在他看来,罗兰夫人成功地完成了使其党派女性化的壮举(吉伦特派是"女性化党派"），同时维持了"半个男人"：她在断头台上表现出的"装模作样的阳刚之气"使她无法成为高尚之士，这便是为何玛丽－安托瓦内特尽管道德败坏，却依旧超越其上：她至少没有背叛自己的性别。甚至当崇拜者们看到她并不具备女性应有的稳重矜持时，也禁不住大呼遗憾。在《回忆录》中，她笔触简洁而生硬地讲述了青少年时期一段有伤风化的罪过带来的痛苦，圣伯夫对于这段描述大为愤慨。紧随其后，一大群假装腼腆的批判家，如蒙格隆、莫尔内、谢雷，也对这段不合规矩的秘密颇感不悦，他们所能想象出减轻其罪行的唯一情况，便是当时卢梭的范例带来的束缚，在创作沉思录时，他几乎是强加了一段有关性启蒙的情节。所有人都同圣伯夫一样，对于那些想要将罗兰夫人刻画为"未来女性"的模范，"为丈夫出谋划策，与他们平等，甚至高于其上"的"野心勃勃且夸大其词的无稽之言"深表怀疑。同圣伯夫观点一致的，还有司汤达。然而，在此之前，司汤达早已针对此类文学给出了回答，在他看来，这是新世纪的特征，与上一世纪充满活力、无拘无束、人们懂得快乐地面对生与死的启蒙运动时期大相径庭；对于未来有关罗兰夫人的所有描述，他都盖上了年代错误的印戳：在她之后，是那些"因为皇帝认为她们的裙子没有品位，而在自圣克卢返回的路上，坐在敞篷四轮马车里哭泣的帝国时代的妇人们；接下来，是来到圣心教堂聆听弥撒，祈求丈夫能够荣升省长的复辟王朝的妇人们；最后，是那些不偏不倚的妇人，堪为纯朴自然与礼貌亲切的典范"。在一个可以预见到将平淡无奇的社会里，又该如何期望人们关注一位"大人物"呢？

相反，这位"大人物"也被评判为过于女性化。当各所大学纷纷对有关大革命的史料进行编纂时，我们相信，有关玛侬的女性主义这一主题将让位于对她在吉伦特派内部扮演的政治角色进行详实且细致的评价。然而，丹东派和罗伯斯庇尔派的历史文献都对吉伦特派做出了整体上负面的评判，并且在谈及罗兰夫人时，由于无法欣赏她步入歧途，以及为大革命造成"巨大破坏"的女性主义这一罪魁祸首，还更为加重。奥拉尔怀疑她利用个人的种种欲望——愤懑、仇恨、抱怨和恐惧——影响着吉伦特派。马蒂耶则认为她擅搞阴谋，精于"甜言蜜语"，甚至转向罗伯斯庇尔的朋友比佐。乔治·勒费弗尔哀叹她身上一个过于女性化的毛病，即以貌取人。通常十分幸运地努力做到不偏不倚——对于迪穆里埃，对于米拉波——的饶勒斯本人则视其为帮派思想的女性代表：时而"媚态百出，风度优雅"，时而"自以为是，报复心强"。如果说卢梭的男性读者们（罗伯斯庇尔或波拿巴）懂得摆脱幻想的浓雾，回到现实，那么就此而言，她却只能深陷其中，无可倚靠。甚至在饶勒斯看来，她临刑前留下的那句话——自由啊自由，多少罪恶假汝之名以行——依旧是"对无休止的告发做出的悲伤回应，罗兰夫妇固执己见"。

一切尚未结束。一种女性历史文献出现，它认为从女性被排除在外的角度上，大革命的历史需要重新读过——还不足以消除司汤达预感到的年代错误，这赋予了罗兰夫人全新的光芒，但依旧是鲜有恭维。除了几个称赞她"为女性积极战斗"的声音，大多数当代作品都以带有遗憾的怜悯之情来看待她。大革命当中女性运动的失败到底原因何在？在很大程度上，它归结为对安于现状的"杰出女性"的认同。她们通过自己的行动进一步表明,将建立民主同排斥女性两相结合存在着必然的联系,并赞同女性封闭在大自然的生物牢笼之中。在她们当中,罗兰夫人显然——完全赞同作为家庭的点缀,全心扑在孩子与丈夫身上的母亲这一女性形象的典型——对于女性整体抱有成见,至少在她们投身政治时。最终的判决来自盎格鲁-撒克逊世界,出自于女性历史学家琳达·科利之笔:"她为男性优越的想法付出辛劳,却从未努力融入大革命中萌生的女性愿望。"

各种评论不一而足,但对于罗兰夫人本人探讨这一问题的文章,却鲜有关注。因为,她已经提前回答了质疑,所有人,无论是欣赏者,抑或反对者,都认为疑问已得到解答:身为女性,到底有何意味?此外,这一问题是否具有单一含义?

* * *

漫步在罗兰夫人的作品当中,采撷到的是彼此矛盾的内容,那些对如今相互冲突的阐释给予支持(视其为女性活动分子,抑或社会性别歧视的同谋)的人们同样能够声称找到了有力论据。对女性事业的辩护?在这位少女口中,我们听到了明确的辩词,她承认需要"巨大的耐心或虚荣心,从而镇静自若地从男人们口中听到关于男性优越于女性的评价"。然而,她并未展开重要的辩论,她看到了"某种耻辱与卑微的东西,而无法在评判官面前支持女性的事业"。在年轻的玛侬关于"女性主义"的章节中,还可尽述她深受婚姻前景的启发而进行的思考。她以自由的眼光看待络绎不绝而平庸的求婚者,对于结婚的困难不抱丝毫幻想，确信自己需要"一位有着崇高灵魂，能够与我结合并彼此同化，在家庭教育方面给予我辅助的男士"。她经过深思熟虑而选择了不定式动词，表明自己并不需要找个主人，也明确宣布绝不做顺从的女性。由于身为女性而被剥夺了学习物理和几何的权利时，她就发出了满是愤懑与怨恨的叫嚷。如此这般，她萌生了反串角色的欲望，已具备司汤达式的特点："有几次，我想要身穿短裤，头戴帽子，由此能够自由地寻找并领略一切才华的美好。"这并非仇恨女性特征，而是憎恶依赖性：她曾说道，依赖性将某些若可供选择而她将"乐意完成"的义务完全毒化。无论是对于丈夫，还是自然历史，玛侬的野心都在于拥有自主性。她不曾在任何一部作品中表现出"缺乏胆量"，但可悲的是，继皮埃尔·特拉阿尔之后，今天的女性主义者们都为此而对她表示不满。

然而，各种议论不一而足，人们的确能够在罗兰夫人的作品中找到另外的表述和形象，同此前的形成对立：她多次刻画出女性中短篇小说作家与思想丰富的女性线条清晰、色彩浓重的形象（确为老生常谈的主题，然而有悖常情，我们在德·斯塔尔夫人的作品当中也可见到）；粗俗之人冷酷无情的画像，她们于1790年6月25日来到里昂，携带着巴伊*的通行证，想要前往都灵寻找亲王们，自称是大革命爆发（1789年7月14日）和"十月事件"（1789年10月5日）的女英雄，事实上不过是一些"令

---

* 让·西尔万·巴伊（Jean Sylvain Bailly, 1736—1793），法国天文学家、政治家，法国科学院院士。大革命网球场会议时任制宪议会主席，1789年至1791年出任巴黎市长，1793年被处决。——译者

人生厌的轻佻女子,浑身酒气,粗俗不堪";内克尔夫人忧伤的画像,"自从她的丈夫在处理国家事务时发表了溢美之词",便成为众人取笑的对象。这些女性形象均违背了女性活动的界限,以及应有的形式。在罗兰夫人看来——而这也自然令她的情况更为严重——应当接受这些强加的形象,向社会的要求妥协,在意他人的议论。由此,我们看到她学习几何,却是"偷偷进行",因为她"尊重舆论,也不想成为女科学家"。而在阅读了洛克、马基雅维里的作品和恺撒的《高卢战记》(Commentaires)*之后,她还写信给苏菲,强调此般密谈只能够对朋友公开,对其他一切社会则要小心翼翼加以隐藏:至少,玛侬变得擅于打消怀疑,并且"在谈论衣着打扮和说些蠢话方面还十分在行"。

  根据如此交代,我们不仅能够发现人物的两面性,或许还可证明其表里不一。因此,通过这个骄傲与谨慎、反抗与接受的两面手法,存在多种解释,又回到了罗兰夫人的两种生活——1789年的前、后;或两种材料——通信和《回忆录》,使我们对她有所了解。或针对她小资产阶级生活的两面性,甚或她所偏爱阅读的作品带给她的双面镜。首先是两种生活,因为大革命将生活的格局打破:无论是对于罗兰夫人,还是对于大革命的行动者们亦是如此,这场革命将妇人们喜爱的拙劣诗人变为罗伯斯庇尔,让毫无名气的律师成为丹东,使悲观的平庸作家变为马拉,还完成了许多其他转变。重大事件能够令最为黯淡的生活迸发出火焰。正是这场革命风暴将这位性情温和、平静地专注于女性主题的

---

* 该书全名为:*Commentaires sur la guerre des Gaules*。——译者

罗兰夫人变成女英雄。这一话题被广泛探讨，而伯尼奥伯爵[*]在其《回忆录》中的透彻论述无人能及。他原本对她十分反感，而在巴黎裁判所附属监狱与其相识后，却立刻被她所吸引，并从此将她的派性与热情全部归结为这场令所有人都偏离轨道的残酷事件："若让罗兰夫人远离大革命，她绝非今日模样。"他接下来所描述的是一位"情感丰富的女性"，为人妻，为人母，坚持认为唯有完成自身的神圣义务才可获得幸福，并且"称颂费奈隆风格的道德"。判若两人的罗兰夫人？那是因为她们属于被大革命的深渊分割开来的两个世界。

还有一种学院版本的诠释。卡尔·N. 贝克尔强调，描述罗兰夫人的所有作家都运用了两类相互对立的文章，并未将它们严格地区分开来。《回忆录》专注于对一种非凡之死的思考，而《书信集》则致力于对极为普通的生活进行整理。《回忆录》想要涵盖集体悲剧，而《书信集》则对公共事务以外的一切充满好奇。《书信集》中拥有冲动的魅力，而撰写《回忆录》则格外在意严谨性。在遭到处决之前，罗兰夫人回顾了她的一生，仿佛从最初开始，她便注定走向这个悲剧的结局，这是为人类解放而付出代价：与其说是生活，倒更像是命运，甚至由此而变得崇高。贝克尔认为这是安慰人心的幻想。但它解释出，玛侬，这位在书信中循规蹈矩、对外部世界不感兴趣、一心忙于家务的女性，在《回忆录》中则表现出政治行动家的特质。翻开一篇篇文章——在贝克尔看来，显然《书信集》更加真实，但不如具有迫切目的性的《回忆录》有

---

[*] 雅克-克洛德·伯尼奥伯爵（Jacques-Claude, comte Beugnot, 1761—1835），法国政治家。——译者

条理——呈现出来的一幅幅罗兰夫人的画像也不尽相同。

一种社会注解还强化了此种两面形象。身为店铺主的孙女和巴黎手工匠的女儿,罗兰夫人要求归属于城市小资产阶级世家。我们能够从中解读出,她扎根于一个在深层次上与其一致的中产阶级,其理想在于简单幸福的家庭关系,以男女严格分工、分别从事私人与公共活动作为样板。然而,我们同样能够同龚古尔兄弟一般,看到在这个阶级当中,彼此矛盾的野心相互混杂:向上,追求贵族阶级社会生活的安逸舒适;向下,则寻求居家生活的义务。年轻的玛侬所接受的教育便体现出此种双重性。既为她安排了"大提琴低音"和"大提琴高音"的家庭教师,也要求她去采购香芹、生菜。她学习拉丁语,也缝补衬衣。因此,她所接受的是一半平民、一半贵族的教育,"让她接触一切,却并不阻止她深入底层。"此外,是否正如圣伯夫所言,她注定体现出资产阶级的多种融合,成为了"资产阶级的塞维涅"。

最后,我们还可猜测出,除了社会双重性,还存在着文化双重性。孩童时所感受到的第一次文化冲击是在八岁时阅读了普鲁塔克的书籍。她一直对于英雄式的生活倍加欣赏,对那些为公共事务牺牲个人幸福的人们心怀崇敬。第二次冲击,则是在许久之后与卢梭的作品结缘。在他的身上,她找到了普鲁塔克的另一位欣赏者,同样是从八岁开始,并且在《希腊罗马名人传》(*Vies parallèles*)当中,她的喜好得到了认同:热爱祖国,迷恋自由,以及英雄所承受的美德压力。1787 年,她创作了《对普鲁塔克的思考》(*Réflexions sur Plutarque*),对两位男士表达了共同的敬意。然而,她也在卢梭的作品中发现了别样的东西:传统家庭活动的价值,忠心于生活的女性理想,安于默默无闻。由此,并不考虑方法而进行的自学式阅读让她形成了一些对于女性生活相互矛盾的认识。

　　当然,她对此并无意识。因为所有解释都让人产生了一个共同的想法:她原本可以避免人物的两面性,以及她想要表现或维护的价值相互矛盾的一面。罗兰夫人不自觉地成为深陷被大革命四分五裂的生活境遇,出生于含糊阶层的偶然,以及杂乱阅读的产物。她是无法抗拒——甚至都不曾觉察——所处社会中各种启示和禁令的革命女性的典型代表;而异化将成为她整个历史的终结。

* * *

　　"好吧,我亲爱的兄弟,只是个女孩!我向您致以卑微的歉意,但比我更能干的人也不会做得更好。"她就是这样将欧朵拉出生的消息告诉了罗兰的弟弟。在罗兰夫人的书信当中,每逢谈及自然"仿佛"指定给女性的命运这一话题,论述两性之间的关系,或思索平等这一问题时,跃入我们眼中的,便是带有讽刺的距离。我们无法在她清晰的声明中找到一丝一缕的诙谐,便过多地指责她抛弃了女性的"事业"。在这里,自由的讽刺随处可见,或许每逢听到罗兰因为一些他并未写过,而她自认为是作者并在内心向自己致敬的文章而受到称赞时,她便会心一笑。这方面的例子不胜枚举:罗兰曾给布雷斯地区布尔格的竞争协会寄去一篇抨击文章——与里瓦罗尔关于法语的世界性这篇演讲针锋相对——并在其中鼓吹推广英文,使之成为世界性语言。同诸多情况一样,很难精确地估量出罗兰夫人在这篇论文当中所占的分量。然而,瓦雷纳·德·费尼勒对他答辩的这篇论文提出了质疑,正是由她来予以反驳,可谓机智嘲讽的小杰作:是的,她心知肚明,沉默是女人的装饰品,这至少是"丈夫们的教义"。因此,她既不能,也不敢进入一场真正的文学辩论,然而,由于引起辩论的人并未将小说、戏剧,总之这些小零碎排除在外,她便要来冒险一把:低一等的性别,选择次等的文学类别。因此,她谈论理查森和莎士比亚,又由此不露痕迹地过渡到了洛克与牛顿。讽刺则贯穿文章始终;布雷斯地区布尔格的院士希望提供给她科卢梅拉的一段引文,她则大为不敬地打岔回避,表示拒绝:"虽然没有尼侬的品位,我同她一样,厌恶引用原文。"

想要理解她对于两性平等的想法,就应当记住这些。在这一点上,她的圣经便是托马的一部超级畅销书:《论不同世纪女性的性格、风俗与思想》(*Essai sur le caractère, les mœurs et l'esprit des femmes dans les différents siècles*),因其拒绝解决这一"著名的问题",她对此书赞赏有加。如果说在她看来,这是个不合情理的问题,那是因为,她相信男人和女人拥有共同的合理本性,在智力与道德方面拥有平等的尊严。她不懈地在丈夫那里找寻平等,于她而言,平等似乎是"在社会当中感到快乐的唯一源泉",她认为,自己并非想要"高人一等,也不会受制于人"。然而,她所要求的平等绝非模糊不清:两性之间的互补在她看来应当自然而然,"他们的价值就应该大不相同"。因此,女性有其特殊的短处:体质脆弱,她自身就存在精力不足,以及思想不够连贯的缺点;但也具备独特的长处:如善于交际、敏感细腻、想象丰富等美德，对于想象力，她早在司汤达之前便已称其为"火光"。

如此刻画并不平庸。一切似已确定的事物一开始便能激发出她冷嘲热讽的性情："老天想让暴君们行为残暴，丈夫们心生嫉妒，妻子们举止轻浮，而让我来进行说教。"另一方面，她信服于人们常常将不完美转变为美德。她注意到，人们习惯性地拒绝承认女性具备观察力，认为此般能力体现出一种深思熟虑的知性看法。这是因为他们并不明白，女性的依赖性和强加于她们要保持含蓄的义务"不断将其控制，限制其礼貌规矩"，使得观察对于她们而言至关重要，这一必要性确保了她们无可匹敌的敏锐度。德·斯塔尔夫人在《论文学》(*De la littérature*)当中对此进行了理论分析。女性擅于在各类性格中区分出"许多差别"：命运卑微这种悖论的好处在于为她们开启了当时所谓的精神哲学。于是，我们看到，自然的矛盾分泌出她们精神上的解毒剂。或许有一种女性本性，而它的主要特征在于"灵活性"，勉强成为了一种积极的特征：萨尔茨堡的一个分支很快便繁荣兴盛起来。年轻的玛侬曾给贝桑松学院写过一篇略显程式化的演讲，探讨女性的教育如何能够促进男性变得更好这一主题，在该篇讲话当中，她将女性定义为"拥有一切感受"。通常在小事上表现出的适应性也能够扩展到大的方面。她注意到，印度妇女在丈夫去世时会选择自焚："如果赋予我们国家的女性对于美德的热情，还有什么是她们做不到的！"

因此，一切都是教育的问题。她对此深信不疑，要和亲爱的卢梭争辩，驳斥他，并确信两性之间无限的差别几乎都与教育有关。女性服从于感官印象？培养优雅举止的教育并非为了重塑这种顺从。她们迷恋于讨喜？人们并未留给她们其他支配权。大革命爆发之际，只有少数的女性爱国者，是否该为此感到吃惊呢？"分散于琐碎小事并在这些事情上弱化的感情难以在重大事件中得到升华。"大革命当中的男性，除一两个特例之外，均鼓吹女性不属于历史，而属于自然范畴。罗兰夫人对此远远无法信服。在这点上，德·斯塔尔夫人也会说出她的迟疑：在这个世纪之末，女性已不再属于自然秩序范畴。而她们也尚未进入历史范畴。尚未，是不再：我们不晓得这是一次偶然巧合，还是德·斯塔尔夫人向罗兰夫人借用了这一转折词汇。然而，罗兰夫人在1791年4月5日向邦卡尔吐露隐情，她刚刚给社会联合会的男士们写信，来点燃他们的能量之火，并强调自己未曾留下姓名：风俗习惯还不允许女性自我表现，"只有当全体法国人民成为名副其实的自由人时，女性才能公开行事……在此之前，她们如此行事将十分可笑，并失去本以为所拥有的一切。"

  伴着教育的发展，随着历史与时间的推移，女性能够活动，并充分发展自我尊严的范围也随之变化。多种路径已经或即将供其选择，多种模式也成为可能。按照古老共和国模式的建议，她们要围绕祖国这一主导价值来安排生活。每一位女性都应当为国家生养体格健壮的孩子——并为此进行自身的体质训练；培养自由的人——并进行自我的意志训练；接受，甚至培养牺牲精神，正如这样一些母亲，看到自己的儿子毫发无损地从战场归来，会感到丢脸，并大加指责，令其羞愧不已。的确，此般命运令人羡慕，作为斯巴达或罗马的女性很了不起。我们来变换地

女性的话语

点,转换时间:这是一个走向没落的世纪,一切英雄主义均不与女性沾边,她们远离公共事务,诚实取代了荣誉,她们是道德的主宰;为秘密地包含于私人范畴之内的公共财产而工作——哪怕间接地,哪怕在黯淡的家庭生活中——并非一无是处:女性能够将卑微的生活干成一番大事业。她们甚至要适应在一个专制主义的国家生活。玛侬憎恶其傲慢与蔑视也是徒劳,她承认,是它们赋予了女性角色的威望:在一个如此不平等的社会中,女性运用各种手段,赢得了自在与快乐的空气,这也是"一种平等"。罗兰夫人不仅阅读卢梭,还有孟德斯鸠的作品。在《论法的精神》中,她认识到,君主政体只要稍稍文明一些,就会使女性发展出自由的思想。她明白了德·塞维涅夫人如何从善于宫廷交际中汲取了一切才华,"也就是说在那个中心,有趣的奇闻轶事,美好的事物,重大的事件,要紧的小事接踵而来,彼此相关;游刃有余的措辞,讨人喜欢的口吻,细致,宽容夹杂于我们所看到的和发生的一切之中。"在一个"由一些人主宰",但活力且愉快的国家,要由女性来净化和修饰情感。这里可能鲜见公民责任感,但充满礼貌客套。礼貌是妇人们的作品,绝非微不足道,这是另一种形式的自治。直到站在犯人关押车上,前往刑场,她依然提醒刽子手要保持优雅。

并非仅此而已。同一时期,在并不遥远的地方,还有英国女性,这一令人感动的发现使她产生了还存在另一种模式的想法。但在这里,性别隔离成为主宰。孟德斯鸠曾说过,在一个"强硬的纪律思想"占据主导的国家,政府的构成本身便造成了女性将被分割出去。"法律上享有自由",在习俗上却身为奴隶,英国妇女过着十分退隐而内敛的生活,她们不会享受小小的礼貌尊重,我们也不曾在她们身上看到法国妇人所惯有的浮飘神态。然而,在寄给博斯克的信中,她写道,这是一些"敏感"的女性,让人无法不爱上她们。她们唤起了一种微妙而强烈的情感,英国小说的魅力与财富便在于此。德·斯塔尔夫人又一次与她不谋而合:她同样将英国浪漫文学的优势归结于两性道德和女性全心投入的私人生活,这两方面都令男士们心生爱意,她们越是少一些风流轻佻,相反,男士们则爱她们越深。

年轻的玛侬放声呼唤,自己本该拥有"另一种灵魂,另一种性别,或生活在另一个世纪"。生为"斯巴达或罗马女人,或至少是法国男人"。这足以说明,性别本身并非监牢。女性的命运多种多样,是否还应该补充一点:不同的命运能够代表彼此矛盾的义务,令各类情况独具特色,不一而足(她从欧朵拉的教育中痛苦地学习到这一点,她效仿卢梭的教育模式,但其中美好的原则却经受不住实践的检验)。无论何种命运,女性都能够追求尊严。最后,特别是种种限制——各种命运均包含——却为思想解放留出了空间。我们总是拒绝她们让思想皈依。正如宗教,显然是为了控制女性的想象力,但什么也无法阻止女性了解并说出:天主教"极不利于正常判断",因为所有女性都能够——在这点上她们丝毫不予让步——运用明智的道理,并有机会实现自治。早在雅各宾派令她表现出哪怕身陷囹圄,依然自由自在之前,她就曾出言精彩:"无论风将我吹到哪里,我必恪守极乐的原则!"

在这一过程中,她努力纠正身边各种生硬的反对。她对女性生活进行的种种描述体现出无穷的多样性,随之,她的思想逐步发展，独具特点，且不归属任何一种定义。这些描述并非源自于不同社会阶层彼此矛盾的愿望——她将它们再现出来，既无法理解，也并不争辩；且并非在于精心编写的回忆录与发自内心的通信之间有所不同——各种引言往往出现在前面几页，并有意引自通信；更不是假定普鲁塔克与卢梭眼中的生活存在矛盾。因为卢梭一向拒绝参与性别平等的问题，在他看来，这是人类一种绝对不幸——热衷于相互比较——的结果。他反复强调，每种性别尽现独特之处，便会更加完美，而此种独特命运的深化始终是一种财富。只将女性视为附属品远远不够：男性和女性共同从属于超越其上的宿命。从性别社会中产生了一个"精神上的人，女性是眼睛，男性是臂膀"。还可以补充一点，这种新的结合体和新的灵魂符合公共财产的要求：由此，通过公民责任感的教育者这一高尚的任务，女性重新融入城市生活。令人兴奋的前景是：女性特征与其说是一种状态，倒更像一种价值。甚至卢梭笔下显有才华的苏菲最终也在爱弥儿的身边重新扮演起说教者这一不可推卸的角色。家庭教师如是说道："今天，我放弃你们赋予我的权力"，而指着苏菲说道："今后，你们将由她来管理。"至于朱丽，正是她在统治着克拉朗，无论是沃尔玛，还是圣普乐，都不曾压倒这一强大的灵魂，并且没有人比她更能够体现出一个鼓舞人心、光彩夺目的事实：哪怕婚姻中缺少爱情，女性的命运也能够绚丽多彩。我们由此更加理解了罗兰夫人想要从《爱弥儿》或《新爱洛漪丝》当中读出些什么。对于这位毫无激情地走入婚姻的年轻妇人，为人妻，绝无乐趣，之后为人母，缺乏生气的孩子又令其失望沮丧，卢梭教给她将生活的散文转变为诗歌创作。只

罗兰夫人

要懂得通过意愿来主宰感情——玛侬对此并不欠缺，就一定能够实现自我，并且，哪怕困难重重，也能够令生命得以完整。

* * *

于是，一种极尽严密一致的个性呈现出来。只能看看大革命是否将其打乱，或者至少，是否对于女性角色进行了另外的安排，让一位新的罗兰夫人出现。大革命标志着一段不同寻常的历史从此开启，它赋予了各类事件绝妙的灵活性，激发出个人的能量，重新推动了他们反弹的能力，对此，她立刻表示信服。她曾说过，大革命彻底改变了她对于时间的概念（"一天之间，仿佛经历了十年"），充实了对于时间的期望："终于，大革命的日子到来，我的个性随之发展，并有机会表现出来。"她强烈地意识到骤降的革命已将一切打破，心中对于英国式自由心存妒意的欣赏，对于罗马英雄主义带有怀旧的遗憾也瞬间熄灭。成立联盟*的第二天，她对邦卡尔回忆起那些年轻的日子，那时学习古代史曾令她"为没有生为斯巴达或罗马人而悲泣"。正如我们所知，这绝非一种回顾式的重塑，而是为了立刻叫嚷道："我对于古代共和国再无任何羡慕！"在她尚未走上政治舞台之前，大革命已改变了她阅读的书籍、结交的朋友，以及她的活动和情感。突然之间，意大利的诗人们显得十分肤浅，似乎唯有塔西佗、"麦考莱夫人的故事"和卢梭的道德能够达到革命的高度；在大革命的热情中结识的新朋友，不再需要长期观察，便进入了她的社交圈子；事情变得简化，信

---

* 1789 年法国大革命时，由各个城市的国民自卫军自动组织的联盟。——译者

件写得朴实（她对布里索写道："再见了，加图的妻子绝不会以称赞布鲁图来消磨时间。"）；从此，一些行为遭到禁止，例如尖刻的批评或抱怨：这在当时是一种她不愿扮演的"女性角色"，她对博斯克说道。由于大革命改变了一切："必须坚持警戒或努力说教，直到最后一口气息，或者不要参与革命。"

她到底参与了什么？这位不知疲倦的书简家在拉普拉蒂尔的住所又对她的朋友们进行了怎样的劝诫？令她在朋友圈中独树一帜的，并非她独特的政治观点。无论是在她，还是她的朋友身上，我们都能够发现最初的亲美倾向。同他们一样，她也因憎恨独裁而拥护原始的共和主义。同他们一样，她也很早便开始考虑必要的战争这个问题。最后，对于他们大家而言，路易十六出逃瓦伦这一事件令人恍然大悟。她使人吃惊之处，并非想法的内容，而在于这些想法的尖锐。因为，就如某位遭其憎恶之人曾说过的那样，她的要求十分简单，就是有胆之士，别无其他。从制宪会议迈出最初的步伐，直至结束，她都在悲叹缺少志气之士："法国仿佛人员匮乏。"环顾身边，她则对草率信任之人的胆小或天真大呼惋惜。然而，自 1789 年 7 月 26 日起，还在革命蓬勃发展的阶段，她便对博斯克写道："你们只是些孩子，热情燃烧一时，但毫无结果。如果此信未能送达您的手中，就让读到其中内容，知道它出自女性之手的懦夫们感到脸红吧。"正是目睹了那些立刻付诸实施的反革命阴谋而助长了她的此种不屑情绪，她备受困扰，在外是亲王贵族们，在内则是特权阶层和教士们。是否正如《回忆录》所证实的那样，她已成为共和派？如果将敌视教士和国王视为共和派的思想，或许如此，并且还带有纯粹的攻击性。卖掉教会的财产令她兴奋不已。是否该加快进程？因为"不端掉巢穴，就不可能彻底摆脱凶残的猛兽"。那么，国王呢？她在《回忆录》中写道，既不相信路易十六能够使法国获得新生，也不信任君主立宪制，此外，对于我们认为已准备好的证词，书信再次未予证实。自1789年夏季开始，她坚决要求对皇后和阿图瓦伯爵*提起诉讼。对于路易十六的处置，她也不抱丝毫幻想。最后，早在布里索期待大革命出现"严重背叛"之前，她便说过，"为存在危险而感到高兴"，认为"和平重建帝国或许是个幻想"；并呼吁通过战争来完成对于这场"革命的补充"，这立刻成为她的心愿。

当她于1791年2月来到巴黎时，同国民议会的首次接触更些许增强了此种自发的激进主义。参与最初的几次会议便让她目睹了残酷无情的人物，米拉波的葬礼更令她悲痛万分，因为它们再现了对一位危险人物的迷恋。她支持有色人种，支持无选举权的公民，支持报刊的绝对自由，反对制宪会议议员具备再次当选而连任的资格：在这一年春天的所有斗争中，她都站在所看中的几位"活力充沛的爱国者"一边（罗伯斯庇尔也在其列）。日复一日，她更加寄希望于暴动或战争。令她萌生这一政治想法的一个重要日子便是路易十六出逃瓦伦，它既是证明，也是冲击。这一事件最终促使她赞同"团结友爱的社会"（这里无疑指向雅各宾派所接受的两性友爱社会）。这是她在政治舞台上迈出的一步，而她对此的定义便是国王出逃这一前所未有的事件。她说

---

* 路易十六的幼弟，即后来的查理十世。——译者

道：若是和平能够持久，她会坚守"我认为女性应该扮演的平静角色和发挥的影响"；而既然"国王的出逃宣布了战争的爆发，那么，我想每个人都应当毫无保留地牺牲自我"。

从此，她走上公共舞台，扮演敌人为她圈定的角色，还为此献出了生命，成为不朽：这是一位小集团中的女性，吉伦特派政治的暗中鼓动者。是沙龙女性吗？毫无疑问，只需提及盖内戈大街的沙龙——1791年2月开设，极左派议员每周在此集聚两次。在这里，丝毫感觉不到雅各宾派嗅出的旧制度的气息：除女主人外，女性被拒之门外，菜肴采用斯巴达式样，紧张认真的气氛更像是思想社团，而并非沙龙。是灰衣主教吗？同样毫无疑问。她协助罗兰，他于1792年2月进入雅各宾派的通信委员会，此事并未出乎她的意料；一个月后，在吉伦特派组建首个内政部时，她立刻意识到，对于为公开与国王对抗进行辩护的人们，这是怎样一个陷阱；6月，在路易十六拒绝批准法令之后，她起草了那封著名的劝谏信——提出了国家相当于个人的出色定义，导致一些吉伦特派阁员辞职，并再次将她的朋友生动地描绘为坚定革命的象征；7月，她在韦尼奥煽动性的公开讲话中分辨出潜藏的遁词；9月，她对于罗兰主张最好将屠杀掩盖起来无动于衷，立刻对恐怖残暴与严密组织进行揭露；还是在9月份，从5号开始，她构想出部门防卫：至少在她的身上，我们看到了同反对吉伦特派、指责联邦制最为相似的东西，对于法国行政区划的思考，对"优秀"部门的评价，对于自由地缘政治学的描绘。总之，直至1793年1月21日，国王遭到处决，罗兰夫妇也随之下台，她为丹东背信弃义的映射做出了证明，"罗兰在他的内政部中并非孤军作战。"

因此，她的敌人并未判断错误，而罗兰夫人也予以承认，仇恨赋予了他们洞察力。他们十分清楚，如何利用这样一位听从妻子指挥的部长形象，并根据准确的直觉支持自己的论点：事实上，是她在执笔。相反，他们毫不在意她对于这一角色的设计。因为，于她而言，它没有使人吃惊的新鲜之处。首先，令人惊奇的是，这与她已尝试或期望的角色并无丝毫差别。最棘手的事情在于，玛侬一直希望能够隐居特雷泽，就像回到另一个克拉朗，在那里制作果酱，采摘葡萄，而不再"考虑帝国的革命"。她继续实施从克雷弗克的《一个美国农人的信札》（*Lettres d'un cultivateur américain*）中获取灵感的生活规划，努力得到一处教士的产业，和她的朋友在那里充当农民哲人和慈善家。另一方面，在"重大事实"的发展所赋予她的公众角色中，她并未放弃一贯喜爱的风格。在拉普拉蒂尔的住所，当她接待来访的男士们时，总是表现出友好、谦逊，并带有傲慢的威望，永远手捧一书，仿佛置身于圈外。在盖内戈大街，或在内政部，她成为"Coco 皇后"，保持着若有若无的状态，关注男士们的议论，丝毫不肯漏掉其中的内容，然而，辛辣尖锐的话语停在嘴边，内心激动不已。为了防卫之需，她在《回忆录》中极尽谨慎之能事令这一形象不被觉察。但我们能够信以为真。习惯的力量在此发挥着作用——她一直不声不响地协助罗兰创作技术与学术著作，并在此般默默无闻的影响当中体会到极大的满足。在《回忆录》中，当讲述到自己才是一封由罗兰、蒙热、克拉维埃和加拉署名写给教皇的信件真正的作者时，她细腻委婉地表达了狂喜之情。显然,在如此小心地完成并加以掩盖的秘密工作当中,有些东西吸引,甚至充实着作为部长妻子的罗兰夫人。是谨慎吗?这并非她的专长。然而,她坚信如若女性必须具备知识与才华——因为分工不同不会破坏男女在理性上的平等,这绝非"为了公众事务"。她还承袭了卢梭的思想,确信两种性别的社会互补性不失为绝妙的安排。从她的态度中,敌人们看出了隐藏掩饰的杰作——矫揉造作,朋友们还补充了异化,与此相反,这是同自身保持一致。

卢梭曾大肆宣传一种精神真谛,即让人们能够喜欢自身及其状态,而胜过于其他一切。他将同自我的一致性视为最宝贵的财富。玛侬的看法亦然,将个人的自我统一定义为观点与行动最大程度上的相互一致。那么,在这位拥有天赋、善于同时激发欣赏与反感的独特女性身上,生命的统一何以实现?走近这位人物的神秘世界,我们发现罗兰夫人无法忍受环境的一成不变,最担心的就是固定僵化——我们再次理解了司汤达为何会偏爱于她。她不是天生的抗议者,也并非总是反叛。但她从不容忍消极状态——麻木、伤感、懒惰、漠然、烦恼。在她的眼中,这些都是心灵的疾病,必须毫不留情地根除,哪怕诉诸暴力。透过缺乏耐心这一特点,人们明白了她与其朋友们在讲话方面的天壤之别,也是这一点说明了她比他们更早,也更加强烈地期待着一场危机、暴动或战争,毫不犹豫地认为流淌的鲜血能够"带来新生"。就这样,我们最终看到了在整个革命期间令人难以忍受,并持续不断的风暴。这便是 5 月 31 日发生的一切:对于这声终于砸下的响雷,她几乎感到幸福,并立即行动,"仿佛一只鸟儿",飞奔前往宫中,向国民公会告发了罗兰被捕;我们明显地感觉到,得以摆脱掉消极情绪,她终于松了口气,准备为此付出代价,并消除了"精力充沛之人"——她中肯的总结——所憎恶的不确定性。最终,如此立场也决定了她面对牢狱考验的方式。在悲凉的高墙之内,面对她所热爱的比佐的画像,她卸掉了对于丈夫——她称其为"老人"——的义务,如同法布里斯之于帕尔姆,并终于在沙夫茨伯里伯爵和英文字典当中找到了幸福,比任何时候更加褪去了双重特性。

然而,监狱之灾撼动了一个核心理念,并且在这个如此与众不同的生命当中,第一次也是最后一次改变了玛侬对于女性生活的描述。她一直认定,女性能够令世界震惊。但她并不认为这即是她们的目的所在,女性就应该"出头露面"。法国大革命未曾改变她对此的坚信,而她生命中的革命却击垮了这一想法。于是,她写信给所有认识的议员和记者,让他们为专制政权充当证人。她一如既往地写下数百页的文字,然而这一次,她想方设法将手稿从狱卒手中挽救出来,向公众发出这份道德与政治的遗嘱,传播她"注重自己记忆"的那篇文章。在了解到朋友们已将她的手稿付之一炬时,她备感失望("我宁愿自己被他们扔进火堆");她甚至感觉自己肩负着"走上断头台的使命",只要能够获准一场公共审判,至少提供一次表达的机会;她完全克服了以往对于女性作家的反感:"假如能够活下去,我想,我只剩下一个愿望:编纂世纪年鉴,成为自己国家的麦考莱;我是说法国的塔西佗";在狱中,她甚至向将谋杀与抢劫之捍卫者处死的女子致敬：夏洛特*的匕首"值得全世界赞赏"。

或许，她还有意引起注意，她曾被迫写下如此对话，1793年7月4日，她在给分部的信中写道："我的同胞们很愿意接纳这一神圣的职业，如果不是滥用权力对我进行控告，我永远不会想到将这一职业公开化。"然而，当报贩们来到她的墙外反复历数她假想的罪状，并将其排在安托瓦内特与夏洛特之间，列入反常女性的黑名单时，继续秘密地磨炼性格，认定自己无辜已然不够。还需要让人们了解她。她疯狂地撰写《回忆录》，并使其在外界流传，这使她得以摆脱悲伤情绪——她视之为一种人类不当的退化——和狱中的萎靡不振。她也由此感到自己还有"用武之地"——这是整个18世纪的主旋律，也是她一贯的"信条"，最终令她既洋洋自得又局促不安地承认，世上唯一适合自己的角色便是上帝（我们也顺带发现，这是一个没有性别的角色）。在梦想破灭之后，想象着自己承受的一切如果得以发表，还能够教育世人，澄清公共道理，服务于人类，她又重建希望，这是获得解放的最后机会。

舞台如此残酷，而她被当作一个悲剧性的配角，这使她乐于出头露面，也成为想象中可以予人教育的唯一方式。铡刀令这场表演变得庄严而神圣。在罗兰夫人唯一不曾遵守的女性生活的规范中，她所表现出来的依然是忠于自我。这种生活中统一的原则在于，相信女性的命运纵有千差万别，我们能够在自由思想的无限体验中一一感受。包括她的命运，竟如此悲凄。

---

* 即夏洛特·科黛（Charlotte Corday, 1768—1793），她于1793年7月13日刺杀了马拉。——译者

德·斯塔尔夫人

热尔曼娜·德·斯塔尔,雅克·内克尔之女,1766年生于巴黎。她在18世纪的最后一个文学沙龙中长大,于1786年嫁给了瑞典驻法大使德·斯塔尔-霍尔斯坦男爵(由于缺少幸福,她不停找寻,曾爱上过纳尔博纳、里宾格、邦雅曼·贡斯当、巴朗特,直至1811年与年轻的军官罗卡再婚)。她在巴黎开办沙龙,随着她热切关注的法国大革命日渐临近,并最终爆发,沙龙的政治色彩愈加显现。8月10日起义之后,君主制被推翻,她前往瑞士避难。1795年,她重返巴黎:此时,她已成为共和派人士,并正在创作《论当前能终止革命之形势》(*Des circonstances actuelles qui peuvent terminer la Révolution*)。拿破仑掌权后,她短暂地在他身上看到了可代表这一事件的人物,然而,在首部重要著作《论文学与社会建制的关系》(*De la littérature considérée dans ses rapports avec les institutions sociales*)中,她又对这位新的执政者表示怀疑。两人之间一场历经波折的对决由此展开,并导致她于1802年被强制流放。这次流亡转变为一次机会:她在科佩*集中了所有欧洲名流，保持了流亡君主的根基；她还游历了德国、意大利和俄国。在这几年当中，她作品颇丰，分别于1802年和1805年出版了小说《黛尔菲娜》（Delphine）和《柯丽娜》（Corinne），并于1813年发表了重要论著《德意志论》（De l'Allemagne）。波旁王朝复辟后，她回到巴黎，创作并完成了《论法国大革命的主要事件》（Considérations sur les principaux événements de la Révolution française）：1818年，在她去世一年之后，这部革命历史专著的奠基之作出版问世，反响巨大。

---

* 位于瑞士沃州尼翁县的乡镇。——译者

热尔曼娜或焦虑不安

在德·斯塔尔夫人的头脑中,有两个幽灵萦绕不断:一个是静默,另一个是孤独;它们不断作祟,为享受幸福的机会蒙上阴影。这一对孪生幽灵有时也会单独出现:我们或许独自一人,却能够从回忆朋友或爱人的话语,或看到书信中字里行间拯救心灵的字眼而得到鼓励;而我们也可能身处人群之中,却陷入寂静的冷漠哀伤:这些都会出现在人们早已习惯的社会中,在这里,人们之间的谈话只是纯粹的社交惯例;在这里,或许能够找到话语,却没有"交流"。但大部分时间,这两个幽灵都彼此相连,终日缠绕:那才是可怕至极的。

这并非危言耸听。死亡的可怖影像主宰着德·斯塔尔夫人对于寂静与孤独的噩梦。她"落入"寂静里面,"深陷"孤独当中。没有朋友,他们的缄默不语仿佛一座座坟墓。乡村如同一座坟墓,它远离巴黎,让人感受不到朋友之间相互沟通——这种"想象中最大的快乐"。更深邃的坟墓是流亡。年华老去也是一座坟墓,人们将"无倚无靠地走入其中"。那么,对于热尔曼娜在信中歇斯底里的叫嚷是否该当真呢:她那雄辩的口才并非在抒发爱情,更多的则是缺乏耐心,心怀恐惧;还有发泄愤怒之情,要求回信,尽管等待来信时兴奋不已,可若是确定信件未到,她则会遭受致命一击;或是信件如约收到,但通篇都是漠不关心或面目可憎的来信者漫不经心的文字，她同样会遭到不幸的惩罚。的确，与之相反，书信也能够传递肺腑之言，激发并唤醒活力。当它们带去爱人归来、幸福临近的消息时，便会云破天开。德·斯塔尔夫人内心深处的真实感受便在于这种心情收缩与舒张的变化。为拥有与对话而欣喜满足，为失去和静寂而沮丧消沉。介于两者之间，则找不到丝毫宁静从容。

这种在生活中跌宕沉浮的秘密，她比任何人都更加了解（她在《流亡十年》[Dix années d'exil]中写道："对于社会的看法令我备受责难。"），并在一生当中不断做出新的例证。尚在年轻时，她便写信给德·乌德托夫人，坦言对她的艳羡之情：能够一生被同一世纪所有重要的男士包围左右，而不会遭受孤独与寂静的困扰。在《论文学》当中，关于在戏剧中表现痛苦这一点，她就英国为何比法国更具力量给出了解释：在法国的戏剧舞台上，痛苦总是出现在前呼后拥的场景当中，剧中人物在感到痛苦时从来都不是独自一人，甚至表现死亡临近也要"制造宏大场面"。而英国戏剧则刻画绝对意义上的不幸，即遭人遗忘，在失去生命之前已同社会格格不入。在此种"独行于世"的厌倦情绪中，德·斯塔尔夫人毫无安全感。当父亲于1804年去世时，她看到了令她远离孤独的最后一道屏障业已坍塌："在失去了父亲之后，我只得直面命运。"世事弄人，我们看到的这位备受赞赏的出色女性，在宫廷内被恋慕者与追求者忠实追随的女皇，却成为伤感忧郁的代名词："我无倚无靠。"

然而，在孤单无助这件痛苦的行囊当中，怜悯的仙子放入了两个护身符，能够帮助那些无法从自身找到庇护，而要由他人的

德·斯塔尔夫人

陪伴和言语来主宰生死大权的人们重新体验到生活的快乐，感受欢畅的心情。爱，让一无所有之人也感到自己不可缺少；光荣，让人们生活在见识卓绝的人群中心。两者均能够，也懂得如何消除人类的孤独。但究竟可达到怎样的程度呢？魔咒是否适用于所有人？女性能否寻求如此帮助？所有女性，还是其中个别？特别是热尔曼娜，可否享受得到？德·斯塔尔夫人的大部分作品都围绕这些问题展开。并且，她总是透过萦绕心头的两个熟悉的幽灵形象，带着狂热的冲动和挥之不去的忧伤，来探讨女性的命运这一主题。

* * *

在德·斯塔尔夫人给予人们的两种万灵药中，只有前者可为女性日常所用：在女性的生活当中，爱情便是唯一。总之可谓出奇有效。意识到自己被爱的人便有所依托（不再寂寞）和陪伴（不再孤独）。爱情能够驱除自我质疑的折磨，帮助人们走出困惑，热尔曼娜恳求里宾格给予她此种至高的财富："带我走出我自己。"爱附带着世界上的一切其他事物，在倾诉与自信的兴奋中扩大并成倍增加快乐的感受。没有爱，生活变得黯淡无光，而拥有爱，便了无缺憾。可是，怎样的爱才有此般效力呢？是付出之爱？还是得到之爱？这其中包含着作为女性所面临的特殊困难。因为，如果说所有女性都需要保护与依靠，她们同样"为需要付出爱而感到恐惧"。因此，她们给予的爱所拥有的拯救力量远不如得到之爱：通过拯救之爱，她们从来无法确信，能够让自己远离伴随其脚步的危险阴影。

正是如此，德·斯塔尔夫人对于基本之爱——能够令生活焕发光彩并悦动起来——进行反复颂扬的那些段落，几乎总有着不尽人意的一面。诚然，爱的护身符完成了它的神话，但这只是在成功诱惑的瞬间。有哪一位女性能够相信，她唤起的感情必将持久，相信自身的吸引力，相信男人对她的喜爱？这取决于女性的"相貌"，所有人对此都过度看重。对于自身的形象，热尔曼娜一直焦虑不安。然而，最具诱惑力的女性面孔也会随着时间的流逝而迅速受损变质：男性与女性生命的节奏并不相同。对于男性，在任何年纪都能够开始全新的职业。而女性则不同，她们的青春只是昙花一现，而在情感生活当中，唯有青春算数，因此，女性的一生只盛开一季，猛烈却短暂："人到中年，她们便只剩下平淡无奇的日子，年复一年日渐苍白。"由此，她们产生了强烈的不安全感，焦躁不宁，认真投入，要去诱惑，如同完成一项工作，周而复始。没有哪一位女性不曾了解，她的生命从一开始便注定走向落寞：这是直觉的知晓，与生俱来的焦灼。如若哪位男士同《黛尔菲娜》当中的贝尔蒙一样，早早便双目失明，他的妻子便立刻由此而获得安全感：她青春永驻的美好容颜将从此定格，变得坚不可摧。

因此，本该拯救她们的大门，却重新向她们关闭，仿佛陷阱。诚然，她们想要再次感受并唤起令人目眩神迷的爱情，然而，她们也本能地知晓，将不会体验到心驰神往的时刻。带来一切幸福的是长久，因此，只得填满激情的空隙。到底用什么来填补呢？用回忆，这些"过去对于现在的支配"。用感激与友谊。用道德义务感。这些都是将爱慕转化为某种关系的方式。然而，我们为了安心而想要确保的人选往往并不愿受到束缚。即使有爱，要变换甜言蜜语来消除焦灼不安的内心感到的恐惧，也极为困难，德·斯塔尔夫人深表赞同。此外，男性越是被女性的情感所征服，他们便越是想要从中挣脱；最好还是不要让他们目睹我们忍受的痛苦，和我们想要为他们的付出。最后，男性具备在生活当中消遣娱乐的无穷能力：权力与社会生活占据并支配着他们，甚至连曾经爱过的女人姓甚名谁，他们也会遗忘。将感情"固定"下来实为不易，又因为男性的本性，而完全成为无望之举。

因此，没有什么比德·斯塔尔夫人发明的、用来消除孤独的"药剂"更加荒谬了：良方是一种毒药。我们若是爱一个人，若是希望被他所爱，焦灼不安便随即产生。刚刚分开，才一天时间，被疏远的人便开始感到痛苦，她如此强烈地将其特征描述为既活跃又单调，既新鲜又苦涩。那么如何看待关系中断这种彻底的分离呢？从字面上看，这便是死亡。她在给纳尔博纳的信中写道："来吧，在坟墓的边缘将一个被无情的痛苦折磨得体无完肤的女人留住。"要终止关系的人便是谋杀凶手——她本人不会这样做，从未主动提出分手。

是这一时期过分夸张的辞藻吗？下此结论未免过早。德·斯塔尔夫人的用词并非坚持浪漫主义的爱情这一新兴时尚，而更多的在于人物的真实，邦雅曼·贡斯当就曾写过"任何火山都比不上她内心的熊熊火焰"。对于她在信中想要挽留弃之而逃的男士所使用的种种无望的方式，人们大肆嘲讽：它们不过是提醒对方曾经得到的恩惠，唤起神圣的回忆，虚弱昏厥，垂死咯血，写

女性的话语

下最后的心愿，以自杀相威胁，画出附近适合投水自溺的湖泊，服毒——的确，这些"科佩的剂量"并非致命——为了让形势有利于自己，她使用了各种办法，令人动容。那是因为她憎恶静寂，相信语言具备神奇的力量。希望逃跑或决绝的情人能给她两个月，或者仅仅两天，甚至更短的时间："让我见你一刻钟，我愿付出生命的代价。"这样的计算只是表面上看似荒谬，因为，她自信能够使用足够巧妙的语言来填补这一时刻，就像《一千零一夜》中的苏丹后妃——她曾援引，像作品中的女主人公聚尔玛那样更为强烈的表达，或像柯丽娜为推迟期限说出颇受启发的话语。如果这样不行，那么复仇的语言至少还可以令诱惑者——例如柯丽娜对于奥斯瓦尔德——背负造成她死亡的愧疚，或者令其感到耻辱。她一边恳求纳尔博纳，一边威胁道：会让所有朋友将他视为杀害她的凶手。

至少，这种诅咒话语的力量足以令她的读者笑不出来。贡斯当在他的日记中反复表达想要结束关系的想法，仿佛有颗龋齿在不断作怪，不时想要反抗这位如此糟糕、如此矫揉造作而命名的"小姑娘"，这位坚持旧式承诺的女性，"这位头顶群蛇缠绕状发型，要求执行一项亚历山大体合同的老检察官"。然而，他还会受到此般话语的驱使——同马里沃*式的对话大不相同，如此新颖独特，如此令人振奋，强调真实将"征服一切"。甚至当两人之间的一切均已结束，热尔曼娜远走他乡，贡斯当依然为她曾唤起的情感写下最美的情话："当我们相隔遥远，她还会不时出

---

* 皮埃尔·卡尔莱·德·尚布兰·德·马里沃（Pierre Carlet de Chamblain de Marivaux, 1688—1763），法国戏剧家、小说家，法兰西学院院士。——译者

现在我的梦中，而这些梦在之后的几个小时里为我的生活带来了不同寻常的感受，仿佛我们的士兵在斯摩棱斯克或别列津纳河从熊熊的篝火旁走过。"

由于热尔曼娜最擅于思考，她明白这种辩护、怒骂和挽留的方式——口头表达甚之于诗情画意——破坏了爱情的魅力，加深了两性之间的距离。她本能地知晓，不懂结束的女性更容易遇到不愿为其奉献一生，面对她会缺少勇气与坚定的逃兵。的确，有一些摇摆不定的诱惑者，如邦雅曼·贡斯当；但也有一些布鲁图，如里宾格。她明白，女性不该让男士们看到她们的痛苦有多深，以免造成遭遇抛弃的宿命，她甚至赞同，利用情感关系之外的东西留住爱人并不值得骄傲。尽管如此：终止关系的想法一旦产生，寂静与孤独便露出可怕的面孔，正如柯丽娜也曾说过的那样，她做好准备，欣然接受一切能够"确保"——这个词含义颇深——对她而言珍贵的事物存在的借口，那些若是失去，会令她感到"空虚"——她词汇表中的另一个词语，同样能够说明问题——的珍贵事物。

由于存在才最为重要，即便是受到制约，遭到冷落，我们明白，友谊能够充当爱情的替代品。至少这是不曾完全将对方抛弃的保障，并能够挽救大部分的情感。对于里宾格，他若是出于爱情要离她而去，热尔曼娜则给予他最适合的爱恋形式："姐妹，妻子，情人，朋友，我听任安排。"她对纳尔博纳则表现得更有甚之："令我活下去的唯一必需，唯一属于我，要永远留给我的财富，便是您的友谊。我发誓，其他的关系将您带去何方，我的生活便停留在那里，看到她们，我将毫无怨言，甚至对于您从那里

女性的话语

赢得时间留给我这位朋友,我也心存感激。"少了些悲怆哀婉,但同样实事求是,她为奥古斯特·德·斯塔尔定义了他们的婚姻所背负的不幸:"你根本不喜欢我的朋友,而没有他们,我却活不下去。一场热烈的精神对话对我来说不可或缺。"在讲究分寸而又平淡无奇的语气之下,每个词语都格外重要:能够对话,给予我支持的朋友圈子是我得以呼吸生存的必需。缺少了这个活力充沛的朋友圈,便只能"让生活变得麻木",来尽可能减少痛苦。

通过在她作品当中具有深远意义的朋友圈(她认为整个法国社会等同于此,是"一个由富有思想的男士和女士们组成的人际圈"),和需要不惜代价把握住的中心形象(因为,没有什么比不再位于目光的焦点与爱慕的中心更加可怕),我们所触及的,是生活留给人们的第二件护身符,荣耀。被仰慕者们围绕在中心,陶醉在成功的展示当中,这便是另一种治愈静寂与孤独的良方。此方良药可与前一种相媲美,因为它同样能够在公论的喧哗中破除孤独的魔咒,让生命延展,令空间让步,任时间自由,带人们感受完整性。德·斯塔尔夫人所偏爱的女主人公柯丽娜——第一次,奥斯瓦尔德便是在颇具魅力的人群当中捕捉到了她的形象——认为,光荣与爱情毫无区别。甚至光荣之夏或许能够在女性的生活中令转瞬即逝的爱情之春得以延长。

"或许能够":事实上这里使用了条件式。因为一心向往光荣的女性看到,男性社会已全副武装来对抗对手。她们想要名扬世界,或更为谦虚一些,想要拥有"比能够唤起的男女

122

情感更加宽泛，或更加辉煌的关系"，从中感受到的热情让她们付出了高昂的代价。在君主体制下，换来的是讥讽嘲笑。在共和体制下，代价则是仇恨。以至于她在《论文学》当中解释道，女性梦想光荣所不可避免的后果，便是成为反对女性接受教育的唯一有力论据：如果这些受过教育的女性极为偶然地拥有了足够的"独特品质"，野心勃勃地想要赢得光荣，她们便注定遭遇"可怕的命运"。或许幸运，这种野心在统计学上未必注定失败。这很容易让有失谨慎之人回心转意。因此，如果不幸也同它与爱情一般，与荣耀密切相连，它远不会令女性的感受如此强烈。

那么对于德·斯塔尔夫人本人呢？在有关光荣的章节当中，事实上，她打开的正是自己的一生这本书。她对勒德雷尔*吐露的真情最能让我们明白这一点："那些年轻而敏感的女性尚未活出自尊。我的书成为我人生当中的第一件大事，只是来得太早。"这句话清楚地表达出女性生活中存在两个季节，然而从复数过渡到所属的单数足以表明这一评述的独特之处。这里所指的只是天才女性，凭借高人一等的出色才智注定赢得荣耀，是18世纪的老套（topos）给予惩罚的"女性作家"。但对她而言，其形象带有特殊的不幸。因为，这一女性形象被主宰她生活的那个男人所严厉痛斥，1804年，她依然说过，整个人都打烙上他的印记，即这位威严的父亲，他禁止妻子从事文学活动

---

* 疑为皮埃尔-路易·勒德雷尔（Pierre-Louis Rœderer, 1754—1835），法国律师、政治家、经济学家、历史学家。在旧制度至七月王朝期间十分活跃。著有多部历史和文学著作。——译者

进行消遣（他无法忍受揽入怀中的妻子"还心怀想法"），而对于女儿的文学创作，他只是带着取笑的高傲态度表示接受。在这种最初来自父亲诅咒的影响——她以激昂的近乎做出牺牲的方式将其深植于内心——之下，自 1775 年起，她在日记中反复写道，女性只应对所爱之人私密地奉献才华，并预言，特殊的悲剧终将降临在染指写作的女性身上！首先，她毫无办法伪装。而男性总是能够将对于赞誉的渴望隐藏在更加强烈而表面上却更为高尚的欲望之下。女性作家则必须毫无保护地前行，面对形式各异的打击：来自男性的打击，出于本能，他们无法容忍女性要比自己出色，由思想平庸之人陪伴左右则更为安心；来自女性的打击，她们很少表现得更为宽容：貌美的女性热衷于展示她们能够战胜聪明才智比自己更胜一筹的女性，而家庭主妇们则乐意证实，是她们完成了作为女性的真正使命。最后，是荣耀，它具有强烈的魅力，有种被了解的幸福，但也是陷阱：一旦陷入其中，"将体味到何等的孤独，何等的恐惧！想要回归共同世界，为时已晚"。

因此，一切都在密谋，反对女性作家：读一读德·斯塔尔夫人的小说出版后引发的种种评论，我们便感觉到这种厄运绝非夸张。柯丽娜和黛尔菲娜也未能幸免，谁都明白，德·斯塔尔夫人将她们设计为自己的对等物，并透过她们，来打动人心。菲耶韦[*]曾这样描述黛尔菲娜："她是哲学家和自然神论者，更糟糕的是，她嘴快话多，总是要第一个讲话。说话于她而言是至上的幸

---

[*] 疑为约瑟夫·菲耶韦（Joseph Fiévée, 1767—1839），法国记者、作家、高级官员。——译者

福［……］。此般性格确实存在，而德·斯塔尔夫人也将其描绘出来，但她错误地相信这一性格特征能够令其受益。"《法兰西报》则对柯丽娜如此评价："一位凭借自身性别之外的其他品质而与众不同，［并且］违背常规原则的女性。"透过此种背离，我们又不知不觉地发现作者那直接了然的冷酷，在这一点上，无人能与斯特林堡*匹敌："在我看来，德·斯塔尔夫人仿佛内克尔延续的半成品。再加上施勒格尔**的教育，以及同欧洲所有重要人物毫无功利目的的交往，她手持'漏勺'，游历各国。"

面对如此攻击，女性却手无寸铁：自我防卫则会加剧不幸，她无权表现出"痛苦的天分"。然而，最糟糕的还不在于此，而是即使在荣耀的光环之中，女性依旧需要保护：柯丽娜便是如此，要去乞求天赋远不如己的男性。天分若能确保女性拥有荣耀这一护身符，也并不妨碍她们去寻找爱情的庇护。伴随着如此可怕的结果，她追随着无法企及的目标，因为赢得一样，便会失去另一样。无法将爱情与光荣合二为一是德·斯塔尔式的老套，在其作品当中一些著名的格言警句和重要的人物形象便体现出这一点。米尔扎、黛尔菲娜和柯丽娜都被描绘为比她自己还要成功的范例，有时并不漂亮——她知道要加以避免——却"超乎美丽之上"，她们拥有迷人的眼眸和生动的容貌，富有才华，还心胸开阔，可谓绝妙尤物。然而最初，她们并未得到运气的眷顾。

---

* 奥古斯特·斯特林堡（August Strindberg, 1849—1912），瑞典小说家、戏剧家。——译者
** 奥古斯特·威廉·冯·施勒格尔（August Wilhelm von Schlegel, 1767—1845），德国著名的哲学家、文学家和翻译家，德国浪漫主义的代表人物之一。——译者

甚至应确保她们得到幸福的精力也带有急躁冲动的特征，径直带她们走向死亡。她们哀婉感人，一旦遭到抛弃，便许下最后的愿望：至少让那个无情之人明白，他用自己的行径杀死了一位"这个时代最懂得爱与思考的女性"。

因此，对于女性而言，生命存在两种痛苦：静寂与孤独，对此，毫无令人满意的解答。这种坚定的想法主宰着德·斯塔尔夫人对于一些关键问题的回答：何为女性？女性是否命运相同？回答毫不含糊。是的，有一种女性本性，包含一些特殊的品质：灵活、敏感、关注细节、好感与同情所赋予的辨析力；以及一些特殊的不足：面对诽谤表现出的腼腆，没有依靠便难以生存，无法战胜脆弱。两方面彼此结合，显然注定女性将遭遇不幸。年迈、睿智、并且忧伤的达尔贝玛尔小姐提醒黛尔菲娜这一点，言语间有些骄傲，也不乏沮丧："造物主希望女性的天赋能够为他人带来幸福，而对她们自身却用处甚微。"同所有女性一样，德·斯塔尔夫人具备忍受特殊痛苦的能力——对她而言，这来自于性格与命运不可战胜的对立，因此，她比女性更加女性，比其他人更多地烙上了痛苦的印记。

* * *

是否本性使然？在德·斯塔尔夫人描绘的这幅令人心碎的画作中，难道不能至少让几处线条变得柔和吗？在这方面，她擅于变换。同纳尔博纳断绝关系后，在创作《论情感对个人和民族幸福的影响》时，她态度明确。任何女性，即使致力于解决欧几里得的问题，也无法逃脱女性单调无味的共同命运，对此，男性的法则也丝毫不能改变。然而，由于断绝关系这一不幸而得出的结论在她那里也并非一成不变。在最初的行为中，她或情绪高昂，大发雷霆，或悲叹哀述。而到了第二个阶段，她则重新振作，并且想要写下"时间仿佛已令我心老去"。女性命运的不幸本身就促使她们——这至少是《论情感对个人和民族幸福的影响》的建议——利用艺术资源来与其地位匹配。此外，女性的命运是否同法的精神无关？君主政体是否同共和政体一样对此不予承认呢？孟德斯鸠的一些读者们难以承认：女性生活在这样或那样的体制之下，这样或那样的环境当中都无关紧要。邦雅曼·贡斯当在《德·斯塔尔夫人及其作品》(*Madame de Staël et ses ouvrages*)一书中思索柯丽娜的命运，便最能让人感受到这一点。假如她爱上的并非英国人（即一个观点中烙刻着"严谨，带有偏见，固守习惯"的国家之居民），而是与一位法国人（他爱上柯丽娜，会想尽办法吸引她，这种差距会被人们所接受）、德国人（会娶她），或意大利人（将全部奉献于她，该国的风俗对此完全允许）相遇，命运是否相同。因此，对于柯丽娜来说，将是四种命运，四个国家的不同形象，和一个女人可能经历的四种生活：在不同的国度，女性会面临不同的机遇，也将忍受不同的痛苦；空间上的改变为她们的命运安排了各不相同的插曲。

首先是英国。当德·斯塔尔夫人创作《柯丽娜》时，她已两次游历英国。第一次是在10岁那年，第二次则是从1793年1月至5月末随纳尔博纳而来：她在这里四处碰壁，同范妮·伯尼——后来的达尔布莱夫人——成为朋友，这段友谊起初是为找到了另一位女学究而感到满意，随后则变得有些沉寂。她对于

女性的话语

英国的第一印象便是这个国家禁止女性享有荣耀，哪怕是一丁点儿在社会上出人头地的快乐。英国社会是"冰封的围墙"：女性从不参与大声的交谈，而且，在她们撤离晚餐桌之后，男士们之间的对话才会变得更加热烈而活跃。德·斯塔尔夫人作品中的女主人公们——还有德·斯塔尔夫人本人，席勒向歌德描述了她非同一般的滔滔不绝（"必须完全变成听力器才跟得上她"）——如何能够忍受英国社会呢？当沙龙中的妇人们坐在游戏桌旁时，黛尔菲娜依旧待在壁炉边同男士名流们闲谈，承认自己无法"抗拒[她]在社交圈中的成功"，这有时会令其他女性不悦。柯丽娜在埃德热蒙夫人的晚餐席上无聊透顶，试着解闷儿：她提起一些意大利诗人描述爱情的诗句。女主人则提醒道，这是多么不合时宜：年轻女孩"永远不该允许自己引用包含爱这一字眼的诗句"；至少，女性的才华是孤独时用以自我消遣的，而不是用来表现的。

英伦岛屿将男性与女性分割开来的习惯根源何在？英国式的烦恼又从何而来？这可并非仅仅由于气候阴郁，虽然与此关联的想法不可抗拒。它还在于自由的制度，人民的选举，畅所欲言的议会。在这样一个自由的国度，共和派的威严占据主导，法律对角色和位置做出了规定，祖国充斥着人们的灵魂，男人们重新获得了本性的尊严。与此相反，女性无法实现任何间接的提升，也不能赢得丝毫权力：她们的从属地位是为政治自由付出的代价。在这样的社会当中，我们所缺失的，是两性之间彼此沟通的丰饶财富；男性的辨别力——因为英国男士的生活中是另外一些男士，他们从未感到需要吐露自己的所感所想；女性的轻松快乐，外加独树一帜——因为舆论的力量阻挠女性们跨越障碍：在英国，出众的女性绝无立足之地。

然而，任何环境都好坏兼有。英国女性们并不擅长社会游戏，扮演各类角色，伪装言行举止。而令她们保持沉默的家庭庇护也意味着坚守贞操，敏感细腻。厌倦谈话本身也有好的一面：在这里，并无丝毫的讽刺，也无恶意的中伤，没有什么能够伤害女性的感情。男性出于尊重和忠诚将从属的社会地位归还于女性。英国是一个家庭和谐的国度，甚至在一些麻烦的情形之下，例如由于女性不忠而引发的离婚诉讼，女性依然能够要求男士的庇护：她们的错误将受到惩罚，但毫无报复的想法，绝无轻率，也并不残忍，而引诱她们的男士则会为此付出代价。在这个国家，我们看到的是个人服从于集体道德，人人希望品行端正，而在两性结合的道德中，鲜有男性对于女性的支配。我们也看到一个令德·斯塔尔夫人十分重视的主题：她在年轻时有关卢梭的一篇文章中，原谅了他让女性远离公共事务的做法，因为他相信爱情。

归根结底，英国女性面对社会孤独感与静默时孤立无援。她们永远被排除在引人注目的生活中心之外，无法奢望任何自尊的快乐，或作为女性公民的尊严。然而，面对真实的孤独，她们进行最后的反抗，即内心强烈而深沉的感觉：体会汲取到的，感受到的，因为她们用感知的活力来弥补个人生命的微不足道——失去挚爱之人会令她们遗憾终生的情况并不少见。英国小说的魅力就在于此。不同于法国小说描写"没有争斗的欲望，无怨无悔的牺牲，缺乏细腻的关系"——对于放荡小说的出色定义，英国小说少了稀奇事、寓意讽刺、显赫的人物、历史影射，而是致力于深入私人生活中的细琐小事，家庭中"感人的场景"，以及爱情。它只探讨严肃的话题，而万事当中最严肃的莫过于死亡，因此，它沉浸于伤感之中。一方面，热尔曼娜悄悄为有关英国女英雄的伤感诗歌而感动，她们在爱情的庇护下平静地走完黯淡的一生：她在《论情感对个人和民族幸福的影响》当中对此加以称颂。而另一方面，她深受烦恼的困扰，又反对这一观点。

在《柯丽娜》（全名为《柯丽娜或意大利》）当中，德·斯塔尔夫人找到了她描述的英国女性真正的对应。在崇尚自由的柯丽娜与在意他人看法的奥斯瓦尔德之间，是从英国的雾霭到意大利的天空间的距离。对于意大利女性，既没有静默，也不会孤独。当奥斯瓦尔德初见柯丽娜时，她坐在一辆胜利的彩车上，被兴奋的人群簇拥左右，一路前往中心大厦，香水、欢呼喝彩、崇拜与欣赏的目光将她簇拥包围。这是因为意大利人精神丰富，快活开朗，如果得到允许，可以随时投入爱情。他们热情洋溢，能够不论性别，承认独特之人的天赋。意大利人幸福的秘诀在于不受虚荣心（意大利并非法国，司汤达也赞许此种感觉）和舆论（意大利也并非英国）之左右。意大利女性不为需要符合某种规范所困扰，毫无妥协或欺骗的必要。同时，她们能够平静地承认自己的无知，或展示自己所受的教育。她们当中也有些人进入研究院教书；在都灵，在并不识字的女性身边，我们也会与"女律师和女医生们"擦肩而过。人们不会大惊小怪，因为得到的回答是："懂得希腊语有什么不好？"

因此，柯丽娜选择了最符合自己内心感受——也是德·斯塔尔夫人内心的感受，即渴望荣耀与爱情——的国家，而最终的悲剧似乎仅仅在于，她不幸迷恋上了一位英国人。然而，能否确知意大利女性将摆脱孤独的厄运？想要了解这一点，只需明白，意大利同英国的情形恰好相反。如果说在并不了解英国公民意义上的自由，而崇尚社会独立性的意大利，女性拥有更为宽泛的可能性，如果说意大利的男性甘愿作为女性的奴隶，他们对这种可谓英国特色、深刻而持久的感情却大感陌生。因此，意大利女性体会到萌生爱情的热情赋予她们绝对权力的时刻，却无法令其持久，而这恰恰是"女性唯一的幸福"，从《论情感对个人和民族幸福的影响》开始，德·斯塔尔夫人便未曾放弃这一想法。因为，当认为自己对于某人必不可少时，她们的幸福感远比得到众人欣赏时更为强烈：即使是自命不凡的柯丽娜也需要支持，梦想安全。倘若女性确实仅为感情而活，或许她们宁愿生为英国人，而非意大利人。

那么德国呢？德国兼而有之，这是一个中心缺失的国家。没有中心，同不在中心一样，在德·斯塔尔夫人眼中，同为不幸。这是一个充满不确定性的国度，女性的地位同样模棱两可：有英国女性的谦虚谨慎，但不如她们胆小畏缩；不像她们那般被舆论左右，而是更加富有教养，甚至有时还超越了男性。在这个难以把握的国度——这里诞生了骑士思想，同自命不凡的思想迥然不同——最鲜明的特征在于同基督教的平等思想具有潜在的相似性，即女性获得了独立。对于德国男性对自己的伴侣表现出近乎虔诚的关爱与尊敬，德·斯塔尔夫人赞叹不已，对于这一分析，邦雅曼·贡斯当在他的《私人日记》中更是言之有甚——尽管两人感情时强时弱，但在精神上却始终保持着亲密的友谊，以至于就对方的文学造诣总是很难做出评价。对于德国民族，最恰当的描绘莫过于善良淳朴，以及无论男女，统统缺乏悲剧感：离婚不难，不过是平静地更换配偶，人们和平相处，并不在乎讽刺的荒漠之风吹干了亲密的感情。

　　因此，生为德国女性并不算糟。比起在意大利，她们能够从男性那里得到更多的情感与重视，同时，也并无英国女性那般强烈的弃置感。然而，如此好处同样需要付出代价：缺乏社会吸引力，朴素严厉，同富有学识和善于交际的男性格格不入。这使得德国这个国家不似沙龙，而更像是一所大学，遁世苦学将每个人封闭在自己的思想当中：由此，这里缺少优雅，取而代之的是刻板，要命的严肃思想。在这里，任何女性也无法期望摆脱固有的行为方式和确定的等级。她们以更少的自由和平等来换取安全。此外，男性的诱惑力少之又少！在一封写给内克尔的信中，德·斯塔尔夫人承认，不知道还有什么"如德国男性的身心这般沉重黯淡"。我们理解，由于对现实中的德国男性感到泄气，德国女性对理想的爱情充满幻想。

　　与此相反，在法国这片土地上，男性能够追求最大限度的自由和平等。这正是君主体制赋予他们的一件自相矛盾的礼物：等级很少确定，雄心抱负常常由于与之对抗的野心而受阻；各种诉求如此繁多，又相互矛盾；女性能够运用她们的灵敏，在这一体制的夹缝间算计谋划。因此，旧式的法国社会可被视为女性的天堂，她们充当自己丈夫、情人和兄弟的密使，而他们控制着政府部门，掌握着发言权。法国女性的这些品质——迅捷灵敏、通情达理、柔韧灵巧、对细微差别十分敏感——得因于君主制政府赋予她们的希望，即能够凭借自身才华生存下去。1786年，内克尔曾在《法国社会习俗的片段》(*Fragment sur les usages de la société française*) 当中对此进行了详尽的描述，提到了一千零一种诸如简单地耸耸肩膀、屈身致敬等表达感情又不易觉察的方式及其运用。而同时，法国社会也因为她们而独具魅力：在这里，男性与女性并未割裂开来，就如同贵族与文人之间也无分隔一般（我们知道，分离隔阂总是令德·斯塔尔夫人不知所措），在彼此融合当中，衍生出对话的幸福，使得法国无与伦比。1803年，她对内克尔写道："离开这样的法国，我将无法生活。对话包含着何等魅力啊！我们彼此倾听！相互应答！"她想到了社会的诱惑力，唯有富于思想的女性能够令其"妙趣横生"；想到了自身的诱惑力，唯独在这里，能够完全得到承认；除了法国，还有哪个国度，可令我们同黛尔菲娜·德·莱昂斯那般，收到一份爱情宣言，完全受到被爱之人社会地位之启发："男女众人将您包围，来仰慕您的容颜，倾听到您的声音？"

　　因此，没有哪一个社会更懂得战胜静默与孤独。没有哪一个社会的女性能够较之其他社会而更好地同男性融洽相处，使她们独立与独特的品质得到充分承认，直至被视为主宰。此外，在这样一个没有代议制政府的国家，女性的活动人人有益：她补偿主宰者的力量，让公众的力量与之对立。然而，这也需要付出代价，《黛尔菲娜》提供了反例。因为事情发生在巴黎，即在启蒙运动与女性欲望最有机会获得承认和接受的地方。即便如此，黛尔菲娜也受到了惩罚：她既得不到同情，也不被承认和宽容（的确，莱昂斯是西班牙人），她必须屈服于舆论的力量，它们强加于女性不同于男性的规则。另一方面，法国女性的闪光点也带给她们悲剧——容易遭到疏远；她们的安全同自由构成反比。遗忘与漠然正是法国人的缺点。

德·斯塔尔夫人总是不偏不倚，并不将责任全部归结于男性。她也指明可能存在女性品质的败坏。女性谈论内心感受时的轻浮自在使得整个社会走向殷勤献媚、无聊轻佻和伤风败俗。凡事成为中心人物令她们一心制造影响；虚荣心——法国人的欲望——是一种狭隘的情感，还会带来不幸：法国等级繁多，差别如此微小，使得君主政体之下，所有人，唯有君主除外，都为相互攀比而备受折磨——卢梭笔下的不幸。无人能享清静，而法国女性——《论法国大革命》中描述的画面最为黑暗——在仲裁政府所允许的充斥着阴谋的活动当中，成为"虚假的第三种性别，道德败坏的社会秩序下悲哀的产品"。

这一切的结论或许显得模糊不清。德·斯塔尔夫人直至最后几部作品，特别是在《德意志论》当中不断强调，无论环境如何变化，女性的命运依旧，因为大自然对她们一向残酷。然而，对于仿佛单一黯淡的基调而陪伴女性一生的先天条件，通过无尽的人为安排和平衡抵消能够得以改变。国家的陈规老套，相信任何情况——甚至悲惨的处境之下——总有好的一面（甚至土耳其男人在囚禁自己妻子的同时，也在向她表达爱意），以及女性的艺术，如此种种最终使这一定论丰富起来。因此，我们能够为德·斯塔尔夫人开释，让她从常常备受指责的矛盾中摆脱出来。

自此，仅剩下她回顾女性命运时所揭示的主要矛盾，即自由与安全的对立。哪里安全感增强，哪里自由便会减少。哪里——例如法国——自由显现，安全感便大受损害。对于普通女性，与其飘忽不定，不如踏实地生活在安全之地。然而，对于热尔曼娜本人，欲望之下，谁来庇护这两种彼此对立的诉求呢？于她而言，这个问题总是挥之不去。

* * *

至少，无法确定地理空间上的漫步能够在女性的技巧方面为我们提供所期望的可能性。一个国家的陈规老套很难向外推广，例如，德·斯塔尔夫人略带几分挑衅地反复强调，绝不可能让她成为"所谓的英国女人"。由此，民族特征可被视为第二种本性，是同样无法摆脱的命运。空间上的改变仅仅是有机会展现女性命运的多样化，而不会为任何女性提出关于固定不变的定论。然而，还有些东西使得德·斯塔尔夫人难以对女性的命运做出界定。如果自然与艺术无法提供令她满意的答案，那么还有历史。相信历史变迁的人必然接受，女性的命运完全取决于她们的过去。

并非德·斯塔尔夫人对于过去有失尊重。她确信，我们并不能出于自身意愿而摆脱继承下来的东西。这既不可能，也并非我们所愿。人类需要回忆，仅靠回忆就能够填补缺失与孤独的荒漠。特别是女性，包括她自身，都如此渴望长久。但她却拒绝以柏克的方式赋予长久某种合理性。在《论法国大革命》当中，她写下惊人的一页篇幅，虽未提及姓名，却似乎完全是在柏克与潘恩之间进行评判：这是为了证明潘恩言之有理，并且几乎是在效仿他的一些用语。长久本身永远不能作为论据：四千年并不足以证明奴隶制度合法，千年的农奴制度亦然。此外，人们若是想在过去的时间中寻找停靠点，他们又该选取哪一段时间作为无可争议的典范呢？"我们好奇地想要知道，到底是父辈中的哪一代人如此正确无误。"结论在于，我们能够跨越过去，风俗和想法的变化必将带来制度的改变。这种"必然性"或许会得到带有怀旧情绪，并非愉快的赞同，但她对此颇为欢迎，且了无遗憾。

热尔曼娜·德·斯塔尔之所以成为"现代女性"，并且与在政治上同她十分接近的夏多布里昂大不相同，正是在于她丝毫不会哀叹过去。她的这一特点十分鲜明，以至于德·万西男爵夫人——拉马丁在百日政变期间 * 曾住在她的家中——认为，这成为她们见面的绝对障碍："她是内克尔先生的革命之女。而我们则信仰过去的宗教。"不愿公开承认此种怀古主义"宗教"，是德·斯塔尔夫人在生活和精神两方面的想法。在生活方面：她十分反感因循守旧；在《黛尔菲娜》中，她假借最惹人厌又可怖的德·蒙多维尔夫人（她反复说道："我们的品行已被决定，出生指明了我们的位置，处境强加于我们观点。"）之口，对此大放赞美之词。相反，从富有魅力、待人宽容、知识渊博的德·勒邦塞先生口中，她痛斥永恒不变的心愿，将其视为对固定不变令人生厌的讽喻。在精神方面：她的所有作品都在反驳逝者的想法对

---

* 指1815年3月20日至6月22日，拿破仑自流放地厄尔巴岛卷土重来，企图重新执政。——译者

于世人的影响，并描述进步的前景。她通过两种对比探讨这一问题，即异教与基督教，古人与现代人。每一次，都会得出结论：时代变迁，女性的命运已大为改观。

那么，来看一看异教时期的情形如何。希腊人完全无法理解被她视为人类本性中最重要的感情——最重要，也因其最令人向往——即"爱情中的友情"。他们将男性与女性之间的爱情刻画为一场悲剧，而不是沟通。毫无疑问，罗马人赋予女性在家庭内部更多的存在价值，她们能够如宅神一般，成为家庭中崇拜的对象。然而，即使在罗马，两性平等也绝无可能。这是基督教的光荣，它宣扬两性平等，至少是在宗教与道德方面，借灵魂平等之名：男人和女人同样会遭遇失败，可能受到同等的惩罚，能够一样积德行善，共同追求宗教的荣誉。对于死亡，他们的认识也极为一致，继博絮埃之后，德·斯塔尔夫人甚至还从中看出了平等学派。此外，基督教将婚姻神圣化，它减弱，甚至抹去了婚姻中男性强权的特征。它吸收了精神平等的观点，作为爱情的条件，并打造出平等的夫妻关系。最终，它使生活不会受到政治的影响：祖国不再独占基督教徒的思想，其他的兴趣进入他们的头脑，这为女性开启了一个全新的领域。

当德·斯塔尔夫人着手对古代人与现代人进行对比时，她重点探究的便是这种对于公共生活的摒弃。她对古代人的定义便是，将全部时间用以从事公民活动，将人类的激情隐藏起来；而这些情感至少过于依赖神明的意旨，而难以真正成为人类思考分析的对象。与此相反，现代人则想象并界定出保留给私人享乐的空间，证实了不涉足公共事务亦可生存。他们的主要兴趣转移到女性身上。当公共生活降至次位，人们便重新信赖女性，或许她们远不如男性热衷于思考政治问题，但在感情方面却更加在行，更善于洞察入微：在长期的奴隶制度下需要妥协和解，精打细算，并且对于不幸心存与生俱来的同情，这些都令女性长久以来保持着明察秋毫的能力。由此，也间接地为现代文学做出了贡献：她们扩充了各种情绪和情感的范畴，演奏出美妙的乐章，为男性带来了前所未有的感觉，并且"丰富了人与人的关系"，为生活注入了复调音乐般的财富。

因此，女性的命运已大为改观。她们还未能赢得荣耀，找到享有盛名的秘诀。她们也尚未战胜静默，但已想象出一些方法，来排遣孤独。她们能否期望新的方式？德·斯塔尔夫人在这里遇到了一个问题，即了解一个国家，特别是法国，未来将实行何种体制。法国是否将成为共和国，就像恐怖时代刚刚结束时，她在《论当前能终止革命之形势》当中描述的那样？或者，如她父亲所期望的，实行狭隘的君主制，正如她曾经幻想的王朝复辟成为现实时，她被迫设想并在《论法国大革命》当中所作的描述？归根结底，对于德·斯塔尔夫人关于女性的言论，这些变化都无关紧要。在创作《论当前能终止革命之形势》期间，在她认为必然走向共和制的几年当中，她坚信，历史的发展将自然而然地从完全君主制向君主立宪制过渡；而在出现革命动荡之后，则最好将赌注压在共和政府身上，从此其他任何阶段都成为多余，她更倾向于称之为代议制政府，以区别于民主制。二十年后，在她看来，后者似乎可与君主制并存。因为政治自由既能同君主形式，也可同共和国之形式相适应。在终将成为未来的代议制政府中,一旦它跟随舆论的变化,女性的命运又将如何?是否注定面对共和思想的政府(包括英国)过去曾带给她们的命运?德·斯塔尔夫人又将面临一个可怕的问题:此时,按照共和制的逻辑,人们依旧认为,男性注定参与公共生活,女性则被弃置于私人生活。如此观点已被广泛接受,表面上还存在不可抑制的关联,以至于在她略有勉强地想要为卢梭蔑视女性进行辩护时,也会使用这样的论据。

这一问题意味着,在大革命——"令人类世界动荡不安的最重大事件"——带给女性怎样的命运这点上,要稍作停留。德·斯塔尔夫人从未正面谈及这一话题,而无论是在《黛尔菲娜》,还是在《论法国大革命》等作品当中,一些零散的评论都能够帮助我们复原她的想法。有一点确定无疑:旧制度下的世界不会再现,它曾允许女性在处世方面拥有的间接权力亦是如此,这段记忆助长了大革命中的反女权主义。还有一点不可否认:随着被错误地理想化的古老自由重回大革命当中,一个争论取代对话的时代出现了,假想的英雄形象牺牲了优雅而获得胜利。最后,恐怖时代的残酷凶狠带给女性致命的一击——她在《对玛丽-安托瓦内特的辩护》(*Défense de Marie-Antoinette*) 当中这样写道:所有女性都"与一位如此温柔的母亲一同,遭到杀害"。至少,即使不至于导致如此极端的悲剧,雅各宾派也不自觉地对女性带有蔑视情绪:在她们身上——确切而言,她们能够并不考虑处于革命之中而继续生活,除专制权之外,雅各宾派还看到了天生的敌人,潜在的反叛者。总而言之,女性成为大革命的受害者:重新陷入静默——专制政治也于事无补——与孤独当中。

然而，德·斯塔尔不愿将此种客观上不断恶化的情形视为一道难以逾越的诅咒。对她而言，大革命始终同一个最初令人目眩的场景联系在一起：当内克尔被召回凡尔赛宫时，在从巴塞尔返回巴黎的途中，田间的妇女们纷纷下跪，而当他抵达巴黎时，人群聚集在路口和屋顶上，依她所言，这是他一生中最美好的一天。另一方面，革命也曾经历平静，即制宪会议时期。那时，一度"自由的力量同贵族政治的期望两相结合，而说话的艺术无可匹敌"。直至恐怖时代在法国终结的那一天，人们才终于相信，女性将在革命中赢得更好的命运。尽管黛尔菲娜未能从中受益，她的故事就反映出这一点：事实上，新法律不再认定永恒心愿的荒谬可悲（德·勒邦塞先生曾骄傲地说过，有这样一个国家，通过法律破灭了所有君主制度的愿望），且通过离婚，对并不般配又不可分离的婚姻——"给年老带来无望的痛苦"——进行了修正。确保了女性在生活中摆脱了一时脆弱、无知和迷失的束缚也并非一无是处：它证明，丈夫的专制是一切专制中的特殊情况，而一个政治自由的体制并非对于女性注定是残酷的。

在《黛尔菲娜》当中，正是宣布九月大屠杀的消息击碎了女性，特别是女主人公的期望。但是，恐怖时代并不会令人们对于未来心存偏见。因为它与共和国形成了二律背反，这是一段可怕的时期，应视为"完全超出生活中事物发展的界限，成为一种异常现象"。虽然一度中断，启蒙运动仍恢复了发展，并且节奏加快：这件尽人皆知的事情，对于同德·斯塔尔夫人一样接受"完善体系"的人们来说，能够战胜历史黑暗时期可能产生的失望情绪。或许，女性的进步并非通过政府获得。很难想象，法令能够一下子转变男性从前对待女性的顽固不堪、不合情理的态度。而这将通过风俗与习惯的改变，通过启蒙运动在不断扩大的人群——女性也应包含在内——当中逐步传播而得以实现。很早以来，热尔曼娜便相信女性教育。早在《关于让-雅克·卢梭的著作与性格的通信》(*Lettres sur les ouvrages et le caractère de Jean-Jacques Rousseau*)当中，她就对卢梭有关女性教育提出的种种限制大为反感，无法接受。她暗自思忖，让女性确信自己的脆弱是否如此紧迫？此后，她对于法国未来政治自由的思索只是增强了此种直觉：在代议制体制下，女性将无法继续凭借外在优势，善于处理棘手事务的能力，以及处世才华来占据主导，而是需要修炼自身的内在品质，及"天生的高贵"。因此，鼓励女性培育自身的思想不无道理。唯独这般，她们才能够走出自身的混杂性：因为，"在目前的情况下，她们既无出身地位，也无社会地位"。而我们有朝一日将会看到，"哲学家立法者们认真关注女性应当接受的教育，以及保护女性的民法应赋予她们的义务，和能够为其保障的幸福"，德·斯塔尔满怀信心地期待这一天。

由于总不忘对自己的种种预测进行修正，她也补充道，不必担心通过如此改变，会出现一种前所未有的女性类型：女性将保持在过去漫长的君主制中获得的敏锐细致这一特质。尽管转变为共和国，法国不会完全无须女性的"思想"和温柔。她们使共和国变得开化，使共和主义者变得文明。

＊ ＊ ＊

正是在这个转折点上，我们等待着德·斯塔尔夫人。寄希望

女性的话语

于教育缓慢而局部的转变,难道不是一种过分谨慎的想法吗?她并非斗士,她最热忱的欣赏者们开玩笑地发出叹息。更糟糕的是,人们怀疑她为反动分子。不论如何,是双面的伪善者,在行动中支持解放,在作品中却为顺从辩护;甚至建议,女性若可指望爱情与忠诚,那么作为交换,便能够放弃同男性在学识上的竞争。评论家们,特别是从西蒙娜·巴莱耶到玛德琳·格特沃思这些女性评论家们,都不同程度地宣传这一形象,而它是否准确呢?

假如相信本性中的女性特征,相信一种"自然的使命"便是反动分子,那么德·斯塔尔夫人显然如此。也的确可以说,她从未吹响女性斗争的冲锋号,尽管她信赖女性的敏感,相信其他女性能够迅速理解她的感受与描述。同时,她对于女性命运的传统表现心怀抱怨:令她最为不满的并非缺乏平等的公民权利(她甚至支持将女性排除在政治和国家事务之外,认为有其道理);甚至并非女性自身的才华难以得到承认;而是和谐相处的夫妇少之又少。黛尔菲娜叹息道:"若有一种境遇能够让我们抱怨造物主,这将是并不般配的婚姻。"而在《德意志论》当中,热尔曼娜进一步写道:"在不幸的婚姻当中,有一种痛苦的力量,超过世间其他一切苦痛。"是胆怯畏缩,抑或实用主义?无论如何,婚姻是共同的宿命。比起政治与社会事务中的平等,更为迫切的,在于实现两性间的平等互利,并且为离婚进行辩护。也正是从婚姻的角度出发,她对女性享受同等教育进行辩护——可谓预示美好前途的主题。唯有建立在相互欣赏、能够"对话"这一基础之上的婚姻才最为稳固。

142

但是，是否应当将德·斯塔尔夫人关于女性的说法缩减为：在婚姻这种对于女性十分稳定的命运中做出谨慎的安排呢？事实上，她自身的某种特性就反对向传统妥协的方式，并且令她超越其外。她对于历史过往的态度预示着，无论是在私人生活，还是公共生活中，她都注重行动，而胜过于保守：她似乎总是能够改变最初的格局，并由此摆脱单调的遗憾。

这种反弹的能力是一种女性特征，还是她的个人特质？热尔曼娜在这一点上找回了自身的权利和特殊言论。她承认，女性能够满足于所处的环境，并从中找到补偿。但同时，她们心中有"无限惋惜"，一切都令她们对于过去悲叹不已。然而，同她作品中的女主人公一样，甚至更有甚之，热尔曼娜改变了此种情形。她将"痛苦的本性"——邦雅曼·贡斯当对此看得十分清楚，这是她自身"痛苦的本性"——同行动的需要、摆脱痛苦的固执观点结合在了一起。无论是她本人，还是其身边朋友，这一解放都可以成为写作的主题，她不断地从朋友那里骗取文章（她向纳尔博纳或里宾格讨要回忆录，向邦斯泰唐请求《埃涅阿斯记》的评论，向西斯蒙第索要《意大利共和国史》），或寻求新的恋情。她手中总有替代情人，甚至还想方设法留住逃离的情人：里宾格替代了纳尔博纳，贡斯当又在里宾格之后取而代之。热尔曼娜狂热地相信，生命中有重新开始的机会，而死亡本身，只要以合适的方式上演，也能够成为新的起点：自杀也是留存在人们记忆当中，改变命运面貌的方式，有如爱情，又如光荣，是"超越自我而存在"的一种方式。

女性的幸福若是存在，又到底如何依存？在强加于女性的自我献身的压抑中，来更好地蜷缩于作为附属品的命运之中，以换得安宁，减少不幸的遭遇？事实上，这是我们能够从德·斯塔尔夫人那里找到的一种回答，维持了人们对于她胆怯畏缩提出的控诉。但我们需要纠正两点：此番回答更多出现在她年轻时，那时受到父亲影响，她在思想上尚未完全自主。另一方面，她迸发而出的性情总是与此相反：《柯丽娜》已在极度兴奋地对能够发展自身天分的幸福进行辩护，这种表露感情和享有自由的幸福或许需要付出高昂的代价，而我们却无法因此而放弃。将她分别于1788年和1814年写下的两篇赞美卢梭的前言作一比较，便可信服。第一篇是对女性的野心深表肯定。而当热尔曼娜写下第二篇前言的时候，她做出了选择，或者更确切而言，这一次，她将观点同生活统一起来。她从此支持：不论付出怎样的代价，都应当以最为完整、尽可能丰富的方式生活。"生活更加紧张，幸福也随之提升；的确，具有活力的灵魂会更早地感受痛苦，但总的说来，如若上帝赋予自己多一种天赋，人人都会心存感激。"就让我们以此作为结束语吧，或许还应强调，这对于男性和女性同样适用，同时也是她放弃合乎规范的做法，而最终肯定自己的证明。

德·雷米萨夫人

克莱尔·德·雷米萨，1780年生于巴黎，是路易十六的大臣韦尔热讷伯爵的小侄女。她的父亲曾任欧什镇总督，1794年被送上断头台。母亲机智风趣，在巴黎附近的乡下将她抚养长大，并陪伴乌德托夫人——其沙龙接待了几位旧制度的幸存者。16岁时，她嫁给了（普罗旺斯地区）艾克斯市审计法院的代理检察长，并得益于同约瑟芬·德·博阿尔内的关系，于1802年荣升宫廷贵妇，她的丈夫也于1804年被任命为拿破仑的首席侍从，1807年，又担任皇家剧院的总监。尽管曾为帝国效力，但由于夫妇两人在百日政变期间行事谨慎，雷米萨先生还于1815年从波旁家族受命上加龙省省长一职，1817年，又出任北方省省长。德·雷米萨夫人一边履行省长夫人的义务，一边撰写《回忆录》，并尝试小说创作，拓展自身的教育，以便更好地培养儿子夏尔。至少，她对于教育问题极为重视，并在里尔市政府内创办了一所男子互教学校，但未能成功创办一所同样的女子学校，她创作了

女性的话语

《论女性的教育》(*Essai sur l'éducation des femmes*),来衡量女性在新社会中将拥有的地位。在她去世三年之后,这篇论文由她的儿子夏尔于 1824 年发表。

克莱尔或忠贞不渝

当夏尔·德·雷米萨要描述基佐的第一任妻子波利娜·德·默朗时，他颇感棘手：因为幸福的女人没有故事；即使能够表现出过人的才智，从事更加广泛的活动，家庭的平静从容却仿佛阴影将她们紧紧包裹，不易受到关注。对于如此风平浪静的生活有什么可说的？特别是，假如她们对待道德准则还极为朴实严肃，克莱尔便是如此。除了一些作品和她们的生活之外，几乎无可评说，一切都归于平淡乏味。夏尔·德·雷米萨在描绘这些困难时，是否想到了自己的母亲？她几乎是叫嚷着炫耀自己在命运为女性安排的三种状态中感受到的幸福。"幸福的女儿，幸福的妻子，幸福的母亲。"她单调地说着。她甚至言之有甚，自称为"世界上最幸福的人"。她的儿子觉察到这一描述有些天真，对此心存些许怀疑。他写道，这是她的"感觉"。但归根到底，这并不重要。在真正幸福与感到幸福之间，谁又能看出分别呢？德·韦尔热讷伯爵的小侄女，奥古斯丁·德·雷米萨的妻子，夏尔——面对幸福的描述退而却步——的母亲，让我们在这场女性的和声中听到了一个赞同命运的平和之音。

然而，不幸并未放过克莱尔·德·韦尔热讷。她的身为勃艮第议会议员的父亲，以及被错误地指控为流亡贵族的祖父，均被处以绞刑——很不幸，此时正值热月6日——留下了破败之家，被迫隐居蒙莫朗西河谷的圣格拉蒂安镇：时年，克莱尔14岁。几年后，她早早成家，生下一个"患佝偻病"的孩子，且一直未曾发育，这成为了第二个不幸，贯穿着这位少妇的书信，仿佛一种忧伤的低音。还需补充一点，这个苦命孩子的出生也开启了她的一段病态生活：她将习惯于痛苦，并且几乎被其慑服。然而，饱尝痛苦并未使德·雷米萨夫人看待生活的眼光变得暗淡忧郁。在圣格拉蒂安镇的黑暗时日里，在断头台的一幕带来巨大的精神创伤之后，母亲和两个女儿身边立刻出现了一位庇护者。这位德·雷米萨先生为朗格多克人，是米拉波的朋友，比年轻的克莱尔年长17岁。他还不算是个糟老头儿，而且她写道，此人很快便带给她"逃离不幸"的感觉。由此，蒙莫朗西河谷——卢梭的影子无所不在，本该成为哀伤与流亡之地——却成为她初尝爱情滋味的乡间庇护所：在这位少妇的书信当中，这段回忆闪耀着光芒，最初的悲剧也随之消逝。至于阿尔贝——生活中的另一个刺痛，在她的书信中或许很少能看出他所带来的痛苦。她的孙子保罗·德·雷米萨承认，在为其出版作品时，历数患病的孩子带来苦恼的段落被逐一删去。我们只有透过用词的失真才可猜出一二。唯有称呼夏尔为"我的儿子"或"我们的儿子"，阿尔贝则是"小家伙"或"这个孩子"。她从未将阿尔贝从生活中抹去。看得出来，她尽己所能教他画画，为他编创关于法国历史"荒唐的小段子"，想尽一切办法"培养"他。这个日常生活中的重担似乎并未浇灭她内心的幸福感。确实如此，她信奉：在生活的所有痛苦当中，"总有某个出口可以通过，走出之后，我们会比预期的情形更好"。

因此，面对命运的不测，她的回答是坚定的接受。是的，不管怎样，生活是美好的。是的，女性的命运令人羡慕。是的，大自然对于她们发展的限制是公正的。在我们已经提到的女性当中，还没有哪一位愿意遵循社会的要求而行事：她们或是因为对约定俗成毫不在乎（迪·德芳夫人），或经过深思熟虑将讽刺运用得灵活自如（德·沙里埃夫人），或者虽隐藏于丈夫身后，却真正参与政治生活（罗兰夫人），抑或是天分使然（德·斯塔尔夫人）。与此相反，德·雷米萨夫人似乎接受了一切女性的规范，并且身体力行。她赞同女性天生处于从属地位，被排除在公共生活之外，并认同任务和活动空间有所区分。更有甚者，她通过自己的行为——克莱尔为烦恼、温情、回忆和希望担心，常常哭泣，此外，她并不憎恶流泪——而并非是透过文字，从感情上对女性的陈规老套给予默认。

这种认同又缘何而来呢？或许17岁那年，在生下夏尔的年纪，她早已体会到生活中的各种疼爱：作为女儿、妻子、母亲。她十分幸运——她说，这令她与众不同，第一次的爱情——感觉彼此合适，因为年轻正是应该爱的时候——也是最后和唯一的一次。这样过早成熟，并安定下来说明时间不会对她造成影响，克莱尔还是一如既往那个容易着迷的年轻女孩。爱情一旦萌芽，便只剩下"对自己拥有的一切感到满足"，这真是对于幸福的美好定义。在她留下的文章当中，没有流露出丝毫对于过去的遗憾，或对现时的不满。回忆过去、享受当下令她心满意足，唯有将来让她略带迷信，心存担忧：拥有如此之多的幸福，她有些惶恐不安。

女性的话语

因此，这位看似平静的人物所包含的惊人之处便在于此。在平和的外表之下，隐藏着无法平息的不安情绪。这位看似镇静的女性内心并不安宁。她心满意足，其实忧郁伤感。她正直守节，却并非一本正经。这位幸福的女性有参透不幸的才智，她颂扬女性生活的默默无闻，却又涉足写作，有时作品的主题还带有淫秽色彩——乱伦、教士的欲望。令人吃惊之处不一而足。因为，这位大革命的受害者对于1789年的革命毫无憎恨。她在田园牧歌式的生活中保持着幸福，梦想在花园里侍弄花草，缝补亚麻桌布，甚至挤牛奶，教授乡下的孩子们读书，同时，她也是皇室宫廷中的亮点之一。这些反差赋予了德·雷米萨夫人独特的线条，也使得描画者们大有施展之机。

* * *

大革命结束之后，克莱尔·德·韦尔热讷对恐怖时代依然心怀恐惧，挥之不去。直至1819年，格列高利选举*仍令她震惊。她以为看到"那些革命的血腥场面"再次重现。议会本不该对亵渎圣物的主教完全不予承认，而是应当表示欢迎，并对他说："那么，请坐，在这里为我们上演1793年的那一幕吧。"然而，尽管憎恶雅各宾派，她丝毫不曾怀疑，大革命是人类历史上的一个重要时期。若想阻止法国人对1793年进行颂扬，更合理的做法是莫要通过攻击1789年的大革命来伤害他们的感情。当她遇到

---

* 所指疑为亨利·格列高利（Henri Grégoire, 1750—1831），又称格列高利神父，法国天主教的牧师，布卢瓦地区的宪法主教，一位革命的领导者。1819年，由伊泽尔省（Isère）选为众议员。——译者

拉梅特家族最为年轻的亚历山大时,她大为吃惊:他总是带着"某些制宪制度的观点",口中不离改革与新生之词。在她看来,他就大革命最初的辉煌时日创作的故事只是些海外奇谈,但她并未全盘否定。因为,大革命的力量便在于开启了另一个时代,"在这个时代,无论是侯爵还是伯爵,称谓都变得毫无意义",而应当设想出另一种形式的贵族,她斗胆称其为革命贵族:因为,功绩不同似乎开创了一种全新的贵族政治,不再隶属于阶级之间,而是个人之间。那句概括了她对于大革命之感情的有力格言——"我们以压制来防止它过度,但应该让它的自由合法化"——适用于一切自由的观点。她也正是从自由党人那里借鉴了测试方法,来将男性分为两类:参透了内中含义与不曾参透的。

22岁时,出于偶然,这位同卢梭一样渴望隐居乡下、回归自然的女性步入了上流社会的生活。1793年,她的母亲德·韦尔热讷夫人结识了德·博阿尔内夫人。当约瑟芬在众多的追求者中偏偏选中波拿巴时,众人错愕不已:德·博阿尔内先生的寡妻为何要嫁给一位无名小卒呢?这位坐上了第一执政官宝座、梦想着将一些旧社会的元素注入新社会的无名小辈,被由约瑟芬带到马勒梅松的德·韦尔热讷夫人吸引住了:先不论她的幽默风趣,这个美丽的名字便散发着旧体制的气息。在妻子也专心侍从约瑟芬期间,奥古斯丁·德·雷米萨借此成为王宫行政长官——这便是他侍从帝国生涯的开始,后任王室首席侍从,随后又担任演出总监。尽管雷米萨夫妇同他们最亲密的一个朋友塔列朗均失去了一半的恩典,但双重的礼遇使他们在皇室离婚事件中幸免于难。雷米萨不再担任藏衣室总管，但继续出任王室侍从。而德·雷米萨夫人则一直是王后身边给予陪伴与安慰的贵妇。

这位名为克莱尔的女性，是如何在度过了六年平静的婚姻生活，对宫廷的一切毫无准备时，于22岁那年进入圣克卢的呢？她自以为不算貌美，但有些可爱之处：双目清丽，秀发乌黑，身姿优雅，灵活敏捷，有些性急，由于生活幸福而自然朴素；她还机智风趣，在母亲的社交圈中颇具犀利敏捷的交谈才华，深得塔列朗的认可。以至于在通常应更具吸引力的女伴当中，第一执政官偏偏挑中了她；他乐意同她谈论法国历史上的重要人物：亨利四世，在他看来，他温厚的性格贬低了自我；或路易十六，在加冕的当天便失去了一切机会。如此特殊的待遇令她心神愉悦。接下来，一切都令她兴奋不已，惊奇不断：穿着各式裙子，重新学习屈膝礼，细微的技巧早已遗忘，需要召唤玛丽-安托瓦内特的舞蹈老师。此外，皇宫是观察种种人类欲望的绝佳场所。喜好观察和判断的她看到了一切：虚荣、恐惧、嫉妒。但由于身体并不硬朗，她对于社交生活备感疲惫，还加重了距离感。雷米萨夫妇很快受到的优待招引来身边心存嫉妒的敌意：他们不过是想顺利地度过革命，对革命有什么贡献？他们又为革命事业提供了怎样的"担保"——当时的用语？

她日复一日地记录皇宫内的见闻，而当百日政变爆发时，她认为最好还是烧毁这些文字。当德·斯塔尔夫人的《论法国大革命的主要事件》——该书为文学界带来了前所未有的震动——问世时，好胜之心征服了她，在儿子的督促下，她将记忆收集整理，并投入创作新的回忆录：将受到第一执政官及此后的皇帝启发的情感经历和思想历程逐一回顾。她并未将事情最小化处理。首先,人物的分量非同寻常:"他令我害怕回想。"还有另一个困难,她看得十分清楚:作为在复辟王朝时期执笔创作的女性,面对皇帝已不再有年轻时的感觉:"我的想法在同他一起改变。"且不论雷米萨夫妇后来一心侍奉君主制度,此时,雷米萨正是里尔的行政长官。因此,《回忆录》或多或少地证明,发生了一百八十度的转变,它表明,早在帝国崩塌之前,这对夫妇已不再欣赏他们需要侍从的对象:对于热爱灵魂统一的她而言,内心的分裂是最为糟糕的情感境遇,她专心描述了它的前提与不同阶段。总之,通过比较《回忆录》与《书信集》能够证实,她的辩词无损于事实。德·雷米萨夫人是一位诚实的讲述者。她并不隐瞒:"我们曾为拿破仑效忠,并且欣赏他……"

事实上,她起初热情高涨。但经过某些方面的考虑,她认为,波拿巴应当结束革命。结束,并非放弃,而在某种意义上是完成。她说道,我们因此而支持波拿巴的专制,因为"在皇室的外衣之下,大革命初见端倪"。在受到制约的自由当中完成大革命正是雷米萨夫妇深藏的心愿。然而,在这些道理当中,也夹杂着迷惑。首先,这个与社会习俗对立的人十分古怪,无法屈从于周遭环境,无法忍受上流社会的烦恼:"他似乎生来就该住在帐篷中,享受事事平等,或登上国君宝座,能够随心所欲。"他落拓不羁,傲慢不逊,口无遮拦,又无懈可击,充分显示出他言语的独特力量和才智中闪耀的光芒。还有她倍加欣赏的那些恢宏壮丽的场面,也被视为"完成一切"的证明。而他则是这些场面的导演,头脑清醒,有时也会陶醉其中。在一个舞会的夜晚,所有女士都美艳迷人,他大声宣布:"女士们,这一切都归功于我。"甚至于他想象并散播的荣誉也能够博得年轻妇人的好感;她承认:"我们都认为自己有所提升",至少,她认为这些并非承袭的荣誉事实上带有民主色彩。最后,还有荣耀。因为克莱尔·德·雷米萨是一位爱国人士,战争的胜利令她心荡神驰,她只是鄙视"拿起剑而放下高贵"的贵族阶级。在波拿巴身上,她看到了在法国深受喜爱的能士。法国想要迈出一步?他就将布洛涅的军队转移至德国。法国想要一座城市?乌尔姆即被成功拿下。他神奇地将欧洲重新调整,创造出一个又一个奇迹,懂得使用合适的措辞和口吻来加以描述,将大度与高尚融于一身。这些都是皇帝的"壮举"。这一时期,克莱尔每晚都要将《箴言报》当作圣徒传为小夏尔朗读。小家伙大叫道,这可比亚历山大体诗歌优美!母亲不敢将此"话"学与约瑟芬,担心会表现得阿谀奉承。斯人何其伟大!她曾说,在他的命运当中,"有某种东西超乎于寻常思维"。正是此般非同寻常给出了解释,为何尽管情感上存在隔膜,皇帝的监禁和在圣赫勒拿岛所受的苦难还是令她备受感动,潸然落泪。

　　这一形象为何褪去了光彩?一些事件的发生,令人幡然清醒。首先,是当甘公爵在文森斯战壕遭到枪决,这使得"宽宏大度的心灵战栗不已"。西班牙战争也是其中之一,自此开始,憎恶情绪在这个国家油然而生。然而,在这些悲惨事件当中,也有一些新的成功,似乎每一步都能够"重新赢得民众"的皇帝所采取的这些举措重新点燃了克莱尔善变的想象力。因此,令她丧失好感的主要原因,在于宫廷日常生活的体验和对人物的直接观察。随着了解的逐步加深,她所反感的,是他对于人们服从于己的陶醉。因为，皇帝喜欢被人服侍，甚至乐意身边的人们对其负债，而由此能够支配并控制他们。他推崇个人利益，使人们彼此孤立，从而无法对其行动设防。他喜欢为一切事情笼罩上小恐惧，相信担忧令人保持热情。由于对人类抱有悲观情绪，他总是相信恶的一面，这也为身边的诽谤之人留下了施展的空间。最后，他会表现出不屑一顾，涉及女性时则最为明显，还掺杂着些许略带恐惧的腼腆，因为他坚信，一种神秘的女性力量削弱了法国的王室。督政府内轻佻的漂亮小姐，军队供应商傲慢的夫人，或者心怀嫉妒的女人——例如缪拉和巴乔基两位夫人未被他称呼为公主便哭哭啼啼，接触这类女性无疑助长了他心中的不屑情绪。在德·雷米萨夫人看来，这一切并不能为他身上庸俗之气的根源辩解，且令他在女性的影响力中觉察到了潜在的夺权可能，可谓法国文明的一支颓废之花，而他，依照塔列朗之言，则将此视为敌人。对于一些貌美，或至少年轻的女性，他有时也给予重视。然而，除此之外，"他曾自愿表态，认为在一个组织良好的国家，能够消灭女性，如同将完成生育的昆虫立即处死。"因此，在他的王宫之中，他只希望，也只拥有美丽的沉默者。

如此这般，最初的欣赏便逐渐消逝。透过复辟王朝这个观察所，德·雷米萨夫人凝神注视，想要找寻以往的印象，却并未辨认出来，从今往后，就如同"田间那些支离破碎的纪念碑，再不能恢复原样"。她努力表明，很早便开始丧失好感，并在整个帝国时期保持着批判的距离。在复辟王朝时期，她依然保留着此种距离感，也让我们对此更加确信。百日政变期间，雷米萨曾遭遇流放（皇帝在杜伊勒里宫发现了一封塔列朗的书信，向路

女性的话语

易十八举荐他的朋友）；不过，这是一次舒适的流放，住在拉菲特府邸，一边欣赏维吉尔与荷马的诗歌，一边享受乡村的热情好客。百日政变结束后，雷米萨被委任图卢兹省省长。德·雷米萨夫人此时坚信，君主立宪制是一切可能的体制中最好的选择。然而在图卢兹，这座遭到旧风气的动摇，渗透着仇恨——拉梅尔将军遭遇暗杀时，雷米萨正担任省长——四处装点着受人崇拜的夏多布里昂画像的城市中，她看到了贵族阶级根深蒂固的积怨仇恨：对于雷米萨夫妇曾长期效忠于波拿巴，人们不肯原谅。特别是女性，暴怒难当。她们希望一次小规模的圣巴托罗缪惨案，坚持认为，少量的流血能为国家带来最大的好处。省长夫人想方设法举办舞会和晚宴，看着"虚荣心在［她］块菰炖火鸡面前消失殆尽"，并以此为乐。然而，她点燃蜡烛，举办一连串的沙龙，身着"令我年轻"的玫瑰色长裙，一切都徒劳无功，她无法缓和那些长着蓝色或黑色眼睛、残忍美丽的女士们无情的审判，她们为救了自己丈夫一命的拉瓦莱特夫人定罪；那一时期，她们欣赏艾潘妮，这位为夫妻爱情而献身的高卢殉难者。面对如此的愤懑情绪，她心知肚明，自己是何等根深蒂固地厌恶同法国妇人们分享仇恨。她原本希望君主制度能够抹去 20 年的历史，掩盖过去的所有悲剧。在沙龙当中，她已开始费力地向小夏尔解释埃内坎*描绘悲惨的基伯龙事件**的画作。

---

* 疑为菲利普－奥古斯特·埃内坎（Philippe-Auguste Hennequin, 1762—1833），法国画家，擅长历史主题，肖像画家。——译者
** 基伯龙事件，1795 年流亡在基伯龙半岛的一小股贵族军队曾企图在英国的协助下登陆法国，但遭遇失败，全军被俘。——译者

德·雷米萨夫人

雷米萨得到任命，前往里尔，这令他们稍感放松。她感到北方居民更加庄重沉稳。省长夫妇对于基佐有关互教互学的文章倍加赞赏，于是，在这里创办了一所学校，共集中了 60 名男孩，并在省政府大楼的客厅授课。克莱尔经常前来察看，发放奖赏，培养小班长，并为互教法的效率惊奇不已。然而，此般创举却难以为人们所接受。一小撮受到挑动而反对政府的贵族阶级和"对国家的一切均不愿听从"的神甫们表现出敌对情绪，对此，还要予以重视。此外，还存在着一种令人昏昏欲睡、"弥漫着雾气和啤酒气息的空气"，同图卢兹的骚动形成反差。随着 1820 年贝里公爵遭到暗杀——实为自由派眼中的灾难，浓雾迅速驱散。并非德·雷米萨夫人对于诠释这一事件迟疑不决——同所有自由主义者一样，她从中看到了一个孤独者的行动，因为"卢伏*无倚无靠"。这丝毫不曾改变她对于未来的看法：个人有时会后退，"时间"却不会。然而，暗杀事件表明，大革命与旧体制之间的自由和解遭遇失败，很快还会影响到雷米萨夫妇的命运：维莱尔**大臣撤销其省长职务，克莱尔·德·雷米萨的公共生活就此终结。这也是她短暂一生的结束：她于 1821 年 12 月去世，享年 41 岁。但她比其他人更好地度过了失宠期，因为家庭生活一直是其独特才华之所在。

---

* 路易·皮埃尔·卢伏（Louis Pierre Louvel, 1783—1820），1820 年暗杀了贝里公爵，并遭到处决。——译者
** 维莱尔伯爵（comte de Villèle, 1773—1854），法国复辟时期的正统主义者，极端保王派，曾任查理十世首相。——译者

幸福的女儿，幸福的妻子，幸福的母亲：因此，还要回到这令人心意满足的老套。幸福的女儿？她的母亲德·韦尔热讷夫人可并非寻常女性：她是位个性活跃、爱嘲笑的人物，对自身的风趣幽默和谈话才华毫不怀疑。这位真正的启蒙运动之女在蒙莫朗西河谷主持着老年沙龙，并同他们一起度过了恐怖时期：乌德托夫人、圣朗贝尔、叙阿尔*、经久不衰的莫雷莱神父。克莱尔曾多次描绘这个小圈子，她的母亲作为中心，在灯下忙着某部著作。这里洋溢着简单化——人们通常在晚上九点的茶水时间来此聚集——和一种平静的魅力：检查莫雷莱神父为法兰西学院编写《词典》(*Dictionnaire*)所做的工作；同乡村神甫讨论语言的天赋性，神甫有时想要求助于教堂的权威，而所有人都感到气愤；有时也会表演《依菲革妮亚》**；尽管卢梭曾对乌德托夫人怀有感情，或因为她，人们谈及时，总会有些尴尬，指责她唯有才华高出一等。夏尔曾说过，这是伏尔泰的世界。事实上，信教者同哲学家在这里保持了彼此平等的平衡关系。德·韦尔热讷夫人能够运用完美的优雅举止，处处发挥"女性色彩"，来打断过于紧张的谈话，为乏味枯燥的对话重起话题。她同样拥有取之不尽的快乐。她的话成为名言：当拉瓦锡夫人嫁给"热值"的伟大发明者朗福德伯爵时，人人称其为毫无缺憾的婚姻。而她却嘲

---

* 让-巴蒂斯特-安托万·叙阿尔（Jean-Baptiste-Antoine Suard, 1732—1817），法国记者、翻译家、作家，法兰西学院院士。——译者
** 让·拉辛（Jean Racine, 1636—1699）创作的悲剧，全名为《依菲革妮亚在奥利德》(*Iphigénie en Aulide*)。——译者

笑道，毫无缺憾，除了热值。

德·韦尔热讷夫人曾十分关注女儿们的教育。她每晚都会唤来阿利克斯和克莱尔进行三人反省，这是一项"家庭体操"，随后她们的丈夫也纷纷加入。这一晚间活动的规律一直延续到外孙一代。每日夜晚，外祖母会给夏尔上"思想课"：由此，她听到了可供发挥的想法，得以想象的对话。谈及此事，夏尔曾说过，童年时在外祖母充满活力的威严之下进行的这些练习造就了他爱开玩笑的性格。克莱尔并不像母亲那般，对一切保持着怀疑的冷漠。当她真想从伏尔泰——在母亲的沙龙当中予以攻击则显失礼——身上挖掘出魅力时，她感觉自己仿佛犯了错误。同样，比起母亲——她同宗教学格格不入，而鼓吹一种由某些福音训诫构成的最小限度的宗教——克莱尔则更加笃信宗教。最后，她比受到国家荣耀的鼓舞还更加爱国，是一位善良的法国女性。她的母亲感到惊奇：祖国，不就是我们身在其中确实感觉良好的那个国家吗？对此，她的外孙痛哭流涕：为什么，外婆不爱自己的祖国？克莱尔既满意又感动，向儿子的这一情感致敬。而外祖母，则继续嗤之以鼻。

或许正是婚姻这一话题使得母女间的鸿沟进一步加深。德·韦尔热讷夫人乐意针对全体男性说些坏话，仿佛这是一类奇怪而不合时宜的人种。她的两个女儿为此情绪激动，小女儿借用"某些关系"将自己的丈夫排除在外，大女儿则帮助雷米萨避开了所有抱怨。克莱尔公开表示，在丈夫同最具诱惑力的女性之间，她自身的形象总会出现。她的母亲并不信服，并且认为，至少当丈夫不在身边时，女儿们能够更加愉快地拥有并享受自由。

看到女儿们如此"在意自己丈夫",她的内心难以平复。一切似乎再次以温柔的眼泪收场,这位老妇人的眼睛仿佛正在述说:"如若你们所言当真,那么好好保存这些稀有财富吧。"

在此种自由主义和怀疑一切的教育当中,留给德·雷米萨夫人些什么呢?有时,她的言语中会闪烁出母亲思想中的锐利光芒。对于德·萨尔姆夫人——她深信文学当中的二流作家十分重要,德·雷米萨夫人说道:"她走到哪儿都带着她的签名册。"要去聆听阿扎伊斯——社交名媛迷恋的事物——时,她留下一句:"听了这么多,我感觉嗓子疼痛。"1806年,她创办的沙龙初具雏形,还保留了几位在母亲的沙龙中得以幸存的人物,包括莫雷莱神父,他无所畏惧,继续笼罩在被狄德罗选中、为伏尔泰关注的光环之下。人们总在沙龙中探讨一些严肃的问题:哪种爱才是最好,是尽管所爱之人不尽完美也依然爱他(她),还是甚至看不到这些缺点的爱?然而,在母亲去世之后——"我心中最温柔的一份牵挂永远地失去了"——某种社会生存方式,以及懂得以富有教养且愉快的方式进行交谈的对话方式也一度随之摧毁。当夏尔向母亲汇报在莫莱沙龙中度过的夜晚时,他吃惊地告诉母亲,如今,男士们站在大厅中间,兴奋地谈论政治,而女士们则围坐一圈,十分安静。英式习俗是否胜出?他评论道,不管怎样,"文明的思想""战胜了沙龙的思想"。饱含热情而又愉快的一个光源从此熄灭。男性与女性自在交往的时代即将终结。严肃之气将取而代之。

对于此种严肃氛围,克莱尔·德·雷米萨感觉自己与之合拍。她并不喜欢18世纪——在她看来,到处充斥着寻欢作乐,随处可见四处传播新闻的人物。同母亲相反,克莱尔偏爱17世纪,那时,不常见到的庄严朴素总是出现在人们社交时的行为举止中,就像"漂亮、文雅且装腔作势的"德·隆格维尔夫人*参加舞会时穿着的苦衣。然而,她所偏爱的朴实无华并不排斥思想上的某种愉悦;她承认自己要比母亲呆板,因为,她总是寻找事物的深层,为此,需要"时间和自在"。她尊崇持久的和平与安全,身为幸福的妻子,她对此表现得淋漓尽致。

当奥古斯丁·德·雷米萨离开她陪伴国王出行时,在写给他的信中,便流露出她因担忧而产生的恐惧。他若是前往意大利,她想象中便全是"致命的塞尼峰":担心灾难和强盗令她整夜噩梦不断。儿子略带讽刺地评价母亲的不安情绪,称其"永远看不到生活中积极的一面",是情绪激动且酷爱幻想的女性。她令人怜惜,但不免夸张。雷米萨才刚刚出发,她的抒情诗文中便满是离愁:"这些没有你的漫漫时日,这些来了又去却不见你踪影的忧伤夜晚,这些我回到房间无法忍受的孤独长夜。"每当真情迸发,她在信中的称谓就会由您变为你,还会使用饱含真情的语调:"可以说,是你让我散发活力,或死气沉沉。"一些好心肠的人们曾告诉她,应该充满母性,偏爱自己的孩子胜过于一切。她发现自己并未"达到"此般境界。以至于当皇后问及她最爱的人时,她坚定地回答道:"我的丈夫,夫人。"在对于她如此坚定而大感吃惊的宫廷贵妇面前,她回答道,那正是自己的"感觉"。

那么,尽管要求将雷米萨排在首位,有时还十分强烈——

---

* 德·隆格维尔公爵夫人(duchesse de Longueville, 1619—1679),貌美风流,在投石党发动的内战中极其活跃,名噪一时。——译者

"拥有你或一无所有,这便是我的处境"——为何他在书信中的位置却总是并不显眼,仿佛庇护的神明,遥不可及?他的妻子,还有儿子,都承认他优越的地位,却找不到多少线条来描绘一个没有多少分量的人物。因为,家庭生活中的所有幸福就在于坦白透明。此种幸福的源泉,在于能够同她称之为"善良而亲切的朋友"一起生活的安全感。同样,在她看来,能够使心灵贴近,使夫妻间"几乎无法不和谐相处"的共同利益将这幅图景变得平淡无奇。最后,因为如此充分的信任——克莱尔是一位对于信任的完整主义者,最细微的怀疑和最微小的保留都会令她厌烦不已——具有极大的魅力,却留下很少可以讲述的空间。在这里,没有可供详述的争斗,并无可以记录的困难:同样,她也并不知晓是否会被称为操守正直的女性,因为她的欲望从未受挫,而她想要的,正是她所拥有的。相反,一旦雷米萨不在身边,这种平静的生活便顷刻崩溃。于是,想象中的种种不幸在她的心中战胜了一切。对于未来的预料总是让一颗盛满了过去,也装满了现时的心灵动荡不安。

159　　或许也正因为此,她在信中同儿子沟通时,语气总是最为激动。一种完全不同于其他母子的关系必然处处充满着预想。每一位母亲都应该在孩子的身上"按照自己的设想进行创造,鼓励她所发现到的"。儿子是母亲在未来的映射,而他的想法对于克莱尔·德·雷米萨来说就是恐慌的代名词。由此,我们在她写给儿子的信中读出了震颤。她承认,夏尔是她生活中的动力。她感谢他的存在,有了他,她才感到生命犹存。仅仅看到他"走进花园",便足以为"她那麻木的可怜机体上紧发条"。在有他出现

162

的夜晚，在那些只关注自己产生何种影响的女性中间，她只在意夏尔的一言一行，"仿佛她的生活中就只剩下他的生活"。凡是与他有关的一切细节，她都不会无动于衷。他要在哥尔多尼*的《乖戾的慈善家》（*Le Bourru bienfaisant*）**中扮演角色，她便担心不已：他会穿上礼服演出吗？是否知道戴上假发会显得冷酷？不如烫卷自己的头发，"这样打造的圆形发型才更好看"。刚刚提出这些建议，她又不禁自问：如此怀疑"丑陋的发型会破坏儿子可爱的脸庞"是否有其道理？是否，这就是母爱，在她看来最细致的爱？或者就是爱，仅此而已？她将不会否认。因为有那么一天，当被他指责只在乎普遍意义上的爱时，她只找到一个词汇予以反驳，却十分坚决："忘恩负义！"

在这些满怀爱意的书信当中，有许多殷勤表示。她坚持想要证实，在两人之间，有些东西超越了母与子："我们之间同其他人毫无相似之处。"她如此年轻，便身为人母，彼此之间没有漫长的时间距离，感觉仿佛同一代人。而且，每一位母亲都或多或少地停留在自己孩子的年纪。她恳求道，不要害怕对她说出，并反复说出对她的爱。他还做得不够。他的父亲更是添枝加叶，"你的母亲也是位女性，而你对此还不够了解。"也是位女性，在于当他对德·巴朗特夫人动心时，她乐于洞察他爱的迹象，并为他提供同女性相处的建议。对于这些女性使用的小伎俩，小伙子的

---

* 卡罗·奥斯瓦尔多·哥尔多尼（Carlo Osvaldo Goldoni, 1707—1793），出生于威尼斯共和国的意大利剧作家。——译者

** 卡罗·哥尔多尼创作的一部戏剧，1771年首次在巴黎上演，为此后路易十六和玛丽·安托瓦内特结婚所作，该剧为他在法国赢得了很高的声誉。——译者

回复不乏生硬。他认为，这位略显严肃的年轻女性过于激动，总是令他惊慌失措，而她有些病态的脆弱也被他视为另类。这并不妨碍她对这些实为过分的举动做出回应，并为他写下优美的诗句，因为，编写歌谣加以讽刺正是她的才华所在："奈何，我为你写信／实在难以置信／有哪个时代，哪个国度／可曾听到谁的儿子／以如此的口气对母亲讲话？"

在这个夏尔身边，她十分用心地完成"母亲一职"。她甚至试图利用他的缺点——作为孩子，他有些爱慕虚荣——来表现灵活多变。她每日为夏尔安排写字、散步、舞蹈、希腊语课程，请来剑术老师，以免送他去寄宿学校。当他年满十八岁，在沙龙当中初显锋芒时，她仔细端详自己的作品，也感到几分欣慰。或许他有些武断，太喜欢断下结论，有时又过于紧张。他的书信令人愉快，但缺乏魅力和从容。她担心，他会变得冷酷无情。她企图将其说服，正如思想的体操一样，还有一种心灵的体操，并且每晚同他一起大声朗读《克拉丽莎·哈洛》中激情澎湃的故事，来加以练习。而此后，他则坦言，自己在此种情感教育中何其厌烦。

他是否感到此般关爱的监护有些沉重？在《回忆录》中，他讲述了第一次远离父母时感受的轻松。她那些令人难以忍受的建议——她承认有些愚蠢——或许同样令他大为不快：不要太晚回家，当心点着窗帘。然而，他也看重两人之间非同寻常的关系，坦言母亲的离世是他经历的第一次不幸，或许也是噩运重重的生活中最大的不幸，并认为，在同母亲的关系中，有一个极为重要的日子，那便是两人在1817年——时年她37岁，而他20

岁——的久别重逢,彼此的角色也发生了颠倒:"此后,她在温柔之中给予我平等,或许我开始占据主导。"从此往后,该是他的付出大于所得了。她对他说道,引导我吧。

在往来的书信当中,没有什么比儿子教育母亲这种角色的互换更令人震惊,也更让人感动的。起初,他们对一切事物的看法均不一致。政治上,她更加墨守成规。她喜欢君主政体,视其为最正规的政府,读到路易十六的遗嘱还会潸然落泪,以至于夏尔评价她有些保王主义。她自幼深受18世纪的影响,认为共和国制在大国并不可行;相反,他则期望一个君主制(一人专制)与共和制(法律面前人人平等和新闻自由)兼而有之的政府。他同样憎恶攻击帝国的不公正言论,有时又在曾为帝国效力,并且在他眼中并非总是具有独立性的父母口中听到这些言论而大为恼火。这令她的自尊心深受伤害,因为《回忆录》的信条便在于雷米萨夫妇自帝国终结便找回了全部的评论自由,但在儿子面前,却并未流露出来。他很想给予他们情感上,而并非思想上的独立,并且有些固执地保留了他的观点。而她则十分担心:梦想自由的他是否最终会要求分割土地?她在儿子身上看到的难道不是又一个卡米尔·德穆兰吗?他打消了她的疑虑,发誓自己并非乌托邦的立法者。经过一次又一次讨论,他最终促成同母亲就某些说法达成一致,老实说彼此相悖,是自由论据真正的致命弱点所在:没错,大革命应当发生,因为这是人类最卓越的作品;还有,恐怖时代最为可怕。1814年之后,保王分子的凶暴行径使两人的观点彼此契合。

同样的情况也出现在文学喜好方面。她欣赏德·让利斯夫人的散文，他则视其为甜水。她更加多愁善感，总是将让－雅克·卢梭捧上非凡的高度；而他翻开《忏悔录》才读了六页，便感觉无聊透顶，扔在一旁。她曾说过，若不是他对伏尔泰表现得过于宽容，她将准备好还以同样的侮辱。在对于德·斯塔尔夫人和《阿道尔夫》(*Adolphe*)的共同欣赏中，他们彼此和解，他对于这部作品如此迷恋，催促她当即读完，并且假如她并不喜欢，则再不要提起。在对夏多布里昂的看法上，他们的分歧最为严重。在《论波拿巴和波旁王室》(*Bonaparte et les Bourbons*)这本小册子之后，夏尔大胆地写道，夏多布里昂故步自封。她予以反驳，并建议他出言审慎。一方面，她知道夏多布里昂先生是位权贵，一位"圣约柜式"的人物。另一方面，她同意了他关于《基督教真谛》(*Génie du christianisme*)的观点——因为被其说服，著作中有关宗教高于神话学的费力表述是在贬低宗教，并努力——也做到了——让他分享对于《殉教者》(*Les Martyrs*)的欣赏。至少，她一直抱有基督教的幻想，并且在一次重病之后，恢复了疏忽许久的宗教活动。儿子和丈夫对此都不甚高兴：这两位男性间的关系总是带有反教权的浓重色彩。然而这一次，保王者的反应促使他们拥有了共同的立场。他们一致厌恶传教活动和想要摧毁神甫合法权威的"游荡教士"。

因为，这正是他们之间关系的魅力所在。彼此间的争执不但未曾激化关系，反而使它更为充实而活跃。在宗教问题上的分歧只是在彼此之间建立起一种更为自由的对话：正如夏尔所言，她阐释自己的信仰，另外两人则表示怀疑。他们看到，彼此间的隔阂在一点点消除。复辟王朝初期，夏尔曾向母亲坦言自己的担忧：这个君主体制并未让他看到多少"长久"的迹象。她满脑子都是这一词语，并不时说道："小伙子提到的长久，是否有其道理？"1820年前后，她在内心接受了儿子的观点，当德·波尔多公爵*出生时，她最终自己做出了判断，这是一场国家灾难。她从此赞同了他的一切愿望，夏尔对此感到满意，并记录道："冒昧而言，她的思想被我在思想上年轻的活力所激发，精力充沛地探讨各式各样的问题……"

如此便完成了双重教育：他懂得的一切都由她教会，还有"自在"和"生动"。而她则认为，他对于她的性格帮助巨大。他提升了她的注意力，警惕性，寻找正确想法的能力，以便在他偏离时帮助纠正。他爱她，是能够将其"视为自己的作品"来喜爱。这是否情感上完美的相互性？其实还相差甚远。因为，如果说她承认母子之间的关系是为平等，那么剩下的便是面对作为女性无法治愈的忧虑，夏尔得以摆脱——她纠正道，如果不是被"剥夺"——此种焦虑。

因此，对于未来总是不安使得这一理想的关系也失去了平衡。唯一的一大分歧打破了温和的关系，导致了此番境地。那便是夏尔在基佐的《档案》(*Archives*)中发表的20页文字，且是匿名文章：这是夏尔在文学道路上迈出的第一步，其中还有些反对政府、言辞尖刻的段落，在父母看来，甚至有些荒诞不经。他写道："德·拉法耶特侯爵20岁时便离开凡尔赛前往美洲，也不曾令他的家人如此伤心。"于是，母子之间开始了一段言辞激烈

---

* 即后来的德·尚博尔伯爵（comte de Chambord），是波旁王朝的最后一个王位继承者。——译者

的书信往来，不乏焦虑不安。母亲恳求他不要连累自身名誉，莫要招引仇恨；并推荐他阅读抒发美好理想的书籍：卢梭、莫里哀、费奈隆的作品，或许能够治愈年轻人的尖刻。夫妇俩将这个疯狂的年轻人带到里尔，"仿佛在度过了一段冒险的生活之后，我需要家庭生活的平静和智慧。"他为自己带给父母的苦恼深感遗憾，但对于一篇文章能够令自己"走出迟钝状态"，并产生一定的影响，他也感到满足和骄傲。他不愿放弃。倒是认为她需要迈出一步，即允许他按照自己的想法行事。然而，这一步，她无法跨越。她敦促丈夫要求夏尔许诺，25岁之前不得发表作品，而由于夏尔拒绝做出承诺，她恳求丈夫再次前去说服。接下来，她找到基佐，希望得到他的承诺：不要为这个鲁莽的年轻人发表任何作品。他客气地予以斥责："您想要剥夺一棵小树所有的活力吗？这是谋杀，夫人。"她未被说服，悲叹夏尔用政治取代了爱，仿佛一个不顾一切形而上学的空论者，建议他分出心来，学习舞蹈，为他带有火气的声调而悲叹，出门时紧贴墙根，害怕遇到熟悉的"极端"保皇党人，听到他们不断重复着雷米萨是个懦夫，她是将一切强加于儿子的狂热之徒，而她的儿子"心术不正"。

整件事情都反映出，在三人的关系当中，她如何占据着最高地位。在另外两人之间，她不知疲倦地充当协商者与调解人。她建议奥古斯丁写给儿子一封热情洋溢的书信：夏尔有时心存怀疑，父亲对他漠不关心。接着，又说服他为莫莱写信，感谢他为夏尔所做的一切。每当夏尔犯下错误，她便口授丈夫给夏尔的书信，责备他的生硬，使其感到惭愧。最后，再口授夏尔给父亲的回信，感谢他对自己付出的感情。在所爱的人之间如此穿梭往

168

来，照她说来是必不可少的：应该让爱得以保持，如同"一盏明灯"。在这其中，能够看出她的唯意志论，以及在温柔的外表之下将世界操控于掌心的兴趣。她还将此种兴趣延续至想象当中：有时她满怀感动地想象着夏尔婚后为她带来个小孙女，让她爱得发狂，却谨慎规矩地加以抚养。有时她则梦想为夏尔打造出一个苏菲。夏尔依旧是一切的中心，也正是受其促使，她开始关注女子的教育。

* * *

她在里尔开办了一所男子学校，也很想为加尔默罗会的修女们创办一所学校。因为，如果说在图卢兹，对党派的深深仇恨让她对教育人民的可能性顿生怀疑，那么在注重技巧而平淡乏味的北方地区，她则找回了对于教育的信仰和希望。由于无法继续实施计划，她开始投入写作，并热衷于创作一篇关于女子教育的专论。

她认为，应从相当的高度看待这一问题。"似乎若不对所谓政治的重大问题表明态度，我对于婚姻、家庭和子女的教育便无法下笔。"有些时候，她开始相信自己正在创作一部政治作品。她认为，在进行训诫之前，必然要回答一个问题，即了解自然和历史会带给女性什么。对于女性的独特性，她几乎从不怀疑。她感受到女性特征的内在制约，对于儿子指责她为女性辩护，她回答道：难以进行其他的争辩。在她看来，大自然赋予女性从属的地位：她们需要与他人共同生活，面对孤独无可倚靠。她们同样没有男性所拥有的多样化的方式和想法，不如男性善于坚持，随着环境的改变,她们的心情更易变化,判断易受干扰——这幅女性描画也是一幅自画像。同时,她们具备卖弄风情的本能。价值等级也不尽相同,心灵的愉悦是她们生活中的唯一调剂品。然而,是否就该认为,她们所拥有的全部人性便只是爱呢?这一切不无道理,也不乏意愿。她们具备相同的能力、道德,享有同样的自由。"我们的灵魂不朽,并由此拥有享受理性光明的权利。"尽管只能身处第二等级来提出要求,但这一处境并未将女性从人类的名册中删除。而这一等级位置甚至并未妨碍她们拥有些许优势:看得更清,猜得更透;关注细节,能够发现日常的无数小事;凭借忠贞不渝,散发出光芒;在学识上的劣势通常会由精神上的优势所弥补。

总之,女性的命运最是变化不定。因为,大革命将女性的地位彻底改变。事实上,相对于此前的一切,这毫无遗憾之处。因为,宫廷生活,特别是在路易十五在位时期,已是混乱不堪:女孩子出生便同母亲分离,被送进修道院,学习吹毛求疵的宗教,听天由命地选择丈夫。因此,她曾感叹:可以想象这些不曾真正作为女孩,根本不是妻子,也不会成为母亲的女性该是何等命运——这同她自身的命运完全相反。如此画面,让人心生忧伤,而卢梭——在她眼中可谓女性之友——用以证明女性聪慧精干的琐碎事例却更加显出她们的平庸。懂得安排宴席,或掩藏秘密,难道她们引以为荣的仅此而已?卢梭也不由自主受到身边实例的影响。

但德·雷米萨夫人知晓,女性可能自认为迷失在世界的汪洋之中,而怀念过去社会的格局和由她们确定的社交规范。旧体

170

德·雷米萨夫人

制有利于女性地位的提高——她立刻纠正道，至少在特权阶级中——并且在所有没落时期均是如此。在帝王们身边，女性会表现不凡，她们擅于篡夺权力，让各个阶层混淆不清。人们也常常评说，旧体制下的习俗是一道抵御女性衰老的屏障。她们仿佛坐在壁炉边的角落一样坦然老去，在凭借美貌之后，依旧可凭借谈话才华占据主导。然而，所有特权都无法让人忘记需要为之付出的代价：夫妻情感遭到嘲笑，甚至不正当的感情居然想要长久时也会受人讥笑，一切品行不端都找到了辩解之词。谈话本身——跟随母亲，克莱尔发现了其中的乐趣与魅力——有着放肆（甚至对上帝的存在提出质疑）和轻浮等负面影响：当大革命爆发时，谈话的价值首先在于人们能够找到取之不尽的聊天机会。

然而，大革命彻底改变了这一切。人们回归道德，回归夫妻温情和子女亲情。的确，这一切在它之前便已开始，因为卢梭就曾主张："让赞同其教义的母亲们变得规规矩矩。"如果说革命结束了变化不定，那正是得益于不幸给予人们的教育：快乐消失，对明天忧心忡忡，以及由悲剧造就的群体共同治愈轻浮无聊。大革命使女性回归家庭：因为，当男性更多地充当公民时，女性便更多地成为妻子和母亲，这是卢梭主义的又一个原则。她们敢于和女儿们一同露面，不再因为深爱自己的丈夫而脸红。她们或许失去了曾经篡夺的权力，却赢得了在公认的权利范围内活动的安全感。此外，她们不会被完全排除在政治生活之外：因为，她们是公民的妻子和母亲，而大革命带来的一大改变就在于，培养子女不再是为了一种身份，而是为了公民资格。女性们只需观察——因为在政治上，她们永远不该"操纵大局"，从此成为集

171

中精力、认真关注的观众，随时为公民丈夫的选举、议员丈夫的观点或作家丈夫的书作提供建议。博纳尔将妻子关在家中，使其与社会隔离，显然大错特错。他不曾看到，在家庭与社会之间存在着怎样的关联。

此处，又对克莱尔·德·雷米萨的思想提出了反对意见：此种间接的社会活动十分少见。自称中意于这个时代的她则确信，想法的变化必将大大增加女性从事有趣工作的机会。她们不正是通过这一新奇事件而萌生了爱国情感吗？这是一场真正的革命，堪比基督教之革命，它尚未走到尽头，便承认了怜悯，改善了女性的命运。同基督教一样，爱国主义同时唤起了谦恭（我们都是大地的孩子）和骄傲（我们都是祖国的子女）。这对于女性，特别是母亲们，十分有用，因为她们能够通过培养儿子们的狂热幻想来为祖国效力。由此，认为在革命结束后，女性社会生活归于单调的反对意见也得到说服。在此之前，处理公共事务就如同处理家庭事务。从此之后，家庭事务也成为公共行为。女性的参与尽管十分有限，却至关重要：（对穷人的）善心，（对子女的）教育，（对丈夫的）建议。这使得她们留在家庭之中，却跳出家庭之外：因为，在家庭与国家的义务发生冲突时，女性甚至能够将天平向国家一边倾斜，并且促使丈夫愿意做出牺牲。于是，还出现了一种女性英雄主义。对于女性，最佳的场地和时间便是此时此地，即在法国这个慷慨的国家，在同时摒弃了革命的动荡不安与保守的故步自封的时期。因此，在回忆与希望、传统与创新之间徘徊不定的复辟王朝那摇摆不定的局面却反常地为女性创造出全新的条件。

172

然而，这一切使得女性的教育更加必不可少。诚然，依据固有的准则，女孩子不能过于无知：母亲迫使女儿无才无能，对她们的塑造是为了符合唯一的社会评判，随后，在她们尚还年轻时便将其托付于陌生之人。因为，这一切的核心在于婚姻。女性的主要任务便是充当妻子，遭到扭曲和毒害的正是婚姻。在这一点上，德·雷米萨夫人同她喜爱的卢梭之间产生了分歧，他的反论令她感到痛苦。她无法相信，一旦成为母亲和妻子，女性便要放弃学习的兴趣。成为学识渊博的母亲正是她的理想所在：她要懂得如何咨询公证员，听取医生的建议。尽管德·雷米萨夫人的言论并非散布教育训诫，但在其中，她终究提出了一些教导：母亲们莫要过多地教育人们忍受痛苦，因为，当失望来临时，便只能承受；不必害怕在责备或颂扬时讲述道理；或陈述自己的看法；要敢于表现自身的脆弱；尽好义务，而不是没完没了地念叨"上帝啊"。这些便是她在教育夏尔时使用的方法，它们呈现出一个基本特征：无论是对于子女，还是教育者，或是对于男孩和女孩的教育，德·雷米萨夫人都会深思熟虑。她很想谈论女孩子们，却不知不觉又回到了孩子们身上。这是因为在她眼中，最主要的在于培养自由的个体，而对于自由，并不存在两种教育。

* * *

她的自由在写作中表现得最为淋漓尽致。在涂写一页页文字的过程中，她最能够找到自我，这是她所热衷的工作。书信、回忆录、有关女子教育的论文、小说、短文充实着她的每一天。这也是找回儿子的一种方式（她的丈夫出于好心但略带讽刺，对这些书信往来不闻不问）：她与夏尔不断交换彼此的书稿。正是被夏尔说服，她开始重新创作已遭遗失的《回忆录》，倾听他为其框架、构思和论点提供的建议：要表现出在大革命结束之后，心有余悸的她被爱国的热情所深深吸引；此时如此强烈地想要蜷缩于私人生活的愿望何以促成了一个人的独裁和帝国；这个人又是如何一步一步走向腐化，或许这正是他的本性使然；为何越是心里无法服从，就越要在事实上服从于他；归根结底，如何出现了"将他们引向政治仇恨的精神愤怒"。她接受建议，等待反对意见，必要时给予驳斥。而当他将自己的第一部书作《关于犯罪的陪审程序》(*De la procédure par jurés en matière criminelle*) 交予她时，则要听取她的反对意见，这本著作十分严肃，她认为，并希望它不会引起注意。她督促他，即刻开始为未来的回忆录收集素材。而他却仿佛在听她讲述自己的困难，并责怪道："写作，总是写作。把您想起来的事情记录下来，记载所有的记忆吧。"

通过圣伯夫，我们了解到她为一个小圈子所创作的小说主题。《夏尔与克莱尔》(*Charles et Claire*) 仿佛通过长笛般的音调讲述了两个年轻流亡贵族之间一段感人的故事：他们相爱，又彼此分离，却都不曾察觉。在圣伯夫称之为"波旁家族"的故事之后，她着手创作《西班牙通信》(*Lettres espagnoles*)，并运用了她在皇家宫廷内的经验，从塔列朗身上汲取了部长这个人物的灵感。此后，她渴望创作一部小说，描述哥哥爱上了自己的妹妹，后者对于这层血缘关系浑然不知，因为母亲将这个私生子带回了家中。"看到惩罚了吧，"她说，"精神上的惩罚。"夏尔对于这个主题十分挑剔：什么也不比乱伦更令人难过。而在她创作《修道士》(Le Moine)，描述意大利的修道士爱上修女的故事时，雷米萨则不遗余力地讽刺挖苦道："这部小说会让人想到嘉布遣会修士，她的热情是否已经登峰造极？"她意识到，通过这些令她自己也会脸红的有些下流的主题创作，人们会"认为她身体里住着一个魔鬼"，但她却丝毫不愿就此放弃。在写作当中，她将谦虚与傲慢奇特地彼此结合。她毫不犹豫地依赖于此，仿佛少量的鸦片。某天早晨，雷米萨发现她正埋头于稿纸当中，茫然若失，面色苍白，她正在为回忆录整理那些"深深触动灵魂"的素材。

在这些瞬间当中，夹杂着不安与坚定，能够为德·雷米萨夫人的形象描绘最后一笔。同她的安哥拉猫、玫瑰花和斑鸠在一起时，她能够赋予画家灵感来创作一幅柔和、优雅、静谧的肖像画。因为，她的确将自己的幸福置于安宁中，抱怨德·斯塔尔夫人不曾拥有如此天赋，认为没有比誊抄儿子的文章更大的快乐，而她的丈夫正躺在长沙发中阅读当天的报纸。她谨慎地谈论感情，视其为灵魂脆弱的根源，并认为与此相反，顽强的灵魂则渴望拥有温柔与平静的现时。然而，如果说平静安宁是她的愿望，这却并非她的本性。在儿子的口中，她面对新生事物表现出的腼腆是一种面对未来无法控制的焦躁不安，总是将带有威胁的阴影延伸，并覆盖到整个现时。她懂得如何面对不幸，却不知怎样应对期待。确信幸福随时可能被不幸取代——或许动荡时代的不稳定还会加剧这一点——的想法伴随着这位坚强而又脆弱、极易感动并服从管理、平静却又激烈的女性走过的每一步。如果没有焦虑不安的战栗，她的肖像画——正如儿子夏尔所预感的那样——或许会变得平淡乏味，而她则会失去完美。正像她的外孙曾写道的，令她得以保存完美的，正是"精神的平静与心灵的动荡在其身上独特的统一"。

乔治·桑

乔治·桑，原名奥罗尔·杜邦，1804年生于巴黎。她跟随祖母在贝里地区的诺昂村度过了一半田园、一半讲究的童年生活，直到1818年至1820年被送入巴黎的一所修道院。在祖母于1821年去世后，为了躲避母亲的监管，她嫁给了卡西米尔·杜德望。两人感情不和，婚姻生活并不幸福，为了从中摆脱，奥罗尔先是艳遇不断，随后则前往巴黎独自生活，并在那里开始从事记者、小说作家、剧作家等多种职业，这很快便为她招引来双重议论，有非议，也有赞誉。在这段经历当中，有两个重要的日子：1833年，她的诗体小说《雷丽亚》发表，由此带来的毁誉一直伴随左右——因其鼓吹女性享受快乐和爱情的权利；1848年，她同一些民主派的重要人士关系密切——拉梅内、勒鲁、路易·布朗。她热情满怀地迎接二月革命，起草了多篇宣传文章，并创办了一份报纸*。六月革命的失败令她的博爱之梦破碎，她回到贝

---

* 即《人民事业报》(*La Cause du Peuple*)。——译者

里：一直定居诺昂村中，直至 1876 年去世。在她的感情生活中，也有两个重要的日子：同样是 1833 年，她同缪塞的关系波动不定，并前往威尼斯旅行；1838 年，则是同肖邦，以及马略尔卡之旅；这两次经历正值浪漫主义历史上的重要时期。每一次爱情冒险于她而言都是创作小说新作的机会。除去大量的通信和回忆录，这些小说——其中，备受赞赏的《我的生活史》(*Histoire de ma vie*) 于 1854 年至 1855 年问世——共同构筑了一部庞大的作品，如今被概括为田园小说，实为不妥，因此，勒南*称其为 19 世纪的写照。

---

*　埃内斯特·勒南（Ernest Renan, 1823—1892），法国哲学家、历史学家和宗教学家，著有《宗教历史研究》。——译者

奥罗尔或宽宏大度

"哦,美丽的蓝色双眸,不再将我注视!俊朗的面庞,再不见你俯首向我,带着淡淡的忧郁!我卑微的身体柔软又温暖,而你不会再俯下身来,就像以利沙* 面对死去的孩子,来将我唤醒［……］。别了,我金色的发,别了,我洁白的肩,别了,我所爱的一切［……］。"还有:"每当我从梦中醒来,汗浸全身,我梦见的是你;每当崇高的自然唱起热情的赞歌,我想到的是你,山中的空气仿佛千千万万欲望与热情的尖针刺进我的毛孔。"

这些感情炽烈的书信并非写给同一位男士。第一封写给缪塞,第二封则是米歇尔·德·布尔热。但这并不重要。重要的在于它的语言,在我们所列举的女性当中,还不曾听到。使用如此语言的这位女性并不满足于说出自己的快乐,她要求女性拥有享受快乐的权利,或不如说是享受与快乐密不可分的真爱的权利,因为她不太喜欢"快乐"一词,感觉像是"摄政时期"的用语。她最著名的小说人物——被认为是其化身的雷丽亚——的悲剧便在于并不了解这一点,因为自然"尚未将她唤醒"。而对于笔下的其他女主人公,她所采用的表达则是甘愿为爱服从。印

---

* 以利沙(Élisée),犹太先知,先知以利亚的继承人,见旧约《列王纪下》。——译者

第安娜对莱蒙*述说："控制我，我的血液，我的生命，我的整个身心都属于你［……］带我走吧，我是你的财产，你是我的主人。"她本人也曾言之相似，她对米歇尔·德·布尔热写道："我由你摆布。"

此般语言令人不可思议，以至于没有任何女性比乔治·桑在世时更加遭人忌恨，和受到更为卑劣的诽谤。蒲鲁东——被她视为"十分出色"且致以敬意的思想家——曾为她打造出毫不优雅的词汇："大众妻子**"。在她眼中如天使般圣洁的拉梅内则认为她的生活散发出妓院的味道。圣伯夫宣称是她的朋友，她一如既往缺乏谨慎又满怀信任地向他承认了自己对于缪塞的感情和在梅里美***身边遭遇的彻底失败，而他却虚情假意，并且十分贪婪地评论她的所谓"差距"。一切都无济于事，即使当年华老去，她隐居诺昂村中，麻木地过着堪称典范的生活，依旧有一些人——已完全被人遗忘：有谁还记得一位为《比利时独立报》撰文的朱尔·勒孔特先生？——令她在贝里的平静生活充斥着丑恶卑劣。

在她去世之后，这一切也并未结束。大批传记作家趋之若鹜地研究她与多位男士产生交集、迸发火花、彼此分离，又重归于好的一生。有关她同缪塞之间艳遇的书籍就占据着图书馆的书架。人们将她的爱情档案保存下来，强调她手中永远攥有备用情

---

* 乔治·桑的作品《印第安娜》中的主人公。——译者
** 这是根据"monogame（实行一夫一妻制的）"创造出来的反义词"omnigame"。——译者
*** 普罗斯佩·梅里美（Prosper Mérimée, 1803—1870），法国作家，法兰西学院院士。——译者

人的天赋,以及希望他们以兄弟相待的天真坦率——正如卡西米尔和奥雷利安,缪塞与帕热洛,能够以牺牲自我的崇高想法来彼此相爱,她每一次都不知疲倦地将一时的热情称之为真爱,神圣的爱,崇高的爱。人们将她刻画为对于男性十分贪婪的女性,每一次都披上经久不变的真诚护甲,事实上,却是在撒谎,是伪装的虔诚者,虚情假意的恋人,假扮的护士:亨利·吉耶曼*一如既往,在侮辱方面登峰造极。

因此,在所有这些方面,她可谓纯粹女性(Femme-femme),缪塞称其为"我所认识的最女性化的女性"。时而是波德莱尔笔下过分"自然"、受本能驱使的女人。时而相反,又变得狡猾虚伪,诱惑难挡。在思考和写作方式等方面,她则是一位具备男性气质的女性。评论家们想方设法将她的才华归结为女性特征,指出她身上一种源于生活的想象力。奥斯卡·王尔德曾说,她需要爱来写作;左拉也说过,她的才华需要一个支撑(评论其"女性到极致")。圣伯夫则评价道,她天真地吸纳他人的想法,以至于来自男性的影响在她的作品当中随处可见,一时是巴尔扎克,一时又是皮埃尔·勒鲁。她的作品极为丰富——这一次是她的显著特点——也被视为一种女性特征。她平静而规律地创作小说、随笔、书信,同其他女性完成编织或烹饪一样,并不考虑风格或艺术这些折磨人的问题——这将是她同福楼拜之间一个争论不休的话题:她文思泉涌,时而残酷,时而温和。尼采称之为"写作的奶牛"。

---

* 亨利·吉耶曼(Henri Guillemin, 1903—1992),法国历史学家、文学评论家、演讲家和论战者,以讲述历史和研究法国历史上的重要人物见长。——译者

女性的话语

正是她自己招引来此般描述。她从容细致地对待自己的书作，将写作视为一种近乎物质的活动，声称自己的小说一经脱手，就像从树上掉落的苹果，她便不再想起。她也自知女性化，并在多次声明中坦言，强调自己合乎模范："我同其他女性一样，体弱多病，骄躁易怒，充满幻想，极易感动，并且作为母亲无谓地担心。"她有时将小说中的女主人公塑造为"女性典型"：印第安娜是"弱者的形象，代表着激情被压抑或被法律所剥夺"，她称其为"普通女性"。更有甚者，她还将自己描述为女性的先驱。她在1837年——时年33岁——做出的明确宣言常被引用："我发誓，这是勇气与野心在我生命中闪耀的第一束光芒，在我的身上和我的作品当中，我要让女性从卑微中重新站立，上帝将给予我帮助。"

* * *

就这样，似乎事业已定。在诸位女性当中，唯有她，直接或间接地认同自己具备女性特征。事实上，一切远非如此简单。与她同时代的人们在这一点上看法各不相同。一些人想在她的身上看出男女本性兼而有之的混合体。当《印第安娜》问世时，她那无法确定身份的签名"G. 桑"令人们大感困惑：作者是位男性，还是女性？甚至在身份的谜底揭晓之后，朱尔·若南[*]依旧迷惑不解："他是谁，或者，她是谁？"巴尔扎克称其为"乔治·桑

---

[*] 朱尔·若南（Jules Janin, 1804—1874），法国作家、批评家。——译者

同志"。维尼* 说道："从表达方式、文字、语气和表述来看，都是位男性。"而玛丽·达古**本人则说："这是男人，还是女人，天使，抑或魔鬼？"

她又一次令众人迟疑不决。首先，是这个奇怪的姓，桑（Sand），仅仅四个字母，并非凭空想象，而是取自她年轻英俊的恋人于勒·桑多***的名字，仿佛以此强调女性打造自身模式的困难。接下来是她的名字，这个男性化的乔治，但去掉了词尾的"s"，更显奇怪。还有她喜欢用来自我包装的所有笔名，很多都极为男性化，例如"学识渊博且精明能干的皮福勒医生"。当然，还有她的着装，灰色的帽子，宽大的领带，雪茄和烟斗，令人混淆不清，她却乐在其中，并且在《我的生活史》中得意地讲述道：她取笑所有根据衣着无法对她的性别做出判断，受到迷惑称呼其为"先生"，随又改口"夫人"的男士们。她一向喜欢乔装打扮，并不厌恶故弄玄虚，直到晚年依然在诺昂村中登台表演喜剧。

然而，还有一些更深层次的东西。因为，在书信当中自我指代时，她会任意使用阳性或阴性，在写给福楼拜的信中，她署名"你的老行吟诗人"。她鼓励自己的朋友们完全随意地同她讲话："把我当成男人或女人，悉听尊便。"她的儿子对她写道："共和国万岁，平等万岁，我的老乔治万岁。"1868 年，在《旅行者新信札》（*Nouvelles lettres d'un voyageur*）当中，她提到在自己的

---

* 阿尔弗雷德·德·维尼（Alfred de Vigny, 1797—1863），法国浪漫主义诗人、小说家、剧作家。——译者
** 玛丽·达古（Marie d'Agout, 1805—1876），法国女作家。——译者
*** 于勒·桑多（Jules Sandeau, 1811—1883），法国小说家，乔治·桑的好友，也是她文学生涯中的第一位指导者与合作者。——译者

179 小说中"游荡着一位年迈的隐士",而这位隐士正是她本人。她感受到自身的女性本性而做出的种种宣言如何能够同这一切相吻合呢?我们并不想勉强找出一致性,但注意到,每逢她声称同其他女性别无二致时,都是为了表现出她极不愿缺少的基本一致性。然而,她也并非为此就愿意接受女性"本性"的所有特征,也拒绝将它们归结到自己身上。是女性的脆弱和忧郁?她才不会忍受这些:当祖母在诺昂村已年迈体衰,听凭她放任自由的那段日子,她在松林荒地奔跑;她跨过壕沟,猎取鹌鹑,被棘刺扎破了衬裙,同村子里最顽皮的淘气鬼一样,口袋里装着三块石子、两颗栗子和一个芦笛。是取悦的虚荣心?她坚韧的祖母和她的家庭教师——这位年迈古怪的德沙尔特曾训练她骑着母马科洛特跳跃篱笆,还让年幼的奥罗尔旁观他的外科手术——将她培养得无所畏惧,对廉价的女用饰品不屑一顾。是烦躁不安,缺乏耐心?最不会遭到怀疑对于女性过分宽容的福楼拜看到的是她"平静安宁"的生活圈子。因此,她从未真正承认,自己拥有人们习惯认定的女性缺点。她曾说过,感觉自己"既非完完全全的男性,也并非彻头彻尾的女性"。

经历过一分为二的童年生活,她拒绝自我定位为某种特定的女性形象。父亲早逝,小奥罗尔被彼此格格不入、无情争斗的两个女人拉扯长大。莫里斯·杜邦*的母亲难以原谅自己身为拿破仑军官的儿子却迎娶了一位随军的女子为妻。在婆婆与儿媳之间,横亘着两个阶层、两个时代,以及大革命的鸿沟。奥罗尔

---

* 乔治·桑的父亲。——译者

的祖母为波兰王室后裔，以18世纪洒脱的方式认为快乐、幸福和美德是一个整体。她可不敢视舞会为原罪，或喜剧为罪恶。因此，忍受痛苦，死亡，一切都带着几分优雅。这位与众不同的祖母容貌标致，酷爱思辨，她阅读伏尔泰的作品，憎恶狂热崇拜与过分迷信。而奥罗尔的母亲则是一位鸟商的女儿，站在民主的，也是浪漫的19世纪的立场之上，充满幻想。她对生活的幻想超乎于理性的思考。她阅读贝尔干*和德·让利斯夫人的作品，虽无意识，骨子里却是位艺术家和诗人。光说她相信事实的不平等远远不够，她对此有过痛苦的经历，为偶然吸引到"富人的爱情"付出了沉重的代价，也承受着婚姻当中社会地位低下的所有压力。在《我的生活史》中，乔治·桑讲述了两位女性如何为赢得她的倾心而展开争夺，直至出现祖母为将孩子留在身边，不惜诋毁孩子母亲的形象，使人怀疑儿媳品德的那一幕。由此，还对孩子的生父产生了可怕的质疑。在这两位女性水火不容的斗争中，小乔治·桑倾向于母亲一边，她随性行事——自认为缺乏幽默，不善言谈，完全不符合祖母生活的活跃时代对于女性的要求；她听从于自己的内心：由于外祖父地位卑微，母亲一方是被压迫者。小乔治·桑熟悉，并乐意享受阁楼生活。但她也喜欢城堡。她保持了祖母的信念，即女性使得法国礼貌文雅的魅力和思想的优雅得以永存。在两人之间作一抉择令人心碎，也绝无可能，这确实使她无法自我定位为某种类型的女性。在她长大的诺昂村庄——这是祖母的胜利——由于那片广阔天地的帮助，以

---

* 阿诺·贝尔干（Arnaud Berquin, 1747—1791），法国道德宣传作家。——译者

及与德沙尔特的同谋关系,她更愿意做那个头戴鸭舌帽、身穿蓝色罩衫、四处奔跑的假小子,而无法恪守规矩,禁锢于女孩子的举止和穿着。在这些艰难的岁月当中,给予她安慰的是一个想象中的人物,即那个处处与她陪伴,并梦想"拥有各种不同外表"的游侠骑士科朗贝。他仿佛是耶稣,又像是俄耳甫斯,还可以是位女性,同她时而作为朋友,时而成为姐妹。

是双重性,或模糊性?每一次当她对自己奇异的男性化着装做出解释时,自由一词,独立之形象便跃然笔下。阿道夫·盖鲁批评她固执地穿着一身"鼓吹民主的青年"服装,对此,她回答道,通过此种新奇的着装,她并非野心勃勃地想要获得男性的尊严,而是男人们自认为独享的"绝妙且完整的独立性"。自由,首先在于方便舒适:身着男式衣装,脚踏钉了掌钉的小巧鞋子,穿梭于巴黎的街巷,她曾多次说过,这样会感到无比的灵活自如,不必担心照顾裙子;而对于靴子,她则讲述了在得到它们时的感动与着迷,那是一双神奇的七里长靴,带给她宽广的空间和开启世界大门的钥匙。但最重要的是,自由,在于不被注意。正如司汤达幻想成为一位金发的德国要人,隐姓埋名地散步于巴黎街巷,或拥有帮助隐身的指环,她也喜欢不被认出,看,却不被看到。她无法理解一些朋友,例如玛丽·德·罗兹耶尔抱怨在巴黎总是受到骚扰,还得帮她缝补裤子。她吹嘘自己曾走南闯北,而从未遭到性别侵犯。不被发现,同样也是免受伤害。作为女性,她的衣着打扮实在糟糕,无法引人注意,而她一生都保持了此种简约的着装方式,被视为装模作样,或许确实如此,托克维尔说道:"她越装饰,在我看来就越发简单。"然而,通过这一点，却证实了她本人及其生活的一个主要特征：无法忍受他人的眼光，更普遍而言，即束缚的禁锢。

她的小说也并未局限于"貌美的"女性人物。评论家们却习惯性地假设，同女性惯常的做法一样，她只能创造出女性形象；偏向于自命不凡，"最好"是自画像，正如德·斯塔尔夫人创作的《柯丽娜》和《黛尔菲娜》。事实上，出现在她作品中的都是些不同寻常的人物：原本能够成为贞德的天使让娜；慷慨的女巫法岱特；通过意愿与爱将野兽转化为人的埃德梅；还有康絮爱萝——这个名字本身就在鼓吹女性传播于世间的温柔与同情心，她还通过心灵世界的种种秘诀赋予这个人物人类启蒙者的角色。但需注意：所有习惯于从雷丽亚或印第安娜身上找寻她的影子的人们都既不关注她已完成，也不在意她正在创作的作品。在她的作品中，绝非仅仅给予女性话语权，而是安排了对等的男性和女性讲述者，并且不局限于典型著名的女性话题。她赋予作品中的每一位女主人公双重个性，既是人物自身，也是自身的敌人，例如印第安娜，就是集脆弱与活力、高尚与卑微于一身。双重性的问题始终萦绕在她的心头，这或许始于祖母将她与（同母异父的）姐姐卡洛琳娜分开之时，她常常让女主人公成双出现，两人组成一对儿，又相互反衬；菲亚马与博纳；路易丝与布朗什；雷丽亚与皮尔谢丽：对于这一对儿，确切地说，她也扪心自问，自己是雷丽亚，还是皮尔谢丽？非此非彼，或是兼而有之。当人们将其定位为印第安娜时，她予以反驳，宣称如果真想表现自己的内在性格,她会描述与《斯比利迪翁》*当中的阿莱克西僧侣相似的生活。如果说她有时会成为雷丽亚,她也同样能够成为书中的其他主人公:"玛纽斯是我的童年,斯戴里奥是我的青年,雷丽亚是我的成年。特朗莫尔或许将是我的老年。"在她看来,作家笔下的我没有性别,而是一个虚构的我,具备变身的天赋。她同样也会写下,自己"太富于幻想,照镜子时会看到小说中的女主人公"。而在这一点上,她能够挑剔朋友福楼拜的那句著名的话:"包法利夫人,就是我。"福楼拜承认并公开表示,自己拥有双重性别,它们彼此相连。而她却不敢苟同,因为她认为,对于写作者而言,两种性别只是一个整体。她让阿尔贝在《康絮爱萝》当中道出了个中想法:"唯有一条确定的道路能够通往真理,即符合完整而全面发展的人类本性的那条道路。"

她很快也放弃了要代表女性的想法,并评价道,这至少对于小说作者来说,是实在无法完成的事情,他们只了解,并且只愿了解有无限能力让彼此各不相同的平等个体,而这能够成就小说作家的幸福,营造人类世界的气息。这是否说明女性毫无独特之处?她在这点上想法颇多,并提出了唯一真正清楚,并且总是相同的答案:有一件事情女性能够完成,而男性却无能为力,这便是生育子女。对于女性而言,首先便是作为母亲,即并非仅仅完成孕育,而是抚养、教育那个比她们自己还要珍爱的人。她的朋友梅尔塞代斯·勒巴尔比耶·德·蒂南在告诉她生下了一个女孩时,也难过地述说,女孩子注定不幸。然而,她并不赞同

---

* 《斯比利迪翁》(*Spiridion*)是乔治·桑于1839年发表的一部小说。——译者

此种说法，因为在她眼中，孩子无可比拟的幸福是生活的一切内涵。而这一幸福也是场折磨：自孩子出生开始，便是无法控制的想象，她比任何人都更加清楚火灾、遭受打击和发烧的可怕。她曾说过，儿子莫里斯就是她的"心事"，他的书信若是迟迟不来，她便心神不宁。除了担心，更加寻常且潜藏的，还有失望。而谁又能够拥有梦想中的孩子呢？这个冷漠懒散的莫里斯并非一只雄鹰。至于和"胖丫头"索朗日，母女之间的关系则是互不理解，母爱大受挫伤，心碎不已。尽管如此，她坚持认为，没有这些痛苦则是最大的痛苦。她的母爱还延续至孙辈，始终占据、填满，并装点着她的生活。

还有骄傲。女性负责生儿育女，是她们造就了男人们的童年和他们本身。在情感最为炽烈的时候，她还有把情人称呼为孩子的怪癖。缪塞颇具天分为她写道："再见了，乔治，我像孩子般爱着你。"他轻而易举便将她征服。她所偏爱的女主人公亦是如此，埃德梅或伊瑟尔和喜欢的男人在一起时，也会在其耳边喃喃细语：称其为自己疼爱的孩子，野孩子。而她在书信当中，有时也会使用"孩子"一词，用以指代成年男士，甚至上了年纪、性情暴躁的拉梅内也曾享受这一温柔的称呼。这并非帮助女性找回主宰男性的某种愿望或幻想，而更像是承认女性所拥有的独特之处，她所有的想法都极为单纯。正是母性的情感使一个人成其为女人，这便是乔治·桑的信仰。1837年，乔治·桑甚至在拉梅内的《世界报》中对马尔西——一位十分聪明却陷于贫穷，其悲剧恰恰在于无法结婚的年轻姑娘——大肆鼓吹这一点。

在她看来，女性生活的全部就在于对孩子的信仰。在她的生

女性的话语

活中，亦是如此：首先是家，这是一个密闭的保护壳，装满孩子般的梦想与回忆。她喜欢乡村，蜗居家中；向往俄罗斯的冬天，一片白雪皑皑，冰封不化；享受专属的空间，私密封闭，洋溢着孩子们的欢声笑语，能够日复一日、周而复始、规律而平静地做事。至于操持家务，她则大有可言。她曾对路易·于尔巴克的一部小说反应强烈，其中的一位费尔内夫人——拥有天使般的灵魂，却狭隘信教——由于过分地热衷于清洗衣服和制作果酱，险些失去丈夫的感情：在乔治看来，她会失去受人敬重的丈夫的感情，实属应该。她本人年轻时就并不喜欢针头线脑，而更愿意搬弄石头，栽培树木，侍弄花草，甚至赞同家庭劳动与天资关系不大的想法。然而，在为满心疼爱的莫里斯缝制婴儿衣物的过程中，她终于对此萌生了兴趣：在她的一生当中，在那些她认真、精心、冷静从事的工作当中，她看到的不是奴役，而是治愈。还有些东西，她将一直保留，尽管同卢梭争辩不休，她青年时便梦想成为日内瓦公民：在她看来，没有人比让-雅克更懂得描绘女性在家庭中的权威。

她将女性的虔信也归结于孩子。她厌恶圣器室的气味，并且，看到从前持怀疑态度的资产阶级的女孩子们在帝国时期匆匆信教，她实为不悦。她拒绝承认女性身上具有过分虔诚这种不可抑制的倾向。正是看到孩子，是希望的思想支撑起她们的宗教。她曾两次经历失去孩子的可怕痛苦：先是孙子，后来又是外孙女，即她疼爱有加的妮妮。若是不去相信远比智慧的道理更具说服力的心灵的道理，她将看不到如何能够生存下去。虔诚信教与诚心祷告丝毫不起作用，只是抑制不住想要战胜失望情绪的

190

需要。正因如此，较之男性，女性更易寻求宗教信仰的帮助。但她们并非笃信上帝，而是想要找寻唯一宽慰人心的所在，祈求所爱之人能够永生，没有最终的死亡，命运得以不灭。在她看来，这便是女性有些异教方式的宗教信仰。

于她亦然。因为需要得到安慰和难以接受不幸，她首先对此感同身受。12月2日*之后，有不止一位重要男士为她感到伤心：米什莱、基内、雨果本人，因为，她劝诫政治家按照人们的要求同意使用简单词汇，回到政治家的群体当中，而他们，例如她的出版人朋友赫泽尔，则常常固执地扎根于不可调和的流亡者阵营。她确信，男性要比女性更愿意装出一副英雄主义的姿态，因为他们为了自身的形象而要牺牲所谓"生活中必不可少的东西"，其中常常包括自己的妻子和不幸的孩子。她坚持不懈地为贝里的朋友们说情，并不为此感到丢脸：在亲王们身边，在爱好哲学的亲王热罗姆，甚至她同福楼拜称之为伊西多尔的拿破仑三世身边，当她能够将一位"同乡"从囹圄或流放中解救出来时，她备感欣慰。由此，她的传记作家们认为她缺少英雄主义。而她自己也承认，一旦涉及本族同胞，她的英雄主义色彩便格外欠缺。1848年3月初，她自诺昂赶往巴黎，为革命激动不已，并投身其中，但绝不允许儿子莫里斯参与街垒活动。她自愿向所有女性推广此种态度，除去个别几位，例如她十分欣赏却深知无法效仿的罗兰夫人。因为，如果说男性们通常要求女性圣洁，这是

---

* 1852年12月2日，路易·波拿巴正式宣布法兰西为帝国，这就是历史上的法兰西第二帝国（1852—1870），路易·波拿巴即皇帝位，称拿破仑三世。——译者

一种要求，或装模作样，而女性则很少提出此番要求，目睹痛苦的场面，她们不会无动于衷，相信不会遇到多少英雄和圣人，并且认为，没有什么比为亲人们活着更具价值。相对于悲观失望和死去的人们，她们更喜欢活着和感到安慰之人。

* * *

因此，对于作为女性的特别之处，她认真思索，并承认自己就属于这类充满母爱冲动，甚至承担当时所谓"女性义务"的女性。然而，她也感觉自己是位艺术家，既非男性，也非女性；她坚持认为，性别的区分相对于是怎样的人则属于次要。至少，当反复无常的自然在人们之间播种下差异时，常常会跨越性别的界限。因此，有些男性十分女性化，他们矫揉造作，满腹爱恨情伤：在她看来，勒德律-格兰*就属于这一类型；与此相反，她认为女儿索朗日的行为举止则像个男孩子。在性别平等这一大的范畴内，她从未改变。高贵，低下，这个问题在她看来毫无意义。她的朋友夏洛特在给她的信中写道，女性比男性优秀，她则回信表明无法苟同。比男性更长久地经历了奴隶地位的女性难道不是因为所受的荒唐教育才显得卑微吗？因此，她从不愿插手如此愚蠢的比较，始终认为，对于并不会高于或低于女性价值的全体男性进行低声抱怨十分可笑。面对鼓吹子女在母亲面前平等

---

* 亚历山大·奥古斯特·勒德律-格兰（Alexandre Auguste Ledru-Rollin, 1807—1874），法国律师、政治活动家，曾任议员、政府部长。——译者

的埃米尔·德·吉拉尔丹*，她写道："我同情女性，但喜欢男性：那是我的儿子、兄弟、父亲和朋友。"她同样不赞同仅仅因为是女性，便对其表现出同情：正如在她看来暴躁易怒的弗洛拉·特里斯坦**，以及对她进行激烈抨击的路易丝·科莱***。如何让这一切同"提升"女性的地位这一骄傲的誓言，同《印第安娜》的那篇序言——她自称出于抱怨与批评的强大本能，想要为"一半人类"的事业进行辩护——相一致呢？因此，这也是全体人类的事业，因为"女性的不幸确实会带来男性的不幸，正如奴隶的不幸会引致奴隶主的厄运"。

奴役状态拥有一个简单的名字：婚姻。乔治·桑最早的几部小说都围绕着同一个痛苦的主题：社会和婚姻构建的两性之间不平衡的关系。尽管后来她忍住不去写下那些事先想好用以反对婚姻的辩护词——圣西门主义体系稍加变化，但正是这个最初的主题带给了她创作的冲动。或许也正是在这一点上，命运之线在她的作品当中最为明显。

她自己的婚姻很快便决定下来。祖母去世之后，罗捷·迪普莱西一家在默伦附近的住处接待了她，在他们令人愉快的款待

---

* 埃米尔·德·吉拉尔丹（Émile de Girardin, 1806—1881），法国资产阶级政论家和政治活动家；1836—1866年曾断续地担任《新闻报》编辑，后为《自由报》编辑（1866—1870）；1848年革命前反对基佐政府，革命时期是资产阶级共和党人，第二共和国时期是立法议会议员（1850—1851）；第二帝国时期为波拿巴主义者。——译者

** 弗洛拉·特里斯坦（Flora Tristan, 1803—1844），社会主义作家和活动家，现代女权主义的奠基人之一。最著名的作品有《女贱民游记》《伦敦漫步》和《工人联盟》。特里斯坦是画家保罗·高更的外祖母。——译者

*** 路易丝·科莱（Louise Colet, 1810—1876），法国女诗人。——译者

期间，在这个令她感到摆脱了母亲暴虐专制的地方，她遇到了一位年轻人，他仿佛衬托出周遭环境热情愉快的魅力。他并非看似疯狂地迷恋于她，感觉她不算漂亮，只是通情达理，心地善良。于是，18岁那年，她嫁给了这位卡西米尔·杜德望，心中满怀善意，幻想着夫妻之间至高无上的忠诚，并且确信在婚姻当中，女性的个性应服从于男性，甚至淋漓尽致地表现出狂热的激情。在她写给寄宿同伴的信中，我们能够感觉到她投入地描绘着一幅美妙的婚姻图景——或许已心存些许怀疑。婚后，她发现卡西米尔毫无诗意，无可救药，他喜欢狩猎，迷恋纵酒作乐的聚会，漂亮丰满的女仆，他为了迎合妻子而尝试阅读帕斯卡尔作品的努力终告失败。想要装点他的思想，简直无能为力，奥罗尔最终信服于此。因此，尽管莫里斯出生了，她依旧备感苦恼，而同高贵优雅的奥雷利安·德·塞兹在科特雷相遇，更加让她衡量出自己同丈夫之间的鸿沟。在尝试了一段柏拉图式高尚的三角关系——所有爱她的人彼此相爱一直是她所向往的乌托邦——之后，她同丈夫分居。卡西米尔尽管性情粗鲁，但宽容随和，他竭力让奥罗尔放松消遣，最终同意她每年独自前往巴黎生活一段时间，而留下诺昂、莫里斯，甚至一度还有小索朗日。女儿索朗日在莫里斯之后出生，人们怀疑她的父亲并非卡西米尔，而是另有其人。"我终于自由了，"她写道，"却远离了我的孩子们。"这概括了她在巴黎生活的所有快乐与失望。在身为"文学学徒"的几年当中，她继续扮演着贤妻良母的角色，并为卡西米尔缝制拖鞋，也遇到了桑多，后来是缪塞，"这不再是短暂的爱情，"她对圣伯夫写道，"这是真挚的爱恋。"有意大利之旅，威尼斯、帕热洛,关系的戛然而止,言归于好的急切,开始一段新感情的兴奋。此外,她很快便对写作如痴如狂,从未因感情和日益增长的声望而中断过。当她想要找一个写作的笔名,一个既非父姓,也非夫姓,而是属于自己的工作姓氏时,她的婆婆杜德望男爵夫人未予反对。恰恰相反:"她不希望自己清白的名字染上污点。"奥罗尔讽刺地说道。然而,她很快便意识到,能够自由地选择笔名并不能解决一切问题。她甚至不能向银行家借钱,同出版商比洛兹签订的合同没有丈夫的签字也将无效,她的书要由看书会打瞌睡的人来决定。1835年,她回到诺昂乡村,在大吵一架之后,决定结束分居,同丈夫正式离婚,米歇尔·德·布尔热为她的诉讼进行辩护,她在此期间还爱上了他。最终,拉夏特尔法院于2月份宣布了她的胜诉。从此,她赢得了在诺昂的家、孩子们和自由——总有男士陪伴左右,直到遇见肖邦。日复一日,从早到晚,她不停地工作、工作、工作。

  在此过程中,她在思想上确立了一些关于婚姻的想法:就其现状而言,这是令人耻辱的专制,一种特殊形式的践踏。仪式本身所包含的一切,就令她无法忍受:年轻女孩天真地为了一身新礼裙而结婚,听到别人称呼自己为夫人而感到骄傲;喜宴上人们寻欢纵乐,说着下流的玩笑,而她们却毫无察觉;这是些可怜人的命运,她们在远离一切现实的环境中长大,仿佛彩绘玻璃上的圣人,接着"像小母马一般"被发送出去,几乎逆来顺受地来到婚礼之夜;最后是对新婚之夜的想法,同陌生人一同度过,有时感到痛苦,时常经历恐惧。虽然对自己的洞房花烛夜只字未提,但她曾写信给即将出嫁女儿的依波利特·夏蒂龙(她同父异母的哥哥），要阻止女婿伤害自己的妻子："男人们并不知道，这样的快乐对于我们却是种折磨。"而此番折磨，是为了走进一种痛苦的奴役。因为，在同卡西米尔的关系出现危机的那段时期，她同样感受到已婚女性永远低人一等的处境。她喋喋不休地历数一项反人类的法律赋予丈夫的野蛮权利：有权在家庭之外通奸，有权处死不忠的妻子，有权挥霍遗产，有权决定子女的教育。所有这些权力的滥用，女性们如若知晓，则会选择独身，至少还能为自己保留部分权利。然而，一旦失去这些权利，奴隶般的妻子便只剩下轮到自己通奸的对策：残忍的诡计，虚假的逃避，伪装的自由。

在她的眼中，没有什么比婚姻更加富于矛盾，而她自身也未能幸免，在某些前言中，她或强硬或急促地为婚姻的组成进行辩护。然而，尽管有这些变化，她的思想依旧清晰。对现行婚姻表示拥护的人们借男女生而不平等的名义进行辩解：实为可憎的言论，让人无法接受。然而，拥护平等的人们有时也会支持男女杂处这一论点，她同样认为，这"可憎至极"。这是她同圣西门主义者们——至少是第二种浪潮——之间巨大的分歧。起初，对于后者努力促进人类新生，申辩女性解放，她表示欣赏。而他们甚至一度也在她身上看到了母亲的化身，是要完成教派的教皇职务。然而，看到他们以男女在本性上变幻无常的名义宣扬自由中的快乐时，她弃之远离。对于他们"有些玷污爱情这一重要问题"，并摧毁夫妻结合的神圣，她难以原谅：这并非她对于女性命运的总结。她想要辩护的另有其事，即两性平等，以及神圣的合法结合。她不知疲倦，也从未停歇地向互通书信的人们鼓吹婚姻的美好：有马克西姆·迪康——他的反复无常实在有失礼貌，还有福楼拜，尽管对她温柔有加，对此却大为不悦。当维克多·康西德朗决定结婚时，她十分高兴：什么也不比弃教者回归宗教更加令人快乐。

她很清楚，每个人都在这个转折点等待着她。是她透过制造丑闻的女主人公——这些皮尔谢丽们——在鼓吹一夫一妻制吗？是她倚仗一个又一个情人在颂扬由爱情维系的婚姻，认为忠诚与贞洁是神圣的吗？关于贞洁，她在年华老去时对福楼拜说过，不该把它看得太重。因为，她此时想到的是肉体上的贞操，她坚持认为，贞洁主要在于精神方面。为此，她不曾真正欣赏米什莱，在她看来，他不过是一名举止轻浮的僧人，以虔诚的语气说着下流的话语。因此，她理解那些反抗男性压迫的女性，但确信，女性若是通过行为放荡、走入歧途或昂方坦之父的色情自由主义赢得胜利，便输掉了她们的事业。她劝诫她的朋友弗朗索瓦·罗利纳，不要将同他彼此相爱，却嫁给他的朋友的女性划入其列。至于忠诚，她坚持认为这对于男性和女性同样必不可少。当儿子莫里斯行事轻率，坦言自己决定结婚，并将一位女演员带回诺昂的家中，却不能对其忠诚做出担保时，她提出反驳，这样的话，他会成为戴绿帽子的丈夫，而这对他十分合适。她反复对他说道："去爱，或不要结婚。"特别是不要为了需要所为。因为那样，"我们便走进了贵族生活肮脏可怕的偶然之中"。对于这一点，即使韶华逝去，她日渐包容，却依然毫不妥协，并且刻板严厉。要么全身心地投入去爱，要么丝毫不爱，来保持完整的贞洁。在她看来，对于这一原则的一切妥协都是卑劣可耻。这一切的核心词汇便是自由,它是相互性的唯一保障:年迈的圣伯夫去寻找年轻姑娘,这令她异常震惊。在她小说中一位重要的主人公,人类自由的终极捍卫者,便是将妻子所渴望的独立归还于她而自杀的雅克*。

这一切同她寄予女性的主要愿望极为一致,即能够终止已毫无爱情可言的婚姻,要求离婚!拉梅内曾要求她写下六封《致马尔西的信》(Lettres à Marcie),来支持他的《世界报》,也正是其中的内容令他无法忍受。时而索要文章,时而又指责查禁:他所期待的,只是"华丽的辞藻之花",而并非对于离婚的思考,她如是说道。为了让倔强的神甫倾听,她也曾尝试温和地表达感情。在他眼中,圣保罗的规定——"女人们,服从吧"——并无妨碍。但于她而言,服从令其生厌:她想要证实,如果说彼此相爱的婚姻是世界上最美好的事情,那么,没有爱情的婚姻则最是令人痛恨。想要结束此般痛苦,除了自由地终止婚姻,是否还有其他良方?她并不相信,但她同时信奉婚姻的不可分离是件神圣的事情。当然,那只是在它得到承认的情形之下。在她看来,我们不敢正视其中矛盾投下的阴影。因为,唯有权力不平等时才会出现。

我们能否期望降福时代来临,矛盾从此消失?她表示支持,想象着男女公民平等的时代即将到来,那些总是先于法律而存在的风俗已接近于此。按照此时的风俗,女性原则上身为奴隶,而事实上已不再如此。而男性若是虐待妻子,则不会赢得公众的

---

* 乔治·桑于1834年在威尼斯完成的小说《雅克》(*Jacques*)中的主人公。——译者

尊重。甚至在她看来，致力于女性解放也并非是同男性作对。出于本性，她本人同男性相处要比同女性更为融洽，与多位男士保持了坚不可摧的友谊，并将身边的男性朋友视为"神圣的军营"。埃米尔·德·吉拉尔丹认为，母亲同孩子们构成的家庭便已足够，这一说法令她大为震惊。她希望还有父亲，尽管卡西米尔的表现实为糟糕。总而言之，这是一个丑陋的世界，爱情成为战斗的事业！男性同女性将共同拥有幸福，或没有幸福，不晓得这一点，将是何等愚蠢。不论如何，男性在某种程度上也是奴隶。简言之，她确信正处在两性之间痛苦的关系有所缓和的重要时期。

那么，公共事务呢？政治权责呢？完全是另一码事，在这些方面，能够证实她犯下了畏缩不前的错误。1848年，当左派委员会对候选人正式提名时，认为应该将她列入其中。当时主持《女性之声》(*La Voix des femmes*)＊报的欧仁妮·尼布瓦耶介绍她为国民议会议员，而她并未承认。她当然不具备候选人资格，唯有通过反语，选举才能成为公选。然而，这里指的是接受一个原则。而这一原则使她有机会写下一封书信，未得完成，口气略带恼火——她不愿勉强成为旗帜，能够表达对于女性参与政治生活的观点。她并不认为女性必定不适合这一角色。她常说，女性能够精通一切，教育、医学、会计，甚至拉丁语。她始终记得母亲在得知小奥罗尔学习拉丁语时所表现出的愤慨情绪。可怜的苏菲＊＊为女儿偏离了作为女性的义务和工作而震惊，她恰恰忘

192

＊ 法国第一份女权主义日报。——译者
＊＊ 乔治·桑的母亲，丈夫婚后对她的称呼。——译者

了，女性也是儿子的母亲。奥罗尔确信，家庭教师的课程比起母亲的课程则毫无价值。她此后曾公开宣称，孩子们在其身边一天远比在学校一个月学到的更多。对于拉梅内针对她而认定女性无法完成严肃的推理，她回应道，对于那些迄今为止所受教育都如此浅薄的人们，我们无法做出判断。而鉴于上述原因，无论是在生活，还是小说当中，女性的教育都成为她最为频繁的布道。在《木工小史》（*Compagnon du Tour de France*）中，她便象征性地将研究室的钥匙交给了理想的同伴伊瑟尔。

无论如何，政治权责的要求在她看来实为幼稚之举，是一个失误，错误。幼稚之举，在于因婚姻而依附于男性生存的女性怎能期望赢得这一独立呢？在她看来，这是女性尚无法代表自己，却想要代表人民的奇怪的乌托邦。此外，大多数女性此时还处于无知状态，这使得她们并不适合完成公民义务，或进入议会斗争。她略带嘲讽地称之为"社会主义夫人"的女性们想要投身于运动当中是错误的。对男性们高谈阔论，离开子女——这常常是她决定性的论断——而去投入各种俱乐部的生活，在她看来并不合适。

此外，政治要求是个错误。它将权力与职能混为一谈，而她坚持认为，两者之间存在鸿沟。她准备好赋予人类种族上的平等，但并非就此相信角色一致。确切而言，"社会主义夫人们"将平等与一致混为一谈也并不可取。乔治·桑确信，女性在生活方面具备天资，而男性在事业上拥有天赋；男性与女性的和谐相处取决于不同的职责，而不存在丝毫的不平等，至少教育应将彼此拉近。但即使对于这一点，她也心存疑虑，她曾向霍腾斯·阿拉尔*坦言自己的困惑：更好的教育，更多的活动可否改善女性的天赋，以及女性忍受痛苦和应对伤害的禀赋？她无法确定，并援引自己已有的经验：能够同男性一般生存的女性艺术家们，不论如何，依旧还是女性。

最后，也是特别的一点，政治要求是个仓促的错误，是轻率地在女性的对手眼前挥舞红绒布旗，使他们变得狂躁激动。还是应该从女性重获因婚姻而丧失的权利开始，因为这是一切的核心所在，是并非无法实现的目标。相反，争取选举权的做法则是本末倒置，使女性的事业在舆论中倒退。如果将我们所相信的东西出版是有用的，那么以如此微薄的判断力和鉴别力为我们受到舆论的嘲笑，遭到极不悦耳的言论辩护又是否恰当？在这一点上，她表现出一贯的坚定，我们称之为胆怯，甚至懦弱，有其经历的烙印。在1848年的革命，特别是博爱节（fête de la Fraternité）时，她站在凯旋门上，看到"百万妇女"聚集于此，相互拥抱，心中激起无限热情之后，令人伤感的6月来临，资产阶级与人民之间断裂出巨大的鸿沟；接着是9月到来，五省选举路易-拿破仑·波拿巴这位王位觊觎者：这标志着人民如何利用普选，预兆着人民又该怎样去做。她即刻明白，受压迫者，无论是女性还是人民，都需要等待；她生活在一个孕育中的时代，过渡中的时期，对于假装笃信宗教的女性太晚，而对于头脑开明的女性则太早；她无法经历在大革命初期所设想的美好时期。

然而，这些确信，并非仅为历史那些教人清醒的教训带来的

---

* 霍腾斯·阿拉尔（Hortense Allart, 1801—1879），法国女权主义作家、随笔作家。——译者

结果。自大革命初期开始,拉马丁刚刚宣布普选时,她认为为时过早:人民尚未准备好。自1848年4月起,作为对左派行动委员会超前举动的回应,她清楚地说过,对人类事务不当处理的补救不可能一蹴而就。如果说她立刻便萌生了革命唯有深入人们的思想方可取得胜利的想法,这同样因为,循序渐进的政治与她认为一切皆有可能的性情两相吻合。

* * *

当步入年老时,她在给福楼拜的信中写道:"是该休息的时候了。"她一直认为,冬日格外漫长,友谊越持久越浓厚,而幸福能够积少成多。年老于她而言便是找回了童年,她写作的天分日渐增长,更加懂得宽容他人,更能体会事物的价值。还是在给福楼拜的信中,她写道:"你很快将会步入一生之中最幸福、也最为有利的时期,老年。"但天性使然,她无法如黄金年龄那般安度晚年。同所有艺术家一样,她说过,相信德廉美修道院*,并且希望它立刻出现。她性情急躁,心怀怒火,承认自己本能地躁动不安。确切而言,这是她激情的冲动,夏多布里昂为此预言,她永远不会皈依宗教,除非"被叫作时间的秃顶白胡子传教士说服"。并且确信,必然会被时间说服去宽容这位年轻女性古怪的作品:"让桑夫人创作她冒险的出色作品吧,直到冬季来临;她不会再唱着当北风吹起;在这一过程中,就让我们允许她——并不像蝉那样没有远见——预见到缺乏快乐的时间里所拥有的光

---

* 拉伯雷在《巨人传》中描述的理想生活。"德廉美"(Thélème)的希腊文含义为"自由意志"。——译者

荣吧。"

她根本不需要此般说教。对于被夏多布里昂比喻为"夜行者"的老年——早在1837年，她33岁时，便早早迎来了这样的时期，在写给拉梅内的信中，她便提到了"年纪"今后还允许自己所做的事情——她迎接它的到来，仿佛这是一种实现，长久吉祥的结果，是进入另外一种天真。她向所有的朋友劝诫耐心（"耐心，我的宝贝心肝。"她劝告夏洛特·玛利亚尼和奥古斯蒂娜·布罗昂："亲爱的孩子，当心，生活节奏不要过快。"），赞美构成生活中幸福或不幸的一连串事情所需要的平和心境。她建议莫里斯顺其自然地成熟，坚持应让时间自己来完成。如果说身边清朗的朋友去世会令她悲伤，那么自己将离开这个世界的想法在她的文章中却不带丝毫伤感。一方面，对于神秘学的兴趣令她无法排除某种死而复生的想法或希望；另一方面，凭借难以消除的好奇心，她相信，当我们不想老去时便永远不会变老。在68岁那年，要同全家孩子们一同前往特鲁维尔时，她描述道："我和我的小孙女们完全一样，不知为何兴奋不已"；同年，她还写信给福楼拜——她"内心生活的唯一暗点"，因为他十分不幸，并且痛苦——"我们所喜爱的一切都充满活力且十分活跃时，生活该多么美好！"最后，她确信走过的年年岁岁会让每一个人都发现自我：在不曾经历时，人们无法知晓走向老年和忍受痛苦意味着什么；生活的长句是一个连续不断的启示。看到乔治·桑在不偏不倚、宽宏大度中走完老年这一事实，它所述说的不是别的，正是她一向支持的，是命运对于人们的呈现。

在此种顺从于时间的赞同当中，我们在她身上再次看到了孩子这一形式。要孕育一个孩子，将他培养成人，需要时间。克服焦躁情绪是女性的义务。对想要同丈夫分开的女儿索朗日，她写信对其劝说，看到孩子会赋予她耐心。等待，不急不慌，同意妥协常常是最为英雄的方式。身为母亲的她说的正是自己，认识到要每天同孩子们的胡言乱语作斗争的教育者，也是知晓诺昂的椴树何时绿树成荫的贝里农民。乔治·桑身上有上千位友好的谦逊仙子，掌握着护身符，令她顺利地度过每一天：一位教育仙子，在孩子学会了分词配合时欣喜不已；一位缝纫仙子，为她精心细致地绣制拖鞋感到满意；一位护士仙子，懂得如何治愈轻症霍乱；一位园艺仙子，能够使黄心鸢尾花适应贝里的水土。这些仙子拥有如此有效的手段，她自己也会使用，如同新法岱特，并深受朋友们的喜爱，全部在于时间的艺术当中，此种对于时间流逝的赞同，使得在所谓生活成功的财富——分享之爱带来灵魂上的安定，以及母性——之外，还有许多其他事物，音乐、植物学、持久的艺术、需要保持的友谊、闲谈、陪伴、好天气，以及春季盛开的玫瑰。她不厌其烦地向失去爱情的女性，向常常为独身感到遗憾，却能够在贫乏生活中摆脱不为人知的痛苦的老姑娘们说教这些卑微，但无穷无尽的快乐。她反复对玛丽-苏菲·勒鲁瓦耶·德尚特皮述说，这位昂热的小姐如此尖刻，以言辞辛辣的信件对她和福楼拜加以指责：玛丽-苏菲不会白白地享受幸运。

确切而言，是幸福。如果说她有时相信女性的特权，那只是因为女性在享受幸福方面拥有更高的天赋，在这一点上，她同德·斯塔尔夫人大不相同。这在于她天性中的三个主要方面。首先，是创造虚构自我的能力，享受将自己包裹在假想与虚构当中的快乐，她向夏尔·迪韦内坦言，年龄的增长并未熄灭女性心中对于幻想——关于结果，不那么迷恋——更加自由且完整的陶醉。接下来，是全无虚荣之心，拉莫耐认为这是女性的特点，而在她看来，则完全错误：由此，对于受到名誉束缚的男性认为无法放弃的事物，正如他们对毫无意义的衔职、勋章、特权表现出不可理解的喜爱一样，她通通不屑一顾，对于法兰西学院授予她的荣誉，她也坚定地谢绝。最后，也是特别的一点，一种持久的生活渴望。她不知何为不幸福，也不希望如此。她经历过残忍的悲伤，但懂得我们只有将生活填满新的工作（这些工作，她无须寻找，已令她喘不过气来）和希望才可从中解脱。她写道，在可怕的绝望当中，"对生活坚定的热爱"依然支撑着她。大儿子莫里斯的孩子马克刚刚离去，她便要求并迫使他再生一个孩子。在她的悲伤和生活当中，最令人震惊的，在于她驱散痛苦的力量。这也是理解她为何情人不断的另一种方式，不同于迷恋快乐，或无法享受快乐，因为它提出了一种假设，冒险将她同雷丽亚作一比较。她忘记曾经的情人，爱每一个人都像是第一个，甚至唯一的一个，因为，她欣赏忠贞。期望尽可能不要陷入不幸，这正是她的生活哲学，她运用得远比我们想象的还要智慧。

　　1876年6月10日，在诺昂村的小型墓地里，大雨滂沱。棺木前，在身穿蓝色工服的农民当中，有拿破仑亲王、勒南、小仲马和保罗·默里斯。维克多·雨果在得知这一消息后曾发去下面的话："我为死者痛哭，我向不朽的人致敬。"福楼拜则当真落泪：像个孩子般"失声恸哭"，他如此描述。也正是他的说法淋漓尽致：他在给屠格涅夫的信中写道，"必须像我那样去了解她，才能知道在这个伟人身上所具有的女性的东西，在这个天才身上所蕴藏的巨大的热情。"

于贝蒂娜·奥克莱尔

1848年,于贝蒂娜·奥克莱尔出生于阿列省的一个共和主义家庭。她在阅读过雨果的作品之后皈依了女性主义;通过继承父亲的遗产而获得经济独立之后,于1872年定居巴黎:她的生活由此开始同女性主义运动混为一体。她结识了莱昂·里歇和玛丽亚·德雷斯莫,并成为后两者的"女性之美好未来"协会的秘书。然而,坚决要求先政治权利后公民权的主张使得她与他们渐行渐远:1876年,于贝蒂娜创立了自己的"妇女权利"协会,1883年该协会更名为"妇女选举权"。1881年,她创办了《女公民》周报,后于1883年改为月报。她嫁给了安托南·莱乌烈——支持妇女事业的治安法官,并随丈夫一起到了阿尔及利亚。在那里,她的战斗活动步调减缓。1892年,因丈夫过世而成为寡妇的于贝蒂娜回到了巴黎。从那时起一直到1914年她辞世之时为止,于贝蒂娜为了妇女投票权而多次在巴黎的报纸杂志上和街头的示威游行中开展活动。在诸多嘲讽中仍然获得了若

女性的话语

干局部胜利：多亏了她的积极斗争，女性得到了在商店、车间、工厂就座的微薄权利；也是幸亏有了她，妇女们于 1907 年成为劳资调解委员会的选民并且自 1908 年开始可以参选该委员会委员。

于贝蒂娜或执拗

　　1880年，当巴黎第十区区长向两位希望只进行公证结婚的年轻人宣读民法典第213到257条款时，一位年轻女郎突然从观礼席的后排跳了出来：她本人后来吐露说听到那位区长拿着"令人痛恨的民法典"对新娘宣读一连串"可能令其丧失自由意志"的义务时，自己是遵循一个多么迫切的召唤才挺身而出。她当时发表的那场慷慨激昂的即席演讲，既有对新人的祝福（夫妇二人对教会教规所持的敬而远之的态度是多么正确！），也有对其未来幸福生活的忠告（"夫妻之间平等相待才会幸福"），以及某种强烈的愤慨：怎么竟敢诵读一篇如此侮辱女性的文字？众人目瞪口呆，全场一片哗然，这位失礼的女演说家被驱赶出去。然而，特别是对共和主义者而言，这件事的轰动影响尚未结束：至少在他们努力给予公证结婚一点儿庄严色彩的时候，该事件发生的不是时候，因此巴黎市长埃罗尔德明令巴黎各区区长不准许任何人在公证婚礼厅发言。作为另一方的女当事人则负责公开自己那篇被大肆删节的演讲，在报纸上通篇嘲讽（那个迫使女性缄默不言的丑陋的"公共"市政厅！）地讲述着事情的经过，反而换得一些人的目瞪口呆：这位女郎没有一丝一毫的厚颜无耻，完全相反；柔和悦耳的嗓音，端正聪慧的面庞，黑色细布绉领衬托下的优雅白皙的颈项，以及其朴素穿着的唯一装

女性的话语

202 饰品——腰带上的闪光金属。好像一位为俄罗斯豪门世家服务的法国女管家：那些报刊时而提及的某种"莫斯科人"特质。

同年，同一位年轻女人，依然是在巴黎十区，她试图在选民名册上登记：当然又被赶了出去，不过她辩解道，政府公报要求所有被遗漏于选民名册外的"人"必须登记。这个无性之"人"是个不错的意外之喜。她使用同样不变并且受媒体欢迎的语言逻辑，不屈不挠地表示自己拒绝纳税：既然投票时以"全体法国男性"这个称谓把她排除在外，那么凭什么在应当缴税时又把她包括在内呢？这件事甚至惊动了法国行政法院，许多荒唐可笑的插曲随之而来：她必须提出两位男性证人来证明自己的身份；她断言自己不认识全人类的任何一位男性；她迫不得已地在大街上花钱雇了两位男性失业者为她作证；尽管她最终还是缴纳了税金，但是再一次被她吸引了视线的报纸则着重强调她冒着自己的沙发和针线盒被扣押的风险而大胆地对抗法院执达员。随后的年复一年的时光将见证着她发传单、贴告示、在巴士底广场上挥舞着一面丧事用的旗子，为的是揭穿某个七月十四日革命仅仅解放了男性，呼吁妇女姐妹们共同抵制人口普查：既然她们不具重要性，那么她们为什么要把自己算进去呢？因此写下一个具有说服力的零来代替她们的姓名吧。轰动一时的讲话，始终带有牢不可破的正经，好学生的自信和天真。

年复一年，时间从19世纪转到了20世纪，她的学生气已经失去不再，孀居、孤独和忧郁在悄无人知地发挥着作用。她前所未有地喜穿黑衣服，戴着装饰着羽毛的怪帽子，《法院判决公报》(*La Gazette des tribunaux*) 上写道，她弯腰驼背，更像"一

于贝蒂娜·奥克莱尔

个算命女人或者寻找顾客的女修甲师"。她仍旧保有柔和的嗓音和粗鲁的性格。1904年万圣节的那个星期六，她带领着一群妇女，试图当众焚毁民法典：由于警察的迅速介入，她只撕下了几页纸。四年后，人们又见到她出现在市政府的市议会选举投票办公室。市政助理们张皇失措地看到一位身穿孝衣的妇女坚定地走向"谎言箱"，摇晃它，把它掷到地上，叫嚷着说这些预留给男人们的投票箱是不合法的。在随之而来的诉讼案中，她表明自己十分尊重法律，极为反对暴力，不过她仍然认为应当使用暴力，她辩解道，因为生活中有的时候的确需要这么做。她还同样承认，在她使用暴力和举手拍打那个有损性别平等的投票箱时，模糊地感觉到开心，即使那只是瞬间的快乐。

在这支放肆与腼腆、狂热与持重、炫耀卖弄与自我封闭的双人舞之中包含着于贝蒂娜·奥克莱尔这个人物所有的模棱两可、丰富多彩的内涵。当时的报纸专栏编辑被弄得晕头转向：他们发觉她时而感性温柔，时而语调粗厉刺耳（1880年5月17日的《时报》描写她刻板僵硬的举止，语气略微生硬的叙述），时而疯疯癫癫（费利西安·尚索尔的所谓"狂热者"），时而辩证推理；猜测她是基督徒，或谴责其自由思想，而且一直强调她是个多么难以归类的人；她既非有产阶级妇女的样板，亦非女公民的典型。始终雍容华贵地穿着一袭戴孝的黑色长裙，周身笼罩着淡淡的忧伤。她每次从一处简朴的套房搬到另一处简朴的套房时，房间内的全部装饰品就是壁炉上摆放的一个共和国女神的半身像和墙上挂着的一幅乔治·桑的肖像画，安放在客厅里的始终是那个有点可悲的战斗者书柜，里面的宣传手册远远多于书籍。

直到她的最后住所，地址为拉罗凯特街，紧挨着她过世丈夫所长眠的墓地，她坦诚自己的住处虽然正对着监狱，可是那里毫无遮拦的视野与她的内心世界协调一致。人人都在思忖：这个于贝蒂娜·奥克莱尔是从哪儿冒出来的？她从哪儿得来的反抗精神，这种几乎在出生时，她说，就已经构思而成的抗拒"女性遭受压迫"的反抗精神？还有更玄奥之处：她究竟在何处得来的奇特定见？因为这不仅仅是皈依女性主义信仰的问题，而且创造了法国历史上的一个特立独行的女性主义。

* * *

于贝蒂娜出身于地主家庭，她在阿列省的一个小市镇度过的童年生活乏善可陈。一大家子人：七个孩子——于贝蒂娜排行第五，两个堂姊妹，还有三四个仆人。按照姐姐玛丽的说法，于贝蒂娜小时候的行为举止与常人无异，是一个非常传统的女孩子：喜欢摆弄云纹布和塔夫绸，打扮自己的洋娃娃。是母亲这个榜样构成了她反叛的源头吗？凭借若干简要信息，我们十分清楚这位母亲的家庭生活不是很美满幸福，然而却无法确定那些后来贯穿于于贝蒂娜文章中的遭受欺凌、被殴打得鼻青脸肿的引人同情的女性剪影是否就是以她的母亲为蓝本刻画出来的。至少我们可以确定这位母亲并非一位平凡的女性。她不仅教导小于贝蒂娜要有同情心，鼓励她放弃自己下午茶的果酱，而去想一想那些贫穷的孩子们——小于贝蒂娜充分领会了这种苦行意识，而且她还给予女儿一些更具颠覆性的劝告：我们知道她和科莱特的母亲一样，对于那些未婚妈妈深表同情，于贝蒂娜的许多篇章也都将打着这种大无畏同情心的烙印，其同情心深切到她会为堕胎辩护的程度（"毕竟，切除女性身体上可能出现胚胎的一丁点儿生理薄膜又算得了什么呢？"），她憎恶将这种切除视同为杀人的看法，甚至认为杀害婴儿者情有可原；那些未成年妈妈们在遭受舆论轻视、生活必需品极度匮乏和犯罪之间别无选择，应该为她们重新在儿童收容所门口设立儿童接纳站。我们无法凭借这个在当时闻所未闻的言论来推断出奥克莱尔夫人的真实经历。不过我们猜测，她或以言传或以身教地把这种对女性施暴的深恶痛绝传承给了她的女儿。而且我们或许可以断定她传承给于贝蒂娜的是某种非同一般的少女品德；根本不是需要保护的资产，而是一种有待发挥的才能：一种兼具勇气与责任心的优良品德。

她继承自父亲的遗产更加受人质疑。这个曾因国家资产致富的家庭显然是个地道的共和主义家庭。父亲曾经在1848年担任过市长，他后来拒绝为独裁专制的帝国服务。长兄，他等到了一个自由的帝国，继父亲之后也成为市长。我们很难理清于贝蒂娜早在青少年时期还是在她到巴黎担任图书管理员一职后的狂热阅读时期形成的对于傅立叶、雨果、乔治·桑、让·马塞的钦佩之情。不过她忠实地信奉自己家人的共和主义信仰，其忠实程度发展到她随后的其他各种社会活动都染上了共和主义色彩：共和主义的女性主义者，共和主义的社会主义者，甚至，当她居住在阿尔及利亚时，她是为阿拉伯人的集体同化和种族融合而辩护的共和主义殖民主义者。她的观点已初见雏形，即启蒙思想将战胜一切：宗教狂热、压迫、阶级分化和性别分化。她

女性的话语

一直对自己的祖国法兰西怀着十分崇高的感情，在她看来，祖国与共和国不可分离。1870年普鲁士军队入侵法国，这是她青少年时期的一个创伤体验。她当时22岁，人们发现她在家乡的小城里为士兵募捐，照顾病患和伤员，9月4日的到来随之激发了她的热情。她的整个一生都念念不忘的是祖国的领土完整曾经受到过损害，她说过应该如同保卫自己的家园一般地捍卫自己国家的边疆，尤其是1887年，在她一看到法德两国战火重燃的威胁出现后，她的和平主义讲话——她相信世界和平取决于妇女的行动——立刻就销声匿迹了：于是她认为女性不是和平大使，而是国家能量的创造者。她随心地支持英俊的布朗热将军——"这位受人民爱戴的男性，因为感觉到在他的制服下跳动着一颗女性的火热之心"——立刻认为德国人、英国人、美国人从道德上征服了法国人，她处处看到间谍，她抗议《罗恩格林》（*Lohengrin*）在歌剧院上演。此沙文主义或许对德吕蒙*在某个时候发表于《自由言论报》的相关欢迎文章有所影响。她自始至终都憎恶那些被她称为"反爱国主义者"的人，尤其是居斯塔夫·埃尔维**的信徒们，而当她于1914年辞世之时，报纸纷纷向这位非凡的女性主义者致敬，她没有任何反军国主义思想。自童年起，她就无比崇拜圣女贞德——人民英雄主义和女性自由的双重象征：1885年，她到金字塔广场上，将一顶桂冠敬献于圣

---

* 德吕蒙（Edouard Drumont, 1844—1917），法国记者、作家和政治家，《自由言论报》的创刊人。——译者
** 居斯塔夫·埃尔维（Gustave Hervé, 1871—1944），法国社会主义政治家，后成为法西斯分子。——译者

女足下。贞德曾经得到过来自上天的最高启示，即把侵略者赶出她的国家。贞德服从于天命，这个想法使许多共和主义自由思想家驻足不前，却很少给于贝蒂娜造成困扰：因为她眼中的贞德体现了思想自由，这种思想自由曾经遭到天主教教士们的讥嘲与蔑视。至于她的"声音"，于贝蒂娜将其归于一去不复返的过去：那是超自然的时代。在于贝蒂娜看来，贞德的幻觉与其说是来自无形世界的召唤，不如说是宗教散布于有形世界的迷雾。

对天主教诗篇的这种感性是生成于她与蒙吕松的圣樊尚－德－保罗隐修院修女们的交往时期吗？少女时期的她在那里度过了一段漫长的岁月。她在那里学到的拉丁语足以使得她后来能够以优美的拉丁引文装点自己的作品。那时的于贝蒂娜还表现出相当狂热的虔诚，以至于她曾经梦想着当修女。再一次，该计划失败的原因神秘得不为人所知。不管怎样，那些修女们排斥她——或许由于她太过狂热，也可能因为她虚幻地期待着回归原始基督教——而她，顽强的女人，以自己整个一生的分毫未变的反教权主义对这个拒绝做出了强力回击。然而，修道院生活在她身上留下了许多印记，不仅仅是记者和警察们感觉到的那种始终在她周身浮动的修道院气息，还有牺牲精神，以及接受并认真看待社会和解许诺的信念。她常常指责基督教有始无终地忘记了对世人所作的平等宣言。

她放弃了信教计划，为师为友的母亲也过世了，在挫败了长兄将其送回修道院的企图之后，年轻的于贝蒂娜不知道未来该何去何从。她的确得到了物质上的独立。她没有工作——然而在她看来工作是远比嫁妆更可取的解决办法，哪怕是嫁妆丰厚；

不过21岁的她继承了父亲的遗产——几小块地,可以维持生计,过着与自己兴趣相投的简朴生活。她分外重视这一经济独立:"在物质方面能够合乎道德地生活,并管理自己的生意以及能够满足自身需求而不依赖男人的女性是她自己的主人,尽管她仍然受到法律和习俗的奴役。"不过,独立与孤独相伴,后者是独立的黑色反面。这位出身于多子女家庭的姑娘是家里其他六个孩子的姊妹,她视自己为孤女:事实上,在她拒绝去修道院后,她那身为一家之主的长兄明明白白地告诉她他宁愿与自己的妻子独自生活。那正是于贝蒂娜决定北"上"巴黎的原因所在。她的抱负承载着青少年时期的两个神圣形象:祖国和共和国。不过,她刚刚添加了第三个,即女选民。导致这个发现甚至可以说信念改变的原因,正是1872年的巴黎首届"法国妇女解放"大会的召开,其反响直达阿列省的最偏远地区。路易·布朗、乔治·桑分别向大会致函。雨果的贺信更是令于贝蒂娜大为折服。"有男公民,这位年事已高的诗人说,没有女公民。"女公民:从那以后她知道自己想成为什么人了,成为唤醒女性争取自己政治权利的意识的那个人。而她并不怀疑上天许诺给这个魔力词语的成功:"一年之后,我不是唯一一位从百里开外来应征参加这支女性主义大军的妇女。"应征、参加、军队等辞藻足以说明于贝蒂娜刚刚签署的这份契约的不可逆转性。

* * *

从这位年轻姑娘到达巴黎的那天开始有了她的奋斗史、创业史与挫折史。可是没有她的思想史,因为她的思想早在最初就

于贝蒂娜·奥克莱尔

已经被奇特地定形了。的确，她一在巴黎的里昂火车站下火车，就与玛丽亚·德雷斯莫和莱昂·里歇所组织的、后来更名为"妇女的未来"的女性人权协会取得了联系。他们很快就接纳了她，把她安置在他们的住所，遴选她进入协会的委员会并将图书管理员的职权委托给她。这是个使她能够在整整三年的时间里持续大量地阅读书籍的工作，因而她手握钢笔勤奋地做着笔记，写出了一部关于女性的思想汇编——颂词、嘲讽、蠢话录——她的一生都从这个汇编中汲取精神食粮。她从而更加坚定了最初的钦佩之情，当然也略有细微差别：她难以原谅热尔曼娜·内克尔与罗兰夫人，虽然前者有过关于普选的直觉，后者是吉伦特派的真正内务部长，但是二人都没有想过解放她们的性别。她读书还为了助长自己的憎恶之情：蒲鲁东，尤其是米什莱——"妇女们的这个虚情假意的朋友"，后者的可疑想象无疑伤害了她那与生俱来的清教徒思想。她修订了米什莱的罗马史，流连于法国大革命史，大革命时期制定的与女性相关的政策对她来说是个令人失望的谜。她对圣西门主义者的态度一成不变：正是他们，她承认这一点，引导人们想到了解放妇女；可是她无法理解他们以恋爱自由作为性别平等的决定条件，而且还赞扬这种对女性如此残酷的自由恋爱。因此圣西门主义的核心思想中隐藏着谎言，它其实是在为男性的无限自由的利己主义与不良道德而努力。她只把皮埃尔·勒鲁（尽管只在口头上）、傅立叶和维克多·康西德朗排除在外：她赞美布朗热街的傅立叶主义者小图书馆面向公众开放的善举，她看到康西德朗最后缝补的那双短筒袜时感动不已：贫困迫使他不得不做那些通常留给妇女们的"低贱工作"。

因此于贝蒂娜的思想很早就确定下来，尽管后来作过一些策略改动，她却从未放弃过自己的这些观点。于贝蒂娜的论证有赖于一些极其个体主义的先决条件。起初，既没有男人也没有女人，而是人类个体，可以说是一些没有性质的人，与那些使人成为富有感性和理性之人的性质并不相关，既然它们是大家最一致认同的事实，那么也就是说人类个体百分之百地相等。正是基于这个相同点，这个关于匮乏的相同之处，人类可以要求权利。确切地说，基础个体性除了仅仅是个抽象概念之外毫无价值，因为能够对它进行陈述，却不能描绘它或指明其特点，它因而反常地成为最宝贵的财富。正因为如此，注意到女性几乎不重视自己的个体性，这尤其令人无法容忍：例如，她们轻率地放弃了其自主存在的最明显标志而采用了她们丈夫的姓氏；甚至一旦失去了夫妻关系，她们仍然执拗地紧紧抓住这个被借用的姓氏；女作家们的算计应当受到指责，本来应该高高举起个体性旗帜的她们却躲在男性笔名的庇护之下。男人们没有这种轻率的言行，他们反倒因其配偶的个体性而强化了他们的存在——例如皮埃尔·居里因妻子发现镭的荣誉而变得伟大——而且一旦他们的妻子过世，他们永远不会以"某某鳏夫"签名；他们比女性更深刻地意识到单独的摆脱了束缚的个体唯有肯定自主性的存在才得以享有权利。

权利的真实性——不是产生于具体的特性之中，而是在对特性的否定中出现——也等同于职责的真实性吗？于贝蒂娜的狭义个人主义令其心甘情愿地支持这个论点。然而不赋予女人天性以任何特殊性显得尤为困难。因此应该既承认性别限定，同

于贝蒂娜·奥克莱尔

时又尽可能地将其最小化，并且继续坚持孔多塞的教导：这些特殊性没有造成任何权利局限。最初没有任何职能是自然而然地转归于某个性别：我们看到男厨师、男裁缝、男潜水员和男缝补工会感到惊讶吗？（唯一的差别就是所有这些工作——每天由妇女们无偿完成的工作，男性们做这些工作是为了钱。）另一方面，我们从今以后可以发现女性有能力做一切工作：于贝蒂娜不仅为女性的大学优异成绩欢呼，为最早的女医生、女律师和女药剂师而欢呼，而且她强调指出女性做最单调平常的家务活所必需有的体力。所有这些智力的、身体的、道德的素质都独立于性别差异。尤其是最后一点，个体的自由从来不在于对特殊性的深化，而是在于解放这些特殊性。因此，她自始至终都反对性别隔离，即使这种性别隔离是女性为了保护女性而要求的。"仅供女性乘坐"的专门列车车厢是一个有损女性美德的耻辱。为了建立预设女性专用席位的饭店而请愿的女性主义者们失去了理智，无异于这些成立反男性同盟的英国妇女。因此没有什么禁地，既没有禁止男性出入的地方，也没有禁止女性出入的地方，没有不能从事的职业，到处都是男女混合制。教堂、剧院、店铺里都存在着这种混合制。为什么军队不可以呢？为什么学校里不可以呢？为什么选举办公室不可以呢？

这里触及了根本：为女性要求这些政治权利。面对女性的政治权利要求戛然而止的共和主义则分外暴露出它的前后不一致。这种不一致显而易见，例如伏尔泰广场上为纪念选举制的发明者勒德律－罗兰而竖立的纪念碑就是个谎言，因为只有选举这个名称具有普遍性。它不断重申着选举是纳税人的选举，而共和国的"始终为女性"与七月王朝的"始终是工人"两者遥相呼应。既然任何天赋特性均未带来禁制,那么为什么阻止女性往投票箱里投选票呢?妊娠本身既不可能影响休息,也不可能妨碍工作,而且假使情况果真如此,那么共和国应该给所有贫苦的怀孕女性发些补助津贴。为那些不分娩的人保留选举权和立法权是荒谬之举。可是即使有些共和主义分子宣扬这种荒谬性,那也是因为他们模糊地感到女性的选票决定了余下的全部选票,这可能会迫使他们把尚未竣工的共和国大业重新打回原形。怀有这种确信的于贝蒂娜找到了她的我思故我在:选举是首要原则,密不可分的原则,是一个清晰而明确的想法,它不受任何质疑,并且整整一连串的女性诉求都与之紧密相关。正是以这种政治解放——而不是公民权的开放——作为起步。这是法国女性主义思想的一个全新理念,而一贯执拗的于贝蒂娜立即将其化为行动,更改了她创立的协会(女权协会)名称。从此以后,该协会将被称为"妇女选举协会":这个称呼看似更为狭义,然而语义却更加清晰。而且这个协会有着极其严格的章程:至少原则上,协会召开的会议只应谈论选举和被选资格的问题。

她自己觉察到此想法的大胆和明确,那么这个想法从何而来呢?首先来自于她自幼受到的爱国主义的家庭熏陶以及伴随这种爱国主义而来的普适性。在法国,祖国这个观念所包含的民族特性要少于权利的普适性:因此,忍受对女性的排斥使得所有的女爱国主义者被迫与其固有的逻辑相矛盾。其次,来自于她的直觉,她感觉在法国,一切都是政治,一切都经由立法:这个他人已作过的证明在她那里染上了情感的色彩,她认为政治的这种至高无上是好的，这在一个女性的身上显得十分独特。政治使人类相互接触，它不仅具有教化作用——尤其是对于闭门不出的女性，对于孀居和被遗弃的女性，对于所有那些生活拒绝给予她们一个机会和一份工作的女性——它还有着安抚和协调的作用，它是幸福的源泉。最后，历史本身的经验教训更加强化了她的选举之绝对优先性的信念：妇女们参与了那些革命却不曾从中受益，她们揭竿而起不是为了怄气，而是为了选票，为了这张纸质护照，为了这个纸上权力，它远远比纸币更具解放性。于贝蒂娜的这个想法一成不变，她想，甚至连那些自己想象得到的妥协都不会削弱她的心满意足，因为洞彻了解放的秘密而生出的心满意足。

因此事关一个公理，它应该能够随之得到进一步的逻辑论述。于贝蒂娜尝试将她的假言演绎思想贯彻到底，并力图说明女性参与选举将会逐步彻底地改变整个生活。法律，首先当然会产生其他的法律。女性立法者怎么会想不到所有那些和她们一样的儿童、无产者、阿拉伯人等被压迫者呢？至于女性，她们将会为自己获得已婚妇女管理自己财产的权利，这是英国妇女在继其可怜而微小的市政选举权之后赢得的权利。加之，于贝蒂娜确信从法律到习俗，其结果都是好的，因此她预见到了精神面貌的变革。女性参选在提升妇女地位的同时也会提高家庭的道德水准：因为有了女性选举，智力辩论将落户于家庭核心之中，孩子们会更早地得到公民责任感的启蒙，男人们本身则会真心实意地参与投票。甚至可以预见到那个时代的到来，女人的脾性会令其保守倾向原路返回的时代：被认为把全部身心都奉献给旧日势力的女人们，完全可能从原先的"白色"变为"红色"（原文如此）。所以其实正是这个看似狭隘的要求——还有什么动作比往投票箱里投选票更为转瞬即逝呢？——为浩如烟海的妇女申诉和请求开辟了道路。甚至不止于此：向人类社会所铭刻的不幸敞开了大门。令人不禁想到女性的投票将宣告着革命时代的终结。

　　于贝蒂娜的文章因而描绘了一幅刻板的仙境美景。选票是个"护身符"，"护身符"一词是她的用语，是个改变它所触碰到的一切东西的魔法棒：一旦女性掌握住它，年轻姑娘们就会获得行动自由，已婚妇女们就会不再依赖她们的丈夫，母亲们能够为自己的子女选择所受的教育，受骗的妇女会得到对之前受到的不公正对待的补偿。通过选举，"梦想"，这也是她的一个用语，就能实现，因为"它会赋予你们，于贝蒂娜对自己的姐妹们说，政治权力，通过政治权力，你们会，可以这么说，仅仅凭借你们自己的意志来实现你们的愿望"。于贝蒂娜的纲领就是如此这般地与其脾性相符。在她回顾自己一生的时候，她会说自己的最大快乐就是相信意志力会加快妇女解放的步伐。

　　　　　　＊　　＊　　＊

　　胸有成竹的想法，最终免于遭到无故怀疑。不过，不应该仅仅想到目的，还应该想到手段。怎么做，和谁一起做？空想家于贝蒂娜在此遇到了现实的阻力，男人们的不情愿——而且有时是女人们的不情愿，难以讲道理，而且这次甚至有可能为了说服他人而反过来做出必要的让步。

于贝蒂娜·奥克莱尔

　　什么手段？首先而且始终是申辩。有条不紊地向知名人士、参议员、众议员、作家、部长、将军、掌玺大臣乃至教皇致函：大量的信函因而充斥了于贝蒂娜的套房，她仔细地记录下那些有利的、敌对的、不甚明确的回复，引用第一类答复作为论据，驳倒敌对意见，由第三类答复推理作结。其次是请愿（大量的请愿书，1877至1887年间有24封，过着除请愿外别无他事的规律生活），艰难地收集签名——每封请愿书从未超过两千个签名，介绍签名者与顽固的反对者相互认识。因此她为报纸撰稿，尽可能多地夹插公报，忽略不提那些粗暴无礼的言论、有待处理的文书，赞成自愿无偿的服务。最后，有可能的话，拥有她自己的机关报，即使女性不能拥有报社的所有权。她在1881年实现了这个愿望，借用了那位后来成为她丈夫的朋友的名字，他为她提供了这个令她心醉神迷的机会：拥有自己的报纸，她可以定期为报纸写社论（无须考虑那些以丽贝尔塔、让娜·吾瓦图等笔名撰写的夹缝文章），她自己负责报纸发行的开支，为此她坚持不懈地寻求赞助和补助。那么，还有什么比《女公民》更好的报纸名称吗？在这面旗帜下，她借法国大革命明确地表明其目的。自1881年到1891年，于贝蒂娜亲力亲为地办报，首先是周报，后来成为月报。在报纸停刊后，她把自己的才华用于后来作为《女公民报》替代品的其他报纸上。她先后为《第四等级报》《小法兰西共和国报》《激进党人报》《晨报》《三色标志报》《投石党运动报》，甚至《自由言论报》撰写过专栏文章，她以五花八门的形式一再重申同样的观点，而且时常提及蜜蜂撞到玻璃窗时发出的无望的嗡嗡声。她意识到了自己文章的执着不已和喋喋不休的特点，却依然提着同样的要求。"要提出要求，她劝告妇女们，要令人腻烦，要让人不得安宁！"

况且，这就是她知道的最佳办法。当她认为应该放弃写作的庇护，亲身去到大街上、广场上、市政厅要求登记为选民时，当她表达自己的愤慨之情时，当她参加游行时，当她打破或焚烧东西时，这个自暴力而生的女敌手在承受着极大的痛苦。不过她依然这么做，因为这是她的一个特色，一种展示力量的大智慧。而且由此看来她更是启蒙思想的后裔，因为她相信图像的直观教学效果：1906年，她亲自到巴黎各个街区张贴宣传单，上面印着一男一女光彩夺目地相会于神圣的投票箱前，把各自的选票放进投票箱中。她已经意识到大众对形式、色彩和声音的敏感：她自己也是在听到国歌的曲调、看到"法国国旗的美丽色彩"时分外激动。在她的亲爱的雨果的葬礼上，从上午九时到晚上六时，她举着写有闪闪发光的"妇女权利"的金字的粉红旗帜来回走动，而且每逢7月14日，在巴士底狱前都飘扬着同样的一面旗帜，蒙着黑纱，作为对该权利的哀悼。在她看来，花环、旗帜、花冠——她每年都把它们摆放在金字塔广场上的女战士贞德的镀金雕像脚下——就是在发表一场有说服力的讲话。她的最大的一个成功——以她收到的大量信函为证——就是构思了那枚邮票，上面是一个呈站立姿态的男人，他的手中挥舞着女权，这是另一枚邮票的反面倒影，后者展现了一位坐着的妇女把人权抱放于膝盖上。后来她又以宣传单为模本构思出一男一女站在冉冉升起于普选中的朝阳前投票。胜

于贝蒂娜·奥克莱尔

利的小邮票,她评论说,把它们贴在信封上的行动是解放女性的先声、象征和预期。

在她的一生中,她始终敏感于图像和词语的举足轻重,它们悄无声息地驱除了赞同从属关系的言行。她要求造出一些与女性的新职业及其未来活动(女选民)相符的词语。必须称呼所有的妇女为"女士",取消"小姐(未婚女子)"一词,克莱芒丝·鲁瓦耶*说过她的科学生涯曾经多次受到该词(人们会称呼一个单身汉为"未婚男士"吗?)的牵累。难道还有比截取"祖国"一词造出"母国"这个词**更好地表达对生养自己的这片土地的激动心情和深厚情感吗?而且十分确切:当达鲁为共和国广场设计纪念碑时,他本能地选择以女性形象来体现最高权力,而且,她向人们伸出手,向他们许诺幸福。当然,那存在着虚伪:政客们所尊崇的共和国化为一个正被他们践踏的女性。然而这一矛盾,恰恰因其站不住脚而包含着对未来的期望。

在广无边际的说服大业中,于贝蒂娜在前进道路上的每一步都会遭遇麻木和讥讽、优越感和敌意所反对她的论据,她始终寻求保持自己的女性主义的纯洁无垢的纯净度。女性应该作为与其他任何人平等并且由此拥有权利的抽象个人来获得投票权。其证据是当一位正直的退休工程师提出给每个一家之主另外一

---

* 克莱芒丝·鲁瓦耶(Clémence Royer, 1830—1902),法国女哲学家和科学家,19 世纪后期的自由思想和女权主义代表人物之一。——译者

** 法语里的"祖国"一词的拼写为 patrie,首音节与法语名词"父系制度"(patriarcat)或形容词"父亲的"(paternel)相同,于贝蒂娜以"母系制度"(matriarcat)或形容词"母亲的"(maternel)的首音节取代它,自造出新词"母国"(matrie)。——译者

张代表其妻子和孩子的附加选票的想法时,她奋起反对。这位善意的男人或许承认了女性的代表权被剥夺,这是好事。可是他把选举与职务挂钩(难道鞋匠因为做鞋所以有优先投票权吗?),而并非把选举与人类的自主性联系在一起,而这始终是她的初始信念。然而这个信念在论战过程中有时不得不做出妥协,其妥协程度有时把坚定不移的于贝蒂娜带到了和解的门前,这些和解总是令她本能地生出厌恶之心。

她的敌对者们时而从本性时而自历史中提取他们的论据。历史,易于驳倒,因为总是可以借助于一个又一个的不同的历史。她的反对者们认为任何地方的妇女都不是士兵?于贝蒂娜援引斯巴达妇女为例,以随军食品小卖部的女管理员等所有跟随男人们上前线、为战士准备弹药、照顾伤员的女性为例,而且当然以贞德为例。有人向她指出政治从来都与女性无关是吗?这次,她传召女王们出庭作证。有人暗示——她不得不一而再再而三地重提这个异议,因为,在某种程度上,她将其视为自己的意见——说无所不在、无时不在的宗教曾经是妇女们的鸦片?这个由共和主义者所鼓吹的女性教权主义是个令人目瞪口呆、无以辩驳的论据,在长达一个世纪的时间里它一直得到这样的阐释,即认为存在两个相互对立的社交场所:适合于妇女们的教堂和适合于男人们的小酒馆。对于该论点,这位积极争取妇女参政而身上却依然有着修道院教育的影子的女性找到了答案:她知道在1848年唯灵论曾经打着"无套裤汉*耶稣"的旗号与革

---

* 这是18世纪末法国大革命时期对民众的流行称谓。——译者

命携手同行。为什么"虔诚信教的精神"——她小心翼翼地将其与教权主义区分开——不能"有朝一日"与共和主义达成一致呢?"有朝一日":有了这个词,一切都说得清清楚楚,因为以过去的历史为论据的人无力反对未来的历史。于贝蒂娜深信对于那些身处无情世界的不幸女人来说,宗教就是她们的心灵寄托:"我已经得到过多次证明,一旦某位男公民向我吐露说他的伴侣,已婚或未婚同居的伴侣,沉浸于宗教情感或神秘主义之中,我确信自己面前的就是一个有罪之人,于是立刻问他:您对您的女人做了什么?"可是一旦消除了女人的不幸,大地成为她们的安身之处,尤其是当选举赋予她们"处理人际关系"的手段之后,她们怎么可能还会继续梦想天堂呢?这个论证同样适用于女性的文盲现象,在1880年,女性文盲的确比男性文盲更普遍。可是,哪儿写着"妇女永远不会受教育"?选举权远非妇女受教育的结果,而应该是其因,正如它也将是妇女们摆脱无形世界获得自由的原因。于贝蒂娜在此依然继续遵循自己的前提。

来自妇女天性的论据——保守派比共和派更乐于进一步发挥此类论据——更加刁难于贝蒂娜。或许并非因为她放弃了与那些傻瓜争辩,因为后者坚持认为选票会谋杀女性的优雅、温柔与美丽。在男性身上亦然,天性散播着差异。然而那些差异却并不足以剥夺他们的那张珍贵的小纸片:于贝蒂娜的文章里有许许多多的近视眼、酒鬼、跛脚、低能儿、文盲、被征兵体格检查委员会淘汰的不及格者,其使命是为了证明未曾有任何缺陷阻挡过男性接近投票箱。然而,这难道意味着女性的本性并不存在吗?她没有走到那一步——使性别差异最小化,正如她持之以恒的做法，并非否认性别差异——因为这会使她的论证失去宝贵的组成部分。为后代奉献的女性们永远关注着保护人类、延续生命和传承遗产的问题：例如民族遗产，因为她们不会"如同德尔卡塞*先生那样"把一部分摩洛哥弃置给西班牙，也不会"如同卡尤**先生一般"把刚果廉价处理掉；例如家庭遗产，因为她们更有远见，也更有节制，她们不是恐怖活动的牺牲品，而是小酒馆的受害者。她们更少犯罪，更少乞讨，更加节俭。另外，她们还有着更强烈的平等观，对和谐与和平——家庭的和平、祖国的和平——的渴望以及一种奉献情怀——此处仍然是这位小修女在说话，即女性身上的一种"心灵需求"。还没有算上女性的忠贞：女性天生就是实行一夫一妻制的人，即使"花天酒地的女人"也有一个亲密爱人，处于社会最底层的妓女也有"她的"男人，而且即使在阿尔及利亚那样实行一夫多妻制的国家，女性也从不习惯于分享她们的爱人。最后，出乎意料的是，女性拼命安排生活所付出的努力使她们比男性更开拓进取、更欢迎革新：她们是现代性的原动力。作为这张经过美化的清单的对立面，于贝蒂娜也不忘开列那张男性在环境污染、城市规划、公共救济事业等方面的种种疏忽之举的黑色图表。在她所进行的女性性格与男性性格的一一对比——温柔对粗暴，灵巧对活力，社会使命对自私自利——之中，在她受到启发地向珍惜祖国财政收入与男公民血液的"全国的家庭主妇们"发出的呼唤中，有着巨大的家

---

* 德尔卡塞（Théophile Delcassé, 1852—1923），法国政治家和外交家。——译者
** 卡尤（Joseph Caillaux, 1863—1944），法国政治家。——译者

庭激情。有人以女人天性中可能包含的不良倾向——口是心非、轻浮、爱时髦——作为反对她的论据时，她立刻将其归因于历史强加于奴隶们身上的欺骗性伎俩。女人的本性在未被历史歪曲时完完全全是好的禀性。

我们揉揉眼：她难道没有发现当把各有其特殊性的两性本性相对立时，她在削弱自身论点的说服力吗？普遍性地期望实现个体的抽象平等，其结果如何呢？为了理解这一点，必须把于贝蒂娜的斗争重新置于这种论战氛围，其中的对手千方百计、毫不迟疑地从可能的妇女选举权得出关于女性放荡甚至不育的结论。于贝蒂娜于是也就地取材地做出反击，而且她的那些手抄笔记充分显示出她是多么迫切地收集一切有可能丰富其论证的论据：一页一页地摘录了许多关于人口学（男性比女性早死）、伪科学（"在牡蛎中，雄性似乎明显处于低等地位"）的笔记，以及哲学方面的笔记，因为她自柏格森那借用了一个哲学观点，有一个独立于智力且与其同等重要的认识本源，即直觉，似乎没有发现这个女性直觉正是所有反对选举的人的主要动机。不过，无关紧要！她像集中弹药一样地把这些杂乱的知识汇集在一起，充分意识到自己是出于功利性而非原则性才有这样的做法。她为女性可以做出的"贡献"——包括在战场上——辩护，并且援引她们为男性的幸福和文明的进步所做的具体贡献作为例证。

然而，这是一篇为女性的特殊职能而作的辩护词吗？换言之，她从特殊性过渡到了社会角色的固定分配吗？个别性可能会胜过一般性的这种社会角色分配正是于贝蒂娜不想被卷入的境地：她看透了男女两性角色的功能分配必然很快会造成的迫

女性的话语

在眉睫的危机,这个致命危险就是个有可能会把妇女打发回家做饭和照顾孩子的特殊选举。因此她想方设法地证明妇女与男人们做同样的事情,不过行事方法不同:与风格、口吻、高雅独特的笔触或者品德的芳香相关。且不提个人爱好可以无限地改变这幅图画。然而,永远无法从性别限定过渡到社会角色,更不可能从后者过渡到选举。男人们既不因为他们在服兵役(神甫呢,小学教师呢?),也不曾因为他们受过教育(他们为了投票而必须出示自己的中学毕业文凭吗?)或者身为无神论者而不投票。政治权利是原则性的:于贝蒂娜在此重新找到了她的真正战场及其信念的动力。再者,她那摇摇晃晃的执拗论证常常掺杂着两类对立的论据,具体参与和抽象自主,功利和原则。更何况,她提出了义务和权利可以互换的建议——为了使妇女拥有与男性同样的权利,她必须履行同样的义务——她本人破开了这个缺口,不仅她的敌人,而且她的天然盟友,为了赢得战役的最终胜利而必须吸引、说服、征募的那些盟友都会掉进去。

* * *

我们知道她的一句名言,它是对存在的承认:"女性自然而然地就是共和主义者。"现实的因果关系,事实上,而不是思考过的因果关系。尽管她认为应该在7月14日远离法国人的欢乐——因为女性被排除在选举之外——但是感觉得到,对共和国的国庆节敬而远之,这对她来说是撕心裂肺般的痛苦。在她的思想中,当她到达巴黎之时,她的天然盟友就是共和主义者。她与他们,除了词汇以外,有着同样坚定的信念,认为学校正是一切解放的

230

源头。尤其是妇女的解放。她因而欢呼那些"无可估量的"机会主义改革,一般意义上的世俗法律,尤其是关于高等女子师范学校的法令,而且她满意地着重指出,由此看来这些世俗的改革家们的确很有革新性,他们没有想过为女孩们制定一个不同的国民教育大纲:出现了一些负责公民责任感教育的小学女老师,这宣告了女性开始进入公民生活。她还与共和主义者同样本能地反对教权主义,这种发自内心深处的反教权主义使得她把利特雷的改宗换派——这个利特雷,她借用了他的铭言来装饰《女公民报》的标题——视为一种背叛:这一洗礼本身并无效力,却使垂死的教权主义得以复活,而给新生的自由思想以致命的打击。同共和主义者一样,她欣喜地看到投票通过离婚法以及父性的研究开始出现。因此虽然共和国尚未十全十美,但是面临威胁的共和国有审慎地做妇女动员的权利:有1877年5月16日的危机为证,其中有好长一段时间她愿意对性别之争置之不理。她激动不已地谈起"我的国家""我的共和国","即使这两个孪生偶像在法国更加意味着奴隶生活而非如别处那样意味着自由"。

  以保皇党和教士为代表的右派对第三共和国而言是旷日持久的危险,这个观点巩固了于贝蒂娜与共和主义者的同盟,不过并未让她偏离自己的想法,她认为必须打倒那座禁锢妇女的巴士底狱,发动一场"法国妇女的大革命"。她的批评主旨与其说是质疑,不如说是在要求放宽共和主义者的原则。卡米耶·塞法案向女性敞开了中学教育的大门,她所反对的只是该法案的不完整性,因为它给予女性学习的奖赏不是经过会考之后拿到的中学毕业文凭,而是一个毫无价值的装饰性毕业证。她与共和主义者的所有争议正是由于这种不满足从而一一出现。首先是与甘必大的争执,他拯救了祖国,却失去了法国妇女。接着是与戈德弗洛瓦·卡维涅阿克之间的纠葛,对戈德弗洛瓦来说,女性主义问题尚未"成熟"。最后则是与克列孟梭意见不合,后者冷嘲热讽的倨傲态度令她不快。因为她不确定进步的共和主义者是否比机会主义者更容易结成联盟。于贝蒂娜几乎不大可能说服激进主义者:他们回避那些由她提出的辩论,而且当他们向她的要求让步时,例如1907年在南锡,他们完全是以一种家长的姿态做出让步,他们只是肯定了无论什么样的生活状况,妇女都应该受到法律的"保护",却没有露出一丝一毫的为女性选举事业负责的意愿。他们的执念是保住共和主义的"既得成果",其思考方式的狭隘之处在于他们认为可能发生的坏事就是不利的选举,他们确信妇女一贯忠实于教会,她们的选票会敲响共和主义的丧钟。这些因由在她与他们之间竖起了一道无法逾越的屏障。她势必会得出激进分子不可能成为女性主义者的悲哀结论。

那么社会主义者呢?他们离政权更远,其利害得失更为间接。他们应当更易于审视一个乌托邦式的建议。此外,于贝蒂娜直言不讳地对工人运动表达了同情之意:妇女与无产者受到同样的压迫,光辉的共和国应该同时是属于穷人们和妇女们的共和国,而且工人们树立了令人钦佩的榜样,他们为了共同利益而团结在一起,我们在其中听到了福音书的回声。然而,她与社会主义者们的关系将是一支双人舞,短暂的前进之后是漫长的倒退。她的巨大成功,是1878年在马赛的一次工人代表大会上首次发表了女性主义宣言。她能够在整整一个小时的时间里在大

于贝蒂娜·奥克莱尔

会上发表一场——这对于那位视当众发言为酷刑的女子来说既是机遇又是考验——演说，赢得阵阵的掌声，她的演讲主题是不可能在反对阶级特权的同时又纵容性别特权。因此是一次胜利，之后不久又遭到了失败：在1880年的勒阿弗尔代表大会上，集体主义者们不让她所仰仗的温和主义者们参加大会。1884年，关系再次缓和时，她加入社会主义共和主义联盟并且说服他们把政治平等列入政治纲领。又一次的失败。她依然认为社会主义者比激进分子对正义更敏感，对女性选举更有本能的好感。不过，某个东西始终在阻止她全身心地投入社会主义阵营。

在后退的过程中必须让位于党派、决裂、争权夺利。如果不把布朗基包括在内，他的激进主义与其极端倾向相符，该倾向怪异地配合着不歪曲历史的主张——在于贝蒂娜陪同布朗基去外省巡回演讲时，为了提出妇女选票的要求，她扮演着美国明星的角色，那么她与大多数人都断绝了关系：与那些对妇女权利嗤之以鼻的社会主义互助主义者；与曾在勒阿弗尔排挤温和派的集体主义者；与瓦莱斯，不吉利的预言者，他认为女性主义会造成一代又一代蓄着胡子的女同性恋；与路易丝·米歇尔，虽然于贝蒂娜曾经颂扬她是"不朽的"女性、"崇高的"女性，可是她自流放回来后讽刺奥克莱尔小姐的"有产阶级"议会的执念；与盖德，他过于古板生硬；后来与饶勒斯，他太过灵活变通。从所有这些决裂中可以看出于贝蒂娜令人不快的性格。然而更看得到她那前后一致的思想，其本质始终是自由且忠于她的个人主义前提。她本能地排斥那种认为经济凌驾于政治之上的观点，自发组织起来的工人运动本身就否认了该观点的真实性。富含深意的言论。只需研究那些有钱妇女的命运就知道了,她们属于社会主义者所憎恨的有产阶级的一员:她们没有投票权,也没有自己的薪水;她们也是奴隶;当不幸降临到她们头上时,她们甚至祸不单行地遭到又一个不幸,即把工作这个定义了人类共性的崇高事物视为屈辱。于贝蒂娜拒绝相信于勒·盖德,后者宣告当一切均社会化的时代到来后,女性就会避免不幸:如何想象那些被剥夺了选举权的妇女将会从生产资料集体化那儿取回她们被攫取的东西?对于盖德的以革命改变旧世界的魔法棒,她只有存疑。这是因为她把自己的心和信仰都投入于另一种魔法,在她看来比街垒战更和平却更有力的魔法。历史教育我们:革命——除了它是"巨大的人类冲突"而且产生了骇人听闻的反冲击波之外——为了妇女的命运而做的事情微乎其微。她也拒绝提起那位令人憎恶的肖迈特在1793年的言论和男人们在1848年的无动于衷,当时甚至连乔治·桑都为部长们撰写致法国人民的宣言书。所有这一切足以说明于贝蒂娜为什么在社会主义者与激进主义者之间摇摆不定。她身上的忠实于基督平等主义和行动主义的禀性促使她倾向于前者。她的个人主义特性又将她带回后者的阵营。不过,深入地看,她宁愿要一个平等的社会,而不是一个兄友弟恭和姐妹情深的社会。她远远没有把形式上的自由和平等视为故弄玄虚。由此而来的是她幡然醒悟的坚定信念:社会主义的最终结果不会是妇女的解放。

她观察到工人运动的先天性断层,其领导人的种种胆怯之举——或者在她看来,他们的背叛行为——更糟之处可能还有无产者们自己的漠不关心:因为他们虽然感觉到了互相团结的需要，但是他们还是一致地，这一次却是罪过地，反对妇女。他们自相矛盾地谴责他们的姐妹、母亲、妻子、女儿"吃掉了他们缺少的口粮"，于是他们要求限制女性工作，可耻地把不幸的妇女们赶上了街头。她在与女性主义者的交往中所闻所见的正是至亲好友的这种不理解，这种不理解最令人痛苦，同时也令她发现了一个可怕的事实："女人们并不互爱。"

当时多亏有莱昂·里歇和玛丽亚·德雷斯莫接纳她，把她从仓促来到大城市的外省年轻姑娘的惶惶不安之中解救了出来。但是在与他们的频繁往来中，她很快发现自己与他们之间的分歧：与她相比，他们更敏感于共和国的脆弱，于是他们选择了"突破口"战术：一个逐步征服的计划，其中公民权利先于政治权利。最初的意见不一很快被发现并加以确认：1876年，于贝蒂娜创立了自己的协会，于次年召开的首次会议给女性主义计划带来了激进的政治色彩。作为对该计划的辩护，里歇与德雷斯莫拒绝她参加1878年的妇女权利大会论坛。不过她还是间接地参加了，同时也终结了与他们的伙伴关系和邻居关系：自那以后，她主持的微型团体更加面向大众招收新成员，致力于获取选举权。一场令双方都痛苦的漫长的口水战于焉展开。对于这个持不同见解的小团体，里歇在其成立初期尚给予过帮助，不过他并不赞成于贝蒂娜的极端主义做法：妇女们之前就已经常常遭到排斥，再请求将其排除于人口普查之外，这难道就合情理吗？他也对她那无处不在却毫无原则的行动感到不快：如她那样向上议院直陈，等于向最守旧的保守分子进言，等于巩固一个尚未真正成形的支配力并证明其存在的合法性。她的确是——后来也是——在选择同盟者方面有些大大咧咧，哪怕是保皇党人和反革命分子，只要他们稍微对她的事业表现出若干同情心，她就会争取他们做自己的盟友。她也抓住一切可以参加论坛的机会。这种中庸之道使得共和主义者们对她产生了强烈的敌意。她自己则奋力回击，而且在她拥有属于自己的报纸后，她充分利用自己的专栏大力鞭笞那些教条主义者、伪共和主义者、"投机取巧的"女性主义者、"权利分解"论的拥护者甚至是"乞讨权利的"女人们。

详细讲述于贝蒂娜的女性主义斗争是枯燥乏味的：她每迈出一步，纠纷与争吵都会卷土重来。在她的心目中，女性主义运动被一分为二，一边是怯懦的羊群，另一边是英勇的战斗队伍。然而有多少女权运动的女性明星人物都属于她眼里的前者啊！保萝·明克、塞弗丽娜、路易丝·米歇尔、朱丽叶特·亚当。1885年，当她试着挑起唯一的一个女性候选人资格时，路易丝·米歇尔反驳说选票并非是强有力的武器，朱丽叶特·亚当则认为时机未到。总之那场选举运动突然发生异变，政府拒绝将妇女们的选票考虑在内。于贝蒂娜仍然留有那种怨怼感，那种认为正是妇女们自己策划了她们的失败的怨怼感。她的边缘性爆发于1889年，其缘由是法国大革命的百年纪念，这是她窥伺已久的一个机会——很长时间里她都为此而反复敦促当局，然而却是造成她再一次失望的根源。那一年所举行的两次女性主义代表大会，她均未得到承认：于勒·西蒙的态度不冷不热，而里歇和德雷斯莫主持的大会则再一次否决了她撰写的报告。每一次，她都在哀叹：为什么她被称为"女性之恨"？然而，她的不妥协态度并未因而有所松动。1891年，她与玛丽亚·马丁发生龃龉，后者在她定居阿尔及利亚期间曾经受她之托负责《女公民报》的相关事宜；于贝蒂娜在1901年谢绝了玛格丽特·迪朗发给她的参加克莱芒丝·鲁瓦耶葬礼的邀请：于贝蒂娜拒绝公开向她致敬，因为她看透了"迟暮之年"的克莱芒丝对"进步"的"恐惧"，而且后者曾悍然宣称自己是妇女选举的反对者；这位女知识分子，于贝蒂娜在自己的每月小组例会上说过——她感觉有必要在小组组员面前为自己辩护，相信"妇女的投票会导致教权主义的出现"。她对某些女性的描写是辛辣的讽刺，例如她把凯戈玛尔夫人描绘为"装扮成没教养男孩的卖弄风情的老女人"。她更是不断地在报刊文章中揭露女性的弱点、一旦越过屏障就很乐意重新关上自己身后栅栏门的自负的知识女性、把自己的财产遗赠给家人而非女性主义团体的自私自利的阔太太（她自己也将是这么做）、在别处备受夸耀而在此却有损于事业的善于精打细算的女人们。

不过，女性主义理念在世纪之交发生了翻天覆地的变化。在回顾了十年来《女公民报》需要同时与"大男子主义者"和妇女们作战的动荡历史后，她自己也承认这一点。《女公民报》的论点，她说，从此成为整个派别的论点。1896年的代表大会同意考虑妇女选举的问题，虽然参加大会成员并不知道于贝蒂娜就是首先提出女性选举的第一人，将其视为普通人，而且她在大会的第三天还吃了个闭门羹。她终于在1908年的代表大会上得到了首肯：每位参加大会的女性都在引述她的论据，而且以往时常被禁止发言的她终于能够畅所欲言。她的演讲或许依旧如同在异口同声的法律至上主义者之中响起的一记枪声；而她得以

女性的话语

回顾过去那段无望而漫长的斗争史，并提出了与她深谙的必然逻辑相符的建议：鉴于按照人口划分选区已经成为既定之事，又假设妇女们拒绝被包括在选区人口之内，那么可以将众议员的人数减半，而这面在国会议员的鼻子底下摇动的斗牛士的红绒布旗，会迫使他们承认妇女的权利。最后是在女性主义代表大会里以热烈的掌声投票通过的一个提案。是的，妇女们的确有了显著的变化。

而于贝蒂娜自己也有所改变。在漫长的斗争生涯的最后数年时光里，她发现了时间的坚韧和长久。她心情愉快地看着社会的变化，她满足地注意到"第四等级"这个曾经被机会主义者和激进主义者嘲讽其软弱性的工人政党自此之后成为一个强大的力量：它虽然不合法地现身于1910年大选，却夺得4%的选票——这个纪录与社会主义者们发展初期的成绩持平——由此看来，这些选票远非微不足道。她看到新人们开始摒弃教堂这个"诗情画意之地"，或许他们很快也会对于去听市长宣读轻视女性的民法典一事嗤之以鼻。她见证了纳凯的漫长斗争以胜利告终，曾经有人预言说他的离婚法永远不会被投票通过。因此女性们可能被反复地告知说政治平等不会来临。她们知道，所有的人，工人、反教权者、共和主义者们，都碰到过"不可能主义者"，这些"不可能主义者"是深受于贝蒂娜爱戴的傅立叶的宿敌。所有的人都从时间中找到了一个宝贵的同盟军：毕竟男性选举也是逐步取得的胜利成果。

让时间参与梦想的实现：她的乌托邦理想倾向于反对这种实用性的分期付款。因此我们微带惊讶地看到她在新世纪之初提出由小处着手的建议（这个立场正是她的那些奉行"突破口"战术的对手们所坚持的立场）。她时而要求允许受教育妇女投票（甚至建议举行一场选举考试：青年时代的她一定会说男人们没有被如此要求！）。时而建议给予已有买卖权、签约权的单身女子、寡妇、离婚女性以投票权，对于她们来说身份证是禁止其投票的唯一证明。又或者不时地回忆起英国、挪威和瑞典的妇女们争取到的权利，英国妇女自1869年起成为英国镇议会的选民，挪威和瑞典两国的妇女继市议会选举权之后获得了政治选举权，这条道路的尽头或许就显现了被选资格的许诺。因此不应当对历史让我们听到的"真实摸索"充耳不闻。

所有这些妥协都足以伤及她的原则性立场，因此她觉得有必要为自己作长期辩护。特别为受教育女性谋求选举权，此举最终将惠及那些未曾受过教育的妇女，前者的心愿应该是解放后者。不应当由给予单身女性与寡妇的特权就得出事实上合法性已经失效的婚姻是一种道德沦丧的推论；而仅仅是将其作为权宜之计，在丈夫的势力范围之内的妇女，如同服兵役的男性，被与投票箱远远地分隔开了。或许可以暂时接受这种不平等：然而在奴役状态下关注平等又得付出何等的代价呢？一切都强于将女性完全驱逐出政治。在她那些或许更好或许更糟的权宜考量之中，时而可见一闪而过的直觉，即恰恰因为外国女性主义者们更为务实，所以她们的进步速度比法国女性主义者们更快，后者在关涉其抽象世界观时毫不相让，于贝蒂娜本人对此尤其持理解态度，因为她也分外重视以抽象个人主义为代表的全面解放。不过我们也能够在其中听到由三十年的徒劳呼吁、被撕碎的传单、不为人知的演说、人数寥寥的会议所敲响的悲怆的丧钟声。之后，于贝蒂娜时刻准备着"巧妙地"进入男性的大本营。

"巧妙地"：于贝蒂娜的这种明智是决断力，而非天赋。她的温和并未因而给她赢得许多的支持。极左派始终把她的要求视为欺骗性的有产阶级个人主义象征。妇女们，尤其是玛格丽特·迪朗，则审慎地同意于贝蒂娜最终认可的单身女性与已婚妇女之间的差异（而正是后者承受着最多的痛苦）。因而于贝蒂娜在尚未得到全盘承认时就结束了她的战斗生涯。1904年的柏林代表大会借探讨法国普选制的缺陷以阻止她发言：被寄予希望的、准备好的、遭到拒绝的、被回收的演讲，这显然就是她的生命的主导主题。所以，她谢绝了1911年斯德哥尔摩大会向她发出的邀请。她的古板特性之一就是永远忘不了那些伤害。而当《吉尔·布拉斯报》(*Gil Blas*)自以为欣喜于她身上前所未有的沉稳时，她抗议地宣告："我始终是危险分子。"

* * *

她毕生重视的那份报纸就是一曲悲歌；我们从中充分地解读出战斗生活的枯燥乏味：说服温和派，讨要补贴，放弃个人乐趣，遭受侮辱。她时而花一整天的时间走遍大街小巷，寻找可以分销《女公民报》的跑腿者：他们拿走了报纸，却没有把卖报纸的钱拿回来。她时而在一些背信弃义的城市里、在冷酷无情的天宇下尝到巡回宣讲活动的愁苦。她时而被驱逐出政治会议之外，遭到羞辱，成为笑柄："我吻遍您的立法之身"，敌对的报纸对她冷嘲热讽。最糟糕的是她对自己所敬佩的人的失望之情。雨果

于贝蒂娜·奥克莱尔

和小仲马均先后拒绝担任妇女选举大会的主席。每迈出一步,她都在衡量自身的行为和兴趣、自己的任务与性格之间的差距。她的应对之策就是以自己在修道院生活学到的宗教辞藻把所有这些无礼举动包裹在其中。每周三在家里召开会议,而每次会议后她都满是失望,只有在提及耶稣受难时才能远离失望。她还得自己克服这种失望,不能借力于信徒们的帮助。她于是求助于自己习以为常的据理说明:毕竟她只是根据思维方式内化并再现了妇女们走过的满布着堕胎、自杀、离婚、打击、遗弃的漫长历史。她知道自己的生活没有一线晴天,但是既然她被与权利远远隔开,那么为了确保自身论证的纯洁性,她认为自己应当远离欢乐。

于贝蒂娜的全部文字和所有行动均证明其好斗性加重了她自身的孤独。她一心要应对所有攻讦并逐一反击:"我把自己变成伸张正义的人,她承认,不是出于兴趣而是出于义务。"甚至于所收到的官方文件,她都不由自主地在上面添加了一行又一行的愤怒评语。这种无法遏止的愤怒孤立了她,正如道德清教主义也可能会有的作为那样,她从来不支持自由恋爱的观点,确信它会为男人们的三心二意提供方便,也会让女人们变得脆弱易受伤害,不过或许也是因为在面对这种被她称为"昙花一现的爱情"时的本能退却,没有头脑的轻率女子甚至连端庄正派的妇女都不可避免地受到狂热爱情的吸引而上当受骗。自由地生活,像玛格丽特·迪朗那样,"女性主义私娼"的标签自发地来到她的嘴边。清教主义,她对于卖淫的古怪处置是对清教主义的进一步说明。她致函给政府各部的部长们,要求他们设身处地地为妓女们着想,既要人性化(向她们提供工作),又要毫不留情(如果她们拒绝，就将其遣送到也住有男妓的营地）。理想主义安排，她说它不仅会得到正派女人们的认可，还是存在的又一份供词。在她的某次巡回活动中，罗什福尔的好几家旅馆都曾由于误以为她是妓女而拒绝她租住旅馆的房间，多年后这个回忆依然气得她面红耳赤。说到婚姻问题，要么是出于对母亲经历的记忆，要么是出于对性的恐惧，她本能地把婚姻与不幸联系在一起，蒙在恋爱女人脸上的韦罗尼克*面纱。婚姻是各各他**。

保守派的报纸不断地对她重复着："嫁人吧！"于贝蒂娜最终在1887年结婚——她时年39岁，这家报纸取得了胜利，它恶意地评论这个矛盾的结局，并强调她的那些猛烈抨击身为谋杀者和贪得无厌之徒的丈夫们的文章与"众所周知的身为温顺妻子的她"之间的对照。她嫁的那位男人，安托南·莱乌烈，是她的一位老朋友，她在19世纪70年代就认识他了。那个时候的安托南是个饿得皮包骨的法律专业大学生，靠为一些左派报纸写文章勉强度日。长久以来，他们一直互相帮忙，他曾经参与创建"妇女权利"协会，为她撰写过多篇文章，她借给他钱。那么为什么有长达12年的"缓刑期"？似乎是安托南迟迟没有表白，正如夹在于贝蒂娜的文件中的两首诗所揭示的那样——其中一首诗出于安托南之手，另一首则由她自己重新誊抄而成——他在诗中鼓励自己作爱情告白。在同一个文件夹里，她转弯抹角地讲述了他们两人的故事：以第三人称的手法和假名的幌子下，尽管

---

* 韦罗尼克（Véronique），据传在各各他这个地方，当耶稣身背自己的十字架时，她曾经把自己的面纱借给耶稣擦汗。——译者
** 各各他（Golgotha）是耶稣受难之处。——译者

如此还是显而易见。他就是"犬先生",她为他勾勒了一幅既激情四射("一位激动人心的演说家,年轻、清新和响亮的激动嗓音,一块剔透的水晶")又令人心生疑惑的肖像:"他究竟是个爱开玩笑的人,还是真挚诚恳的人?"她,是丽贝尔塔,完完全全受到他的诱惑,身心均屈服于他:"啊,如果我是美女,我想我一定会爱上他!"由于于贝蒂娜从不允许自己长时间地徘徊于其既定的思想直路之外,她为自己辩解说:"与他拥有同样的思想是多么幸福啊!哦,我的共和国!我忠诚地热爱着的还是你!"

"犬先生"住在巴黎离她不远的地方,他的存在自开初就缓解了她的孤寂,这是事实。在他走后——他于1882年被任命为尼奥尔市的治安法官,于贝蒂娜开始办报,以此作为慰藉和补偿。而当她得知他被调到塔希提岛,她承认自己想念他,她把失败的爱情归因于自己的丑陋而叹息道:"美丽的女人拥有爱情的成功和欢乐!"促使他们各自做出决定的缘由不得而知,他决定离开,她则拒绝迈出这一步。不过到了1887年,身体健康出现问题的莱乌烈听从别人的建议,就任一个沐浴在阿尔及利亚阳光下的职位,那时他们之间的问题已经得到了解决。这对于贝蒂娜来说是一线晴天,尽管她不得不把自己的报纸托付给她的合作伙伴玛丽亚·马丁。情况有了双重好转:她梦寐以求的爱情,贝特洛夫妇(她十分尊敬贝特洛,他是唯一一位能够以自己的意志迫使先贤祠接纳女性的男性!)为她提供了这种思想共通的理想典型,这份感情得到了回报(莱乌烈给一位朋友写信说尽管他在弗朗达体验到了幸福,他却为她痛苦,因为她再也不在其位了:"可是她!她的位置不在这里!")。除此之外还有人间天堂的魅力。在这么多年来走遍灰不溜秋的大街小巷和在窒息压抑的套房里写作的经历后，她发现了色彩：沙漠上的"玫瑰色、淡紫色、金黄色、银色的沙尘"，清真寺的绿色彩陶，金色的头巾，银色的别针；声音：山羊的铃铛声、短笛声，妇女软帽上的小硬币的叮当声；气味：胡椒、丁香、肉桂；味觉对比，蜂蜜蛋糕的甜香与炸辣椒的辛辣；漂亮的儿童与美丽的妇女，乌溜溜的眼睛，红艳艳的嘴唇。虽然这种对声色的赞叹并未使她遗忘一夫多妻制、对婚姻的合法侵犯、侮辱妇女的面纱、女性教育和法兰西共和国学校的文化融合事业，但这三年间于贝蒂娜的文字中弥漫着慵懒和宽容。她发现所有事物都各具魅力，甚至是女占卜者的魔法语汇及其护身符——"和我们的天主教教士的圣衣与圣牌一样古怪"。她欣喜于温和的气息、田园生活、她那只名叫伊维特的蹬羚，"这个诱人的沙漠"使她获得灵感，写下了她仅有的那些略显母性的篇章。阿尔及利亚的那个光辉灿烂的绿洲也是她生命里的绿洲。可是1892年安托南过世了。

  光热之源刚刚熄灭。而之前的1891年，还有刚刚故去的于贝蒂娜的"独子"：她动身去阿尔及利亚之前托付给合伙人的报纸。在她与玛丽亚·马丁的通信中，她重新拾回深藏于自己本性之中的痛心疾首的口吻（"您的所作所为就像我已经死了"）和磨折感。"就像我已经死了"，这句话定下了她最后岁月的基调：每天到莱乌烈的墓地散步，更形严重的孤独，她再次表现出对自杀的兴趣和对死亡的迷恋，以及苦涩——在女性主义者代表大会赞同其斗争却对其本人一无所知时的苦涩。对于这种精神遗弃，她的唯一良方就是为那些同意与她合作的报纸撰写文章。她很快开始

于贝蒂娜·奥克莱尔

在《激进党人报》上定期发表文章，不断地以新的花边装点自己熟知的素材——妇女选举，例如为家庭保姆退休、财产分割、给女售货员配备座椅等提供辩护。这种单独活动适合她，也可以使她免于遭人遗忘的命运，阿尔及利亚的那段人生插曲有可能加快她被人遗忘到九霄云外的速度。定期在报纸上发表文章，并非因为她可以又一次地避开文章被拒的耻辱和主编们的傲慢无礼。这更是一种找回她失去之人的方法："我可怜的安托南，他比我更了解该如何撰写文章，也因此他得忍受多少苦涩和侮辱啊！"

没有什么比莱昂·里歇最后一次造访她在拉罗凯特街的寓所更足以说明她那令人心痛的清醒头脑。在不期而至的门铃声中她打开门，看到一位几乎不认识的老者。他同样也认不出她来。二人面面相觑地站了一会儿，震惊于流逝的被重新寻回的时光。他想，他对她说，在离世前来看看她。他承认孤寂也紧紧地包围着他——"没有人来看我"——并告诉她要与自己妻子一起自杀的打算。他因无法挽回的岁月和错失的机会而请求她的原谅：他们彼此比想象得更为贴近，而妇女事业则比他们曾经认为的更团结一致。不过，莱昂·里歇比德雷斯莫做得更多，也做得更好。于贝蒂娜分外激动，却坚强不屈地始终未说出自己的遗憾。两个人都想到了死亡，而她在听他说话的时候，两眼望着近在咫尺的拉雪兹公墓的方向，她或许回忆起自己就是在玛丽亚的墓地旁所说过的话："在生者的世界，男人们剥夺了你的权利并且把你变成他们的下属；而在这个死者的国度里，你最终将会成为与男人平等的女人。"

科莱特

1873年，西多妮－加布里埃尔·科莱特出生于圣索沃尔昂普伊塞。家、学校以及这个她度过了自己的野孩子童年和青少年时期的勃艮第小城的乡村，后来成为她一生中取之不尽、用之不竭的文学素材。20岁时，她离开小镇嫁给了一位巴黎文学和戏剧界的名人、绰号威利的亨利·戈蒂埃－维拉尔。正是他启迪了她的创作才华，且以自己的名字威利发表了她创作的《克洛蒂娜》(*Claudine*)系列小说（1900—1903年）——成功与丑闻兼具的合作，然而合作关系很快因1906年夫妇二人的离婚而终止。该决裂就是这位自那之后署名为"科莱特"的女子的动荡生活的开端，以1907年的《浪漫的隐退》(*La Retraite sentimentale*)和1908年的《葡萄卷须》(*Les Vrilles de la vigne*)为证，不过同时也是她尝试独立自主的实习期，她从自己的杂耍歌舞剧场女演员的流浪生活中获得灵感，创作了新的系列小说，其中《流浪女伶》(*La Vagabonde*)发表于1911年。在她同亨利·德·茹弗内尔于1912年结婚并于1913年生下女儿后，她成为《晨报》

的记者,同时一部接一部地发表自己的小说,其中《麦苗》出版于1923年。她再次离婚。最终,在她与莫里斯·古德凯的婚姻生活中,她找到了最终的平衡,她的才华也得到公认和一致的赞美。被瘫痪束缚于皇家宫殿寓所的科莱特放弃了虚构作品,开始创作其晚期的思想作品《长庚星》(*L'Étoile Vesper*,1946)和《蓝色信号灯》(*Le Fanal bleu*,1949)。教会拒绝为1954年辞世的科莱特举行天主教葬礼,与之相反,法兰西共和国为自己的这位大作家举行了隆重的葬礼。

加布里埃尔或贪婪

科莱特的小说世界里最为引人注目的是气味：巧克力、蜂蜡、熟桃、烤面包的香味。墙壁回荡着令人安心的做家务活儿的声音：有人碰到了一个长颈瓶，有人正清洗、摆弄盘碟，有人在放洗澡水。无论白昼黑夜，光线都是柔和的。到处都是垂帘、坐垫、长沙发，胡乱摆放的胸衣和靴鞋，闪着银光的天鹅绒和发出艳绿光泽的平纹细布。还有许许多多的镜子，被粉饼、口红、眉笔、眼线淹没了的梳妆台。在这里会立刻感到自己置身于种种无足轻重却必不可少的活动之中：修饰塌下巴、涂腮红、在洋甘菊茶里加糖、用别针固定发髻、把衣裙下摆改短。从而也十分清楚那些在合拢的百叶窗的半明半暗的光线中绕着家具转的剪影只有女性；棕发、红发、栗色和金色头发的女郎，或丰盈或苗条的女子，或青涩或成熟的女人：完全就是一个无拘无束的宿舍，令人联想到中学，或者妓院。

因为科莱特的世界完完全全就是一个关着门的屋子。有人或许会强烈反对这一看法。因为科莱特的传记作家们建筑自己著作的地基就是科莱特个性的双重性，他们着意强调科莱特作品中的自由与屈从、对围墙的兴味与对监禁的憎恶的矛盾组合。事实上，无论在生活里还是在文学世界中，她不断地往返于勃艮第和巴黎、单身汉的公寓与神甫的花园、杂耍歌舞剧场与葡萄架、纯洁与污浊之间。她笔下的第一个女主角,克洛蒂娜是一个安静而大胆的女孩,她依恋着在外省蒙蒂尼恩-弗雷诺瓦的家,却又离家跑遍了冷杉林。在其全部作品当中有两部小说的标题极具说服力,《流浪女伶》和《桎梏》,讲述了两个截然相反的命运:两部小说讲着同一个女人的故事,科莱特在这位勒妮·内雷的身上概括了她自己的工作经验和感情历程。

然而,在科莱特的小说中始终摇摆于开放与封闭之间的指针最终指向庇护所。这位森林的女儿无疑会重返故乡,更别提克洛蒂娜对森林的探索始终将其引向一些母性之地,浑圆的泉水或者橡树,橡树下藏匿着将临的暴风骤雨。勒妮·内雷本人虽然是个流浪者,却几乎不曾从她的巡回演出中带回任何来自大千世界的陌生气息,而是闭塞的气氛——幕后、车厢、包厢、宾馆房间等如此多的庇护着几近于修道院生活的无惊无喜的小房间的闭塞气氛。科莱特可能会像她的邻居科克托那样说:"我很少旅行。"而且当她不得不强调自己与挚友玛格丽特·莫雷诺间的不同之处时,她指出的正是这一点:"她出外旅行,我几乎不动地方。"在令人心醉神怡的征服新天地和千百次地反复深入同一空间之间,科莱特没有一丝一毫的犹豫。全景描写不是她的长处,从空中俯瞰大地令她不安、使她烦恼。她作品中的出色之处不是远景而是非常近的近景,她赞美歌颂的对象并非启程而是回归,她的笔触着力于描写细微之处。当勒妮·内雷的情人正在欣赏和崇拜广阔空间时,看到其中的一个无法补救的不相容迹象的勒妮·内雷却只是忙于观察草丛中的一只蜥蜴身上的曲折斑纹。

而这正是科莱特笔下得到众口一词赞扬的著名的"大自然的感觉"会如此含混不清的原因。科莱特喜欢的是被人类驯服、规整过甚至有点精雕细琢的始终被限定了范围的大自然。她喜欢与世隔绝的花园胜过喜欢旷野。每当科莱特的女主人公开始丧葬工作，需要舔舐自己的伤口和自我呵护时，她就会躲回自己出生的那所房子和房子里令她安心的附属场所：花园。接触出生之地的土地是一种治疗方法，该疗法因为周围住满或真实或想象的妇女、母亲和姐妹们，以及有把握看到男人们在很远处经过而更加有效。其他任何一部文学作品都没有令人产生如此程度的两性分离感。一边是男人，他们是博物学家以客观而好奇的眼光所描写的古怪人类。另一边是女人，她们是被主观指称为"我们其他所有的女人"的亲密人类。能够越过这两个群落和这两个地区之间的边界吗？科莱特的作品未全然排除某个男性或女性走私者的好运。不过她更倾向于表明这种好运的不可能性。

* * *

因此，我们其他所有的女人。科莱特的作品就是一个关于妇女们做什么或不做什么、关于妇女思考什么的箴言库。复数和单数给出了一张同样迫切的草图，该草图几乎没有为个人主动性的发挥留下什么可能性。"我们其他所有的女人，我们几乎无人死在家以外的地方。""我们女性，我们都心甘情愿地处身于半真实半谎言之中。"科莱特笔下的所有女性人物都有着同样的直觉（自卫和生存的本能）、（对肉体胜利的）同样的口味、同样的（妆扮、献身）姿态。如此这般地从一个警句到另一个警句，让人以为倾听的并非科莱特而是一个普通人在高谈阔论。

不过,对悖论的兴趣和利用矛盾修辞法的癖好让科莱特逃脱了种种平淡乏味。她的才华在于使相似性为非相似性服务,因为即使女性之间相似到同一个警句足以把她们各自不同的命运囊括其中,她们却与永恒不变的女性气质样板毫无相像之处。对于其他所有人而言的非女性气质则被科莱特用来一一罗列"女性美"的特征。科莱特的"女性美"首先是胆量,其处女作中机灵调皮的圣索沃尔小学女生们已经表现出来的胆量;这些恼人的顽皮小姑娘或许是威利的女儿,也或许是科莱特的女儿;然而科莱特即使脱离了威利的束缚,也从未放弃强调女人们的随性妄为:《麦苗》中本应在成年仪式后伤心落泪的凡卡,却快乐地给自己的那盆海棠花浇水,《牝猫》里的卡米耶自婚礼次日就开始不知羞耻地自我炫耀。"女性美"还包括了野蛮,以及不放过任何人尤其是不放过自己的无情目光,如同女人与镜子的露骨关系所表现的那样,女人在镜子里强势地捕捉到难以察觉的开始衰老的迹象。这是现实主义,放弃一切装饰,毫无粉饰地评估世界本身。这是贪婪,算计的能力,对金钱的贪欲,女商人的无比诚实。这是对收藏的爱好:"我曾经拥有过他们所有人",蕾亚提起男人们时说道。这甚至可能是残酷:女人们,她们不杀死自己,她们可以平和地置身于谋杀之中。然而这种"女性美"还意味着勇敢,以面对不幸的非凡抵抗力所织就的勇气。这是裁决精神。出现在《葡萄卷须》中的双胞胎穿着同样的红色针织衫,绒球帽下是同样的浅黄色头发,通过什么特征来辨认出那个小姑娘呢?既非脆弱亦非优雅,而是"早早裸露在外的胳膊"。在两封信中，凭借什么辨认出其中那封由女人执笔的书信呢？凭借大气而决断的纵向字体。总之，科莱特乐于以一些沉醉于自身力量的女人取代了别人惯常描写的柔弱女性。她自问，那么说这些坚强的女主人公，她们是钢铁铸就的吗？"她们身为女人，而这足矣。"

是战争让妇女们工作，是战后造成了假小子们的出现吗？不仅仅如此：再没有什么比历史或者社会学阐释距离科莱特更远的了，而茜朵，那位母亲，尽管是过时的榜样，也已呈现出科莱特认为女性应有的不屈不挠的那一面。因此，尽管若干文本详细描述了习俗的突变，却不该把这种自相矛盾的表现归因于时代：即使时代的旋律令女性气质更清晰可见，它们也仍然属于物种特征。在皮埃尔·莫雷诺把儿子降生的消息告知科莱特后，她对其预言那必将是个腼腆而忧郁的男孩；然而是个女婴时，她则为这双重的喜讯欢呼：肯定是"一个性格坚毅的好姑娘"。自古以来正是如此造就的女性：这就是科莱特的永恒裁决。没有女性的历史，甚至也不存在女性的境遇，而是一个共同使命的神秘力量。

在对面的另一个世界里，女人们以不同于人种学家的好奇心所观察的那个世界，也存在着相似性，其特征就是使用复数或者代表集体含义的单数；男人们，一般男人，一个特殊的物种，任何个体都逃脱不了该物种的法则："如同所有的男人那样华而不实"。区别仅在于这一次是远观该物种，而且它仅仅在缺乏自然好感的女性目光下才怪异地显露出非现实性的转向。科莱特小说的男主人公，像纸牌一样平板，既没有道德根基（不忠实，感情易变，时刻准备着逃避）也没有社会身份：他们不工作，即使有工作也几无兴趣或者放弃工作，他们通过父亲的身家财产（《琪琪》中的加斯东）或者母亲的交际应酬（《流浪女伶》里的马克西姆）来确认自我，他们与自己口袋里的钱之间关系神奇，其才能微不足道，最常表现在家务方面。总而言之，无论年纪轻还是年岁大，他们永远都是些孩子。科莱特本人也严厉地评判自己的那些模糊不清的男性人物，坦承自己结束那位开始衰老的诱惑者勒诺的故事时的快乐，以及无法不把马克西姆和让变成配角和虚无影子的难处。科莱特笔下的男性始终受到死亡的威胁。因为无足轻重的小事，他们就挫折地倒下了，如米歇尔和谢里的自杀，或者如托尼和库代尔那样完全筋疲力尽地为了爱情而亡。"这些可怜的人"，高高在上的女人们众口一词地嘲讽叹息道。

在这里我们能够瞥见她童年的一角。科莱特的父亲或许并非如她虚构的克洛蒂娜的父亲那样是个讨人喜欢的傀儡。而他在家里过着沉湎于梦想中的边缘生活，他是由茜朵和孩子们组成的紧密团结的集体外的陌生人。总之是一个不成功的神秘人物：科莱特上尉在意大利战役中失去了一条腿，他也有自己的文学抱负，被腰斩的文学抱负。母亲与孩子们在他去世后发现了他的全部作品，精心装订好的漂亮的精装笔记本，然而除了以漂亮字体书写的标题外，本子上一个字都没有（他的女儿将会代父亲行使写作的权力，在她放弃了丈夫的姓氏后甚至就以科莱特即父亲的姓氏作为自己的笔名）。在他的一生中，上尉与自己子女的关系并不亲近，这种尴尬的距离反倒造成了孩子们的腼腆和拘束。科莱特难过地发现自己对父亲的记忆是多么飘忽不定：

科莱特

"很奇怪,我几乎对父亲一无所知。"她无法更强有力地刻画自己笔下的男主人公们。

无论如何,能够理解科莱特所认为的永恒男性气质的构成吗?再一次地,相似性描绘了一幅与个体毫不相关而完全与物种有关的肖像。可是悖论再次盘踞其中:科莱特把女性固有的公式化特征转嫁给男性。科莱特仙女认真思考她的男性生物摇篮,她虽然拒绝赋予其美德,却把美貌给予他们(为之倾倒的女人们报以一连串的赞誉之词:"我的美人儿,我的小甜心");他们爱慕虚荣,乐于被人仰慕,乐于展现紫色眼影、红唇、"古银色"的眼睛、肌肉发达的胸部;他们对首饰感兴趣,熟练地把一个珍珠别在领带上,挺起胸膛,抛媚眼;他们恐惧衰老,惶恐地在镜中搜寻皱纹和憔悴的面容,女人们事无巨细地对此作着无情的记录;啰里啰唆、笨手笨脚的体贴言行;他们有着病态的脆弱("我的小家伙,我可怜的小家伙",女人们对他们这些躁动不安的孩子们说道);总之,他们缺乏思想:那么说他是在思考?《少不更事的轻佻姑娘》(*L'Ingénue Libertine*)中的米娜感到惊奇。而当《桎梏》(*L'Entrave*)的勒妮注意到让正说着话、正在思考时,她把自己的这个发现视为奇迹。因此科莱特的读者们难以相信这些纯粹的物质存在就不足为奇了。无社会生活,无智力活动,他们无法存在。"水过无痕的男主人公",其创造者本人如此说。

无可救药的平庸?只需倾听女人们的相互交流足矣。她们在谈话时不仅把男人视为物品,而且贬低甚至轻视他们;以至于这种屈尊俯就,这种共同的恼火——就是成年人对于言行不一、谎话连篇的孩子们的恼火——将本应当是情敌的女人联系在一起。《第二个女人》（*La Seconde*）中的雅妮与法妮在她们对法鲁充满深情的轻视中忘记了她们之间的对立。在《朱莉·德·卡内朗》（*Julie de Carneilhan*）中，玛丽安娜和朱莉徒劳地互相憎恨，对埃贝尔的共同的爱情幻灭使得二人幡然醒悟，从而相处融洽。科莱特笔下的女性人物称呼自己情人的惯用昵称足以说明她们意识到了男性的幼稚和轻浮："俊美的拉斯塔*""高个儿窝囊废""小无赖""大傻瓜""坏蛋""俊美的混蛋""冷酷无情的撒旦"。在科莱特碰到将成为她的第三任丈夫也是最后一任丈夫的莫里斯·古德凯后，她向玛格丽特·莫雷诺描述他时使用了同样的半温情半粗俗的辞藻："莫里斯小伙儿"既是个"坏蛋"，又是一个"皮肤如缎子般滑腻"的"漂亮家伙"。

  他们就是这样的人。她们就是这样的人。她们与他们都逃脱不掉事实性的千篇一律的裁决。又因为该事实性的反向与对立性，可预见到两个世界不会碰到一起。以《二重唱》（*Duo*）的米歇尔为代表的男人们会叹息着说："她们总是比所想象的还要糟糕。"还是《二重唱》这同一部小说，那位粗鲁的玛丽亚比其他任何女人都更好地道出了事情的真相。被其配偶的火钩子弄伤了胳膊，她自问："他在报复什么呢？"她很快得出结论："他是因为自己是我的男人而我是他的妻子而报复。"因此，女人们正是怀着模模糊糊的宽慰之心看着男人们在远离保护墙的地方经过，她

---

* 拉斯塔法里派分子，拉斯塔法里派是牙买加和英属安的列斯群岛黑人的一个党派。——译者

们在保护墙内相聚,保护墙庇护着她们的默契甚至爱情。

科莱特笔下的女同性恋的爱情最为引人注目。首先是《克洛蒂娜成家》里的蕾琪的原型——美国女人乔治娅·拉乌尔·迪瓦尔。其次是那些经常光顾雅各布街的"友谊圣殿"的女人们:构想出该圣殿的娜塔莉·克利福·巴内*,还有勒妮·维维安**。而所有这些女性当中,摩尔尼公爵最小的孙女贝尔伯夫侯爵夫人米茜***,曾在科莱特与威利离婚后和与亨利·德·儒弗奈尔相识之前的那段时间,与科莱特保持着密切来往。这位比她年长的米茜,《纯与不纯》(Le Pur et l'Impur)里的"女骑士",《葡萄卷须》里的"另一位女子",当时曾陪伴科莱特作杂耍歌舞剧场的巡回演出。她把那所位于布列塔尼的罗兹旺乡间别墅赠予科莱特,它在后者笔下的《麦苗》一书中得到了永生。米茜的存在多令科莱特的生活更顺遂。母亲茜朵当即明白了米茜扮演的这个对科莱特而言母亲般的保护者角色;茜朵此前就对威利怀有一种直觉的不信任,而在她写给米茜的每一封信里她都表达了自己"最友好的问候",感谢她关照自己的女儿,后者看似不在意绯闻缠身,围绕着自己和米茜两个女人之间暧昧关系的绯闻,尤其是自红磨坊事件之后:1907年,就在红磨坊的那个舞台上,她们演过一出低级庸俗的"埃及梦",科莱特扮作木乃伊,女扮男

---

* 娜塔莉·克利福·巴内(Nathalie Clifford Barney, 1876—1972),美国女作家,同性恋。——译者
** 勒妮·维维安(Renée Vivien, 1877—1909),绰号为"1900 的萨福",用法语创作的英国女作家。——译者
*** 米茜(Mathilde de Morny, 1863—1944),画家和雕塑家,绰号米茜(Missy),1881 年嫁给贝尔伯夫侯爵雅克·高达尔(Jacques Godart),后于 1903 年离婚,1944年 5 月自杀。——译者

装的米茜逐一解开那些缠在科莱特身上的细布条。迎接这场脱衣舞表演的是摩尔尼公爵的喝倒彩的耳光，而众人一致认为戴了绿帽子的威利却在疯狂地鼓掌，他同往常一样欣喜于一切有可能使自己成为他人话题的事情。米茜被迫放弃这个角色，不过丑闻的雾霾依然笼罩着科莱特及其作品和生活。

同性恋为科莱特提供了创作最奇特作品的素材，例如《纯与不纯》那样既很直观又十分隐晦的奇特作品。她坦诚自己难以让别人认可自己为女性，大概是她过于阳刚气；她的朋友玛格丽特·莫雷诺赞同这一点，她提请科莱特记住"某些女人对于某些男人而言代表着同性恋的危险"。科莱特试图度量肉体快感在女同性恋的爱情中所占的比例：在她看来其比例很小，十分微小。首先，那些穿西装、打领带的女士们并非在追求肉体快感，也根本不是在尝试放荡的生活。她们在一面乐于助人的镜子里追踪一个幻想，追踪她们自己的形象，一个既真实可靠又加以美化了的形象。她们在寻求安全感，产生于绝大相似性的安全感，确信地抚摸着一具她们早已了解其秘密的躯体，一个熟稔的王国。她们也渴望永恒："女骑士"米茜梦想着一种平和的情感氛围，一段不会被未来构想所侵蚀的时光，一种忠实于同一情感的修道士般的平等生活。由兰戈伦的温柔小姐们*所代表的梦想。她们曾经在1778年轰动一时：当时的世界战火纷飞，她们隐居于一个威尔士村庄，在壁炉、花园、漆木家具、冷羊肉当中过着品味

---

* 指18世纪末的两位英国女性埃利诺·巴特勒（Eleanor Butler）和萨拉·庞森比（Sarah Ponsonby），她们为了逃避婚姻，一起出逃并同居于威尔士地区的兰戈伦附近，科莱特在她的作品《纯与不纯》中提到过这两位女性。——译者

科莱特

现世之永恒安乐的修道院生活。科莱特讲述那两位女同性恋故事时的不寻常的深情足以说明，与她那令人感到危险的名声相反，她的理想是平静安宁的爱情。

如果那两位"高贵、温柔而疯狂的女性"生活在今天，科莱特评说，那么她们将脱下身上的旧体制时代的服装，穿着工装裤，留着短发，嘴叼香烟地驾驶着她们的"民主小汽车"，而马塞尔·普鲁斯特可能会认为她们有"可耻的欲念"。错误的严重性在于让戈摩尔*遍布恶天使，也在于以男同性恋为范本临摹与其全然不同的女同性恋。科莱特的男主人公勒诺在一个无足轻重的诺言面前的那种令人发笑的宽容（这也是威利的那种宽容，他把科莱特和波莱尔**装扮成感情暧昧的孪生姐妹），她既不盛气凌人亦非玩世不恭地把这种宽容归为己有，其中的惧怕与自由相吻合。关于女同性恋，她描绘出一幅孤女群体肖像画，她们对爱情从来没有十足的自信，她们在这方面几乎从未有过什么变化，而索多姆则"影响深远，永恒不变"。同性恋仅限于男性，完全遗忘了女性。女同性恋者从未达到这种无差别的幸福，而正因为如此，所以戈摩尔和索多姆并非完全相同的两个地方。"西装革履的女士们"仍然是些恶意中伤男性的可疑诽谤者，证据就是她们从未忘记过男性。因此，归根结底，只有一种同性恋：男同性恋。女人之间的爱情出现在其受到男人的伤害并希望得到治

---

* 戈摩尔以及下文提到的索多姆是《圣经》记载的亚伯拉罕时代的两个城市名，这两座"罪孽之城"被上帝降下的天火焚毁。后来，索多姆和戈摩尔分别成为男同性恋与女同性恋的代名词。普鲁斯特的鸿篇巨著《追忆似水年华》的第四卷即以这两个同性恋之城为名：《索多姆和戈摩尔》。——译者
** 波莱尔（Polaire, 1874—1939），法国女歌手、演员。——译者

女性的话语

愈之后。也就是说，在彼此分外陌生的男性世界与女性世界之间会发生偶遇。尽管非常短暂、危险、不幸，它依然有一个响亮的名字，哪怕其声誉已被僭用，而它就叫作爱情。

* * *

爱情出现于生活中，如同灾难、事故、侵犯、重病、噩梦。无法保护自己不受其伤害，因为不可能事先得到通知。只要爱情继续存在，就无法理智地思考。无法从中吸取教训：最警醒的女人依然还会再次相信男人和爱情。无法不将其视为一场战争，二重唱在战争中转变为决斗，并且只能以恶果告终。

为什么？这是因为爱情没有消除那道屏障，那道科莱特曾经无比坚决地在两性之间设置的屏障。它仅仅消除了人们对它的看法，且仅仅是暂时性的消除。在科莱特的为数不多的爱情看似建立了交换关系的作品中，两性之间从未遭受同一痛苦的袭击，婚姻的假象生成于同时性带来的纯粹巧合。女人一坠入情网就变得身不由己，甚至认不出自己，因为爱情与内在个性无关，女人因为爱情而发生如此巨大的变化，以至于克洛蒂娜在结识勒诺后，她预感到连自己的肤色以及眼睛的颜色都会有所改变。被爱之人的爱好和兴趣对于其爱人而言毫无价值，甚至成为怪癖，后者在平淡的日常夫妻生活中有余裕做盘点的怪癖。因此爱情并未敞开任何分享之门（而宣称愿意分享的男性则实实在在地渴望"得到自己的那一份儿"）。没有任何谈话在情人之间搭起沟通的桥梁，没有为相互了解提供任何方便。"我不知道你是谁",《桎梏》中的勒妮对让说。既非开明，亦非温情和宽大，爱

科莱特

情从来不是治疗孤寂的良方。它以另外的孤独这个让人不安的事实加重了每个人的孤独，它变成一种"周而复始"的折磨。

因此在科莱特的小说里，夫妇缺席不在。勒诺与克洛蒂娜之间确实情投意合，更何况他们的爱情被誉为奇迹般的例外，而科莱特曾说过勒诺这个人物在她看来显得多么做作。至于琪琪和米娜，她为其安排的幸福结局仅仅是其生命中的青春期：科莱特的读者可以想象却难以断定她们的老年也是美好的。

或许也有肉欲，不过在科莱特称为"爱情的无尽荒漠"当中只占有一个微不足道的、短暂而扭曲的地位。她笔下的肉体快感始终隐晦不明。虽然科莱特仅仅把一些不怎么光明正大而且常常唯利是图的人物、举止轻佻的女人、小白脸、堕落的小女生和冷酷无情的引诱者搬上舞台，但是与莫里亚克[*]那样更乐于验证肉欲世界到底沉闷到什么程度的小说家相比，这种描写为她赢得了几乎等同于圣洁的美名。床，对于科莱特的人物而言，就是展示真理的场地，它也是令人窒息的坟墓：年轻的科莱特在阿德里安娜·塞特芒斯[**]的婚礼上远远瞧见了那张婚床，床的四周环绕着令人恐惧的神秘。而正是这个朦胧的秘密，这个既令人着迷又令人厌恶的秘密，把纯洁的女子抛进男人们的怀抱，他们呢，则心满意足地回想着那些"愉快时刻"。无论科莱特如何挑剔——因为在她的作品里，正如在她的《感情的隐退》的女主人公安妮的心中那样，自始至终都是身体在思考——肉欲永远都

---

[*] 莫里亚克（François Mauriac, 1885—1970），法国作家。——译者
[**] 《克洛蒂娜的房子》中的女性人物名。——译者

只是反射到自身。因此对于科莱特而言，希望爱人"献身"这个惯用语比使用任何其他词语都更不妥当。从未有任何人奉献自己，占有是一种幻觉。"的确，安妮说，我只爱我自己，而且事实上我仅仅在自我满足。"

科莱特特别喜欢描绘欲火的余烬，她在间接地倾吐自己的心声吗？这一切都使人相信那个可恶的威利就是一场爱情灾难。他在婚前是玩世不恭的未婚夫，曾经写信告诉自己兄弟说尽管肯定缺钱也很可能没有爱情，他还是会娶妻。在这位经常到家里来的巴黎浪荡公子哥面前，勇敢的圣索沃尔小村姑，举止分外优雅的假小子，或许有着自己的不纯洁梦想，也是她笔下的所有天真少女的梦想：成为成熟男性渴望的性爱对象。当时的威利已经是一位不再具有身体吸引力的男人，体态臃肿，脱发秃顶，不过他能言善道，以其身为音乐评论家和记者的才华作装饰，头顶着巴黎经验的光环。所有这一切在新婚的次日即化为碎片。虽然没有任何文字直接讲述此事，可是存在着多少足以说明问题的迹象啊！白色婚纱上的那束红色康乃馨，使得新娘看似一只"被刀刺死的白鸽"。整夜未曾合眼的茜朵无尽哀愁，她确信其为灾难。将一位新婚女子带往巴黎的列车车厢，一位因"千里之行、重重深渊、重重发现"而今昔有别的新婚女子，与她同车的还有一些平静地寻回其老男孩友情的男人们。无可挽回的深刻变化，因为初恋最重要——来自茜朵另一个断言，人们永远不会忘记自己的初恋。乔治·桑认为所有的爱情都具有再生性并且可以令生命焕然一新，她的如此富有青春朝气的爱情观对于科莱特而言却最为陌生。它至多造成了那种幻觉。当科莱特在1925年

科莱特

对玛格丽特·莫雷诺讲述她与莫里斯·古德凯的相识时,她描述自己拥有的自信,就像从钟楼坠落时"飘飘欲仙地自由翱翔并且周身毫无痛苦"的人一样。反正地面在等着他们。

科莱特从备受奴役的夫妻生活中得知了时光保留给恋爱女人的东西。首先是文学奴役。科莱特生命里的男性——她的父亲,以及身兼丈夫与父亲双重角色的威利,据说他们在面对空白纸张时可能同样退缩不前。只除了一条,威利在这方面远远超过了她的父亲,因为他有一班捉刀人的帮忙,科莱特也受雇成为其中的一员。他曾经如她讲述的那样把她锁在房间里直到她写出预计页数的文字吗?总之他代替她在她的作品上签名,她同意了。正如她很快就得接受威利的不忠,同时发现自己内心噬人的嫉妒感。因此,她另外还了解到这种折磨可能会得到女人们的隐隐赞同。有天晚上,遭到情人暴打的波莱尔向她求助,她急忙赶去,结果看到的并非正在呼救的不幸女人,而是"一个痴傻、狂喜、被征服的女受害者"。在科莱特保存的威利时期的那些照片上,她羞愧地发现自己脸上"完全是一副驯顺、自闭、乖觉和被迫兼而有之的表情"。而且她每每回忆起自己在与威利的情妇洛特·坎斯莱初次见面时,她一下子丧失了曾经引以为傲的青年人的倔强:学会了容忍、视而不见、与情敌和平相处、掩饰自己的情感。爱情生活的名不副实就存在于所有这些躲躲闪闪的言行、家常便饭的欺骗、圆滑老练的手腕和屈辱顺从之中。爱,就是服从。

为了更好地描绘女性这种无法克制的受奴役习性,科莱特自由地使用形容词"雌性的"——与动物性(女性寻求狗链般的束缚，趴在主人的脚边睡觉，十分喜欢被粗鲁对待的驯顺而羞惭的母狗）或者机器（失去了阿兰的安妮变成一个失去钥匙的分文不值的小玩意儿）相关的隐喻。不应期望时代和习俗的进步或性格的独特性能改变僵化刻板的集体命运。科莱特笔下的某些女性人物特别顺从，陶醉于服侍男人：《第二个女人》的法妮软弱善良。甚至连法妮的翻版——酷爱旅行、追求自由的雅妮都是奴性十足。甚至无比高傲的朱莉都自愿承受埃贝尔对她的欺骗。甚至头脑十分清醒的勒妮，她曾经艰难而孤立地赢得了独立，都重新回到了《桎梏》中。所有女人都是修女，她们如皈依宗教一般地步入爱情；所有女性都是女护士，她们体现了急于屈从的女性本能。

　　我们揉揉眼睛。难道不是这同一位科莱特把女性界定为强壮甚至粗暴的生物，认为她们善于利用逆境，善于心平气和地支配别人吗？难道无法看到其中对那位曾经打算颠覆陈词滥调的女性的陈词滥调的复仇吗？如果科莱特希望借此反映女性生活，那么的确可能如此，然而她声称仅仅描述爱情生活。然而她坚持主张不应该在那上面寻求女性真谛。恰恰相反：爱情之火模糊了这一真相，对自由与奴役的边界做着不同的安排，使画面的线条变得模糊不清。难以理解那些处于恋爱期的女性。她们十分清楚这一点，更何况它或许可以作为她们那嗜好吐露爱情隐私的不良倾向的借口：通过讲述自己的恋情，她们对自己只字未提。安妮如此，克洛蒂娜如此：后者被称为"坐着的流浪女郎"，前者则是"伪越狱女"，失去方向的灵魂复制品，至少在一段时间里如此。不过我们也可以如此地谈论男性，对他们而言爱情的痛苦也令他们丧失了内心的自我认同。悖论，或者说不幸，不想两性之间再有交集，而是希望通过共同放弃各自的差异来制造新的对立。因此男性与女性之间从来不会有幸福的相逢，科莱特笔下的夫妻双方永远不存在琴瑟和鸣。首先由于年龄的关系：要么是成熟男子与萝莉，要么是少年与五十来岁的女人，这些略带乱伦性质的境遇——科莱特的三次婚姻中有两次正是如此情形——为一方奴役另一方提供了方便。还有因无法改变的补偿机制而造成的更严重的不协调：假使一个男人热情又善妒，他就会被女性视为强盗、敌人；可是如果他温柔可爱，例如《黎明》(*La Naissance du jour*)中的维亚尔，那么他又必然是臣民、下属，几乎算不上诱惑，仅仅是一个用以折磨、粗暴对待的托词。因此习惯被奴役的倾向并非专属于女性所有，而是转为两人中那个爱得更深的人的宿命，也可以说是那个受爱情影响更大的人的宿命。所以平等是幻象，两性战争从未有过休战。至少持续到恋爱阶段结束为止。

想摆脱两性战争并非易事。虽说以茜朵对女儿的教导，她指出初恋是唯一的真实，而初恋后的夫妻生活仅仅是个职业，虽说以为熄灭的爱情之火又重燃，然而随着这短暂的激情而再次出现的却是真心实意的不可能性：在被迫合跳这支舞的舞者心里，喜与忧始终有着不同于其自身的动机。不过得知真相的时刻来到了。在克洛蒂娜的生命中，勒诺只是一个插曲，他的死亡让克洛蒂娜重新得回了自我。《黎明》即使并非一部成功的小说，却是科莱特的最美作品，它清晰地展现了女人们步入发现真相的阶段，同时也是她们理智地放弃爱情的阶段。它讲述了一位成年女子的决定，她是故事的叙述者，也是科莱特本人，她决定拒绝最后一个恋爱机会，由一个十分年轻的男人维亚尔带来的恋爱机会。的确，维亚尔是个轻飘飘的不具说服力的灰影，甚至难以相信他能够代表真正的诱惑。不过，这根本无关紧要：维亚尔仅为托词，用于描绘进入一个从此以后摆脱激情的世界的托词，在那个世界里"黎明"可以随意地在幸福的和平中来临。

需要很多勇气来为黄昏染上晨曦的色彩。不过科莱特确信那些走出爱情或蔑视爱情的女人们将会有诸多收获。首先是自由自在的安宁生活，放弃了动荡不定的爱情生活后的一种幸福的生活空虚感，尤其是不会受到伤害。步入晚年的女人与自己接受爱情时所失去的东西恢复了联系：处于侮辱期之前的小姑娘特有的完整无缺的高傲和自给自足的能力。在《葡萄卷须》里，科莱特描绘自己12岁时"健壮的身体、粗嗓门、两条绑得紧紧的在身周咝咝作响的辫子、疤痕遍布的红棕色双手、男孩样儿的方额头"。一位"大地女王"。而流浪女勒妮也透过列车车窗在一个12岁小姑娘的身影中瞥见了这种转瞬即逝的绝对优势，那个小姑娘站在树林边，神情孤僻，有着一双"无年龄也几无性别的眼睛"。尽管岁月强加于女人身上的体形变化，然而衰老，即重新找回这种特权，逃脱"作为女人的年龄"，也就是说完全摆脱了年龄与性别。也意味着发现了遭爱情背弃的时期并非女人生命的空白期。此外还意味着获得了最终得以免于性别战争的可能性。从而友好地开始了男女之间的停战："男性看到了自己的姐妹、同谋的出现。"对话有了一席之地，友谊有了一席之地。"不是男人，是朋友。"勒妮说。只有在男人不再作为性别代表，能够表明自己是单一个体时，才能更好地说男人是个对手，不能将其看作朋友。

因此，为了使女性重获拥有自我的幸福，只需如人们在雨天所做的那样等待着短暂的爱情干扰过去即可。科莱特的表面矛盾在此得到了解决。把她描绘为游走于屈从与自由之间，把她小说中的自由女性与奴隶女性对立起来，两者都令人难以理解。因为女性命运的二重性并非依据性情来分配，而是分段排列在时间轴上。

* * *

科莱特作品里不温不火的请愿口吻也由此得到了解释。不过，她也讲述过女性挨打、受伤害、遭到威吓的故事。她为《晨报》《费加罗报》《小巴黎人报》搜集的社会见闻给她提供了大量的引人同情的典型事例：那个女人在警察局讲述自己丈夫因外遇而产生了谋杀妻子的疯狂念头，那个女人因为被追捕而躲避到山洞里；所有这些妇女都未很好地受到法律的保护，她们被失望逼得走投无路却令人难以理解地屈从于自己的命运。尽管科莱特鲜明地——但并非毫不故作姿态地——表明自己远离意识形态的态度，然而她也把这种盲目性与妇女史以及漫长的法国女性屈从史、一夫一妻制的漫长历史联系起来，她还提醒说三十年代的女骑手们所标榜的独立是一层薄而不牢的粉饰性釉彩。如果说这些评语并未构成她作品里的请愿纲领，那恰恰因为正是心理差别甚至生物差别，而远非历史时间，造成了强势妇女与驯服女性之间的差异：只要姑娘们没有全身心地接受男性，她们就一直是自主的个体。一旦她们接受了，那么一切都发生了变化。因此鼓吹自由是多此一举：作为成就而非练习，自由会适逢其会地到来。她对妇女运动的漠不关心由此而来，虽然她过去不得不摆脱威利的束缚，获得自己的文学独立，而她那引起轩然大波的自由生活可以树起一个标杆。当妇女们到议会去选举雷蒙·普安卡雷为法兰西共和国总统时——那是1913年1月——科莱特表达了自己对她们的"钦佩之情"。得体的致敬伴随着一种全然的不理解。她认真地再三思索后所发现的理由（周旋应酬的最古老含义、阴谋感）并没有高看她们参与总统选举活动的意义。事实上，科莱特万分不解其出席议会的原因，以至于确信她们是出于无聊，仅仅试图为自己制造出自己很重要的幻觉。而且，她们一进入众议院就变得庸俗，言语变得尖酸刻薄，失去了自身的魅力：一种恢复了最传统形象的魅力，她补充说道，一种必定由无能为力、尴尬不安、默不作声所组成的魅力。

因此不是为自由而战：处于爱情势力范围外的女性有着完全的自由。而置身于爱情之中的女性则完全不同。应该为平等而战吗？这个问题就更无价值可言。唯有一种平等触动了科莱特，就是在杂耍歌舞剧场工作的收入低微者的平等，他们同样辛苦忙碌，同样认真负责，同样遭受饥饿与尊严的折磨。而且在科莱特几乎没有离开过的女性视角内，令人印象深刻的并非性别平等，而是女性的优越性。女人们，从未被击倒的女斗士们，善于为荒芜的生活建立秩序的女专家们，她们有着果断、生命力旺盛和勇往直前的优点。再者，她们都具有敏锐的洞察力：动物的秘密，植物的秘密，生命的秘密。这类女性的典范就是茜朵。总之，茜朵希望米内-谢里（别名科莱特）学会女性所应掌握的知识，哪怕仅仅是一个关于栗树叶里的丹宁能把布料染成黄色的简单记忆。这种知识可以最大限度地借助于迹象、预兆、东风或西风而无须言语，掌握了该知识的女性因而在气象预报或植物方面具有确凿无疑的可靠性。茜朵善预言：母猫跳舞，水结冰；槐花飘香，天将大亮。茜朵深知其关键：爱情是错误，婚姻是腐败。跟随着茜朵这一人物——拥有孩子、玫瑰、猫和热面包的富饶女神，似乎触及了科莱特的世界这个无心世界的核心。从而以为掌握了其作品的关键线索：女性气质在其中熠熠生辉的作品，几乎必定令人优先抵达温柔母性之岸的作品。任何东西，事实上，都并非如此简单。

因为母性在科莱特的小说和生活里几乎连一席之地都没有。她的小说里很少出现母亲和孩子。科莱特所描绘的那些女人，她们的生命完全被热烈的爱情和嫉妒的情感占满。《流浪女伶》里的勒妮是在杂耍歌舞剧场里谋生的女文人，她与科莱特十分相似，33岁的她发觉自己从未想到要有个孩子。甚至是科莱特的所有女主人公中最温柔的法妮也只有一个继子。而科莱特在此把自己的某个特质搬移到其作品里：她曾吐露说本能地感觉不到自己身为母亲。她不喜欢小宝宝，犹犹豫豫地形容自己对女儿的感情："细致的赞赏"，她最终这样说道，然而这个形容词足以说明她缺乏这种天生的柔情。事实上，小科莱特·德·茹弗内尔——出生于1913年，当时科莱特已经40岁了——常常远离她的母亲，住在包膳食的寄宿公寓（其结果是科莱特的读者们发现了女作家对寄宿学校的奇特赞誉，寄宿学校保护女孩子们远离了家庭生活的风暴和放荡不羁的言行）或者住在茹弗内尔家的科雷兹城堡里，由一位英国保姆看护。每逢假期来临，科莱特都会惊喜交加地以新的眼光看待自己的女儿。她那无情的写实态度令她无法掩饰自己的内在情感，她的诚恳促使她对此做出证明，而且又一次地验证了她那善于颠覆陈词滥调的天赋。不，她一再重复，母爱不是本能。不，孩子既不娇嫩也不动人。不，无法理解他们：孩童的世界与成人的世界被一道界限分隔开，它与那道将男女两性分隔开的界限一样密不透风。《麦苗》里的少年们始终是父母亲的无差别、无分化的幻象部落的局外人，而总是攀在高墙上或松树顶上的科莱特的兄弟们，他们曾经是在逃者，风的儿子。不，孩子的存在没有缓解女人们的孤寂：那些向科莱特寻求建议与安慰的女人们同意自己的孩子"甜美可爱，但是……"。这个"但是"，在科莱特看来，引出了"惊人的天真话语，道出一切又回避一切的话语：这并非一回事"。不是一回事，确实如此，因为她们的温柔，她们宁愿将其给予男人。

　　独一无二的模范母亲和绝无仅有的贞洁女性，茜朵！对于科莱特的读者而言，茜朵就是那位拥有粉红色仙人掌的女士，《黎明》开篇的那个感人故事。她的女婿邀请她来自己家中与自己深爱的女儿同住一段时间，她谢绝了女婿的邀请，因为她的粉红色仙人掌即将开花，她不想错过这个每四年开一次花的奇迹，不愿意对自己的仙人掌不忠诚。这远非一个简单的小故事，因为科莱特曾经说过身为一位如此女性的女儿所拥有的自信支撑她度过了那些严酷无情的岁月，而且她一直引以为傲；小说以对粉红仙人掌的回忆告终，这株仙人掌象征着经过千辛万苦才得到的人生智慧，以茜朵为摹本的人生智慧。美丽的，太过美丽的故事；不幸的是它并非真事。真实的信件表明尽管那株粉红色的仙人掌将要开花，茜朵还是接受了邀请。科莱特改编了这封信以及其他许多封信，宣称母亲的格调高于自己。也极有可能她对自己在茜朵身边度过的童年回忆作了一次虔诚的梳理，总之她略过了自己与威利婚后的并非总是一帆风顺的关系。众所周知，茜朵早就看透了威利这个男人，她难以想象他与女儿科莱特的爱情生活，母亲对威利的反感使得科莱特对她隐瞒了自己的真实生活。继科莱特与威利离婚之后，她与米茜的暧昧关系、不幸的与茹弗内尔的二次婚姻、杂耍歌舞剧场的生活也都无法轻易地让茜朵看到，可能是她那始终警醒的洞察力令科莱特分外不安。茜朵不相信女儿有戏剧表演才能，认为她的戏剧表演和她做记者一样是在浪费自己的真正才华，她预感到自己所谈话题的危险性并直言不讳地说了出来。因此有很长一段时间母女之间都关系疏远，哪怕茜朵病重也未打破这重藩篱。以信为证，母亲常常在信中抱怨（"你向我隐瞒了你生活中发生的如此多的事情"），或幡然醒悟（"你曾经答应过来看我却没来，不过我对此也没有太多的期待"）。可惜科莱特写给茜朵的回信都已经不在了，而在她写给朋友的某些信里也丝毫不是以温情见长。她在信中提到她的"神圣母亲"，此说法在其小说中通常用来指称一些面目可憎的女人，提及母亲的吹毛求疵，科莱特甚至写道："妈妈没什么了不起，不过她还可以活很久，这就是大家对她的全部要求。"这种致命的写实性是科莱特作品的恒定特色之一，不过还得公道地说母亲的个性魅力如同一个陷阱。总之，科莱特的兄弟和姐姐都未能从中得到解脱。长姐，长发的朱丽叶，自杀了；最受宠的儿子阿希尔在母亲去世后也忧郁而死，而莱奥则变成了滞留于圣索沃尔回忆里的永远长不大的孩子。在四个兄弟姊妹里，唯有科莱特侥幸逃脱了母亲的影响，其独立自主的标志就是让母亲在自己的作品里永垂不朽——尽管她在科莱特的小说里出现的时间很晚——不是真实存在的母亲，而是一个虚构的母亲形象。

* * *

因此我们放弃探究科莱特对母亲形象所作的善意修改，也放弃追寻茜朵这位拥有非凡智慧的典范母亲是否真实存在过，以求尽力理解科莱特虚构的这个人物对她来说具有怎样的意义。在此又一次地遭遇了科莱特对悖论的兴趣。因为茜朵看似一位把自己奉献给家庭、子女、花园的传统女性。因此，把她变成整个人生的主角，正如科莱特说过的那样，及其全部作品的守护神形象似乎是对科莱特自我个性的否定，是对其小说里的女性肖像描写的质疑。科莱特和她笔下的女主人公都没有母性本能，而茜朵则是母猫、母犬般的母亲。女儿科莱特没有什么家务才能，她承认自己会把黄油烧煳，也从未学会做针线活儿，而茜朵则掌握了操持家务和菜园的全部技巧。因而出现在科莱特作品中的这个说情者的角色究竟有何意义呢，该角色总是出现在情节有所削弱的时刻——况且，科莱特在情节方面没什么天分——并带有什么特别教诲呢？人们很快认识到茜朵是传授时间、见识和感受的老师。

科莱特

　　第一课是生活艺术课。76岁的茜朵对她的女儿讲起自己一天的活动：从早晨七点钟开始做家务活，拾了六小捆柴火以及到河边洗衣服。整篇散文蜕变为诗歌，所有这些简单的动作，所有这些熟悉的物品，都如同诸多有待积累的璀璨瑰宝。茜朵这位女性善用一切来组织她的日常生活，正如一位荷兰画家满怀渴望地填充自己的画作，不厌其烦地在画布上添加一个牡蛎壳或者柠檬。茜朵教导女儿如何在自己周围布置、修饰、矫正、再造一个令人安心的保护氛围。一种体现了巢居女性本能的艺术。科莱特借助于茜朵所见识到的女性就是鸟类动物，她们忙忙碌碌地采集并坚持不懈地加工着哪怕最不起眼的细枝小叶。她们有利用一切的天赋，甚至如《麦苗》的凡卡那样自幼年起就知道怎样如开发金矿那般地从不幸之中受益。化权宜之计为妙招，修理，抹掉不协调的细处，遗忘自己遭到的伤害或仅仅受到的打扰，这是女人们的一个天赋，伸缩自如的天赋："收获，我的孩子，收获，科莱特在1939年对她的一位女性朋友写道，这是女人的职业。"事实上，她笔下的男性人物惊讶地甚至带有些微震撼地看到女人们从灾难中站起来，看到她们意志顽强地迅即回收她们四周被灾难摧毁的生活碎片：《牝猫》中的阿兰反感地观察到自己的妻子卡米耶在危机刚刚过去后就开始重新收拾东西，重新缝纫和编织。回到自己出生的城堡的朱莉·德·卡内朗、《老沙发》（*Le Toutounier*）里重新见到昔日家中旧沙发的艾丽丝以及逃离勒诺回到童年生活的房屋的克洛蒂娜本人，这么多小说人物阐明了这种女性天赋的应用，着重强调了科莱特作品里的两性不对等。男人们消失不见了，阿兰远走南美洲，米歇尔和勒诺永远

258

273

地离开了人世，埃贝尔濒临死亡，谢里自杀。至于女人们，她们虽然失去了自己的配偶，却作为寡妇得到了轻快的自由，或者在年华老去的过程中如同丢掉讨厌的旧衣服一般地摆脱了她们的情人。时光冉冉，她们重新找回自身的完整性，比以往更加忠实于自己。如果说流逝的岁月是朋友，那是因为它敞开的大门远非面向危险重重的未来——茜朵那位挥霍无度的丈夫使科莱特一家学会了不相信未来——而是面向过去，必须学会再现过去以及把现在与过去合二为一；这是把人生的早年时光重新归为己有的倒退艺术（《反向日记》（*Journal à rebours*）就是科莱特给她的一部作品命名的标题），它正是女儿认为归于茜朵所有的艺术。因而自40岁后身体开始发福（虽然其子女们千方百计地拒绝接受人到中年的她的这些身体特征）的茜朵最喜欢的季节是秋季。这个偏爱由女儿继承下来，科莱特青出于蓝而胜于蓝地最擅长捕捉九月的温情脉脉的"颓废"情调，一种不令人伤悲却反而充满了希望的情调。

如何善用这个纯净的、简化的、沐浴于九月的明媚阳光下的美妙秋季呢？还是茜朵的特殊天赋在此发挥着作用，不过这次它不一定会得到所有女性的本能赞许，但是无论如何科莱特与其意见一致。因为茜朵，她那主次分明的能力尤其令人印象深刻。因此不必多余地把自己的时间和心神放在什么上呢？首先是远处和上帝。茜朵安于自己的无宗教信仰，她在教堂里阅读裹着弥撒书外皮的高乃依戏剧，她也不认为村里的神甫是赦免教徒罪孽的人，而是将其视为分发天竺葵插穗的人。这种对于宗教无动于衷的态度也传给了科莱特。在弗朗西斯·雅姆打算把诗歌《穿着树叶的教堂》(*L'Église habillée de feuilles*)寄送给她时，她请他原谅自己与他在这方面几乎无话可谈。反教权主义问题对她而言不具任何吸引力，何况她有时候还会去圣母得胜圣殿（Notre-Dame-des-Victoires）[*]那儿转一转，因此并非事关反教权主义，而是作为无能力的证明：她对上帝，她说，一无所知，她差不多肯定自己永远都对此一无所知。在未知多过否定的这个未来篇章里，还可以刻上大写的"善"字、大写的"恶"字以及所有的社会或政治"重大问题"。科莱特上尉曾经幻想过从事地方政治，有段时间醉心于研究"政治的有害影响"，还曾在茜朵的嘲讽目光下参与过一些有教益的巡回座谈。后来则轮到科莱特自己以恼火而讥讽的眼光看待她的政客丈夫亨利·德·茹弗内尔的活动。至于她那同样不可自拔地处于此种极度兴奋状态中的继子贝尔特朗·德·茹弗内尔，在其组织民主青年会开会的活动力中，她只见到其微不足道的"政治手腕"。

对科莱特而言，没有什么比政治介入更陌生的实践和思想了。战争本身，她在《漫长的时刻》(*Les Heures longues*)里初次评论的战争和在自己的《反向日记》中再次提到的战争，并没有将科莱特从短视的明智——她喜欢称之为女性智慧——中拉扯出来，因为她所偏爱的主题就是妇女机敏地利用时势以获取最大利益——修补市场紧缺的鞋子，以化妆来遮掩瑕疵——以及再造一个无战争时代：科莱特认为黑暗年代的真正英雄是那位13岁的托南，他正在科雷兹的一条河边心不在焉地构思一份

---

[*] 罗马天主教教堂，位于法国巴黎第二区。——译者

专门刊载鼓舞人心的消息的新闻简报。由此可以理解1940年莱昂－保尔·法尔格对她的溢美之词，带有些许贝当主义色彩的颂词。在他看来（他毫无怨言地抹去了那些吃软饭的小白脸、名声不好的半上流社会女人、杂耍歌舞剧场），女作家科莱特赞颂了"生活在勇敢的妻子、自己的孩子们和他的羊群中间的法国小乡村劳动者"。读到这几行文字的读者会稍许恼火于法尔格的矫揉造作，也恼火于科莱特本人无休止地称颂精打细算和耍手腕，以及她偏要通过王宫广场的骚乱来关注战争的动荡。"他们的炸弹差点儿毁了我的天竺葵"：帕西[*]的饶舌女人们的这句愤慨话语，科莱特大概是将其化为自己的言语。直到1941年12月的一个黎明响起的一阵门铃声时，在警察来逮捕科莱特的第三任丈夫犹太人莫里斯·古德凯后，她的散文里才出现了某种类似于公民意识的东西。而且这一突发的个人不幸，由于它并未与集体的苦难联系在一起，因此对于科莱特而言，它始终令人感到晦涩难懂。

　　背对远方，面朝近处。科莱特充分理解了茜朵借粉红色仙人掌的象征故事所传授的那堂课，因为前者生来就对微观世界感兴趣，她一直着迷于洋娃娃的室内家具、"如泪滴般大小的手镜"、"镶嵌着米粒大的珊瑚珠"的耳环。科莱特以短浅的目光来重组世界，这种近视眼后来对她有着极大的助益，当随着老年与关节炎的到来，当她的世界缩小为蓝色信号灯在白纸上勾画的圈子时。这短浅目光还解释了为什么她在自己的小说里对总体

---

[*] 巴黎西部第16区街区名。——译者

无动于衷,为什么她不断地以令人眼花缭乱的细节打乱自己的叙事脉络,为什么她乐于讲述一个瞬间与一个物体的细小而震撼的碰撞,并竭尽所能地避开故事情节。另外,她的读者很快放弃在其作品里找寻一个社会甚或一些典型人物,忘记了艾丽丝和米歇尔、卡米耶和阿兰,记忆里只有上了釉彩的蟾蜍图案、金雀花的香味和整枝剪的声响。

正是多亏了茜朵传承给她的神奇礼物即感性的放大镜,如此这般缩小了的世界才没有因而变得贫瘠,而是相反地充满了种种意想不到的发现。茜朵的口头禅是"看!",她指出值得看的事物("我早就十分喜欢晨曦,母亲给予我的晨曦"),她教科莱特尽可能以最近的距离观察事物:茶壶上的牵牛花花冠、花园里的蜘蛛、要上夹板的天竺葵枝桠。紧贴地面的平躺是科莱特这位女观察家最喜欢的姿势,她窥察着发出窸窣声、钻进钻出、嗡嗡作响的整个微型族群,灰蝇、绿蜥蜴、蟋蟀,详尽地描绘着"天蓝色铁皮上的起绒草"、云母状的洋葱皮、"飘飞着脱落了长方形小果实、长着银色冠毛的新生的蒲公英种子的矮草丛"。受过很好训练的目光(当然也有触觉,可能嗅觉更佳,以及捕捉到某个栅栏发出的特别的吱嘎声的听觉)既异常灵敏又分外可靠。熟能生巧的科莱特几乎在一遇到某个人就能观察到他的一切:"我还没有告诉他我已经记住了,恕我冒昧地写出来,他那被阳光和炉灶灼烧过的双手的优美手形,镌有徽纹的金戒指。"这就是最高回报。由茜朵实践过的艺术,从其最关键又最难懂的意义上讲的艺术,成为第二天性,几乎与本性一样自发的第二天性。另外还有始终痴迷于物质世界构造的童年岁月的再发现甚至为此欣喜若狂。因而科莱特作品的这些微小且细致的证明从来都并非无足轻重：创造性养成的感性重新开启了通往逝去时光的神奇之门。

运用这一特殊才能的科莱特自认为在凭着女性的一般禀性行事。由此可知她赋予自由的极具个性化的含义。她的某些代言人，例如保尔·道朗代尔[*]确信她的作品里不存在任何的命定性。一切都全然相反。不应当误解科莱特给予其女主角的自由。因为她们既非争取投票权的女权主义者，亦非巾帼丈夫，她们对习以为常的叛逆角色丝毫不感兴趣。她们根本不想模仿，更不想赢得男性的角色：科莱特认为通常所说的阳刚气是一种曲解，她不断地抗议时代与时尚把男性化强加给女性模式。虽然她们看似表现出一些不同的情感，例如母性感情的温柔，那却是因为世人错误地认为这种相似性归女性所有。虽然她们看似规避了传统道路，那却是因为传统荒谬地为其指定的终点并不符合她们的真实形象。所以是伪自由，而真正的自由则在于接受、深化和赞美女性的禀性。科莱特的自由是指南针般的自由，它必然指向北方并坚持不懈地引导女性回归其使命与天赋。

没有什么作品比科莱特的作品更女性化。没有什么作品比科莱特的作品更鲜有女性主义色彩。

---

[*] 保尔·道朗代尔（Paul d'Hollander, 1932— ），美国作家和社会政治学家。——译者

西蒙娜·薇依

西蒙娜·薇依于1909年出生于巴黎的一个有着良好教养的犹太人家庭。在阿兰*的班级以及随后的巴黎高等师范学校，她的哲学学习都取得了优异的成绩，从巴黎高师毕业后她通过了法国教师资格考试，获得了教师学衔。她很快加入无政府主义者阵营，结识了鲍里斯·苏伐利纳**。她察觉到1932—1933年间纳粹分子与共产主义者的双重疯狂，而且预见到最终的悲剧结局。1934年，首次采取积极行动的西蒙娜·薇依放弃了教学工作，到阿尔斯通工厂做非技术工人。她撰写了题为《工人状况》的报告，尖锐地描绘了工业劳动令人异化造成的不幸。在1936年的西班牙内战中，她支持共和派，而当1939年3月德国入侵布拉格时她最终彻底放弃了承袭自阿兰的和平主义思想。1940年6

---

* 阿兰（Émile-Auguste Chartier, dit Alain, 1868—1951），法国哲学家、记者和文论家。——译者
** 鲍里斯·苏伐利纳（Boris Souvarine, 1895—1984），本名鲍里斯·利夫施茨（Boris Lifschitz），俄裔法国政治活动家、记者、历史学家和评论家。——译者

女性的话语

月的灾难迫使她离开巴黎到了马赛，接着又到阿尔代什去，在那里她受雇为农业工人。这些黑暗年代留下了她与基督教结缘的痕迹，在与佩兰神甫和居斯塔夫·梯蓬的往来信件中她曾对此作过分析：她在其中描述自己不可思议地单独发现了一个无形的和谐，然而她也更进一步地拒绝接受一个有形教会的教义；因此她依然会驻留于门口处而不是进入其中。为躲避纳粹迫害，她与家人一起经摩洛哥到达美国，后于1942年到了伦敦，在自由法国办事处工作。她曾经白费力气地要求把自己空降到祖国大地上与法国本土的抵抗运动会合。心力衰竭的西蒙娜·薇依在1943年饿死或者说听凭自己饿死于阿斯福特疗养院。

西蒙娜或苦行主义

从前有一个后母把她的女儿和继女送到大森林里,她喜欢前者而憎恨后者。两个小姑娘到了一座古怪的小屋,屋子有两扇门,一扇是金门,另一扇是沥青门。她们必须选择自己想打开的那扇门。那个穿得漂漂亮亮、备受宠爱的小姑娘选择了打开金门后被迎头浇了一场沥青雨。而那个破衣烂衫、受后母虐待的小姑娘选择了沥青门,得到了雨点般落下的金子。这是一位温柔的母亲在她那三岁半的棕发小女儿的床前编出来的故事,后者因阑尾炎而动弹不得地躺在床上。小病人飞快地领悟了故事的寓意:她想成为灰姑娘玛丽。这是她以无可抵挡的顽强毅力而毕生致力完成的计划。30年后,1943年9月,《肯特信使报》(Kent Messenger)在边栏刊登了一则小新闻,报道了一位年轻的法国女郎离奇地献出了自己的生命,她刚刚在阿斯福特的格洛斯夫诺尔疗养院去世或者说任凭自己死去:西蒙娜·薇依终于跨过了那扇沥青门。

为了变成灰姑娘玛丽,她曾经要走过一段漫长的征程。因为仙女们毫不吝啬地把礼物放在小姑娘的摇篮里:一个生活富裕、思想自由、充满爱的和睦家庭;一个医生父亲和艺术家母亲,他们深爱对方,也非常喜爱自己的小女儿;一个有天分而备受赞赏的哥哥;一些有着良好教养的朋友;夏天到海滨或山区度假,吟咏诗歌、骑自行车、读书、跟家庭教师学习希腊文，跟科波学戏剧，跟热尔曼娜·塔耶费尔学钢琴。因此对于这位把匮乏列入自己生活日程的小姑娘来说，她需要放弃许多福利。对于这位梦想成为童话故事里引人同情的女主人公的女孩来说，最简单、最直接的方法就是让自己的外表看起来像灰姑娘。在她青少年时期的照片上，年轻的西蒙娜·薇依有一双略带野性魅力、微笑时熠熠生辉的明眸。然而她很快开始尽力对他人掩饰这一点，用一顶脏兮兮的无边软帽——首先必须把作为有产阶级女性的象征饰品的宽边帽排除在外——遮住自己的黑发，把自己的身体包裹在一袭灰黑色的斗篷里，以尼古丁染黄手指，穿着难看的鞋子——她在正值隆冬的12月也光着脚穿着凉鞋，腿上满是冻疮，以上为的是遮掩厚厚的眼镜片后面的美丽而明亮的目光。费讷隆中学的物理老师对她的评价是："我们的老学究"。她刚过14岁就如愿以偿地完成了自己的无魅力计划。几乎无人注意到她的伪装下的美貌，如亨利·凯费莱克等等的许多人都不了解她，都被她笨拙的举止、执拗的个性和坏脾气所误导："令人难以忍受"，乌尔姆街的某些人这样说她，当时好像是因为一份杂志的创办计划中途流产而招致的挖苦话，说她变成了稻草人。她以有条不紊的平等精神树立起自身生活的清规戒律：只住无暖气的陋室，房间里堆放着纸张，弥漫着烟头冷却后的味道。与双亲度假时，她拒绝住舒适的旅馆，并且令他们分外伤心地住到旅馆附近一个普通的膳宿公寓里。她还锻炼自己席地而卧，致力于不"抓住"、不占有任何东西。并且全神贯注于扰乱：甚至在其作品里都充斥着"出人意外的想法"和"令人不喜的见解"。

西蒙娜·薇依

在她开列的那份仅以抛弃为目的的财产清单上，最不易忘怀的重要事项为食物。她把饥饿看作绝对的不幸，认为不让任何人挨饿是信仰的基本先决条件，是革命的唯一可接受的定义：这是她与另一位西蒙娜即德·波伏瓦小姐的第一个分歧。在前者看来，饮食蕴含着厚重的精神意义——它是《父亲》*"每天的食粮"，文化意义——一切饮食方式的变化都是一个"极端重要的历史事件"，寓意：食物象征着人类所眷恋的一切。人类所喜爱的一切事物，他们都想将其吃掉：每个渴望，每个梦想，每个爱情都是可食用的。

据说，泰蕾丝·达维拉**曾经因为一个修女胡乱批评修道院而恼火地喊道："给这个女孩儿一些肉吃，让她别再说了。"事实上，任何神灵都不再会造访一位脑满肠肥的修女。而我们这位西蒙娜修女不要肉。在工厂工作时，她拒绝了女工们带给她的巧克力。1941年在马赛时，她认为当时法国盛行的食物供应制是可耻的：她说，人们一碰面，谈话就像受到重力吸引般地落到这个话题上。在伦敦，她碰都不碰医院的餐盘，提及自己祖国的人民"在法国因饥饿而濒临死亡"。的确，绝食被铭刻于灰姑娘玛丽的计划。然而，如何最终发展到把吃的功能视为令人厌恶的鄙俗之事？或许是因为在吃与看的对立之中破译了人类的真正悲剧。人类吃掉了应该观赏的东西。这就是夏娃的罪孽，其罪过变成了

---

* 这是上映于1910年的一部法国默片电影短篇，导演是路易·佛亚德（Louis Feuillade, 1873—1925）。——译者
** 泰蕾丝·达维拉（Thérèse d'Avila, 1515—1582），16世纪的西班牙天主教女圣徒和修道院革新者。——译者

整个人类的罪孽。不过，假如人们的确因为吃掉本应只是用来观赏的东西而堕落，那么也很有可能通过只观看而不吃自己想吃的东西来得到救赎。总之这为诊断她的厌食症提供了线索，不过也可以称之为脱离自身肉体的英雄主义行为或者是对虚无的极大吸引力。

童话里的灰姑娘玛丽不仅仅瘦骨嶙峋，衣衫褴褛；她还孤独寂寞，遭人憎恨。希望向玛丽看齐的人也必须戒绝友情的慰藉。在此触及了西蒙娜·薇依生命中的一个感人之处。因为她知道友谊是生命和灵感的源泉，是无与伦比的益处。她感受到了与朋友一起度过的那些宝贵时刻，心有灵犀一点通的美好时光。她怀着一个乌托邦梦想，人类在完美平等的基础上互相交往，任何朋友——或者情人——都不支配自己的朋友或情人或者不被支配。当一位朋友过世，她说道，她会产生被截肢的感觉，因为每个人都有自己的想法、才华或美德，仅仅那个朋友才能抓住的想法、才华或美德。薇依本人极其忠诚于友情。她公开表示自己不轻视由友谊而来的幸福。此外她也仅仅看重幸福。她给自己的朋友——罗西耶工厂的工程师贝纳尔先生——写信说她希望没有因为自己浓厚的悲观情绪而损害了他的幸福感，那种她相信在他身上所感觉到的幸福感：幸福，她说，是某种值得尊敬的宝贵的东西。

然而幸福感的陷阱就在那儿。形而上学的同时又是心理学的陷阱：情感怎样才能不掺杂支配欲或者是没有那种可耻的满足感，可耻的听任自己受他人支配的满足感？友谊比其他任何感情更甚，它更胜于爱情，而且更使人堕落，她说，友谊对于心怀友情的人来说意味着同类相残的风险：以毁灭的方式把自己所喜之物占为己有。对于那个被喜欢的人来说则是相反的风险：依赖，处于那种等待主人施舍骨头的狗的境遇。还有更糟糕的：美好地，然而却错误地认为自己是个人物，认为自己具有一定价值。假使希望自己成为灰姑娘玛丽，亦即毫无价值的人，那么就应当提防友谊的虚幻光彩，寻求黯淡无光的隐姓埋名，生活于凡人之中，如同坐在一列由圣艾蒂安开往勒浦依市的火车上，无分化的人类大锅饭。食物这个主题如同扰人的低音，再次为这一拒绝伴奏，对人类的紧密联系的拒绝：必须要知道不接近桌子，不伸手，要远远地看着。对友谊的梦想，她口气生硬地说，必须打碎它。

与友谊的甘甜相对立的这种执着的唯意志论，或许是对她的性情的证明，过于敏感、倔强不屈、恐惧与人接触的性情：早在童年时期，每当有人想拥抱她时，她就感到恶心，厌恶别人碰触自己，迅速地抑制住她那突如其来的柔情。西蒙娜·薇依在自己的《札记》里悄悄吐露了心声，说她由于笨拙而伤害了她所爱的那些人，因此将他们的命运与自己的命运联系在一起不是好事。她断言那些人，她在爱他们的同时又给予了他们让她伤心的权力，那些人全都滥用了该权力。简言之，她认为自己既不善于爱别人（并以她惯常的清晰无比的思路自问：是因为缺乏无私精神？或者是由于缺乏天性？抑或两者都有？），也不善于为人所爱。当有人对她提出相关的证明，比如若埃·布斯凯*，她则承

---

* 若埃·布斯凯（Joë Bousquet, 1897—1950），法国诗人。——译者

认自己很愿意相信他，然而她无法接受这样的想象。而对于没有收到友谊馈赠的人，是否有不同的方法，或许是出于骄傲而来的应付办法，而非心甘情愿的拒绝？当友谊出现时，应以刀为武器，割断那条新生的眷恋之弦：她总是使用这样的直言不讳的比喻来说明不应该爱别人。或者至少是，如果爱别人的话，只爱那些不足以构成威胁的弱者（新生儿、穷苦之人、被排斥者、受辱者或者基督徒中令人同情的受难者）。更好的是，只爱不存在的事物：乌托邦式理想主义色彩的最后一笔，作为对省吃俭用这一坚决行动的补充。

可以这样解读西蒙娜·薇依的生平，一位女旅行家的生平，她沿路一个个地丢下了家庭出身配备给她的包袱。物质财富也毫无价值。难以解开家庭和友谊的纽带。然而精神财富呢？她并非十足狂热到不清楚物质匮乏对智力活动的害处。她确信当一个人忍受饥饿、筋疲力尽、受到侮辱、不受尊重时，其思考方式也会不同。她也知道苦行，有时会因为傲气或者令人烦恼的愤恨而产生误解。因而她费尽心思地估量真假遁世之间的距离。而她的唯一发现，与其习性相符的发现，则集中表现在极端遁世主义之中。与虚假遁世相伴的是对内心痛苦的欺骗性否定。真正的遁世从来不是试图缓解梦想和放弃之间的悲剧性的距离意识。

就这样放弃一切，包括放弃自己的过去和所受的教育，关涉到其得天独厚的精神财富和智力天赋的过去和教育，会从中学到什么呢？假定其事可行，那么这个顽固的女人究竟在找寻什么？她所寻求的并非简简单单的功勋或者耐力测试，虽然她很可能在其中找到了某种不想言明的愉悦，身体是阻止达到完美的障碍，因此她乐于以痛苦来练身。她曾经抗议为罗莎·卢森堡[*]刻画的基督徒肖像，而且厌恶别人把自己描绘成牺牲者的形象：作为斯宾诺莎的好读者，她视忧伤为人类的缺陷；如果在承受忧伤，那么应当保持沉默，但是内心要确信自己会尽快地摆脱忧伤。西蒙娜·薇依认为排除生存障碍的工作不应像人们以为的那样受到惩处，哪怕它比她所说的更应受到惩处。她尤其期望能够对人类现实有所认识。而假使该现实的实质就是这个无情的神性——她时而称之为"力量"，时而称其为"需要"——它正在物化人类，或者通过真正地杀死人类，或者以在人类头上悬着永恒的死亡威胁的方式来物化人类，只有借助于贫苦才能理解它。然而贫苦也从未足以令人确信能够经由它打开那扇沥青铸就的认识之门。因此，虽然她十分尊崇老师阿兰，但是却对后者极为不满：因为他拒绝了不幸。由此也导致了她对《伊利亚特》的赞赏，该史诗没有掩饰一丝一毫的人类境遇的苦涩感，唯一的主人公，唯一的主题——她希望别人对她自己的思想也作如此的评价——就是力量及其对人类的毁灭性影响，被拖曳于战斗的尘埃中的可怜东西，前一分钟心脏尚在急速地跳动、之后突然变得毫无价值的可怜东西。最终由此而来的结果是她自己赋予痛苦和遁世的地位。它们属于生存的范畴，好比数学论证属于思维的范畴一般：对必然性的救赎。

因此，贫苦不仅仅对痛苦有益，也并非反常地喜好虚无，而

---

[*] 罗莎·卢森堡（Rosa Luxemburg, 1871—1919），波兰籍德裔女社会主义活动家和马克思主义理论家。——译者

是为了更好地看清事物的真相所作的努力：并非对于我们而言的真相，而是对于其自身而言的真相。她本来希望见到一处恍若她没有置身其中的景色：不大可能的发现，唯有纯粹的贫苦才可能予人以希望。纯粹：这是她的一个常用词，是衡量其拒绝与选择的尺度。伦理的、文学的、美学的拒绝与选择。什么是纯粹？希腊人、罗马教堂、单旋律圣歌、蒙特威尔第、巴赫、拉辛、莫里斯·塞夫、笛卡尔、孟德斯鸠、卢梭。当然还有以纯粹的角和直线为主的几何学。人类无法占有和玷污的一切事物都是纯粹的。工作也是纯粹的，它跟幻觉和法术无关。1936 年 6 月的女工们的欢乐是纯粹的，把它看作"要求"得到满足的低俗欢乐是大错特错，因为与之相反，她们的要求散发着肯定人性尊严的纯粹光芒。而这足以解释了她那超脱于惩罚执念的成为灰姑娘玛丽的计划：一个如此轻而透明的创造物，化为薄冰，它反射着纯粹、无情的现实，亦即《伊利亚特》讲述的那个现实，无法逃避的人类不幸。

她曾给若埃·布斯凯写信说自己觉得唯有这种纯粹的贫苦是可以忍受的。她的读者，他们则往往倾向于认为她令人难以忍受，被她的言行压得喘不过气来，因为她面对任何令人快慰的想法时都退步不前，她拒绝起因于普通人情的宽恕。不过，读者之所以贴近这个不屈不挠的姑娘，是因为她任由某些更可亲的花朵生长在这片被狠狠清洗过的场地上。西蒙娜·薇依的生命中时而会出现某种令人轻松地付之一笑的东西，例如昙花一现的柔情。1937 年春，在短暂地停留于一个诊所里治疗其头痛的顽疾之后，她动身去了意大利。她愉快地写道，她梦想着自己在意大利与米开朗琪罗曾经将其诗篇题献给他的那位年轻人托马索·卡瓦列里相遇，甚至发誓说假使能够与其偶遇，那么除非以武力相胁，否则她再也不会离开这个国度。在米兰的拉斯卡拉歌剧院，在拉维纳的市场，在甜美的翁布里亚乡村，在闲庭信步的快乐而美好的广场上，在美酒飘香、洒满阳光的街道上，感觉得到她被甘甜的空气、优美的雕塑所征服，应当说那就是幸福吗？

这位年轻女子从来不乏理性。如果说这位身处逆境的女体操运动员听凭自己如此放松下来，那是因为审美乐趣不在她对愉悦的批判（如此强烈，以至于在她看来，只要一想到它，那么罪孽就已经在那儿了，甚至在犯下该罪之前就已经存在了）之列。阿兰曾经教导她说审美愉悦的存在证明了身体并不一定是思想的敌人。她也愿意相信这一说法。当她宽容的时候，她甚至于承认人类拥有平衡其痛苦的单纯、脆弱的尘世欢乐：工作周之后的周末；疲劳之后的休息；甚至，是的，饥饿之后的就餐。不过与这些单纯的愉悦相比——单纯，是因为它们无混杂——审美愉悦有一个决定性的优势：它不是来自于自我，而是来自于客体。这令人全然无法预料审美愉悦出现的因由：星空、和谐的都市、令人赞赏的人，突如其来地映满眼帘；根本不需乞求它们出现，甚至也无须想象它们。由存在所创造的纯粹奇迹，世界轰然喧哗地进入本我，在其中无须任何领会或运用，而只需欢迎。她记住了康德的那句话，美好的作品从来都不是占有或征服的理由：一个无目的的合目的性。人们既无法拥有它，甚至也无法梦想自己拥有它。人们无法触及它，看着夏尔丹的那篮子樱桃却无法用手拿起它，看着提香画中人物的滑腻面颊而无法抚摸到它。

恐惧本身，如同莎士比亚或索福克勒斯所教导的那样，可以被观赏而不把人吓跑。总之，而且对于西蒙娜来说，这就是关键，美好的作品不谈论自我。它使人类摆脱了孤芳自赏，它教人类学会忘掉自我。审美愉悦，似乎在自甘贫苦之中开辟出一片特殊的天地，因而以它自己的方式为前者做出了贡献。"甚至当我不在场的时候"作品也是美好的。因此它有助于抓住自我。它远非丰富自我，而是使自我变得贫瘠，它从自我之中倒空了自我。

273　　坚韧不拔的西蒙娜·薇依还设想过一个更极端的忘却自我的阶段：放弃行动。想清空自我的人也应该戒绝自愿行动、消遣或娱乐活动。就在她短暂一生的最后时刻，她向上帝作了一个怪诞的祷告，要求祂让自己无法再有任何身体行动，不再有任何感觉和思想："但愿我是一个又聋又瞎、又愚又钝的瘫痪者。"有人会说这是一个曾经表现出上述能力挥霍者的终极疯狂。在这个对极端消极性的最后赞颂之中听到了她的早期想法的回声，该观点很早就转化为缄默和贫苦。她的第一篇文章为阿兰而作，评论一则格林童话：一个女孩子为了拯救自己被女巫继母变为天鹅的六个兄弟，着手进行一项为期六年的工作。她必须缝制六件白色的银莲花衬衫，这几乎是不可能的任务，并且她在做这个工作的时候必须保持沉默，甚至无法反驳别人对她的诬告，最终导致她被判处死刑。在执行死刑的那一天，那六只天鹅出现了，她把那六件衬衫朝它们身上扔过去，天鹅重新变成人（最小的兄弟还保留了一只翅膀：因为最后一件衬衫尚缺一只袖子），他们救了自己的妹妹。令西蒙娜·薇依震撼而感动的是，在这个动人的故事里，那个勇敢的女孩成功地解救了她的兄弟，更多的是有赖于她的沉默和弃绝，而不是她的缝纫活动。因为"我们总是过多地行动，总是不断地推广无序行为"。人类生存的奥秘就是静止不动地等待；最完美的人类就是那位在门边等候主人的奴隶。

* * *

这位年轻的修女、女隐士、女静修士，她虽然相信有意识的努力无法得出结果，却还是以笛卡尔式骑士的坚定步伐开始了自己的生活，她有一个系统的人生规划，消极被动在其中没占有什么位置。在阿兰的课堂上，她希望摆脱抽象直达现实世界，也接受了人类以意志改造世界的想法。身为年轻老师的她把在亨利四世中学学到的知识传授给自己的学生：生活的现实不是感觉而在于行动。乌尔姆街的大学校长塞莱斯坦·布格莱[*]在西蒙娜就学期间已经受够了她那具有讽刺意味的激进行动主义，他在她通过教师资格考试后长舒了一口气：这位红色圣母将会被送去外省，在那里的沉闷氛围中冷静下来。然而她很快擅长于挣脱这种氛围。刚一到达勒浦依市，她就寄给布格莱一张印有俯瞰全城的圣母雕像的明信片，之后开始联络圣艾蒂安的工会成员——"绝对了不起的伙伴"，参加了法国总工会的教师工会，开始给矿工们上课、为工会组织积极活动、组织失业者的示威游行。由此，在她十分重视的授课和批改作业结束之后的业余时间里，开始了于她而言的筋疲力尽的战斗生活：在烟雾缭绕的咖啡

---

[*] 塞莱斯坦·布格莱（Célestin Bouglé, 1870—1940），法国哲学家和社会学家，1935年起任巴黎高师校长。——译者

馆后厅开会，写传单以及起草在报纸上刊发的公报，有时候，在游行暂缓的时候挥舞红旗，甚至她自己坚持要举着红旗。狂热的活动引起了当地媒体和学区区长的极大愤慨，她在自己的一生中至少有三次旗帜鲜明地诠释了这种狂热：第一次在工厂，第二次在战争期间，第三次还是在战争期间。

她最著名的行动就是进入工厂工作。通过在1932年成为她的朋友的苏伐利纳，她结识了阿尔斯通公司的管理者，一位思想开明的老板。1934年，她终于在这位老板的帮助下实现了自己的一个久远的梦想：应聘为女工。成为阿尔斯通的压机女工后，她经历了物质和精神均为赤贫的生活，令这样的赤贫生活更严重化的是其工作时的笨拙举止，以胳膊上的烫伤为标志的笨拙举止，因为她必须把铜线圈放进炉子里，可是她难以应付这种快节奏的标准，再者，她还饱受着头痛的折磨。她以自己的经验写出了一本书，汉娜·阿伦特大为赞赏该书拒绝所有的多愁善感。西蒙娜·薇依的确在《工人状况》一书中采用无诗意的、清晰的笔录风格：她描绘了各种类别的螺栓，记下无法拧紧的螺丝钉，列出绝对应该避免做的事情的清单——例如一只脚时间过久地踩在踏板上。她一天一天地记录下一个又一个的挫折：做坏的零件、被克扣的工资、达不到的标准、工头的训斥、双手的擦伤、被铣削破皮的拇指、无法承受的工作节奏、下班回家后累趴在床上的精疲力竭、眩晕、眼花、分工作业的工作、整个生活本身的分化。然而最糟糕的还不在于这个呈碎片状的工作以及它那百年未变的非人的劳动节奏，而是她发现了机器把工人变成了什么。她满怀信心地进入阿尔斯通，当时确信人们虽然在工厂里痛苦地进行疲劳和压力训练,但是工厂却是众人一致生活的地方。她发现工作——在上过阿兰的课之后,她一直赋予工作以某种精神性,总之,一种高尚的品性——不一定有利于人类社会。它把工人与工具束缚在一起,把工人自身变成了工具,使他无法与其他工具即他的工友们建立联系(她极其震惊于工会生命力的脆弱乃至无效),甚至令工人痛恨其工友们,导致他更心甘情愿地对妻子而不是向老板发泄自己的苦涩与怒火,既然他遭受侮辱,于是他很快变得令他人耻辱,其灵魂完全因社会的衰败而堕落。工厂生活,她曾经给于勒·罗曼*写信说,本应"满足灵魂的需求",却成为令思想屈从的过度重负。羞辱是整个奥威尔工厂的工业活动的核心。

继工厂之后——离开阿尔斯通公司后她又受雇在雷诺工厂工作并于1935年8月离开——西班牙内战为她提供了另一处活动场地。1936年7月,当西蒙娜在巴黎时,西班牙将军们在教会和君权主义者们的支持下发动了叛乱,反对2月选举上台的人民阵线政府。她当即决定去西班牙,无视她的那些工会"伙伴"们的反对——他们担心她做傻事——以及她那可怜父母最终屈服时的忧伤,他们焦虑若狂,一直陪着她到了佩皮尼昂。她立刻找到她的马克思主义统一工人党**——共产党的分化组织——的朋友们,力求让人交给她一个可能牺牲生命的使

---

* 于勒·罗曼(Jules Romain, 1885—1972),法国作家,提出了一体主义的文学理论,"一致生活"为其用语。——译者
** 西班牙革命组织,创建于1935年,致力于反对西班牙将军佛朗哥的独裁统治。——译者

命。因为要求遭到了拒绝，她于是在阿拉贡前线加入了迪鲁蒂无政府主义者战斗纵队。纵队发给她一套女民兵制服——这或许是她喜欢的唯一一套衣服，因为她后来还在巴黎炫耀过这套军装——和一支步枪，她使用它如操作铣削机一样笨拙：在练习时，她的同志们像害怕瘟疫那样避开这支近视步枪的瞄准线。当纵队躲藏于埃布罗河右岸的灌木丛时，她因笨拙而付出的代价是她的脚正好踏入一只与地面齐平放置的油锅。她于是有了在设备简单的野战医院的体验，而当时她的双亲跑遍了加泰罗尼亚打探她的消息，在马克思主义统一工人党总部前的林荫道上彻夜未眠。最终，伤愈回到巴黎，有段时间她还想重回前线，随后明白西班牙已经变成了共产主义与法西斯主义对垒的骗局，于是她放弃了。

她的第三个激进行动主义计划也以失败告终。计划大约生成于1941年或1942年的马赛（当时的马赛是难民潮必须经过的门户，而她的父母自1940年9月开始就在马赛避难）。我们在她与若埃·布斯凯的通信中发现了蛛丝马迹，她在1942年4月份认识了若埃·布斯凯。在那些黑暗的年月里，她热切渴盼着作为志愿女护兵入伍，从身心两方面救助战场上受伤的士兵以及——更不大可能实现的目标——给敌军士兵"留下深刻的印象"。这个乌托邦计划，布斯凯恰到好处地对她说，他本人可以做证，1918年时某些热情洋溢又忠于职守的妇女们可能对战士们发挥过鼓舞人心的作用。不过，他竭力修正她的极端主义。因为她为自己的计划配搭了一个可怕的条款：所有那些参与其计划的女性必须下定决心永远不被替换。布斯凯向她指出该建议的浪漫和理想化，而且完全脱离现实。她并未因此而有丝毫的改变。在她后来到了伦敦之后，虽已备受疾病的折磨，她依然对曾经长期失去联系的老朋友莫里斯·舒曼*反复强调着自己的牺牲者梦想。他抵制，而她不放弃。戴高乐对她的评语是："她彻头彻尾地疯了。"

这种"疯狂"是外显于他人眼中的疯狂。然而还有不那么明显的疯狂，此为内在的疯狂。她曾经希望从事的工作依次是工厂女工、自由女战士、在战场上做出决定性牺牲的女护士，它们全都表明了人类意志的高尚。她认为在善与恶两者之中，兑现为行动的是恶，而善意味着什么也不做。怎样根据她内心的这一执着想法来理解这三次激进行动？如何解释她与政治行动之间的爱恨交织的奇怪关系？对世人而言，定义西蒙娜·薇依其人特性的就是她顽强而努力地选择成为圣马大**。而她的个人选择是成为灰姑娘玛丽以及作为赞同必然论的化身。她怀着这个梦想就奋不顾身地投入到英雄主义行动中去，这是她的读者所碰到的困惑不解之谜。

她有两种不幸观。被接受的、所遭受的、经历过的不幸具有深刻的启发意义，因为它揭示了生存的黑暗面并上了重要的一课：确信人类毫无价值。可是，假使个人的不幸具有教育意义，因为它净化了信念，使之从各种看似减轻痛苦实则不然的幻觉中摆脱出来，那么他人的不幸，此类不幸，则令人难以忍受。有

---

* 莫里斯·舒曼（Maurice Schumann, 1911—1998），法国政治家、记者和作家。——译者
** 天主教和东正教都有多位圣女被称为圣马大。——译者

两个重要的理由：最直接的原因是不幸的景象令她产生了最有悖于其天性的想法，即享有特权的想法。她曾讲过在工厂里，当磨压工看到她与工厂老板的儿子并肩走过时他们的目光是多么地刺伤她。她也曾吐露心声说到孩童时，在她的一切所见所闻当中，她本能地身处于那些遭受压迫或受到不公正对待的人的位置上。想到那些未受洗礼就死去的孩子们因而被剥夺了进入天堂的美好前景，这个令她难以承受的想法将其长期地阻挡在天主教会的大门外面，虽然20世纪40年代的她曾经尽可能地接近天主教：如果她本人接受洗礼，那么她会与那些无辜的不幸者分开，而且除他们之外还有"那些不信教的贫苦大众"。"我从来都无法接受这一点，她写道，即除我之外的其他所有人没有全都完全免受各种可能的不幸。"第二个原因产生于她在工厂的经历：她在那里发现了不幸在进行破坏和腐蚀。不公正没有造就烈士——那些唱着歌走向刑场的人并非不幸者——却造就出一些感染了惰性和认命的病毒、几乎是必入地狱的人。因为反抗而失败，因为屈从而胜利。被卑躬屈节这个难以逾越的事实击败了。

当不幸涉及他人时令人无法忍受，可是对自己却极有教益。为什么对于西蒙娜·薇依而言的认识对象不能成为所有人的认识对象？什么使这位年轻女子未觉察到矛盾？还是要到灰姑娘玛丽那儿去找寻这个秘密。因为为了帮助不幸者、受辱者、所有那些在她看来具有战败者护身符的人而采取的激进行动主义，自相矛盾地把她拉回到她那自我解脱的事业。她在工厂的经历使她懂得了工人不具任何重要性，不享有任何权利，而直到生命的尽头她都将保留着铣削机旁的印象,她本人不享有任何权利的印象,无论那是什么权利,这种感觉强烈到甚至在她离开工厂后,当有人和蔼可亲地对她说话时,她都会吓一跳。西班牙内战给了她同样的教训:面对被扫射的机枪杀死的死者,意识到刚才还自以为了不起的人现在却化为乌有。因此这两段经历都导向虚无,她强烈地感到后者的不可抗拒的吸引力。更何况所进行的整个唯意志行动自身在乌托邦的愿望中化为乌有。因为,不如将其意志指向人类能力所及的范围之外。致力于不可能的事,意味着贬低自我意志,从而找到灰姑娘玛丽的故事的深刻意义。

* * *

虽然她本人满足于自己的相互矛盾的观点,尤其是创造了那个奇特的"非主动行动"概念,但是对于那些经常与其打交道的人来说,情形却有所不同,对于后者来说,她的言行通常好像组成了一个不伦不类的集合。西蒙娜·薇依,时时处处,都是格格不入的人。取得了哲学教师资格却忙于在工厂里上螺栓;对犹太教没有好感的犹太人,上帝选民的说法令她厌恶,而且如果以避免战争为条件的话,她几乎赞同对反犹太主义者的迫害;身为《无产阶级革命》杂志社的记者却视革命为人民的鸦片;在西班牙作战,却与她的战友们,与那些对莱昂·布鲁姆并不疾言厉色的马克思主义统一工人党的战友们一起捍卫不干预政策。反抗一切统治,却为顺从辩护。厌恶暴力的女兵,却索要一杆步枪,但又因为碍于近视无法使用它而感恩。被连根拔起的人,却写了一部关于扎根的作品。对教会极权制愤慨不已的女基督教徒。确信《慕尼黑协定》极为可耻的慕尼黑人。苦于不能参战的和平主义者。梦想着得到人性的温柔抚慰，同时又将其视为最糟糕的谎言。有时自我囚禁于其信念之中，有时又接受所有审查。易碎却无情。希望融入百里外可识别的普通人类。永远在他人的预期之外，从不循规蹈矩。在那些为颁奖典礼而穿的绚丽衣裙当中炫耀她那件肮脏不堪的雨衣。身穿她的机械师连身裤在冬季自行车赛车场里忙着安置游行示威的人，却在所有人起立高唱《国际歌》时迅捷地把一张报纸铺在地上然后坐在报纸上面。无法预料的人。

亦即绝对的自由。是精神自由解开了这个由对立面纠结而成的线团。她并不憎恶悖论，因为她记住了卢梭的话：宁做悖论者，而不做偏执之徒。她雄心勃勃地追求思想自由，唯一的义务，唯一的美德，还有仅以自己的判断为准绳来调整自己的思想和行动。她知道自由从来都不是固定不变的，它改变着一切：与监狱相比，一间陋室的墙壁可能更为斑驳，然而其沐浴的光线却完全不同。年轻女子幸福地为自己即将降生的孩子缝制衣服，她很可能在做同样的工作，确切地说，与受剥削的缝纫女工做着同样的工作，却没有任何相同之处。西蒙娜·薇依对统治的憎恨剥夺了她对犹太教的一切宽容，因为犹太教设想出一个俗世的主人，同时她也远离了设想有"极权"上帝的基督徒；这种憎恨使得她不分轩轾地以所有赞成奴隶制的人为耻辱：亚里士多德、罗马人、犹太人，将他们混为一谈。这种憎恨解释了她身上的诸多矛盾之处。然而也由于这种憎恨才有了她那罕见的洞察力，重读她当时撰写的集录于《历史和政治著作》(*Ecrits historiques et* politiques）里的文章时，她的洞察力令人震撼。在那个动荡的两次世界大战之间的时期，知识分子们不断地改变和交换他们的意见，她说的蠢话比其他人少得多。她以独特的声音平心静气而又直言不讳地强调指出那个时代的种种悖谬。

早自1934年起——她那时确与鲍里斯·苏伐利纳结下了友情——法西斯主义和苏联共产主义这两个词语在她看来就是同义词。前一种体制与后一种体制一样，她看到了两种体制同样酷爱力量，即使前者称其为种族，而后者则称之为历史。这个体制和那个体制里都有同样与国家合在一起的唯一政党，国家对一切生活形态实施同样的控制，同样的军事化，被塑造出来的同样的全体一致。以及同样的被塑形、再塑形、被奴化的人，因为在这里或在那里，灾祸、监狱、死亡等待着那些最活跃或最自由的成员。最后，两个政体——此处正是洞若观火的分析文章的最高潮——的主要特征都是唯有通过包裹在受压迫状态外面并让人可以忍受这种压迫的狂热崇拜才能永久延续下去。然而"身体和神经的虚弱"不足以保持这种程度的热情，这注定了极权政体经不住时间的考验：狂热之情的低潮从而暴露出可怕到极点的压迫、憎恶、愚弄。

她没有因此而放弃理解那些人之所以支持或者屈从于纳粹德国或共产主义国家的理由。尤其对于共产主义者，她愿意承认他们所汲取的精神力量——就是英雄主义——他们在汲取精神力量时既怀着向善而行的确信，同时又秉持着历史决定论，因为它说服他们相信自己的行动顺应了历史发展的方向。她也很快明白是怎样的胜利者精神为工人共产主义者提供了信赖苏维埃国家现实的可能性，以及怎样的非现实的豁免权使得他们看不到地域距离。可是她完全看清了——她是最先明白这一点的人之一——"劳动者的祖国"这个巨大的谎言，实际上就是毫不关心无产阶级解放的冷酷无情的官僚主义机构。在1937年的工联代表大会上，她惊愕地听着苏维埃代表团委婉却厚颜无耻地解释说最后一批被枪决的人是对"法西斯主义前卫队伍"的清算：令她惊惧又恶心的血腥愚行。她的观察力无与伦比，她观察到苏联那些共产主义者为确保对其他左倾国家的控制而使用的手段：操纵会议、推迟表决、哗众取宠。她本能地站在少数派那边，他们拒绝膜拜苏联，拒绝在听到《国际歌》时举起拳头。她早在1934年给戴维农夫妇——圣艾蒂安的教师工会会员，自她到达勒浦依市就与他们结下了友情——的信中就写道，如果不与那些正准备"支持俄罗斯发动一场小小的战争"的人结成友谊，似乎不可能进行反法西斯斗争。

批判的距离从而伴随着她的一切行动。当她出发到西班牙去时，她始终忠实于阿兰的教诲，对后者而言，战争是荒谬和悲惨的经验，是比她公开声明要消除的一切恶行都更加严重的恶。然而，她也从阿兰那里学到了痛恨，痛恨贪生怕死之徒、后方的浮夸英雄主义、在不面对枪林弹雨时才有的骄傲自大。他自愿作为普通士兵参战。她在西班牙也如此这般地照做。对于那些指责布鲁姆怯懦软弱的人——她赞同布氏的不干涉主义政策，却也同他一样感到痛心——她的回答是若仅仅为了证明自己不是胆小鬼，那么总可以冒着生命危险与"同志们"站在一起。他们并没有因而逃脱她严厉的批判目光。在一次执行任务之前，她躺在被战火烧灼过的西班牙土地上——她认为会是最后一次任务，因为她知道这是一场毫不留情的战争，她看着蔚蓝的天空，思考着她认为的自己的合法死亡：她使自己，她想到，成为抛洒热血的战友们的道义上的同谋。

她受到的哲学教育已经帮助她做好了进行距离训练的思想准备，可是最令人惊叹的是她无比热情地实践着距离。人民阵线的诞生令她内心喜悦万分，因为它是工人自豪感的出生证明：人类尊严的一次胜利。然而也是内心掺杂着审慎的喜悦——她知道"社会机制的结构"依然完整无缺；甚至时而夹杂着失望，每当她想起与苏联结盟的时候；总之带有些许悲观地看待未来。她的内心始终存留着双重的怀疑：怀疑词语，她字斟句酌地筛选着所有的词语；不信任团体组织，所有的团体组织在她眼里都令人怀疑。

词语：她很注重避开词语的虚假闪光。因为有些词语，人们仅仅只是心惊胆战地触及它们；有些词语令人误解，它们愚蠢地强调种种热情；有些词语如钢铁般坚定或木材般生硬；有些词语如蒙戈尔费埃热气球，点缀着干枯的大写字母，例如革命一词，甚至在马尔罗的那部动人的《人类的命运》（Condition humaine）中都是华丽的假象，她认为书中唯有卡托夫这个人物可以得到拯救。有些词语既恶意挑衅又空洞无物：希腊人和特洛伊人，他们为了一位名叫海伦的女子那双真实美丽的眼眸而战斗。在所谓的工人革命发生之后，当看到工人们还是如同以前那样听人使唤，那么为革命而死又意味着什么呢？有些词语具有欺骗性，例如"天意"或柏格森的"信仰"，"一个高档的粉红色药丸"。有些词语宣扬着物种不变论的蠢话：例如"永恒的法兰西"，总是被滥用地指称为启蒙时代的法国，而不是黎世留时期的法国，因后者以强权奴役著称。又或者永恒的德国。为了试图——在《希特勒主义的起源思考》(*Réflexions sur les origines de l'hitlérisme*) 一书中——抹杀掉永恒的日耳曼人——纳粹暴行的基因祖先——这个形象，她绕了个大圈子，谈到了她在塔西佗的《日耳曼尼亚志》里发现的举止随意、性情温厚的日耳曼人，受到以残酷著称的罗马帝国压迫的日耳曼人。她得出的结论与民众心理学的所有概括性论断截然相反，她认为历史这本登记簿并未一劳永逸地为诸国分配其最终角色。

此外，她却步不前于一切融合性事物，一切令人相信大家均为相似者的事物（合唱、集体朗诵），而其实只需有人人平等（人人都是主人，人人承认他人的主权）的意识足矣，这令她小心防范着信仰的奇妙冲动。她发现并痛恨到处都是从属关系，从属于自身之外的某个东西（祖国、阶级、某个集团）。她坚持认为那个人，那个把聚集的秘密（否则人类思想的火花就会熄灭）告诉给人类的人，那个人所带来的革命在历史上可以与铁、车轮、原始工具的发现相提并论：因为团体就是偶像崇拜和专制暴政之处，它制造了集体激情，它不拘形式地把敌人局限于另一个团体、另一个民族、另一种信仰之中。它一旦公开发表意见，就把那些意见强加给它的成员，无情地惩罚一切异端分子，以及开除永远因此而落得臭名的人。对团体的利害一致性所持的这种保留态度——她觉得它可能会鼓舞人的生活——或许提供了关键线索，用以解释她那强烈的陌生感和流亡感，将她与那些她感

西蒙娜·薇依

到自己内心对其怀有友情的人分离开来：托洛茨基，人民阵线成员，她最后日子里的天主教徒朋友，戴高乐主义者。不过，虽然她渴望参与和被他人接受，但是却因为想到了那个象征着与普遍性相分离、令批判精神消失的温室（温暖的茧）而心生厌恶。

　　这个意志，即永远不会放弃批判精神和自我反驳的黑格尔式智力锻炼——"我的一个想法，她曾说过，我必须否定它，这是我尝试它的方式"——这个意志挽救了她的极端主义倾向。这位绝对主义者也是一个务实的人。她明白而且承认社会民主丝毫没有干革命的强烈愿望。她承认无法立即让殖民地获得独立。她对工程师贝尔纳承认，现代工业的某些要求并不依赖于任何政治体制。她知道不能同时做所有的事情，她解释说斗争具有局限性。当她在探讨那个经典问题，即改革是在削弱还是在锻炼革命意志时，是为了得出"视情况而定"的结论。"情况"这个词语说明了一切。希特勒入侵布拉格促使她修正了不妥协和平主义，它曾经没让她把对犹太人和共产主义者的迫害视为大害，还曾经考虑与纳粹德国和解。宣战纠正了她对"法兰西爱国主义"的反感，她一直厌恶佩吉[*]作品里的这种爱国主义：不幸让她重新找回了祖国，于她而言，这个祖国在1939年之前不具任何现实感。她曾经表现得不相信过去或传统，认为它们维系的是晦涩难解的冲动情感，在1940年面对"感觉一切都与自身毫不相干的法国人的难看场面"时，她重新发现了丰富生动的习俗宝库以及能够使用布列塔尼方言、洛林方言、普罗旺斯方言的代价。然

---

[*] 佩吉（Charles Péguy, 1873—1914），法国作家和诗人。——译者

而对形势力量的这一赞赏丝毫没有冷却她的热情。而是发展为悲观主义的唯意志论：当一个人决定采取行动时，她说，可以"在行动层面上毫无困难地让希望保持完好无缺，亦即那个批判的研究表明其几无根据的希望"。那正是勇气的精髓所在：精神上的勇敢，而且也是身体上的勇敢，她的整个一生做出了如此诠释。

* * *

对于这样的个性而言，生为女人绝非好运。在她试图到工厂应聘女工时，她甚至强调指出身为女人特别不幸。一进入阿尔斯通工作，她就发现女工们被禁锢于最机械的工作中，受到特别粗暴的对待（在她留下的关于女工生活的那些速写中，最引人同情的就是冻僵了的妇女们在雨中等候工厂"正式"开门，而她们本可以进工厂里避雨）。由于在这种从属关系上还添加了婚姻依附关系，它令女性遭受着"夜之忧愁"（她援引索福克勒斯的表达）以及丈夫的心血来潮，女性承受着双重的奴役。有时候，西蒙娜·薇依的文章中甚至流露出自己意识到的特殊威胁，女人们所面临的岁月流逝的威胁：厄勒克特拉*——她为罗西耶的工人们讲过这位女性的悲惨故事——不仅仅是杀死她父亲的凶手们加诸她身上的那些虐待和羞辱的受害者；对她来说最糟糕的是她感到了焦虑，那种生活太过艰难困苦的妇女们的焦虑，那种感觉自己在快速衰老、已经失去鲜活青春、变成一个"无年龄的人"的焦虑。

---

* 厄勒克特拉（Électre）是希腊神话中阿伽门农和克吕泰涅斯特拉的女儿。——译者

不过关于女性的评语都是昙花一现。西蒙娜·薇依的世界是男性的世界。她为自己的女工同志们勾勒的肖像缺乏热情。她挽救了两三幅不属于"流俗"的"强颜欢笑的伤感"肖像画。这是因为在她看来女性属于不坚实的絮状的魔幻世界。她赞赏那则民间故事里蕴含的博大精深的智慧，故事讲述一个贫穷的渔夫希望自己成为领主，接着希望自己是国王，接下来又希望自己成为皇帝、教皇，甚至想做上帝，然而并非他自己有了这些怪诞的梦想。其灵感来自他的妻子，她唆使他走上了疯狂之路。总是女性怀着无穷无尽的野心；因为男性的评价标准是工作——可以经过十分精确的测量——而女性的评价标准则是诱惑力——确实是从来都无法测量的。因此她宁愿超脱于一切诱惑关系，以粗犷的男性同胞为伴。当她在圣克卢找工作时，她碰到了两个钳工，与他们的交谈给她留下的不可思议的印象是自由，她评论道，她是多么不同寻常地从充斥于人生尤其是充斥于女性生活的苦难中解脱了出来。与钳工的那次交流让她感觉自己所见到的不仅是阶级分离的消失，还有两性分离的消失。阿尔斯通的经历也向她揭示了这一点，在乌尔姆街的确不易觉察，在她的工会"伙伴"们身上也并不那么明显。在工厂里，她觉得那令人无法忍受。

她讨厌别人把她当作女人：有一个备受喜爱和令人钦佩的数学神童做哥哥是其童年生活的一个深刻特征。她很快确信——并非略带遗憾，而是随着"无尽的绝望"——自己比不上哥哥，而且在意识到兄长的天赋之后，她永远地将真理归于男性阵营。因此对自己身为女性的不满油然而生：她的双亲很乐意叫她西蒙,她在写给母亲的信中都署名"敬爱你的儿子"。在她与居斯塔夫·梯蓬通信时她使用阳性[*]:"我没有受洗。"1928年夏,她力求到曾经设想以男青年的志愿工作替代兵役的皮埃尔·塞雷索尔[**]的国际志愿服务社应聘,以便与男人们一样在那里做土石方活儿。在她得知那里只征用女炊事员后就放弃了。

她在经过深思熟虑之后高傲地拒绝了女性气质,应该以此作结吗?她的那篇讽喻性短文几乎就是这个意思,她在文章里提到了发生在卢森堡的一桩神秘事件——碰到了一个暴露狂,侵犯?——她坦白地说有可能成为他人欲望的对象引起了她"全然无法克制的厌恶和羞辱"感。甚至是相互之间的需要和欲望也是对其对象的侵犯。她围绕着那些让性关系变得可以忍受的条件(青春、异性恋)打转,甚至离奇地希望,当性能力变得"不可能且不合时宜"时,科学会发现其替代品。她并不全然否认将爱情的喜悦与工作的快乐相提并论的想法。然而却有着如此多的条件!当然是忠诚。还有贞洁。她最爱的乌托邦梦想就是想象创立一个两性混合的修会,没有徽章和制服,专心致志于融入其集体而不是救助他人:"罪犯关在监狱里,工人们在工厂里工作,农民们在田间耕作。"这些男人女人们必须发誓要甘于贫苦与服从,还有贞洁:性欲是个机制,应当任其自我衰退。到底出于什么原因呢?这是因为它损耗人的精力。肉体并非本质

---

[*] 法语中的名词、形容词、过去分词等有阴阳性、单复数之分,分别与它们所修饰限定的对象保持性数一致,此处的"我"即"西蒙娜"是女性,"受洗"这个过去分词应为阴性,但是她却使用了阳性形式的过去分词。——译者
[**] 皮埃尔·塞雷索尔(Pierre Cérésole, 1879—1945),瑞士人,工程师,和平主义者,创建了国际志愿服务社(Service civil international)。——译者

不纯（西蒙娜·薇依的纯粹论并没有发展到诅咒性别的地步），却是个多余的障碍。

不过还是可以坚持认为她没有放弃身为女性的意识。而且认为她所鼓吹的顺从，被动地等待——这位女激进分子在其中看到了人生的最高点，是一种性别屈从。事实上，如果认真看待她用来描述顺从的那些形象，那么任何顺从都是性别屈从。以恳求的姿态跪在一个人面前，这或许等于把自己的头搁在双刃剑上，可是在那个被恳求者（一个男人，很显然）身上，这也意味着接近生命的本源。她选用的词语足以说明这一点：为了如同圣母迎接圣灵般地接收到神圣的气息，灵魂必须变成"花托"。"如同在动物的皮肉内产卵的寄生虫，她写道，上帝在我们的灵魂里放了一个精子，精子成熟后就会成为祂的儿子。"每当她提起上帝的恩典时，她的笔下就会出现"精子"的隐喻，以及"子宫"的隐喻，"子宫"用来描述灵魂的顺从。某些忙于收集这些供词的批评家们获得了胜利：她，骄傲的女人，从其罪孽之处被挽救回来了。如果她接受了女性的境遇，不曾逃避肉体接触，生过孩子的话，那么她就会少受些剑与男性生殖器之类的意象的折磨，因为她从中看到了它们与神性和王权的共同性，而且她也会更少受到妓女与异装癖者*的困扰。

从这些形象和言辞中太容易解读出禁欲者的回归。女性们给予西蒙娜·薇依的是恐惧——厌恶与迷恋混杂在一起——身为女性。然而犹太人给予她的也是对身为犹太人的恐惧：她曾

---

* 此处指男同性恋中扮女性的那个人。——译者

对居斯塔夫·梯蓬说过她不知道作为犹太人,其本质是什么,总之犹太人不是一个种族,而且谈到宗教,那肯定不是犹太人自己的宗教。事实上,定义、决定、封闭人类的一切事物都令西蒙娜·薇依反感。其全部著作可以解读为对帕斯卡尔的那个著名片断的评述,帕斯卡尔首先在片断中指出美、智慧、才华都不足以作为人的定义,然后自问:"如果这个自我既不存在于肉体也未存在于灵魂之中,那么它到底是在哪儿呢?"与帕斯卡尔的这篇未被援引但却必然经过长时间思考的文章遥相呼应的是她在《札记》中的形式各异的拒绝,远非对女性气质或犹太人身份的拒绝,而是拒绝个性。同理,她说,因自己的镜中形象而狂喜的美女在同意将自我简化为该形象的同时就是在贬低自我价值,同理,丑陋的女子知道其自我价值多于她的外在表现。多于,这意味着什么?绝不是一种特质,而是绝对能够说"我"的能力。虽然极端的不幸有可能会破坏该能力。因此应当消除那个严重幻觉,那个令我们误以为自己的个性就是对未来的信赖的幻觉。并且希望——她自己的希望——成为一个无性别的人,而且还是一个无名、无身份的人。

　　有时候,她对个性的全然拒绝令她变得盲目:她分外轻视男性在历史中的作用,以至于她低估了列宁(她更喜欢把他的错误归咎于布尔什维克主义的本质)和希特勒的重要性,她拒绝把后者视为妖魔、狂人或野蛮人,而仅仅是这种非人逻辑的一个媒介,该逻辑想要人人都能在任何有指挥权的地方进行指挥。不过,她赞颂这种无个性的确有着强有力的理由。长期以来,她一直说假使有上帝的话,那么祂应该是无个性的,并且得到圣迹观的否定而非肯定。她坚持认为美，如同数学真理一般，是无个性的。凡美之事物皆无名：单旋律圣歌、《伊利亚特》、罗马教堂、几何学的发明。那些伟大的作品，在它们被签署了名字之后，它们身上的自我就闭口不言了：索福克勒斯、莎士比亚的确是实际存在的人，然而他们的作品无限地超越了其创作者。

这就是循环的原点：西蒙娜·薇依的一切拒绝的目的都是为了从灵魂里倒空属于个人的个性，正是为了事先做好和不具人格的善与美相遇的准备。然而这个坚决强调抹去"我"的主张说明了她所从事的这一事业的困难：仅仅因为这个"我"始终存在着，所以它才会遭到如此顽强的抵制。而且她周围的人没有谁能够忘记她那苛求、滋扰和讨厌的个性。人们在乌尔姆街的学校走廊里躲避着这个手中拿着请愿书寻求赞同和签名的执拗的高个儿女孩子。在中学里，那些亲爱的同事们，以阶级斗争的语言作为其可怜的涨工资要求的外衣，他们知道她瞧不起他们。那些女工们，她突然来到她们的家中想看看工人阶级是如何生活的，她们厌恶这样的惊扰。她令自己的双亲长期生活在苦难之中。她使朋友们的生活复杂化，因为她不顾一切地想让自己置身于不舒适的境况。她的强硬而固执的选择，她那些不容置辩的钦敬与憎恶，令所有人不快。她毫不妥协、坚强不屈地反对人们常常给予她的恭顺形象，而且还提醒说她是一个年轻女人，一个十分年轻的还有着年轻人的偏执激情的姑娘。没有人比居斯塔夫·梯蓬更清楚地意识和感受到这一点。当她想在圣马塞尔－达尔代什的乡下工作时，他曾招待过她。她拒绝他为她准备的小房间，坚持睡在露天下，造成了梯蓬一家人的混乱。他生气了，最终把她安置在河边的一座几成废墟的房子里。村里人于是谣传他把自己的情妇安置在那儿。他评论说她对他人的意愿无动于衷："她不容许事件的进程或朋友们的好意来撼动分毫由她的自我牺牲意愿所奠定的根基。在其虚无的四周设置岗哨，该方法还是体现了她对自我的异常强烈的关注。"她身上的"我"，他下结论说，虽然被抹杀了，然而却始终被"强调"着。她对自我的强调有时候幼稚得可怜：当驻扎在伦敦的中央情报和行动局舍她而选择她的朋友西蒙娜·戴兹去敌占区执行任务时，她暴跳如雷地想让人把这个任务让给她，她跺着脚发着脾气，却一无所获，而当这个任务被取消时，她嬉笑着表示满意。

甚至连这种召唤的世界观都在表明其信心，在那个化身为无名群众的人的作品中，对唯一有待完成的使命的信心，即恩典将降临于一个名叫西蒙娜·薇依的人身上。这个献身的人，被上帝指定的人，被祂置于服从于召唤的必然性中的人，放弃了所有个性吗？非常可疑。1942年，在她离开受难的法国去美国之际——对于这位从来不想与法国分离的女性来说是个残酷的两难困境——她向佩兰神父吐露说"某个声音要她走"。确切地说，这个"某个声音"是什么呢？她自己消除了自己的疑虑："由于我绝对肯定这不是感觉，所以我全然信赖它。"绝对肯定：在此解读出她的坚定和骄傲。西蒙娜·薇依放弃了一切，在极端被动中等待着，不过这也是一种迫使上帝降临的方式。其悖论在于这个如此不断地被羞辱的"我"认为自己甚至能够强迫上帝自己。拒绝一切，不过这是为了接受一切，这就是灰姑娘玛丽的教诲。在这样的启示下展开阅读，最后那篇可怕的致上帝的祈祷并非哀求，而是一种实力的较量。

她知道这一点，因为她全都知道。她比任何人都更加理解殉难那令人眩晕的飘飘然之中所包含的骄傲，理解那种为了更好地解放灵魂而摧毁肉体的急切。她能够认出自身的这种骄傲倾向，这种刻意的严厉，这种洒脱的虚无感。她曾公开表示不应该寻求痛苦，而是承受它。应该迎接死亡，但是排除——她在格洛斯夫诺尔疗养院的最后时光给世人留下了一个疑点——自杀。她认为是异教把节制饮食的概念置于其思想中心，勉为其难地认为基督教以剥夺观取代了节制观。已经习惯于看到她一一列举节约生活必需品清单的读者们揉揉眼睛。她自然也感觉到了其中的矛盾并勉勉强强地尝试解决该矛盾：她生活的时代，她想到，是一个知识分子注定会无节制、感官与意念失常、荒谬与怪诞盛行的时代。因此她只能通过个人节俭来平衡这个时代的无节制。可这是为了即时改正：甘于贫苦，是的，然而却是通过以节制为目的的方式。

博絮埃曾说过，所有在思考的人都是异端分子。这个思想既精益求精又坚持不懈，时时闪烁着光芒，永恒地波动着，由此可见西蒙娜·薇依是地地道道的异端分子。置身于一群信徒中间的政治异端分子。宗教异端分子，上帝——一个隐匿于世的上帝——的信女，她很可能给可怜的佩兰神父留下了一些惊喜，因为后者分外相信她做好了皈依的准备。从另一个星球坠落到这个世界的异端分子，难以捉摸的天才人物。阿兰，正如他时常做的那样，曾经简练而完美地如此表述对她的看法："一个火星人"。

西蒙娜·德·波伏瓦

西蒙娜·德·波伏瓦于1908年出生在巴黎的一个中产阶级家庭。1929年，她通过了哲学教师资格会考，并开始了与早在就学期间邂逅的萨特之间长达半个世纪的伴侣生活，二人既是做学问的伙伴又是感情生涯的伴侣。她与他不会再分离，也不会再与这种主观自由的哲学相分离，该哲学被命名为存在主义并很快受到普遍欢迎。萨特和波伏瓦是存在主义国度的国王，两人在法国解放后成为双子明星。他们的政治道路同样密不可分：一直到1945年以前两人都很少介入政治生活，这一年他们创办了以介入文学为纲领的《现代》，他们随后走上了法国进步主义的典范道路：首先是共产主义者的同路人，一直到1956年，接着为阿尔及利亚的独立而积极战斗，最终在1968年的法国五月革命后靠近极左分子。她本人越来越激进地投身于女性主义运动。西蒙娜·德·波伏瓦的作品十分丰富，可分为三个序列。首先是一组小说，自1943年发表的《女宾》(*L'Invitée*)直至1968年的《被遗弃的女人》(*La Femme rompue*)，其中还有

女性的话语

获得 1954 年龚古尔文学奖的《名士风流》(Les Mandarins)，这是她最完美的作品，讲述了法国知识分子在二战结束、法国解放不久后的集体幻灭。接着是一段持续时间较长的自传创作周期，始于 1958 年的《一个良家少女的回忆》(Mémoires d'une jeune fille rangée)，以 1972 年的《清算》(Tout compte fait) 告终，又加长到讲述萨特之死的《告别仪式》(Cérémonie des adieux)。最后是一系列的论文，其中包括了著名的《第二性》，它用来解释女性是怎样被历史而不是被本性简化为低等人类。这本引起世界反响的书，以改变了女性的生活和视角而著称，它令人明白了作者 1986 年过世时引起的大众的激动情绪。

西蒙娜或渴望

　　这位女性是本书介绍的十位女性中的最后一个,她传送着一个她很乐意让其他九位女性受益的满满一个褡裢的诊断、告诫和建议:可以将西蒙娜·德·波伏瓦的作品视为由女性的心灵、身体和精神挥洒而成的巨幅信笺。她会使迪·德芳夫人明白她的红金色沙龙不是真正的创新:仅仅是一种替代活动。使罗兰夫人这位典范女性明白自己并未拥有一位"历史代理人"的尊严。波伏瓦会恳求伊莎贝尔·德·沙里埃不要赞同麻木愚蠢的婚姻。德·斯塔尔夫人因为主张女性心中的荣耀与幸福相互对立而令西蒙娜恼火不已,她会劝告前者既要保持距离(她如何看不到《费德尔》*的夸张文笔招致了自己想象的仰慕者们的嘲讽呢?)又要积极参与:最好忘我地为姐妹们而战斗。波伏瓦对那位伟大的乔治·桑没有什么柔情,她会希望乔治·桑不要那么多愁善感,不要那么沾沾自喜,也要有更多的追求。她赞扬于贝蒂娜的投票权斗争,不过她会指出其议会斗争的无希望和狭隘性。她向科莱特借鉴了许多用于描写女性之间枯燥乏味和单调重复的封闭世界的东西,她明确地批评了后者沾沾自喜地把自己紧闭于这个小世界里:为什么那么关心动物、植物、小饰品和梳妆

---

* 17世纪法国剧作家拉辛的代表作之一,这部悲剧创作于1677年。——译者

打扮，却极少关注广阔世界呢？在所有这些女性中，德·雷米萨夫人的生活最循规蹈矩，她根本无须什么获得幸福的建议，却极有可能令波伏瓦感到困惑。众所周知西蒙娜·薇依，因为她追求不幸和侮辱而的确令波伏瓦困惑不已。

幸福，她本人就有这样的执着想法："我唯一的事务"，她说。在她生命里的每一分钟——如果以这本《战争日记》(*Journal de guerre*)作评判，那么她的读者有机会在日记里凭借经过该书小心翼翼地再现的日程表这一生命中从不骗人的东西来认识她——她在对自己作详细检查。真实的幸福吗？仅仅有稍许幸福？根本不幸福？她度过的那个瞬间的确切色调是什么？有趣的、令人不快的、可以忍受的？然而，对于这种急躁而执拗的探询，这种她稍稍欠缺洒脱就可能会让幸福的清新感觉从身边溜走的探询，她几乎总是做出快意的回答。她本能地厌恶自己所不得不接受的消极或纯约束性的境遇。她长久地怨恨乔治·艾略特没有为《弗洛斯河上的磨坊》里的玛吉构想一位青少年时期的热情女伴，没有构思一个幸福的结局。至于她自己，她深信在某个地方始终有一个幸福的结局。她认为可以通过提前设想那些境遇，那些应该在其中安排自己"几乎无内容"的生活的境遇来避免不幸：她早已预见到赤贫、孤寂、疾病，甚至是被驱逐出左岸这个几乎无法承受的不幸。她相信自己总能"在黑暗中设法前行"。即使不被人爱，即使不值得被爱，仍然还有文学和呼吸的单纯愉悦。有了好书，"所有这一切都如此真实和实在，我们永远不会缺乏这些"，有了钢笔、杏子酱以及只要稍微还能呼吸到布雷亚街上的空气，在"令人愉快的"时刻收集到一则"有趣的"逸闻故事，就不可能发生任何真正悲惨的事情。她没有那种自发的集体不幸感：她在签订《慕尼黑协定》之后欢呼雀跃（"不幸，她说，永远不会发生在我身上了"），而且在1939年反复说战争不会爆发。"不会发生在我身上，她听到一个顽固的声音在低声耳语着。"她由经验中得知悲哀的情感很快会离她而去：她坚持得到满足，几乎总会成功。

以前的情况并非总是如此。由其作品可知她是在无休止的麻木中度过了童年，如此阴郁，如此循规蹈矩，以至于她差点因此而窒息。早在《回忆录》之前，她的第一篇小作品就是对自己青年时代的讽刺小品，得以从中解脱的方式。她厌恶自己的童年，对她而言的完全严酷无情的年月；然而她的读者却难以想象她在精神上被遗弃的情形。波伏瓦一家的确是中规中矩的家庭。可是父亲带小女儿到法兰西剧院，以她的优秀学业为荣，他喜爱文学，而即使有些书籍属于家庭禁书，它们仍然摆在那里，在书架上，在伸手可及之处，而且因为被禁止阅读而显得更令人读兴大发。母亲是虔诚的教徒，不过父亲的无信仰足以说明其他选择的可行性，而且小姑娘自己也牢记住《福音书》里的有益教诲，特别是一种强烈的平等感。"交往"具有可悲的可预见性，无趣的社交活动，在有客人拜访的许多场合里，她必须静静地、忍耐地、僵直地坐在椅子上等待，可是这是当时有产阶级家庭的孩子的童年的共性。学校的课程没有任何激情，讲课的老处女们不谙世事。不过，至少，家长们不得不承认这样做的必要性，姑娘们必须有个工作；西蒙娜很早就知道必须工作，并且从这种确信中汲取到认真的求学态度和学习的乐趣。最后，在所有这种阴郁的

女性的话语

气氛中，还是有一些如利穆赞*这样的奇妙之地以及她的女朋友扎扎这样的妙人。不，这并非一个失宠的童年。可是在这位成熟女性的轻蔑目光中它变成了一个不幸的童年。她反复述说在自己十岁甚至可能在两岁时一切均已定型。她自己人生历史的周岁却是在 20 岁，在她走出了盲目而沉闷的家庭环境的那一年：地地道道的出狱。《回忆录》开始于她的出生，然而生活的奇迹在 20 岁展开。在二者之间延展出一片被嫌恶、遭敌视的区域。

由于在她的传记中找不到什么可以解释这种强烈否定童年的依据，读者们怀疑她编造了一个受压迫的过去以便更好地突出随心所欲的自由的价值，为她极为心甘情愿地高举着的解放大旗染上英雄的色调。读者们有时候觉察到在这位规矩而又备受疼宠的少女的《回忆录》里回顾性地上演着对有产阶级的憎恶。然而这并非重点：如果呈现在孩童面前的世界在她看来如此狭隘、如此僵化，那是因为自一开始她就想要一切。有着这样的精神倾向，即使最小的阻碍都会变得令人厌恶，一个普通的准予半夜 12 点回去的外出都令人感觉备受侮辱，而一切被拒之物、任何身处规范之外的人都带有一种不可抗拒的吸引力：在她准备教师资格考试时认识的三位大学生中她选中了萨特，或许不仅仅因为他那令人快活的魅力，也因为他的坏名声。萨特被认为是"三人中最可怕的人甚至被指责酗酒"。这轻而易举地征服了大胆的西蒙娜的心。

因此我们从《回忆录》里的这位年轻女性身上看到的不是

---

* 法国中部的行政大区名。——译者

中产阶级的畏畏缩缩而是迫切的渴望。在照片上，两岁半的西蒙娜已经显露出独立的神态：很显然，这个小姑娘不乏创举。她是一个急躁的人，一个易怒的人，怀着突然爆发的欲望和令人窒息的激情；一位喜欢让她的妹妹俯首帖耳于她的意愿之下的女暴君。她将这把区分善恶、猛地将世界一分为二的火之剑归因于自己家庭的因循守旧的道德。不过，她从小时候起就赞成这种教育：她本人仅仅分外倾向于在自己喜欢与不喜欢的事物之间开辟一道鸿沟。她喜爱的这些事物激发了她的无穷欲望，她狂热地追求着它们；她有一种强烈的甚至几乎是痛苦的必需充实感。当她在利穆赞度假期间，她已经梦想过或者说计划走遍和看遍整个法国乃至全世界，不漏掉哪怕最小的草地和树林。她失去理性地、迫切地想"拥有大地直至天涯海角"。

奇迹在于这些愿望，"人生这座要经历的金矿所做出的这些许诺"全部都实现了。这有赖于她自己的天赋，也有赖于运气。在她的汇总报表《清算》这部书里，她总结了自己的一生，读者们惊异地看到她努力地设想千万种不同的未来——而且不那么令人愉快的未来，这些未来有可能在她15岁时向她敞开，而且永远都只存在三种可能性：她可能会生病，不得不中断学业，未与萨特相识。难道她是有意识地如此列举这三个宝物，一位善良的精灵曾打算赋予她的这三个宝物吗？健健康康的身体使得她可以完全填满一周五个工作日和周末的工作时间与闲暇时间，在阴沉的天气里或在熬夜之后能够神采奕奕地露面，每天早上重新恢复活力。成功的学业确保了她的经济独立：在她这位年轻女教师一到达马赛，当她站在圣夏尔火车站高高的台阶上时，她迅即明言这种独立是一切的关键，这种情感带来的引以为傲的没顶幸福足以填满她的心灵。最后是萨特对她的持久的爱，永恒的爱，可以郑重其事地告知："您不是个愿意做出改变的人。"生活很早就赠予她的这三个礼物：因此20岁的西蒙娜认为自己可以实现这个梦想，她将之给予了自己在《女宾》里的分身弗朗索瓦兹：既成为一切，又拥有一切，同时也无处不在。

而这一切因为她自知为了追求幸福（这是她的作品、信笺、日记的主旨）就要好好武装自己而愈加出色：她有着攫取瞬间快乐和日常生活色调、充分利用一切的纯朴天赋。因此她把任何发现都变成了一次兴高采烈的探险（她的文章强调着胜利的"第一次"：第一次去威尼斯，第一次到希腊，第一次骑自行车，第一次坐飞机），既善于品味美丽星空的清新，又会欣赏咖啡馆的温情，喜欢大部头的书和丰厚的礼物，可以步行数公里，狼吞虎咽地吃着耐嚼的食物：她眼里的世界就是面包片夫人*的宫殿，等同于无边无际的渴望。随着岁月的流逝，生活不断地呵宠她：没错，她将会游历印度和皮卡第、美洲和孔佛朗泰，她将会以勇敢和天真的旅游者身份穿越过那些爆发革命的土地，古巴、中国、阿尔及利亚，随处的所见所闻都是她决心看到并相信的，她将与卡斯特罗握手，她的名字会被所有人提起，她美丽的面容将出现在所有人的回忆里。那些阅读她的作品的女性们，陶醉于她的榜样和形象之中，她们都会相信——条件是她们相互满足，

---

* 面包片夫人（Dame Tartine），或称塔尔提娜夫人（音译），是一首法国儿歌的歌曲名称及主人公，儿歌里提到了黄油、果仁糖等许多儿童喜欢的食物。——译者

这个条件似乎无关紧要——能够受益于同样的运气，她就是这种运气的保证和象征：因为她会成为被人模仿的对象，她的著作将受人钦敬，她20岁时的最美好梦想终于实现了。

令人惊讶的是命运的纵容并没有熄灭她内心对发现的渴望。始终处于饥饿状态的波伏瓦从未得到真正的满足。由此也说明了她的观点与写作的独特性。与把世界封闭于神甫的花园的科莱特相反，她喜欢看到世界如同一个大型的驯服动物般延伸到自己的脚下。还是小姑娘的她就曾骄傲地把自己视同为公园里的一株橡树，怜悯自己脚下的那丛孤立而不具特色的小草。在她的一生中，没有什么比全景更令她陶醉的了。翻开她一页一页的《回忆录》，多少个她勇敢登攀过、征服过的山峰（她身后的萨特骂骂咧咧地拖着沉重的脚步）、悬崖和高地啊！由上可见，这位女登山运动员产生了一种熏染若醉的占有感。并且由于与观看相比，她更擅长言语，所以她永不疲倦地列举那些出现在其视线下的一切。她这种狂热地扳着指头一一举例的方式多被嘲讽："我们去了阿格里真托，我们重游了塞捷斯塔、锡拉库萨，我们走遍了阿布鲁佐"；还有她借助于词语所表达的专注而幼稚的探索方式："我认出了半圆拱、扁圆拱以及加高的、中空的、多波瓣的拱门"；全然拙于联想，她试图通过重复来避免这种笨拙：这是，有人恶劣地说，蓝皮指南书*美学。的确如此：她酷爱蓝皮指南书，以夹杂着忧郁（我无法把一切看遍）和狂喜（如此多的事物要看、要捕捉、要拥抱）的方式提及它。在她看来，说出

---

* 蓝皮指南为法国阿歇特出版社出版发行的旅游指南丛书。——译者

301 事物的名字是有必要又有创意的，列举是她的小毛病：在她的笔下，列举不仅表现出她的笨拙，还体现了她对美食难以餍足的渴望。

她足下的所有这一切财富不是被赐予而是她艰苦征服所得，这对于这位自童年起即被教导一切都理所当然的女性来说是个事实。不过请看事情是怎样得以解决的：艰难的征服是乐趣的一个必不可少的组成部分。从飞机上俯瞰到的全景或许更加完美，可是它以着几乎是不道德的方式献出了它的辉煌。最好是经过艰苦努力后赢得的地面景观，而首先就是对它实施步行盘点：一走出机场的大门，她冲到纽约的大街上，一直走到筋疲力尽。这种热情总是令她的幸福感倍增。在《岁月的力量》(*La Force de l'âge*)的正中间，她突然停住了：而如果读者由于日日夜夜地跟着她，听她一个接着一个地述说自己的旅行、相遇、晚餐、在露天座饮酒或闲谈，有时摇摇晃晃地走回家，因而将得出结论认为她不工作？她一心想要读者们知道她的每本书都花费了她两到三年的时光，在这段时间里她写作、重写、删减、修改，每天都要坐在她的书桌前数小时地忙碌不停。然而最值得注意的是这一切劳动都仍然是一种乐趣：她更乐意相信辛苦换来而不是平白得到的幸福，相信由合乎道德、有所奉献的辛苦所带来的发现。

因此，努力、工作、愉悦、观看、创作、美妙的时刻和生命力持久的作品，她梦想了一切，得到了一切，完成了一切。不过，在编织得如此紧密的人生里有时候会出现一个焦虑不安的网眼。怎样确信已经了解一切和掌握一切了呢？ 如此的雄心壮志本身似乎会招致失败。事实上，这个雄心催促西蒙娜急躁而无休止地按照那些清单完成计划：要读完的书，那些用于自修的书，那些娱乐性的书，要参观访问的城市，要认识的人，要进行的谈话。她更加执着于不浪费掉这些展现在她面前的每一部分财富。少女西蒙娜已经梦想过她生活的最小细节都可以记录在一个巨型的她以后可以倒出磁带的录音机上。由于没有这样的录音机，她热衷于把自己的日程表排得满满的，填满那些停滞的时光并且记录下一切，次要部分和主要部分。由此说明了她自始至终进行的怪异的回收活动，其中，她一天天经历过的一切都用于好几个目的（这位规规矩矩的年轻女子显示出她已经掌握了中产阶级生活的这个秘密，利用一切）：她首先在自己的日记上巨细靡遗地记录下每天的生活（她在"做"自己的笔记，正如人们谈论一个天天做体操的运动员），接着她使用而且几乎是一字不差地在她写给他人的信件中重抄这个未经加工的素材。然后她在其中汲取自己的回忆录和小说的题材：除了细节之外，无论她如何谈论这些小说，它们都是她的自传，都自相矛盾地比回忆录更接近她的真实生活，因为在回忆录里她得谨慎对待身边的人。在所有这些文本中，各种细微变化有朝一日会成就评注家们的幸福，可是单纯的读者察觉到的主要是一位有怪癖的造纸厂捡破布女工在书中活动：甚至那些"令人不快的"日子也能够"用于"小说，甚至连地点都有好几个用处；她的朋友夏尔·杜兰在费罗尔的房子就是《名士风流》里的圣马丁与《美丽的形象》里的佛弗罗尔。不，她无须录音机：她已经积累了如此多的有关自己的资料，以至于几乎没有给自己的传记作家们留下什么空间，哪怕是最小的行动都伴有大量的记载。

最后,在这种如此圆满的生活之中,首先有爱情。爱情,有各式各样的爱情,而她没有放弃任何一种:男女之爱和女性的同性之爱,短暂的艳史和永恒的爱情。生活在自己所爱之人的身边自始至终都是她对幸福的唯一概念,而且她的作品讲述了与住在不远处的同一个巴黎街区的同一小群朋友之间的频繁往来给她带来的无止境的满足感,他们以电话联结、以谈话灌溉彼此的友情,不断地赞美重新见面产生的愉悦之情。与此同时,她始终相信真正的爱情只有一种,即那种能产生与一个人合而为一的自信感的爱情,"我的戴丽*式的小节",她说道。自21岁生日起,她已经遇见了从15岁起开始等待的酷似自己的人,当时的那位既活跃又严谨的少女曾发誓不结婚,除非她遇到了与自己酷似的男人,对他她可以写下"你是我的另一个生命"。此后,岁月在流逝,她发过誓的信念却没有随着逝去的时光发生任何改变。那些令一代代的年轻小姐们梦想的著名语句因她而获得灵感:在她与萨特30年的同居生活期间,只有一个晚上不在一起,共同的兴趣,打不破的智力与情感的双生联系。萨特对她来说就是那个除了死亡外不会出现任何不幸将她与其分开的男人。

---

* 戴丽(Delly)是法国通俗言情小说姐弟作家让娜-玛丽·珀蒂让·德·拉罗西埃(Jeanne-Marie Petitjean de La Rosière, 1875—1947)和弗雷德里克·珀蒂让·德·拉罗西埃(Frédéric Petitjean de La Rosière,1876—1949)二人的笔名。——译者

西蒙娜·德·波伏瓦

* * *

生为女人，对于一个如此渴望拥抱一切的人来说，意味着什么？幸运，还是诅咒？这个问题毫无意义，她从来没有想过。她眼中的童年境遇越看似沉重，女性境遇就越显轻快。家庭，强势女人与怠惰男人的世界，它不知道两性的等级。知识生活大概来自于父亲那边。不过，心灵生活则属于母亲的专利：她教导西蒙娜首先要关注自己的灵魂，而在上帝的眼中，任何灵魂都与其他灵魂相等，因此早在阅读哲学著作之前，这个小姑娘就已经相信人类平等。后来，在索邦大学，她的同学们没有对她表现出屈尊俯就。她根本没有将其视为对手，而是感到与其相处十分自在。若干年又过去了，她选择写作：于是她一只脚踏进了男性的世界，没有人比她更好地看清及描写因属于两个世界而得到的差不多的人种学成果。简言之，直至四十多岁，她从来不会承认身为女性就等于在性别的博彩中抽到了一个不好的号码。

因此，她撰写自己最初的作品，甚至没有怀疑过那有什么问题：每个人都必须勤勉地建设自己的人生并走出困境，而男人、女人，这完全是一回事。她对争取女性投票权的运动漠不关心。她时常缺乏最基本的妇女团结，而且当她在自己的书中谈到女性时，甚至带有些挖苦的笔调：她无休止地清点她周围的一些富有的女人、粗俗的女人、哭哭啼啼的女人、没有骨气且依赖成性的小女人。她略微反感地在这种女性气质前止步，"汪妲的房间里的一切都显出十足的女人味"：粉盒、零乱的床铺、杂乱的衣

304

女性的话语

物。被动的女人，例如她的表妹让娜，只是忙于"变成别人告诉她的认为她应该成为什么样的女人"，她们无权得到她的宽容，所有那些"一动不动地站在那儿追求她们不配得到的男人"的被弃妇女也一样。况且，这位被解放了的女子不了解那些妇女，她的女友们都鲜少过着正常夫妻的中规中矩的生活，一切都促使她相信对于人类而言只存在严格意义上的个体问题。

因此，那本造就了她的声誉的巨著《第二性》是一部偶然之作。她赞赏《理智之年》(*L'Age d'homme*)，书中的米歇尔·莱里斯如斗牛士般勇敢地把自己暴露于他人判断的牛角之下。她也曾经希望冒险写自传。萨特与她谈过这个计划后，直觉感到必然会出现一个先决问题：对她来说成为女性这个事实意味着什么？没有任何意义，"因此这不重要"。由于萨特的坚持，这位一丝不苟的学生在国家图书馆里花了两年的时间。在那里，她从一个惊奇飞奔向另一个惊奇——第一个，同时也是最大的惊奇就是发现任何开始自传的女性都必须以这个自明之理开始："我是一位女性"，而一位男性作家可以平静地略过它不提。随着阅读的进展，她的世界观也在逐渐发生变化，因为她从不半途而废。她挟带着这部巨著走出这一切。全世界都将通过这本书来评判她，而且它自相矛盾地印证了这个"无"，她冒失地从此开始白手起家。事实上，身为女性，这在本质和命运上都微不足道。可是对大多数女性而言，这个微不足道就是她们的全部，而这就是800页《第二性》所作的论证。

奇特的书，由卡片堆积而成的城堡，不过书中引人注目的不是作者的渊博学识，而是其话语中夹杂的激烈言辞——难道

西蒙娜·德·波伏瓦

是她那被习俗扼杀的女友扎拉之死启发她使用这种激情的笔调吗？——和庄重的宁静乃至心平气和。她始终坚持拥有一个身体，一具女性的躯体，这毫不阻碍她，却以一种外科手术般的精确度描写了女性的月经期和失去童贞。她从未经历过青春期危机（仅仅希望她的母亲多谈谈这个方面，而不是她的父亲，后者的幸灾乐祸令她不寒而栗），详细讲述直到那时还自由着的小姑娘发现了身体受到的令人难以忍受和令人憎厌的种种奴役。今天的读者难以想象这本书在当时造成了怎样的轰动。他意识不到当时的文学，即使是女性文学，都普遍缄默于这一流淌的血：女孩们的教科书中从不谈论它，足以想象到，即使在小说里也只能找到一些委婉的、间接的表述。科莱特自己暗示多于描写地提及女性从享有主权过渡到受奴役。波伏瓦，她则决心以一种专心致志的大无畏精神勇敢地说出一切，而不借助于任何婉言。这位说出在当时被视为下流话的女修院寄宿学生对于包括莫里亚克在内的许多人来说就是不正派的代名词；而对于以于连·格拉克[*]为代表的极少数人来说则是勇敢的化身。当然是格拉克的意见在理。而如果说她无所畏惧地继续下去，那么这也是因为在对生理给女性制造的困境的描写旁边，她摆放了使女性得以从中解脱出来的护身符。女性境遇的过度重负根本不是源于生理因素（假使情况如此，那么女性只有无休止地承受下去），而是来自于社会。正是社会把女性变成一个不完全的、次要的人。月经期也是如此："在两性平等的社会里，人们只会将其视为步入成

---

[*] 于连·格拉克（Julien Gracq，1910—2007），法国作家。——译者

人生活的一种特别方式。"阴茎在阴道中的插入也是如此：它之所以令人感到耻辱，仅仅因为它早已被纳入整个的女性低人一等的神话。总之，事实的重要性小于阐释事实的重要性，不是生为女性，而是成为女性：这句旗帜鲜明的话语依然回荡于我们的记忆之中。

306 至于她自己，她做出了一切努力以避免使自己变成女性。首先，通过拒绝她青年时代所厌恶的一切，拒绝环绕于母亲形象的一切：不仅她自己的母亲，还有她的那些包括扎拉在内的女友们的母亲，都屈膝于上帝圣父和父亲上帝的面前，得到的回报是受到一个微型专制主义的这种双重奴役。既是受苦受难的母亲，又是操纵者，既过分追求尽善尽美，又目光短浅，被那些摆脱不了的愚蠢家务活所吞噬。因此反过来，对于西蒙娜而言，没有新居，没有家居设备。与金钱保持着洒脱的几乎是神奇的关系。没有家具，没有房舍，没有套房，仅仅在晚年有一个公寓：她钦佩萨特的几无占有欲，如此之少甚至于他的最后一部著作，他连一本都没有。没有家务活：在小酒馆里写作和修改文稿，通常在外面就餐，而她的女性活动的最精彩部分就是在一个旅馆房间里准备一份黄油火腿三明治。也没有结婚，尽管萨特曾向她求过婚：可是她拒绝了，他为此略感失望，之后他们将自己的选择合理化，稍稍惭愧于曾经有过的庸俗居家生活的想法，不过高兴于自己避开了那些必然会因居家生活而增多的"义务"。没有孩子：她在《第二性》里十分用心地指出所谓"母性"的人工论以及所有那些从呵责的命令到以感情说服等迫使女性生孩子以及让她们相信是她们自己想要孩子的种种弄虚作假的理由。在生孩子的愿望里，她只想看到个体的选择，她自己拒绝了这一选择，其理由是孩子导致了千篇一律的重复性。简言之，她的选择以儆戒性的严厉勾画了《第二性》里的悲观描写的反面并阐明了她的中心论点，即女性气质，既非天性，也非本质，甚至亦非条件，仅仅是一种通过生理学数据被指明的、却总是能够通过意志和精神的力量加以改变的"境遇"。

因此这种女性可能拥有一个有所不同的生活的想法在西蒙娜那里首先是一种实践，之后才成为概念，而且她所描绘的自己的形象成为其对手们猛烈抨击的对象，他们激烈地揭露《第二性》里的精确的个人观察报告。他们说道，她时而通过自己孩童时代深恶痛绝的中产阶级生活的狭隘世界来描写女性命运，时而又从她为自己标榜的这种奢侈自由的高处俯瞰。在前一种情况下，她因过于接近描写对象而变得盲目，后者则因距离而受到蒙蔽。双重的盲目，尽管相互成为对方的障碍。她本人也曾经对此作过思考：对于理解女性的境遇，女性比男性处于更有利的位置吗？她的普世观使她倾向于认为答案为否。她随即又改变了想法：某些女性可以，她们有天赋，而且还有意志与智慧，使得她们可以踏足于男性的世界。因此略微处于边缘，她说，如同战地记者，既非全然局外又并非完全身处其中，其目光也因这种混合而更形锐利。她高兴地操纵着这种介于从属与不从属之间的摇摆不定。《第二性》里那位逃脱了无聊而重复的家务活的女知识分子令人钦佩，钦佩她令人震撼地描写了矫揉造作的家庭生活；钦佩她虽然没有走传统的老路却能够以她那毫无诗意又直言不讳的方式历数散布于路上的碎石；以及钦佩她曾经希望与男性平起平坐而且凭着自己的学识、责任和自由的确感到自己与他们是平等的,她在女性身上认出了他者。这应该是《第二性》的原初标题。

他者,然而却并非任何一个他者。如果说她在写作《第二性》的时候承认造成女性价值标准的狭隘与低俗的原因是由于禁止女性企及最高等的人类命运,英雄主义、反叛或创造,她知道这些命运对于男性而言也并非十分常见:许许多多的男人如同女性一样,他们的命运被阶级从属——比始终处于起步阶段的性别从属更无法推拒——简化为无计划、无希望的生活。因此任何特别的反抗永远都不会战胜女性受到的压迫,只有改变整个体制才能使女性获得解放。由此产生了对于女性主义的轻微优越感。由此坚信随着阶级的消亡——尽管她提及未来的社会主义时始终带有某种令人困惑的模式论——而且只有在阶级被消灭后,人类即男人们和女人们的生活才能发生决定性的变化。在等待这个革命前夜的到来之前,她满意地看到女性生活正在不断地得到改善,通过《美国日记》中对美国妇女的观察,她欣喜于欧洲女性已经懂得了显示自己"身为女性"没有任何好处,相反地,她们应该在"政治、科学和艺术等一般方面"表现出自身的价值。还有:她根本不相信这些使女性的物质生活和能动性有所进步的新成果会促使一个前所未有的意识形态世界的出现。兰波*宣告了——她为此对他表示感激——"女性无穷尽受奴役的时代"的终结:然而她不敢保证人类世界会因而发生变

---

* 兰波(Arthur Rimbaud, 1854—1891),法国诗人。——译者

化。女性，这个他者，会否认和超越自己的境遇，不过并非朝向任何一个他者。与此相反，而是朝向同一个他者。通过自我的解放，女性会拥有独立、风险、才智这些价值标准，这些早已为男性优先获得的价值标准：男性世界寓普遍于其特殊之中。

年复一年地，她不断地磨砺其判断的利刃，以至于将她作为极端女性主义者代表的说法永远是一个忠实的表述。是那部大作的动能把她推到了风口浪尖，令她承受着请愿与辱骂，使她被如此多的妇女推选为旗手吗？或者仅仅是时代精神？总之，她变了。她不再认为女性即将赢得这场胜利，也不敢保证从阶级斗争到性别斗争必会有好的结果。她不会再期望着在这场性别对抗中会看到两种意识面对面的理想主义辩论。她把女性的集体斗争置于个体解放之前。她从一些与她结交的女性主义者那里学到了不妥协。不应该放过任何东西，哪怕是最微不足道的事物：这就是她最初认为这种重新塑造女性词汇和语法的做法如此幼稚甚至是那么不适宜，最终却为其作担保的原因。她甚至发展到改变了自己原本的信心，她本来确信自己有着与男孩子同样的运气。不，她所受到的教育就是女孩教育。而且不算学业，她的境遇仍然还是"在两性构成两大不同等级集团的社会中的女性的境遇"。真的是两个社会等级吗？在这一点上，她有所迟疑，因为她生来就恐惧被孤立。

她没有放弃自己的主要信条，即每个女性都保有自己与生物学差异相关的作用。如果说她假设女性处于受支配的境遇，她的小说则致力于表明正是这种受支配的境遇，这种对于自己不可能成为主体的确定性，而并非女性气质，是造成女性不幸的原因。虽然她比其他人都更好地描写了令人悲哀的女性躯体的受奴役状况，但是她始终拒绝让身体成为两性才智差异和社会差异的依据，成为女性特殊遭遇的根本原因。她在新女性主义分化主义倾向里又看到了故弄玄虚，看到了为女性设置的新的好看的圈套。她痛恨一切对女性身体、女性气质的歌功颂德，她仇视那些把差异置于女性生活中心的女性主义者——在安托瓦妮特·富可*看来，后者也因此对她大大回报了一番。这种厌恶是解读她抛弃圣西门主义或实证主义学说的关键，那些学说赞颂抽象的大写女性，方式虽然巧妙却无法避免对女性的伤害：以特别的美德或功绩来认同女性，这意味着将其封闭于绝对命令之中，封闭于对女性显得致命的必然存在之中；她总是主张（男性和女性的）自由就在于摆脱了强加在其身上的规定性，而且她本能地怀疑所有的并非等同对待女性和男性而是将两性对立起来的学说，即使它们赞美女性的直觉、奉献精神、爱的力量和对爱情的忠贞：这些同样都是欺骗。

因而明白了她为什么从来不曾重弹"女性写作"、女性文学的老调：从预留给女性的全部活动中，她得到的印象就是令人难以忍受的狭隘。她轻视女性合作主义、美国的妇女俱乐部。当她在美国接受两位独立的、无名指上没有结婚戒指的年轻女性的邀请晚宴时，她叹息道：套房散发着单身的味道，晚餐沐浴在"一种苦涩的缺席"氛围之中，这次女性间的晚餐是一次没有男性参与的忧伤晚餐。她在美国常见的两性分离中看到了美国妇

---

* 安托瓦妮特·富可（Antoinette Fouque, 1936—2014），法国女政治家、随笔作家、精神分析学家。——译者

女在面对被她们视为敌人的男性时的对抗态度的缘由。与此相比，欧洲社会的两性混杂则是上天的恩宠。她可以承认男人的好斗性随着女权事业的进展而不断增强，但是她竭尽所能地抗拒那种认为两性间无法沟通的观念。所有这一切都导致了激进女性主义者们对她的怀疑态度，她们指责她耍两面派。她在承认激进女性主义者的存在有益于女性事业的同时，对此做出了自己的回答。不过她没有进一步地跟随她们的脚步。她始终忠实于自己的体验，即与男性之间保持着自然、轻松的关系。难能可贵的关系。

* * *

总之，事实真的如同她呐喊的那样吗？特别是它的确——借用她的惯用语——如此"真实"吗？她一定会发誓说是真的。她把真实性看得高于一切，她要求透明性。说出一次体验的一切，这个雄心壮志曾经是她步入文坛的原动力，是在她青年时代的札记簿里不断地重复出现的目标。她随后创作的每一本书都被视为在认清真相的路途中额外迈出的一步。因此也明白了《第二性》的大有裨益的写实手法；她对那些尝试建立真正的人际关系的主角的同情，例如《名士风流》里的大胆的亨利，《美丽的形象》中的羞怯的洛朗斯；对《名士风流》里的保罗或《女宾》中的伊丽莎白等那些执迷不悟地在情感幻觉的迷雾中逃避事实真相的人的批评。在她勾勒的黑白分明的世界里，其中有诚实的人和下流胚、有趣的人和不讨喜的人、真诚可靠的人和不真诚可靠的人，她的全部轻蔑都指向那些弄虚作假的人。"陷入不真实之中"——带有一丝诙谐的表达方式——是绝对的不幸。她认为自己幸免于这种不幸。

与萨特生活在一起,她立即觉察到——如果不是他潜移默化地让她相信这一点的话——除了使他们两人结合在一起的("必然")爱情之外,必然还会有一些"偶然"的爱情。因此他们构想了一个对策,用于保护前者、防止后者的喧哗波动从而避免生活出现意外。真话协议,即在这两位感觉"有必要"结合在一起的人之间要说出一切,要告诉对方自己与其他人所谈或所做的一切,其他人说、不说、暗示、开始做的一切,言语、动作、叹息、爱抚。创造性的协议,即使当两人分开的时候它也把他们连在一起。这个协议起初有着限定的时间期限,随后又继续履行,从未被明确放弃过,并且被广泛评论过,至少得到过她的诸多评论。该协议变得闻名于世。协议的用语与他们两人惯于说东家道西家的习性相吻合,而且也与他们对人与人的会面、接触、冲突、躲闪、绝交等方面的热情相符:他们主张每个意识都在追寻另一个意识的死亡;然而没有一个意识不是生存在另一个意识的目光之下;由此出现了他们之间的这些谈话——她和他从来不会厌倦这些交谈——它们永无休止地推动着展现二人交往的彩色万花筒;由此,在西蒙娜的小说里,人物被视为一束束相互关系的聚合体,以她所钦佩的不亚于精灵的天才亨利·詹姆斯*的方式聚合在一起。

因他们的基本协议而结合,于是他们在自己周围织就了一

---

* 亨利·詹姆斯(Henry James,1843—1916),美国作家。——译者

张密实的网，这张网由于在他们看来既不禁止也不赋予特权给任何形式的个体联系而更形复杂，而且是永恒的创造物。起支配作用的主星位于网络的中心，四周有许多从属的伴星环绕着他们运行：路易丝、奥尔加、汪妲、娜塔莉、小博斯特；他、她或两人共同的朋友、情人、恋人、情妇。交错的人际关系，然而不应威胁到他们相互之间的完全交心。因此必须调整由个别会晤和全会组成的复杂网络以及必须把爱情的真实等级制教给所有那些从属的"小意识"。比较复杂：这些软弱而牢骚满腹的人没有这方面的意识，她们总是倾向于乞求会面和拥抱，她们的要求比自己应得的更多，斤斤计较着归属于一些人或另一些人的份额。她们宁愿认为西蒙娜分外吝啬，而事实上她对她们十分慷慨：她在这个受支配的可爱小团体的女性中同时扮演着夫子（必须在两次接吻之间向她们解释《沉思录》）、总学监、安排消遣和欲望活动的人、安慰者还有母亲的角色，由西蒙娜妈妈慷慨地资助她们到巴黎的旅行、支付酒店房间的费用和威士忌的消费。萨特也表现出相同的纵容和无限制地乱花钱。

然而在所有这些安排中，还是有某些难以共同分享的东西，非弹性的时间，总是过快飞逝的时间（尽管他们以无比的精力填满并精心地分配这些时间："我会给他两晚上的时间，他给奥尔加三个晚上"；"我在马约市碰见了索洛金娜，不过我只是向她打了个招呼，今天不是属于她的那一天"）。分配时间、计算时间、保留给予必要之爱特别是创作的时间——尤其是萨特的创作，这就是西蒙娜在日记里通篇讲述的艰难工作，还有她与萨特的通信集，在战争把后者从瓦万街放逐到战场上之后。无论他写给她的信和她写给他的信涉及什么内容,它们都闪耀着他们人生的波折起伏的光彩。对于先是士兵然后成为战俘、观战多过参战的萨特而言,战争给予了他如同在笛卡尔的火炉里一般与自己的创作促膝谈心的幸福的生活机遇。反之,西蒙娜则在前线,尽管她纹丝不动地固守着他们两人选择定居的那个版图,而且她未对这场把萨特从她的生活中剥离的战争给予丝毫的关注,除了一些漫不经心的或怨恨的想法外,这位未来的介入文学捍卫者对这一重大事件的无动于衷令人惊愕:调动自己的全部精力用来管理那些应当与必要之爱和谐共处的无关紧要的爱情,唯有必要之爱在德国的战云下是自由的。

在此感受到了女管家的铁腕及其监督力和惩罚力。也明悟了究竟是怎样的自我否认在驱动着这位只喜欢透明度的女性维持着她与萨特所设想的有条不紊的生活。总而言之,始终是个家庭协议,她的妹妹埃莱娜诉说道,该协议必然会导致故弄玄虚和口是心非。这个几乎等同于婚约的协议并非更好。萨特来休军假,必须对他人隐瞒其到达的日期和时间,就萨特在巴黎的逗留时间说谎,避开危险的路线,藏匿于瓦万街和拉斯帕伊大街之间,经常到邮局去取留局自取的邮件并把它锁起来。尤其要提前想好将要告知别人的话语,小心翼翼地转述别人说的关于他、她的话,以及告知他们对别人说过的话。该工程需要极好的记忆力、严格的自我管理、极度的仪式化。然而却摇摇欲坠,受到哪怕是最无关紧要的相遇、最小的口误以及不诚实的困扰和威胁。难道必须创造一个如此不循常规的人生并以协议来填满这个人生吗？

当他或她的这些"非必要会面"中突然出现了爱情同时又必须让必要之爱（却一下子变得不那么必要）与无关紧要的爱情（却一下子变得不那么无关紧要）共存时，一切都显然变得更为复杂。游戏于是有可能变得致命的危险，而她在自己最成功的小说里所导演的正是这种威胁，每次均以写作来解除这种由于他们的生命中突然闯入的第三者而产生的难以忍受的压力：这一次，良心绝对不再是可忽略不计，而是格外有迷惑力。《女宾》讲述了一个困难重重的三角恋的悲剧结局，而《名士风流》的结尾则令人伤感。不过这两个故事并不完全对等，而这个长短脚说明了两位宣誓者及其协议的许多事情。在《女宾》中，萨特－皮埃尔被奥尔加－科萨维耶征服。在《名士风流》里，西蒙娜－安娜被阿尔格朗－路易的魅力俘获。但是，在第一个故事中，皮埃尔丝毫不重视该协议的完整性。在第二个故事里，安娜确实借助于大西洋竭力在新爱与旧情之间拉开足够大的距离以确保情感的等级制。在现实生活中也是如此：西蒙娜几乎刚刚结识阿尔格朗——确如魔术一般，然而却使她的人生重新飞旋打转，彻底改变了周遭的事物直至话语（"亲爱的墨西哥丈夫"几乎成功地使她忘记了婚姻具有的多么令人厌恶的束缚感）——她于是想方设法地让他理解萨特在她的生活中所代表的意义，明白她与萨特是多么相互支持而且始终都必须相互帮助。她否认自己"属于"萨特，他们之间的协议不包含任何指明从属关系的条款，不过她从未受到质疑地坚持着这样一个形象，即两个共同致力于同一激情事业且彼此不可或缺的双生知识分子的形象。

女性的话语

每当她在《回忆录》里开始言辞艰涩地谈论政治时，她就坚持使用这个不容置疑的"我们"——人们感到她在千辛万苦地将饱满的热情投入其中——而这个"我们"显示了一种过渡，从她所追求的自主的私生活过渡到她根据女性使命最约定俗成的模式而隐身于他之后的公共生活。

这个协议仅仅在她的呵护——照她的话说，她的"警觉心"——之下才得以维持下去，因此在履行他们的协议时，她始终表现得比他更忠贞不渝。总之，更为诚实。对他而言，卡斯托[*]的存在尤其用于令其他女性胆怯却步，阻止她们侵占他的时间和妨碍他的写作；他让西蒙娜扮演着类似于福楼拜的暴君母亲和伏尔泰的疾病那样具威慑力的角色：叹息地说着应该考虑到卡斯托的合法权利，这也是令那些"无关紧要的"女性产生敬畏的最优雅方式。相反地，她以他们之间的誓言为自己追求的目标。她甚至时不时地闪过欺骗感。大部分时间，她重新活跃起来，轻松而快乐地走出他们的谎言荆棘丛，十分安心于自己身边有个人，她为他记录下他们的寄宿生活中的种种慰藉、叹息、吵架、绝交和复交。可是谎言令她暗中焦虑："她不时地在《岁月的力量》中脱口而出，我常常自问我的幸福是否并非全部基于一个巨大的谎言。"她毫不宽容地评判萨特，认为他在与名为路易丝·维德丽娜的女子交往时的行径十分恶劣。他先是以给这位年轻姑娘写一封封的火热情书作消遣，然后是充满尊重和教诲性的鼓励的绝交信：这在西蒙娜看来是令人不堪忍受的

---

[*] 这是萨特对波伏瓦的昵称，该词的本义为"河狸"。——译者

虚伪。她在维德丽娜的身边经历了萨特（而且她自己也如此劝说他）所强加于维德丽娜的绝交，可是她的同情心占了上风，最终转而支持这位被遗弃的女人。此外，她也没有把自己排除在对萨特的指责之外，她觉察到由于自己与他的特殊关系，她有可能显得面目可憎，她突然惊讶又痛苦地意识到了"我们的待人方式"。

有时这种焦虑甚至啃噬着她的核心信条，即所有这些欺骗性的安排是在创造一个大大的真理，她与萨特的关系——非常幸运地免于"各种变异"——的真理。不过，那个信仰，萨特常常公开承认自己放弃该信仰。她几乎令人动容，严厉的西蒙娜，她努力地视而不见或者尽量地少见："我十分清楚，她写信给他说，我们的爱情是最真挚的爱情，可是看到你东游西逛于其他情人之间令我不快。"她难以接受自己怀有善嫉女人的这种怨怼。她凭借种种微妙的区别使自己从其中脱身而出：并非，她肯定地说，妒忌萨特对他的所有那些女人的感情；而是相反地嫉妒那些女性对他的感情。尽管这些感情并非都是真正的爱情。那些被视为磷火一般可以轻易摆脱的女人们对伟人的不当想法使得她们几乎都没有烦扰到她。至于他，她相信当他对其他女人说爱她们时他是在对她们撒谎，然而对她（使用同样的辞藻）他说出了真话。不过，他对前者说的话真的是谎言吗？还应该考虑到当时的诚意。那么，到底是什么向西蒙娜保证她自己就是这样一个狂妄自大而又反复无常的爱情的对象呢？当然是时间长度，一种更胜于个人联系的结合所延续的时间长度是确保其有可能存在的条件：这通常使得他们的爱情带有，她承认，某种"强硬的

女性的话语

和决定性的"东西；可是她在其中找到了自信，她确信自己对他而言是"一个必然的存在"，至于所有的那些奥尔加、汪妲、娜塔莎则是"被搁置一旁的女人"。

假使她像路易丝和普佩特那样也受到爱情幻觉的诱骗呢？由于她比萨特诚实得多，而后者又远未如同她那样一丝不苟地为自己记录建档，所以她提及了自己的怀疑：如果她对于萨特而言也是一个插曲，一个"生活中的小东西"，如同她谈起博斯特眼中的奥尔加时的说法？她赶苍蝇般地立即赶走了这个令人不快的想法。在由她管理的军校里，她根据那些学生们的功劳给她们打分，以好分数作奖励或者以戒尺进行惩罚，而且常常是从最具体的意义上讲，她们都非常依赖她！所有这些沉溺于爱情的既可爱又柔弱的小女人们都在等着萨特和她的救助，也令她感到自己既活力充沛又身强体壮。满足于无可比性是她的生活支柱，这种满足不仅对于她与萨特的关系，而且也对她那些转瞬即逝的爱情都起着重要的作用。每当她可以根据一些细微的迹象得出结论，认为他们那个小部队的成员在依恋她的方式与她们依恋他人的方式之间没有可比性时，她就容光焕发、狂喜又安心。想到其他人缺少这种亲近感、默契和深入参与性，她十分兴奋："我宁愿认为博斯特在我身边比在科丝的身边更有安全感，我的确在他那正儿八经的小人生里扮演着一个她永远无法胜任的角色。"

面对这些如此耗费她的时间和精力的物质精神安排，她的读者在好几种情感之间游移不定。愤慨：直面她管理其班组的屈尊俯就的专横态度（"只需，她写信告诉萨特，些许用心就足以使这个小家伙感到幸福而不会成为太大的阻碍")以及不尊重他人的态度：她拆开别人的信件、偷看他人的日记。不安：因为这个捍卫独立的女性屈从于萨特的时间安排和他的作品，她是心胸宽大的信女，她知道并且毫不做作地说萨特有才华，而她没有才华。怜悯：因为读者看到萨特在掌控这个游戏，以完美的艺术手法操纵着她的信念，即她对他而言是必不可少的，当她的光华渐渐流逝，他就重新点燃她的爱情之火，每每在必要之时他就让她重新发誓（他告诉她他爱恋着他人，不过他是与她在一起，这个证明相当平淡却令她安心）。惊愕：因为我们惊讶地看到这位感觉自己并非女人并且做出一切努力以使自己不变成女人的女性，如此之快地由这个自古以来作为女人永恒慰藉的普普通通的甜言蜜语中得到宽慰："与你在一起是不同的。"同情：因为她在自己的小说里描写得十分清楚，于是读者们猜测她自己也感觉到了这种痛苦，女人为了维持与自己很早以前就再也不爱的男人的恋爱关系而挣扎着的痛苦。可能最终还有一种对她的这种功绩的钦佩：由于有着很强的意愿（她曾经写信对萨特说他们应当"让谎言近似于真理"），所有这一切掩饰最终合而为一。她竭力维持着这个歪歪斜斜的一触即溃的纸牌城堡，她和萨特是其中的国王。当阿尔格朗急切地希望她和自己生活在一起时，她诚心诚意地回答他说她维系着与萨特的共同生活既非为了享乐亦非出于荣耀，而是因为她"无法不这么做"。这正是的的确确的真相：如何放弃她为自己的人生所确定的轴线呢？那就意味着她背叛了真理。

女性的话语

* * *

她还会有一次直面真理的机会,即步入老年。发现?时间的作用令她张皇失措,她倍加努力地试图逃避它;《回忆录》表明她多么痛恨看到自己的过去变得四分五裂;而《日记》则展示出她多么努力地与现时的逐渐毁灭作着斗争。她曾经一直感觉自己在衰老,因此很早就把年龄限制与自己的行为和行动相对立。还是小姑娘时,她就感到自己很大了,不该再坐在母亲的腿上。36岁时她认为自己已经成熟到无须为一颗让她的脸变形的牙齿而忧虑。40岁时则已经年老到足以为自己的性生活画上句号。她在镜子的深处吸取信心,确信老年在潜伏着,那是无法战胜的潜在力量。她定期地宣告自己已经被放逐到黑暗的国度。不过,一旦有新的爱情出现,她又重新活跃起来。阿尔格朗、朗兹曼对她而言首先意味着这一点:一架在晨风中焕发新生的机器。新的爱情解放了年龄的束缚。还有"人在其人生历程中数次受到死亡的威胁",她对此十分清楚。

这首忧伤的死亡低音曲,在青年时代表现为烦恼以及盛年时期的令人震惊的焦虑,它一直纠缠着她,老年的缓慢准备期,它令她预感到弃权、背弃信仰。尽管如此,人生中还是有先有后,有一条如同手掌上的生命线般的老年线。在哪里能够精确地画出这条线呢?1960年在她穿越科林斯运河*的时候。不过在那一刻,她感到自己是幸福的,然而却"是在一条我永远不会穿越

---

* 位于希腊境内,连接爱奥尼亚海和爱琴海。——译者

过的线的另一边"。自那时起,她不再把"幸福的"这个形容词与"老年"一词连用。她还曾经这么做过,那是在她放弃了在美国与阿尔格朗的爱情艳遇之后,她向萨特许诺他们将有一个幸福的晚年。那么在1960年代的这十年间有什么新的事件呢?当然有阿尔及利亚战争。萨特的疾病的初次发作。不过更为深层次的是时间对她而言不再是一个累加的因素。她还有一些计划,不过它们飘忽不定、相互隔绝,再没有什么能把它们汇集起来。时间,曾经是所有收获和解放的光荣矢量,不再直达一个清晰可见的目标。《回忆录》的最后一本书的写作是这方面的最佳例证,她放弃把种种印象大杂烩按照年代的时间轴编排分配。再也没有种种的第一次,而是一连串的"不再"。读者在《时势的力量》(*La Force des choses*)那优美无比的结尾句听到了它们的忧愁回声:"是的,说'不再'的时刻来临了!并非是我在摆脱我的昔日幸福,而是它们在远离我:山路拒绝在我的足下展开。我不再会累得站不起来,在干草的清香中品味登山的疲乏;我不再会在晨雪上独自滑行。不再是一个男人。"

一些强作痛心的评论为这种衰落而欢呼过。曾经多少次地叮嘱过波伏瓦啊!叮嘱她接受自己的女性气质,凭借女性惯用的手法来延长时限的到来。叮嘱她承认自己做出了错误的选择,拒绝了母亲的身份,为了从无用的人生荒漠中获得解放而付出了代价。有人得意洋洋地强调她在结尾说的那句话:"我受骗上当了",暗示她曾经在自我欺骗(这可能是她轻易接受的东西,因为她相信,对于凡人来说,发生,始终等同于摆脱)。尽管有充斥其中的一切呵责与说教,然而却正是这一发现给予了《时势的力量》以胜过《回忆录》其他卷本的优势。并非因为她在文笔写作方面做了很多改变。她的作品总是告知和描写多于诱惑和联想。也始终把私生活与公共生活编织在一起以及清点那些旅行、报告会、发言、会面、晚宴、会谈，完完全全呈现出一个情感与政治交际的咖啡馆画面。不过在这种丝毫不顾忌读者的罗列之中，新事物悄悄出现了。某种神秘的新生事物，它并非轰动一时的空想，而是一种"私密的存在"，它改变了气味与滋味，它在深入生活，不过作为回报，它使文风变得不那么棱角分明，抹去了评判之语的锋刃。从此以后，发现、征服不再变得那么必要，她可以每年夏天回到罗马，而如此清晰地显现着历史沉淀的罗马恰恰正是那个刚刚体认到自己的生命瞬息即逝的人得以缓解苦恼的城市。

对于这个突然闯入生命中的死亡，她的反应如同以往一样：直视它，对抗它。而且和以往一样地透过书籍直言不讳地注视着这个敌人。有些小说如《审慎的时代》(*L'Age de discrétion*)、《被遗弃的女人》，从那以后穿插进一些被遗弃的日趋衰老的女性。在《回忆录》的最后一卷——《清算》中，读者与她初期小说里的主人公重逢，而她们与《追忆似水年华》中的人物一样被岁月装扮成老人：因纵酒而脸庞浮肿、难以辨认的卡米耶，面目可憎又滑稽可笑的娜塔莎。一个与《迟暮之年》(*La Vieillesse*)相关的庞大社会，凄凉却愉快，以至于读者们感到她重新致力于揭穿骗局、认清真相的工作，重新享受因违抗而带来的快乐。最后是那两本充满追思意味的书：故事《宁静而死》(*Une mort très douce*)，曲言式的副标题，追忆一位母亲的最后时日，她将死亡视为无法容忍的暴力行为；最后是《告别仪式》，讲述了萨特步入衰老和死亡的过程。

感人的书，激起反感的书。她与自己的母亲弗朗索瓦兹·德·波伏瓦保持着应受谴责的随便关系，而且只在后者即将迈进死亡之门时才敢于谈起她，她变得依赖人，她的身躯佝偻矮小。我们也难以理解为什么她得以如此多的毫无价值的露骨细节来描写萨特的最后年月。面对着全世界，她怎么可以让别人见到她昔日爱人的躯体变得丑陋难看到令人厌恶？所有那些讨厌她的人都从书中看到了她那些令人无法忍受的间接清算。对感情专制、疾病缠身的母亲的报复。为自己曾经为萨特付出的感情和智力奉献而做出回击，报复他破坏了他们的协议。在萨特的最后时光里，最令她感到痛苦的是他收养了阿莱特·艾尔卡伊姆，与本尼·列维合写了一本书：他们没有共同孕育的孩子，他们没有合作撰写的书。这是令她无法容忍的双重背叛；而且尤其后者对她而言，对于一个始终将书籍视为与孩子同等荣耀的女人来说更是一种背叛。因此她作了有力的回击，她自己也收养了一个女儿以及在萨特过世后写下了这本他不会读到的让人无法承受的书。

无论如何，解释很简短。因为她的读者不可能不知道她受到了自己母亲的尸体和自认为永垂不朽的萨特的尸体所揭示的真相的最直接打击。她从裂开的颌骨尤其是母亲那暴露在外的性器官上移开视线，如同从一个既令人厌恶又很是神圣的物体上移开自己的目光。在母亲的病床前，她恐惧地发现她既无法说出真相也不能轻松地撒谎：言语在嘴里"腐烂"，病人的"耳朵里灌满了我们的谎言"。不过所有这一切并非那么令她无法忍受，因为她重新在自己与母亲之间找回了她本以为早已断裂了的特殊的亲情纽带，因为她不相信任何非出自本心的情感，因为她深深感动于所揭示的这一模糊联系。至于变成身有残疾而且几乎眼盲的萨特，她惶恐不安地陪伴在他的身边："这显然无法想象。"而这正好：除了言语，她永远不知道该如何面对难以忍受之事；她当然明白那些词语属于萨特所有，不过她继续向前走得更远。在这里，她时常对他人表现出来的无情也转而针对她自己：细节愈可怕，她愈加认为有必要将其记载下来。找到词语来表达恐惧的人已经超越了这种恐惧。可以被讲出来的必定是可以忍受的。

同理，暮年也是如此。她奉献给它的巨著堪称《第二性》的不对称的对等物。因为从一方到另一方，早已变得含糊不清的动词"变成"的意思发生了变化。人人都知道，不是生为女性，而是变成女性。这意味着社会热衷于使女人"变成"女人（一种强制，一种被迫承受的变化），不过她们可以不接受它，或者通过改造已知的文化条件来选择她们自己的变化方式（这是一种自由，一种能动的变化）。其新意在于不可能把这一论断扩展到老年。人们可能又一次地不是生来就是老人，而是在变老。不过在这一变化中，一切都是被迫承受。她自己也在与约翰·杰拉西的一次交谈中着重指出笔调的变化："一个女人可以度过自己的一生而拒绝承认她在自身的价值、经验、体验生活的方式等方面与男性有本质上的不同。但是很难不意识到她在变老。"而变老就意味着变成死人，变得一文不值。因此，"很好地"度过晚年的想法没有什么意义。既无法把老年变成一部作品,也无法将其视为一个事业。甚至是以了解它、承认它的方式。这使得西蒙娜·德·波伏瓦的最后几部作品带有其特殊的颤音,缓和了作品的无情笔调,并且迫使她承认:人生中存在着某种不受意志和文化约束的东西。

她依然继续说道死亡并非自然而然:既然人类在重新诠释着自然的已知条件,那么没有任何发生在人类身上的事是自然的。在《迟暮之年》一书中她始终主张一个人更容易消失于世,一旦他真正出现在这个世界上并在其中留下自己存在的痕迹:最后的爆发,最后的战斗。在其最后那些著作中的西蒙娜就是塞甘先生的小山羊羔*,它坚持战斗直至黎明。由于这种毫无希望而又触动人心的后踢动作,人们忘记了她并不十分讨喜并几乎是因为她曾经存在过而喜爱她。

---

* 法国作家都德的短篇小说集《磨坊书简》中的一篇小说。——译者

论法国的独特性

法国的独特性？关于它的定义，我们可以询问一个十分了解法国的英国人，或者更确切地说，一个十分了解法国的18世纪苏格兰人。休谟毫不迟疑地说：法国是女性的国度。这位英国旅行家注意到法国的社交聚会里"男女混杂"，男士们与女士们在各种生活场合都混在一起。需要从政治体制方面寻找造成这一奇特的杂糅现象的原因。不同于英国，其君主政体下事实上隐藏着一个共和政府，法国是开明君主制的理想典型。之所以"开明"，是因为法国的法律并非独断专行的法律，没有任何人处于君主暴政的危险之中。然而，君主制意味着在君主和他的最下层臣民之间，许多等级把个体分离于庞杂繁多的头衔、职务、心志的范围之内，这种种头衔、职务和心志促使每个人滋生了相互攀比、竞争、评估其身份地位的执着念头："从个体到个体，从阶级到阶级，折磨人的虚荣心仅仅在身居高位时才会停歇"[1]，德·斯塔尔夫人说道。

为什么这种复杂性能够孕育出女性的自由呢？首先，在一个差异的世界里，性别差异只不过是林林总总的众多差异之一，

---

[1]《论文学》(De la littérature considérée dans ses rapports avec les institutions sociales)，第二版，巴黎，科拉普莱出版社，1800年，两卷本，第2卷，第90页。

324　与社会地位的差异相比，性别差异可以忽略不计。迪·德芳夫人就是一个例证，她对女性气质淡漠无比而且几乎绝口不提。事实上，对于那些受选择性邀约参加其沙龙的社交界人士来说，相似个体这个概念本身就含混不清。或许是在此无差别地接纳贵族与平民、男人与女人，只要他们遵守沙龙——在社会等级与团体的汪洋大海中修剪而成的乌托邦小岛——的礼仪和规则即可。不过在这个人造的平等空间之外，按照迪·德芳夫人曾经严厉提醒过沃波尔的规则，只存在着差异。其中，与社会差别相比，性别差异分离的个体较少。

　　此外，君主制不要求男性集体参与国家事务，该特点益发缓解了性别差异。与此同时，从传统的体现阳刚之气的活动特别是政治活动解脱出来的男人们像女人们一样致力于社交活动。在金碧辉煌的沙龙里，他们远离野蛮英国的嗜酒者、渎神者、违法者。这些男性本身有着女儿气，有着无穷尽的闲暇时光，乐意让女性作为他们分享的愉悦与悠闲的分配人和立法者。他们认为知识本身值得与女性共同拥有，这为法国造就了多部教育杰作：范例就是丰特奈尔，他为美女们创作了《谈宇宙多元性》(*Entretiens sur la pluralité des mondes*)。卡兰金在法国旅行时对沙龙女主人们的博学留下了十分深刻的印象，震惊于她们对拉瓦锡的化学的熟悉程度。玛丽·沃斯通克拉夫特指出，法国女性在与男性的不断交往中学到的这些知识使得她们不像英国女人那么平庸无味。

　　这种社会混杂对女性而言还有着额外的好处：她们可以在不同社会等级之间发挥妙用，而这种活动在平等社会里毫无用武之地。在君主制社会里，人人都激情满怀地捍卫自身特权、保有并强化自己的社会地位，这种热情为女性的交际应酬、心理安全感和丰富的社会想象敞开了一片广阔的活动场地。她们擅长利用令人捉摸不定的细微之处，德·雷米萨夫人在1807年注意到这一点，她们特别善于拉近不同等级之间的距离并且缓和等级制的僵化矛盾。因此，她们能够在法国呼风唤雨，这不足为奇。法兰西民族视粗俗为滔天大罪——而且以瑞士人的村俗、巴达维亚人的土气作为陪衬，认为言谈自如、衣着光鲜、应答机敏、仪态随和是主要美德。然而，如果没有女性的参与，所有这一切都不会存在。如果没有一位聪明的女性主导谈话并调动气氛，就不会出现趣味盎然和乐在其中的交谈与互动。沙龙是"人类精神的三级会议"：这是休谟给爱尔维修夫人的沙龙所下的定义。这位哲学家提出的反物种不变论在该描述中找到了自我满足的机会：在他看来，专制政权自身正在发生改变，而作为专制主义缓冲器的沙龙则是这一演进的原动力。他认为法国开明君主制特有的这种智力与道德和谐正是女性的杰作，她们凝集了不同的见解，因而正如莫雷莱所希望的那样，在这一点上值得为她们公开庆功。

对于这幅博爱画面，难道没有人持相反意见吗？来自英吉利海峡彼岸的其他旅行者们在这方面与休谟的见解一致，他们视法国为两性间优雅交流的原乡地，不过他们并不一定那么泰然自若。男性的殷勤讨好虽然为女性带来了奉承式的关注，然而也助长了轻浮、不负责任、不忠。在法国，智力自由付出的代价是性放纵，对通奸的不合法理的宽容就是证明。迪·德芳夫人与丈夫仳离,心态平和地公开自己的私情,而她却被上流社会接受了:这对于品德高尚的汉娜·摩尔来说则是不可理喻的丑闻。①休谟没有过于一本正经。他也许感觉到这种由君主们为了女性的最大幸福而发明的上流社会社交的人为化和仪式化的一切。然而——他回想起了自己曾经是巴黎众沙龙的宠儿,因为按照沃波尔的说法,那儿流行着三样事儿:惠斯特牌、《克拉丽莎·哈洛》和大卫·休谟吗?——他时刻准备着为这些人为的方法给文明带来的贡献作辩护。首先是欢愉:因为"把性别特点视为家庭特征"的古代社会不允许女性参加社交聚会,因此古代人创作了"一些模仿不了的严肃文学作品"②;反之,鲜少有趣味之作。最令人生厌的地方,在休谟看来,就是那些将女性圈禁在家的城市了。伦敦即是如此:人们无法在"体面的社交场所"里消磨时间;那儿既无愉悦亦无礼貌;更别提理性的妙趣了。

因为女性社交界是一所教习智慧与习俗的学校,取悦于人的渴望在这里不知不觉地雕琢着男性的才智:谦逊的女子把自身的谦虚传授给爱慕者,而高雅的女子则教导自己的爱慕者们养成礼貌待人的习惯;人人都注意少说太过随意的话语,精心雕琢自己的措辞。更令人称心如意的是:人人都越变越好,因为休谟还出人意料地发现了这种男女相处的额外好处。

---

① 参见汉娜·摩尔的《作品全集》(*Complete Works*),纽约,哈珀出版社,1935年,五卷本。
② 大卫·休谟:《政论集》(*Essais politiques*),法译本译者保兰(R. Polin),巴黎,乌兰出版社,1972年,第274页。

有人偏好恶习或者可以说偏好某种在他人眼中令人生厌的激情，女性的处世之道于是成为"促使精神逆向发展的一个平衡力，使得我们具有了克制不良习性相反的情感"[①]。简言之，女性艺术教化了男性，而这种教化出现于整个社会的各个阶层。因为，尽管脑海中想到那些热情对待自己的贵妇人，然而休谟也相信社会互动，并早在塔尔德之前他就坚持认为模仿是自上向下的运动：那些高雅的女性由此赋予沙龙谈话的基调，评判作品，确定品味，从而将这些礼仪规范远远传播到她们的社交圈以外。我们不应反对休谟这位哲学家的看法，而认为这是一种表层效应：男性为了女性而强制自己遵从这些礼仪规范，它们在深深地改变着男人们的性格。虔诚的教徒通过宗教活动来加强自己的宗教信仰——休谟曾经仔细阅读过帕斯卡尔的作品——法国男性也同样通过遵守女性社交聚会的礼仪规范来进行自我教育。

现在看看两位波斯人的见证：他们到达法国之前从来没有想过女性可以生来就不受奴役的。巴黎的生活景象给他们带来了第一波冲击：这里，一种两性之间的平等和自由。既没有面纱，也没有栅栏和宦官。有一些因妻子而破产、名誉受损、被人愚弄的丈夫。然而令人惊愕的是他们不知道什么是妒忌。并非他们信任自己的妻子，而是完完全全地与之相反的原因：在一个男女混杂的社交聚会里，不忠是个意外，他们顺从接受的不可避免的意外。而且，"一个想独占妻子的丈夫会被视为破坏公众

---

① 同前引书《政论集》，第269页。

乐趣的人"①。这种宽容的后果？在平等表象下的现实是女性霸权。有些女性毫无矜持，她们精心描绘妆容的唯一目的就是为了诱惑男性，她们不仅精于梳妆打扮，甚至更善于乔装改扮，她们穷奢极欲，沉溺于这种游戏，深谙与博学风趣的男性的相处之道，熟练地指定谈话节奏或者打断他们的谈话。两位波斯人像休谟一样看到这些怪异现象一个等级一个等级地从君主的宫廷一直传到最偏远的省份。不过，对他们而言，有产阶级模式未因贵族模式而变得文明开化，而是受到了后者的感染。而且完完全全是场道德灾难。在由一家之主的父亲（圣父的形象）掌握监督权和惩罚权的国家里，家庭被管理得井井有条。反之，对于一个"由不忠、背叛、劫持、无信义和不公正而达到尊重"②的国家又有何话可说呢？

有鉴于此，可以认为一部分反女性主义言论是两位波斯人的导演所说的话，而且人们也的确是这么想的。不像司汤达谈论雅各宾派时那样审慎，孟德斯鸠没有动辄重复："这是一位波斯人在说话。"然而却不会信以为真地认为通过这些外国人的言谈（他们所赞美的门闩和栅栏也无法确保其免遭妻子的背叛，假使门闩和栅栏不会令她们产生背叛之心）就足以了解孟德斯鸠关于两性社交的真正想法。为此最好研究研究《论法的精神》里所作的分析，这远比探究《波斯人信札》的嘲讽口吻更有益。男女之间的交往既受制于气候条件的变化——孟德斯鸠的这一看

---

① 孟德斯鸠：《波斯人信札》，载于《孟德斯鸠作品全集》，巴黎，伽利玛出版社，七星文库丛书，1949—1951年，两卷本，第1卷，第212页。
② 同上，第201页。

法与休谟相去甚远，休谟赋予人类身体因素极大的自主性——也随政治体制而发生变化——因而孟德斯鸠赞同这位不如他条理分明的苏格兰人的结论：因为对于此二人而言，温带地区——孟德斯鸠的神佑气候论排除了极端的解决办法——的政治体制多样性导致了两性关系的各种衍变。在每个男性可以参与并且必须参与国家管理的共和国里，女性必须与男性分开生活。当所有人的活动都以公众利益为导向时，不会存在任何有利于男性对女性献媚的空间，于是女性简化为家庭生活的影子。两性分开生活的典型例证就是英国：这个共和制君主国的男人们摆脱了无聊的社会活动义务的束缚，可以沉湎于情爱（甚至于荒淫放荡）之中。不过女性必须满足于履行家庭义务。这绝非对女性的奴役，因为她们的天命义务足以填充其人生，因此她们随意地接受了一个由贞洁、自重和矜持所形成的黯淡命运。

共和国必定把女性排除在外，一个以法律平等关系将公民们联合在一起的政府无法容忍两性的交杂，这是那个时代的主导主题，也是狄德罗和卢梭不断颂扬的主题：自由的民族里不存在男性对女性的献媚。因为民主国家只有通过全身心的奉献和情感服从于法纪才能得到保障。虽然法律解放了女性，但是同样应该以习俗来"征服"她们。因此，女性品德的丧失在共和国里甚于丑闻，那就是有失检点。相对于女性在共和国里的严峻情形，是她们在君主制下的放纵：占据着因缺少有效政治权利而留出的空位，表现自我，定调子，在宫廷中养成了不受拘束的习性以及制造舆论的习惯。她们是社会生活的真正动力所在：那些观察着部长、法官和高级教士们却忽视了妇女影响的人，他们会清楚地了解机器的运转，然而却不知道其"推动力"（孟德斯鸠的口头禅之一）。这种潜在影响几乎强大到消除了性别差异。女性可以轻松地承担起社会赋予男性的职务，男人们可能会失去这些社会角色，而且不存在任何尴尬："唯有一个性别，我们在精神层面都是女性，而且即使我们在朝夕之间改头换面，他人也察觉不到什么变化。①"

要将这样的情景归因于法国社会的影响吗？在此看到孟德斯鸠犹疑不决。始终难以将其作品中的描述与正常描述区分开。他喜爱描写关于法律与习俗的奇思妙想，始终为公正无私的观察者作辩护，不将人为法应用于不适用该法律的法庭。这是冷眼旁观的孟德斯鸠，他致力于搜集习俗惯例并且发现（而非评判）其存在的原因。不过，还有那个开处方药的孟德斯鸠，他关注的则是自己描述的体制究竟有没有孕育出自由。正是应该向后者询问其对性别混杂这个君主国家的典型特色的看法。对人为法的颂扬，他比休谟更审慎。令人想起他的那句动听却含混的名言，即风流本不是爱情，"而是微妙的、轻快的、永恒的爱情谎言"②。他更倾向于强调女性与男性共处的国家所受到的损失，倾向于得出社会道德因两性共存而受到损害的结论，因为社会道德只有在共和制政权下才会达到前所未有的纯净。而他与休谟的不谋而合之处，在于两人对宗教狂热主义的深恶痛绝——在承受宗教重负的国家里没有任何社交活动，也几乎看不到女性的身影——以及把沙龙

---

① 《思想录》（*Mes pensées*），同前，第 1 卷，第 1234 页。
② 《论法的精神》，同前，第 2 卷，第 822 页（第 28 卷，第 22 章）。

视为教育场所的见解。她们是孜孜不倦的健谈者和书简家、擅长语言体操的运动家、探索人类精神和灵魂的科学家,女性是评判个人功绩的公正法官;促使男性怀着被女性另眼相看的希望——这完全是古代骑士的精神——她们激励男性超越自我。

这极大地缓解了孟德斯鸠作品里所能找到的所有为共和国的效力作辩护的宣言。的确,设想在法国实施一些限制奢侈、压制女性的法律有什么好处呢?首先,其结果令人质疑:孟德斯鸠坚信一切事物都是相互关联的,他不相信能够更换系统的某个零件而不影响整个系统,更不相信能够与国民秉性背道而驰地行事——这个评论也同样适用于英国人,妄想纠正作为其政治自由对立面的荒淫放荡是徒劳无功之举。尽管如此,我们还是可以重振法国的风尚,谁知道呢,他自问道,假使我们没有什么损失的话?这是典型的孟德斯鸠式的疑问,因为他始终关注于保持每个社会的利弊平衡。最后,在这种对平衡的追求中始终保持着他对这个顽强的法国特性的评价:"如果世界上有一个具备社交性情、敞开心胸、生活快乐、爱好且易于交流思想的民族;一个轻快活泼、和蔼可亲、愉快高兴、偶尔轻率、时常冒失的民族;除此之外,也是一个勇敢、宽容、坦率并且有一定荣誉感的民族,那就根本不应该试图以法律来妨碍其习惯,以免妨害其美德。"[①]这个习惯与法律之间的对立说明了一切;对于这位奉行温和主义的立法者而言,那些以习惯取代了法律的国家最为幸运。

这个世界上独一无二的民族,其中两性间的亲密交往占着

[①] 同前引书《论法的精神》,第2卷,第558页(第19卷,第5章)。

女性的话语

主导地位，它就是生活幸福的法国，满足了孟德斯鸠的享乐主义的法国："在这种允许人们相互交往的环境里，最具吸引力的性似乎在美化着社会，肉体快乐仅供一人独享的女人们还令所有人的精神感到愉悦，生活在这样的环境里是幸福的。"①伏尔泰与孟德斯鸠两人是英雄所见略同。伏尔泰认为那些把女性困在家里的民族是不擅交往的民族，他在法国人的礼节中看到一种前所未有的高雅，这种高雅是两性之间互相教育的结果。这种随和自由在那些刚刚踏上法国领土的来自岛国的游客眼里一目了然。斯特恩*曾热切地渴望与一位迷人的加莱寡妇攀谈，他遗憾地叹息：种种微不足道的顾虑阻止了他的行动，然而一个小小的法国上尉，三两步走上前去，说几句恭维话，就在他的眼皮底下顺利地与其搭讪。②斯特恩哀叹自己得需要七年的时间来学习社交礼仪才能达到这种自如。

这个饶舌而快乐的法兰西民族，也是那个德·斯塔尔夫人和德·雷米萨夫人在旧王朝被推翻后所为之惋惜和庆贺的法兰西民族。杜邦·德·内穆尔劝热尔曼娜·德·斯塔尔夫人安稳地到科佩或日内瓦居住以躲过拿破仑的迫害，她向他强调指出她是多么难以忍受就这样生生地避世隐居，并加以评论："请想象一下，我从童年开始就与那些最高雅的男士一起生活，谈论最高尚的兴趣，您想想看听人从早到晚地谈论我所讨厌的某某小姐

---

① 同前引书《论法的精神》，第2卷，第517页（第16卷，第11章）。
* 斯特恩（Laurence Sterne, 1713—1768），英国作家。——译者
② 《情感之旅》（*Voyage sentimental*），斯特拉斯堡，印刷协会印刷厂，1790年。

是否将嫁给某位我同样讨厌的某某先生,这令我多么受罪。"①
德·雷米萨夫人则更为夸张地描述巴黎女性的特殊天赋:她们避免了夸夸其谈,造就了一致性和多样性,把一些不善倾诉内心的男士们集中在聊天聚会中。这是女性的伟大艺术,从而"只有在那些女性有一定存在价值②的国家里才有真正的社交"成为事实。而且这种艺术在法国人的性情中如此根深蒂固以至于法兰西这个民族本身也将成为共和主义者,正如德·斯塔尔夫人所期望的那样。如果缺少了女性的协助,法国永远不会成为共和主义国家。

因此按照孟德斯鸠的教导,在法国,身为女性本身就是一种传播文化的艺术。而阻止它全然变成骗人把戏的原因,则在于它嫁接于人的本性之上。孟德斯鸠并非过多注重所谓的自然因素。这位描写了法规和习俗交杂的种种情形的思想家认为,假使斯泰基妇女继续其征战的步伐并将其征战大业扩展到整个世界,那么人类将生活在女性的奴役之下,而"必须得身为哲学家才会说道别的政体有可能更合乎自然规律的话"③。不过他也相当看重本性,因为他确信在任何政治体制中女性都无法获得与男性同等程度的自由。对女性而言,失德始终都很严重。因此存在着自然的力量对比,一种具有灵活创造性的艺术对其作着无限

---

① 德·斯塔尔夫人:《书信总集》(*Correspondance générale*),第4卷,由贝亚特丽斯·W.雅森斯基(Béatrice W. Jasinski)编订并提交文本,巴黎,波韦尔出版社,1978年,第595页。
② 德·雷米萨夫人:《书简》(*Lettres*),巴黎,卡尔曼-莱维出版社,1881年,两卷本,第2卷,第466页。
③ 孟德斯鸠:《思想录》,同前,第1075页。

夸张的渲染。

与此同时，另有某人在这首启蒙思想的和谐乐曲中弹出了一个不和谐的音符，他愤慨地看待受到休谟和孟德斯鸠大力夸奖的文明、交流和社交。他们认为社会有助于人类自我培养和自我完善，而在卢梭看来社会的这个作用就是欺骗。在这个社会里，人人都通过他人的镜子看自己，甚至在家里也是一切处于众目睽睽之下，需求本身已失去了其即时的说服性和迫切性，在这个两性混杂的社会里没有任何是真实的。这个见解并非全是卢梭首创。当狄德罗列举法国人的种种风流之举时，他也并不十分乐观：青年人的身体健康因这种放荡生活而日益衰弱，女性的美貌提早憔悴，情妇和情夫随处可见，没有配偶的一席之地，有一大群的"薄雾般透明的"女性，这个形容词在18世纪涵盖了神经疾病和精神忧郁，正如在迪·德芳夫人身上所看到的那样。卢梭没有论及其他，他仅仅描绘了轻浮的巴黎女子，使女性借机摆脱母亲义务的奢靡之乐，侵蚀了每个心灵以至于令其疯狂地攀比他人的自负狂妄，绝对的不幸。

不过，在卢梭开列的这份启蒙时代的社交危害清单中，人们听到了一个独特的音符：卢梭突出强调了沙龙社交中对社会地位的执着念头与对性别的忘怀或者更准确地说对性别的否定两者之间的关联性。上流社会的女性刻意塑造不庄重的举止，将其作为特殊的区别标志，作为把自己与那个仍然奉端庄和谦逊为美德的民众相区别的泾渭分明的方式："（……）她们让自己的言行举止充满一种高贵的厚颜（……）。因此她们不再视自己为女性，为的是不被与其他妇女混为一谈，她们宁愿要社会地位而不要性别，而且她们模仿妓女，为了让别人不效仿自己。"[1]因此，上流社会女性超出了由社会交往产生的变性：她们创造了属于她们自己的变性，在天黑时起床，在天亮后睡觉，专横地发表种种失礼的权威意见，只赶时髦地随潮流而动；在卢梭看来，迪·德芳夫人正是这种令人厌恶的反面生活的形象代言人。

针对这个特殊诊断提出的是特殊的解决方法。既然女性的不庄重言行源于这种表面上的对女人献媚，它掩饰了轻视，源于男性对女性的这种不拘礼节的亲近，它阻碍了爱情的产生并降低了两性的各自价值，那么就要在社会范围内把男性和女性分离开，而自然界已经做出了两性分离。这种分离可以是空间上的分隔，因为距离保留了爱情障碍的动人之处与爱情发现的奇妙之处，因而人们应该小心地保持距离，直至步入婚姻。距离也可以是时间距离，因为卢梭一向主张差别教育，它确保了感情的幸福强度。然而在每个性别都应该培育和深化自身的特殊使命的范畴内，这一分离尚更具深意。众所周知，对卢梭而言，由于"人性之人"不凑巧地取代了本性之人，每个人——男人或女人——都应该做的不是回归到这个已经失去了的本性，而是再造出第二本性，人在其中与第一本性之间的距离不显得太过遥不可及。当事关男性公民时，契约在让其放弃一切具特殊利益性的计划以及进入其事先赞同的必然性范畴的同时，为后者提供所需的教育。当不再事关男性公民，而是关涉到女性时，不再是政治性

---

[1] 卢梭：《朱丽或新爱洛漪丝》，载于《卢梭作品全集》，第2卷，巴黎，伽利玛出版社，七星文库丛书，1964年，第267—268页。

的安排而是与天性相合：稳定而忠实的婚姻、甘于奉献的母亲身份都是这种必然性的别称，得到赞同的必然性，不再如契约那般重负的必然性。甚至从某种意义上说，这种必然性不那么沉重：即使所有的"人性之人"都改变了本性，女性的变化也会少于男性，因为那些在她的个人历史中影响颇大的事件——青春期、母亲的角色、绝经——将她嫁接在本性上。因此女性身为女性的时间长于——西美尔重提这个主题——男性身为男性的时间，女性完全由其性别命运塑造："雄性只在某些时刻才是雄性，而雌性在一生或者至少是在她的整个青春期都是雌性。"①

爱弥儿的二分法由此得到了解释。卢梭以四部书的篇幅来解释应该如何教育男孩，而仅有一本书说明女孩教育。对爱弥儿作了一场真正的宗教演说——那位萨瓦牧师的布道，对于女孩则是最基本的教理说明。为前者请老师，后者则接受家庭教育和一个没有幻想空间的教育计划，这个计划的条条框框由于受到女子本性的支配就更无须想象了。苏菲有一个洋娃娃，她梦想着为它穿衣服？"因此这就是先天决定的兴趣：你们只需跟随并调整它即可。（……）几乎所有的小女孩儿都很抵触地学习读书写字；可是，针线活儿，她们总是很乐意去学。"②当人的天性表达得如此清楚，那么不听从它而想在小姑娘身上培养男性的聪慧才智将变得荒唐可笑。因此母亲们要把她们的女儿培养成为正直诚实的女人，而不是正直诚实的男人，而且所有人都会发现这

---

① 《爱弥儿或论教育》，载于《卢梭作品全集》，版本同前，第4卷，1969年，第697页。
② 《爱弥儿》，同前，第707页。

样更好。为此，的确应该早早地"约束"女孩子们。"约束"，所有的教育都如此假定。可是"早早地"，比男孩子们更早？这是因为约束对女性更可见也不可避免地更为沉重，而让她们过早地感觉到这一点是个使约束变得更易接受的方法。

今天的女性主义者以无情的眼光看待卢梭。她们不乐意听到刚刚提到的一切：幽禁在家、服从、传授给女性的粗浅知识、永恒的孩子。因此她们略过不看那些页书，其中是卢梭认为性别平等问题是无用问题的文字。因此她们不知道克莱尔对朱丽说的话——"告诉我，我的孩子，人的灵魂有性别之分吗？"[1]——而且她们也想忘记在《爱弥儿》第5卷的一开头，当苏菲这个形象出现时，卢梭肯定地说："在所有那些不以性别为重的方面，女人就是男人。"[2]有人注意到这些话吗？这就是向女性暗示她们与男性之间的某种相似性。

不过也完全可以重新解读卢梭的作品。只需回到这本书的女性身上。假使把迪·德芳侯爵夫人排除在外，因为卢梭在她身上捕捉到了上流社会的恶毒言行，而且他对她有着强烈的反感，那么所有女性都会在卢梭的作品里辨认出一种灵感和热情的源泉。她们或许会一致遗憾于卢梭没有仔细关注甚至减弱了苏菲的教育，认为似乎应该成为一个女性典范的她对爱弥儿不忠。此外，最洞察入微的德·斯塔尔夫人还在卢梭的作品中看到了她历来所持的观点的证明：苏菲最终背叛了丈夫，她批判自己所受到

---

[1]《新爱洛漪丝》，同前，第206页。
[2]《爱弥儿》，同前，第692页。

的少得可怜的教育,而她的例子暗示如果女性掌握更多的知识,那么她们会表现出更多的美德。尽管有这个保留意见,卢梭还是同样地改变了她们所有人的生活。罗兰夫人认为他是人类的恩人,确信任何女性在读过卢梭的作品后都会变得更好。德·斯塔尔夫人自她在文学的起步伊始就赞美卢梭。年轻的乔治·桑无法原谅她的女朋友无动于衷地经过日内瓦——不朽的让-雅克的故乡。如果她自己有着如此的好运气,那么她会在那儿看到许许多多的克莱尔和朱丽。德·雷米萨夫人说自己更愿意原谅卢梭所犯的错误,而不是伏尔泰的真理。因为在这位聪明女子看来,让-雅克热爱女性,他猜到了她们的心思并且理解她们以至于"能让她们感兴趣于他所说的有关她们的坏话"①。

为什么如此热情地赞同呢?她们在卢梭身上一点也没有看到那个不知疲倦地论证她们的受支配状况的人,而是相反的那个为这种从属地位设想了一个以自愿依赖取代被迫依赖的补救方法的人。因为在她们看来女孩子们不能按照自己的意愿来掌握自己的命运,其备受侮辱的婚姻——她们自己的婚姻也常常如此——足以表明女性的这种社会从属地位。如何把这种令人无法忍受的从属化为一部自愿的杰作,这正是《新爱洛漪丝》的主题。她们中有多少人在受到阻挠而无法嫁给情人的朱丽的生命中看到了她们自己的命运轨迹!罗兰夫人在阴暗的光线下为年老的丈夫代笔,她想象朱丽成为她*的家庭教师的家庭教师,

---

① 德·雷米萨夫人:《论女性教育》,巴黎,阿歇特出版社,1903年,第34页。
* 此处和紧随其后的"她"均指罗兰夫人。——译者

从而使她的自我牺牲精神得到了升华。以教养她那些年轻的受保护人来排遣乡间寂寞的德·沙里埃夫人，感觉自己被克拉朗眼中的这位通晓心理学、经济学、园艺等各种知识的才智出众的女性迷住了。分外渴望成为受人关注的中心人物的德·斯塔尔夫人可能在这个身为世界中心的女性身上认出了自己；只喜欢持久事物的德·雷米萨夫人认为朱丽体现了永恒并保有"神圣的爱情之火"。所有的女性都被朱丽这位女子征服了，因为她给予了圣普乐灵感，使得后者刚一跨过朱丽闺房的门槛就说出了这些令人为之深深感动的话："（……）我看见了你，我处处都能感觉到你，我呼吸着你呼吸过的空气；你走进了我的整个生命（……）。"[1]

确实是这位被指控缩小了女性生活领域的卢梭创造出一位如此光彩照人的人物吗？女性主义者们并没有因此而放弃批评。她们指出朱丽不是一位真实的女性，而是以男性梦想为基础塑造出来的一个理想女性。然而，卢梭根本从未声称要描写现实，仅仅表明男女之间在全然没有肉体吸引力时可以缔结迷人的关系，不仅如此，女人们正是受到了这个理想模式的诱惑：她们从该模式中看到了完成个人成就的希望，而且她们通过朱丽这个人物而神化了自己身为女性的这一性别（乔治·桑以朱丽为蓝本创造了康絮爱萝）。她们无比感激卢梭想象出这个形象。甚至在上断头台之前，奥兰普·德·古兹还向卢梭这位女人们的朋友致敬。

卢梭赋予女性的这种生活模式还有另外一个吸引人之处。

---

[1] 《新爱洛漪丝》，同前，第147页。

当女性在私生活中占优势时,男性——这是他们在共和国的地位——被赋予公民生活的权利和义务。可是男性并非一出生即为公民。必须让男孩子们做好承担公民角色的准备,而这个准备工作是由女性完成的。难道她们——这些公民们的母亲——真的仅仅是间接的女公民吗,而且因为卢梭在自己赋予她们的崇高称呼("善良的女公民们")下小心地隐藏起她们的从属地位吗?事实上,这个公民身份远非简单的口头承认。如果人们承认没有母亲的合理教育的干预,没有男性能够成为公民的话,那么教育功能使女性摆脱了家庭的牢笼甚至时间的枷锁:女性不仅是一代人的母亲,还是世世代代的未来公民的母亲,她们掌握了整个未来。

为了实现这个雄心勃勃的计划,为了使她们自己和她们的孩子具备第二本性,需要做出很多努力并拥有很多技巧。与孟德斯鸠不同,卢梭提供了另一种本性与技巧之间的组合。无论如何,两人都把本性和技巧结合起来。孟德斯鸠认为,女性们的技巧多于本性,不过这种技巧还是嫁接于本性之上。卢梭认为女性的本性大于技巧,然而由于她们的本性遭到歪曲和改变,因此需要以更多的活动和技巧来重新塑造一个新的本性。总之两个人都不认为生为女性是一个不幸,而是一个受自由和意志左右的已知事实。

不过,这个论据并不受孟德斯鸠和卢梭的女性主义阐释者们的青睐。孟德斯鸠眼中的女性被爱、被仰慕、被置于社会基层、被男性赞美?她们认为这种公共君主制是纯粹的假象。卢梭眼中的女性为家庭和子女作奉献?这种私人君主制也是一种欺骗。她们反复说,无论从哪方面看,启蒙与反启蒙思想家们的视角只是男性关注的视角。

本书的女性并不这样认为。而且看到她们——罗兰夫人、德·沙里埃夫人、德·斯塔尔夫人的确如此——一个一个地轮流夸赞这两个模式，恍若她们的一条路被挡住了，重要的是尝试另一条路，这非常引人注目。看到她们全都与卢梭进行辩论也十分引人注目。这是因为孟德斯鸠只为一小部分女性说话，而卢梭则为所有女性发言。孟德斯鸠依靠事实和习俗，卢梭将事实和习俗都抛开；前者虽然强调性别差异，不过是为了更加赞美伟大的爱情；后者让两性处于一个任何外在权力都必须内在化才能得以合法存在的世界。自此，无论是所有女性都认为卢梭对苏菲表现得不很宽容也好，还是她们希望女性接受更开放的教育也好，她们的兴趣焦点正是卢梭（他也以《忏悔录》为她们提供了写作模式，她们将对这种模式表现出最多的温情），她们是在同卢梭辩论。这在法国大革命前是真实的。在大革命后更是真实的。比大革命前还要真实得多。正是因为法国大革命，她们与历史相交，孟德斯鸠的平静观在历史中烟消云散，从此以后所有的女性——以及所有的男性——都走进了卢梭的世界。

* * *

女性精彩地跨越了革命这道栏杆。我们不仅在那些伟大喧嚣的日子里看到了她们的身影，而且某些人——1789年10月5日和6日——亲身参与其中。她们要求在联合会里宣誓、头戴柏叶走在送葬队伍中、头插玫瑰参加大自然的节日活动、为祖国佩戴徽章和摘掉首饰、贡献金钱来组织公民宴会、在皮棉工作坊成立妇女俱乐部。制女帽的女工、助产士、菜市场的卖菜妇女要求参加国民警卫队,她们要求发给她们武器——然而,我们注意到,要求投票权的女性却少得多——她们想要服兵役,创造了参与政治的特殊形式:足以质疑上个世纪司空见惯的事实,即政治自由必定导致女性的隐居。然而,这个步入公共生活的喧嚣入场很快被革命的进程推翻。奥兰普·德·古兹直言不讳地提出了这个问题:"噢,女人们,女人们,何时你们才会不再盲目?你们在革命中得到了什么好处?"[1]在最近举行的二百周年纪念的讨论会上重新提出的正是这同一个问题。我们可以根据所审议的时期、所研究的文本还有性格对这个问题做出两个相反的回答,即使我们最常听到的响亮回答是认为这场革命对女性严酷无情并且预示着一个歧视女性的 19 世纪的到来。

然而,那些继续把法国大革命看作一个实现了个体解放——也包括女性的个体解放——的时期的人,他们更多地把目光投向革命初期的"幸福年代",这段时期一直持续到 1792 年 9 月离婚法的诞生。这个小篮子里有大革命美好年代所带来的革新,他们送给女性的许多礼物放入篮中。革命不仅批判了父权,取消了剥夺子女继承权的可能性,而且还在子女之间建立起平等和水平度,让他们以相同的年纪进入民事成年年龄,并且不分长子身份和性别同样拥有继承权,因而使女儿在财产分配方面与儿子处于平等地位。与大多数的记录文字(例如卡萝尔·帕特曼

---

[1] 奥兰普·德·古兹(Olympe de Gouges):《妇女和女公民之人权宣言》(«Déclaration des droits de la femme et de la citoyenne»),载于《1789年:妇女陈情书手册》(*1789: cahiers de doléances des femmes*),巴黎,德法姆出版社,1981年,第165页。

区分了父权——父亲对子女行使的权利——和家长权——丈夫对妻子行使的权利,她颂扬革命对前者的质疑,却因它加强了后者而感到耻辱)①相反,法国大革命也丝毫不曾触及夫权:在法国大革命时期的国民公会关于婚姻制度的讨论中,报告人认为其"滑稽可笑"。

或许因为出现了一些反对夫妻双方共同管理财产的声音,而且常常是一些政治上的"先进"声音,为丈夫在管理财产方面的天然优势和妻子在这方面的无能辩护:这些声音成功地推迟了关于夫权的讨论。不过仅仅推迟而已,因为反对这些论点的有吉伦特派、山岳派尤其是丹东派,他们站在革命原则——痛恨任何未经同意的限制——和社会现实的立场上着重强调夫权的恐怖:在穷人阶层早已是由女性来管理全家所有的少得可怜的财产。在这场辩论里,有必要听听丹东(他认为,没有什么比夫妻共同管理财产更"自然而然"的了)和卡米尔·德穆兰的话语,后者的论据既来自于过去(夫权是独裁政治的余孽)又关注未来(争取妇女参与到革命中来是至关重要的事)。卡米尔·德穆兰希望使婚姻成为一个以双方的自由为基础、独立于一切超验性的契约,而且这个契约为每个人都提供了可以宣布放弃它即引入强制离婚的可能性,它标志着男女两性关系的一个前所未有的巨变。它允诺了一个光明的未来,并且足以说明法国大革命希望改变一切,不仅仅是女性的生活。

---

① 卡萝尔·帕特曼(Carole Pateman):《两性契约》(*The Sexual Contract*),斯坦福大学出版社,1988年。

女性的话语

然而，另一方面，也有人说大革命没有带来任何的改变。首先没有任何事实上的改变，因为随着督政府和其后的第一帝国，强制性法律——它具有习惯和思想的惯性——疾驰而回，重新恢复了已婚妇女无资格管理财产的规定，夫权再现。把帝国的倒退归因于革命的论点没有什么说服力，而且削弱了大革命曾经在最难以做出改变的领域里有所创新的荣耀，只要它仍属于必须承受并如此生活的范畴，即性别差异。更强有力的说法是大革命先是勉强让女人们插花性质地参与其中，接着毫不犹豫地将其排除在外并关闭了妇女俱乐部，从而表现出它对女性政治生活的强烈反感。于是有人提及了与丹东和德穆兰的自由言论相对立的阿玛尔和肖迈特的话语，这两人时而复述卢梭的言论："采取行动来软化男性习俗，女性无法积极参与辩论，因为辩论的热烈与构成女性魅力的温柔稳重并不相容"①，他们时而从卢梭的言论中得出实际结论："自何时起，肖迈特大声说道，觉得看到女性放弃对自己家庭的虔诚照料和孩子的摇篮，来到公众场合，走入发表高谈阔论的长篇演讲的论坛②是合乎情理的呢？"肖迈特和阿玛尔不是公开厌恶女性的人，而且其言论的本质是在抗拒街头的压力、反对直接民主和愤激派。不过他们的这种初级厌女症在于无法想象女性能够参与公共生活。大革命让她们有机会把幽闭在家的现实转化为明确的价值。从他们的谈话，也从事实中——奥兰普被处死、泰鲁瓦涅遭鞭笞、罗兰夫人

---

① 阿玛尔在1793年10月30日的国民公会上所作的报告，引自《通报》（*Moniteur*）第18卷，第300页。
② 同上，第450页（法兰西共和历二年雾月27日的演说）。

受辱并被拉到断头台上处决，我们可以辩护说法国大革命有意伤害女性并且也的确这样做了。

那么到底发生了什么？摆在我们面前的是一个与基内所描写的那个谜题不相上下的难解之谜：从镌刻在大革命的门槛上的许诺自由的美好希望中走出了恐怖时代；从许诺解放妇女的诺言中走出了新的奴役。对此可以做出数种解释，或者从革命假想中寻找原因，或者借用革命的真实历史。从形象方面来看，完美公民，正如革命本身所展现的那样，是拥有美德的人。当然也有一些有美德的妇女，然而她们的美德几乎是与革命的美德相矛盾，革命的美德亦即男性美德，它与爱祖国——要求严格、唯我独尊的爱——混为一体。没有谁能比罗伯斯庇尔和圣茹斯特更好地让人理解这一点。罗伯斯庇尔通过指责丹东除了"与妻子夜夜表现①的"美德以外不了解其他美德时以否定的方式做出了解释，而圣茹斯特则以肯定的口吻说："在对祖国的神圣之爱中有着某种可怕的东西；它是如此专一以至于它可以为了公众利益而毫不留情、毫不恐惧、毫不尊重他人地牺牲一切。它牺牲了私人感情。对共和国的爱是可怕的。"②

但是由于女性与儿童的特殊联系，心灵的兴趣和对家庭的情感在女性的内心表现得更为强烈，她们纠结于柔情这个强力胶，而男性他们更擅长摆脱感情的纠缠：大卫画作中的布鲁图设

---

① 这是愤怒的罗伯斯庇尔在回击丹东的指责时所说的名言。另请参见杰拉尔·瓦尔特（Gérard Walter）的著作《罗伯斯庇尔传》（*Maximilien de Robespierre*），巴黎，1961年，第424页。
② 《通报》第20卷，第97页（法兰西共和历二年芽月2日的演说）。

法克服并升华了他的父亲本能,然而女性则屈服于悲伤的重压。即使在她们面前树立起那些能够为自己的儿子和丈夫的牺牲而鼓掌的斯巴达妇女和罗马妇女的榜样,她们仍然经历着最痛苦的焦虑和哀痛的现实,并因而对共和国产生憎恨。难以克制她们的愤怒之情,而且即使能够令其保持缄默,她们的沉默会更加可怕:因为雅各宾主义是一个公开展示和明示性的世界,在这种激进主义看来,没有什么比自我封闭和秘密更危险的了。因而女性的内在性就是威胁:女性是不知道其想法的生物,她们暗地里反对公共历史事件,总之她们以其自身的存在证明了在革命中有的人有可能想着非革命的事物,严重的罪行。最后,革命梦想着团结,而女性则使男性分裂。雅克·安德烈以寥寥数页清晰明了地说:标志兄弟团结的到来和胜利的革命时期没有善待女性,因为最排斥女性的除了兄弟会没有别的。①圣茹斯特的"朋友们"声明互为战友,每一个名副其实的共和主义者每年都应来圣殿发表这个庄重"宣言":妇女恰恰不会做出这样的宣言。②

对女性而言,这足以说明孟德斯鸠主张的女性模式为什么革命伊始已不复存在。沙龙被革命会议杀死,雄辩的论坛演说导致优雅的沙龙交谈的消失。德·斯塔尔夫人在《论法国大革命的主要事件》里描写到那个女性插手一切事务、任命和取消部长

---

① 雅克·安德烈(Jacques André):《骨肉相残的革命:论社会关系的心理分析》(*La Révolution fratricide, essai de psychanalyse du lien social*),巴黎,法国大学出版社,1993年。
② 《共和制断简》(« Fragments d'institutions républicaines »),见《政治理论》(*Théorie politique*),巴黎,色伊出版社,1976年,第288页。圣茹斯特还在其中解释了禁止妇女之间的战友情,否则处以死刑。

论法国的独特性

的时代——并非没有丝毫的怀旧之情，因为她清楚地感觉到女性在其中得到的"美好"，她提到这个时代时恍若它是一个一去不复返的时代。革命的文章不断地把女性在之前的那个文人社会所拥有的影响带回到专制主义中去（当今那些重新审视法国大革命的阐释者也持这一论点）。法国大革命认为启蒙时代的性别混杂等同于无秩序、堕落和阴谋。革命者眼中的旧制度也因而成为全然女性化的制度。这种带有奢华、狡猾、黑暗、秘密的含义的女性化，这种含有女性自己也赞同的堕落意味的女性化，即奥兰普·德·古兹所抗议的"女性的暗地操控"[1]。在这段不可思议的话语里也掠过一些真实的女性形象，国王的情妇、策划阴谋的女人、女罪犯和心术不正的女人，夏洛特和她的匕首、玛侬及其在充斥着旧制度毒气的沙龙里的隐秘影响。在这些女性之中，背信弃义的女恶魔玛丽·安托瓦内特闪耀着黑色的光芒。关于这个把法国大革命和旧制度分离开的道德鸿沟，利涅在"婊子王朝接替了加图王朝"的话语落下的同时已经说出了一切。

在两性分离的严重隔阂之中，在此后包围着这些女性的多疑评判甚至憎恨之中，还应该把法国大革命自身的历史考虑在内。革命者们力求忠实于他们的个体契约逻辑，而且决不否认他们对以自由为名的等级制度的憎恶。然而在步步皆碰到对立于其新社会和再生人的美好规划的现实障碍后，他们发现——或许恐怖时代的深层原因之一就在于这个差距——那些人的出乎意料的抵抗，那些他们曾经相信自己为其带来了幸福的人。那些

---

[1]《妇女和女公民之人权宣言》，同前，第 166 页。

女性的话语

被认为未受任何贵族腐化影响的"善良勤劳"的农民们逐渐被视为抵制启蒙运动的反动者。而女性们更是如此。

为什么她们显得如此抗拒真理？或许因为她们比男性更无知、更没文化。而且她们终日守在家里，深深地眷恋着乡村和住宅的永恒保护壳，也因而特别反对变化。然而也尤其因为她们在教士们的掌控之中：关键问题，因为正是迫害性的宗教政策在国内散布着最最危害革命前景的分裂思想，正如德·雷米萨夫人的解释那样，引导那些最不愿意欢迎革命的女性重归天主教，并且开启了下个世纪整整百年都将见证着的两性分离时代。而拥护法国大革命的教士们曾经欢呼革命给女性带来的翻天覆地的变化，革命将会给她们带来新生，使她们成为女爱国者和女公民。福歇神甫一直认为女性被从轻浮中拯救出来，回归黄金时代的质朴，他在社交俱乐部接待她们，甚至邀请她们发表演讲。可是他刚刚当选为卡尔瓦多斯省的拥护《教士的公民组织法》的主教后就立刻发现了妇女们的敌意：正是她们群聚于教堂周围，撞破了教堂钟楼的大门，要求领受圣事，保护和藏匿那些反动教士，庇护那些暗中举行的地下弥撒。格雷古瓦确信正是她们，"这些煽动叛乱的无耻下流的妇女"[①]，扼杀了他的拥护《教士的公民组织法》的教会。另一方面，肩负使命的代表以及后来的督政府专员，在他们发往巴黎的关于民众舆论动向的报告中，不断地提及女人们暗中反对这种他们宁愿称之为热情、团结的公共精

---

① 参见波尔罗亚尔社图书馆的《通信集》（*Correspondance*），卡尔瓦多斯（1797年3月8日）。

论法国的独特性

神的来临。由此他们对那些周日盛装而休息日穿着破衣烂衫、在洗衣池散布保皇主义谣言并在她们的宽大裙摆下隐藏煽动反叛的小册子甚至庇护反动教士的妇女们长期持怀疑态度。他们以比米歇尔的言辞更粗鲁的辞藻描述那位在西部地区围隔田野、草地的篱笆间传播反革命言论的勤奋的女信使。除了这种落后言行之外，还应该找到一个合理的缘由：最为简单的理由就是提到了教士们的暗藏之手。不过还有其他的原因：女性对色彩和声音的敏感性、她们对最感性的宗教信仰的留恋、她们那如同孩子般随感性之风而动的习性，她们是迷信的命定牺牲品。由此绘就了那幅将会分外艰难地生存于法国的画卷，进步者在家庭中对虔诚信教的妻子让步（饶勒斯还会阐明这一点）以及家庭内部的道德和情感离异，整个共和主义思想都将与基内和米歇尔一起对此抱怨不已。

以前的密探：因此法国大革命正是如此这般地针砭始终忙于在现时维持传统的女性，以其存在本身来反抗对决裂的想象和未来理念的至高无上的权力。人们于是明白了她们必定在大革命中沉沦。并非因为男人们确定无疑地憎恨着她们。而是因为在处于分娩期的社会中崛起了一个新的神祇，它名叫历史，因为正是历史从此以后被视为集体主义的教育者，因为妇女们尚不确信已经走入历史，除非通过隐私与艳史构筑的崎岖小路，罗兰夫人——而她如此悲剧性地出现在历史的舞台之上，德·斯塔尔夫人——而她如此这般地把希望寄托于精益求精，她们立刻就明白了这一点。一个不承认自己历史的共和国签署了，至少暂时性地签署了女性的降书。它远远不是减少，而是加剧了重压在女性身上的束缚，而原因也由此显得不言而喻。

然而事情并非如此简单。首先，即使上流社会和知识阶层的社交模式的确已经消失，它也并未从人们的记忆中——应该重复这一点——也没有从民族习俗中消失。至于法国大革命继卢梭之后所赋予女性的生存模式，它并非如人们所说的那般桎梏女性。或许因为是早期卢梭主义者完全站在卢梭一边，他们赞成他预留给女性的精神生活强度，阿玛尔和肖迈特不断地被宣召到女性主义者们的法庭上受审。总之，他们根本并非像其传奇故事令人相信的那样是顽固偏执的厌恶女性的人。阿玛尔反对女性对夫权的顺从，反对"家庭生活中的特权阶层"。肖迈特于1792年10月友好地勉励一些夫妻，其中有一部分过去离异又因离婚法而复合的夫妻："没有什么比强制行为的代价更沉重，而当愉悦本身变成义务时，这种愉悦就成为负担。离婚是互敬、互助、互爱之父，是诚实之火的永恒食粮。"[1]即使当他们弹着早期卢梭主义的老调，也可以感到他们并非主张把女性禁闭于一个与公共领域严格分隔开的私密空间之内，而是与此相反，使公共生活进入个体的私生活。因为事实上没有什么比树立在两者间的屏障更不相容于雅各宾主义，既然任何分离，即使仅仅是思想和意愿的分离，都是一种罪行。由女性主宰的家庭——并且由于大革命削减了父系君权而更加至高无上——毫无疑问地属于公共领域。处于家庭中心的孩子是个至关重要的政治问题：仅仅凭借孩子，大革命就能获得胜利。因此，仅需借助妇女。她们

---

[1] 《通报》第14卷，第266页（1792年10月23日的演说）。

是本源——众所周知,起源之梦在革命中承担着怎样的神圣使命——她们也是原动力,因为通过孩子,她们的双手掌握了法国革命的命运。

于是人们更清楚地知道有些女性,正如她们曾经对卢梭的分析而采取的作为那样,在重新考虑那篇演说,它为她们规定了她们熟悉的公民参与空间,以及她们自己也承认的直属其特别管辖权的任务:儿童即女孩子和男孩子的教育、对年轻姑娘的教导、对共和主义者丈夫的支持、社会福利。人们期望她们为祖国的伟大利益而牺牲个人利益,这个要求比传统的屈从更令人得到满足。例子不胜枚举,从中看到她们自己在为国家奉献力量或参加节日宣誓时要求与其相适的职务,她们毫不含糊地承认自己的特殊性:德·凯拉里奥夫人,罗贝尔的妻子,曾经是衷心呼唤共和国的先驱之一,也是女性先驱之一,她讲得很好:"我没有将其从自身领域拉出来的野心,因为即使最好的东西,如果它们不在其位,那么也会失去其全部价值。"①

然而,一方面,这个领域比人们所想象的更为宽广,因为它允诺女性可以真正参与国家生活。另一方面,女性的独特体验似乎并未与平等和自由相抵触。《人权宣言》的基本原则是只要社会差异建立在"共同利益"的基础之上,那么它们就似乎无损于平等。至于性别差异,也可以姑且认为如此。而这也说明了为什么法国

---

① 《论济贫院的管理》(« Discours sur l'administration des hôpitaux »),载于《适于雅各宾派之两性友爱社会思考摘选,法兰西共和历三年12月4日》(Extrait des délibérations de la société fraternelle des deux sexes séante aux Jacobins dimanche 4 décembre de l'an III[8°Lb^{40}2418]),第10页。

大革命时期，很少有妇女要求参与投票：共和国婚姻制度主张保障夫妻双方相互关联的利益、情感和精神的自由结合，因此直接的政治参与成为非必需之事。奥兰普·德·古兹本人，当她要求成立全国妇女代表大会时，并未强行要求让女性进入男性的国民议会。不如说她要求成立的是一个认可女性特殊能力的妇女大会。

因此应该审慎地评价一致认为大革命抑制了女性待遇的看法。因为大革命在力求团结而非排斥，而这个"男性与女性的联合"通过共和国女性的新形象得到充分的表现，奥兰普·德·古兹则恰好从这个"两性结合"中看到了一切主权的根本所在。当德·雷米萨夫人创作《论女性的教育》时，她着重强调了法国大革命给女性开辟了怎样全新的活动领域：更严肃、更正经的生活，以及对于那些从此以后戴上"女性公民配偶"的美丽头衔的女性而言的许多有趣的事务。女性的确无法再手握纸牌。不过她们的角色是从打牌者的肩头上看游戏，小心地给他出主意，分享其成功，安慰其不幸。

难道法国大革命没有开辟出一个更广阔的领域，一个比此类始终处于遭到审慎削弱和平衡的间接参与更广阔的领域吗？在那些革命岁月中曾经有一些人站出来为两性存在的相似性作辩护，并得出女性应享有作为平等、理性的个体参与一切政治生活的权利。这些见解前所未有，即使可以发现17世纪和18世纪的若干前辈的预言；其见解举世闻名，例如孔多塞。孔多塞始终坚信女性由于天性而具有一些特性，但是他强调了一个决定性的决裂，因为他拒绝承认介于这些特性和政治无能力两者之间会有好的结果。谈到女性身体的脆弱？男人也有可能身体不适和患病。关于女性智力的薄弱？这方面难以解释清楚，此外，难道不该承认有才华的男性也很少吗？最后，孔多塞没有忘记关键的一点，这就是每个个体首先对他自己而言是一个个体。"或者人类的任何一个个体都没有真正的权利，或者所有个体都有同样的权利。"①如果从天性施加给女性的短暂烦恼得出其政治无能力，那么也应该得出男性同样政治无能力的结论：因为不同男性的天赋所得也不一样。孔多塞为女性政治解放的辩护逻辑严谨，在法国大革命时期到处有人复述他的这篇辩护词。居约玛尔就是如此："女性的居家生活并未深居简出到导致女性无法参加选民预选大会的程度。"②

这些被视为不适宜的孤立请愿很快被人遗忘而销声匿迹——于是人人都确信天性对女性的遏制不住的支配作用；因此人们毫不费力地强调着女性的畏缩胆怯。这些请愿对女性来说还是有其美好前景的。它们预告了从孟德斯鸠所看到的这种有节制的支配"调控民主"的平等向极度平等精神的过渡，按照孟德斯鸠的看法，后者确立于"无节制的民主"中。这就是，他写道，"调控民主和非调控民主之间的差别，在前者中，人仅仅在作为市民时才是平等的，而在后者中，人们不仅在作为市民时

---

① 《关于给予女性公民权的问题》（«Sur l'admission des femmes au droit de cité»），《1789年社会日志》（Le Journal de la société de 1789），第5期，第2页（1790年7月3日）。
② 皮埃尔·居约玛尔（Pierre Guyomar）：《个体政治平等的拥护者，或法律平等与事实不平等的极重要问题》（Le Partisan de l'égalité politique entre les individus, ou problème très important de l'égalité en droits et de l'inégalité en fait），巴黎，国家印刷厂，不定期，第12页。

女性的话语

而且在作为行政官员、上议院议员、法官、父亲、丈夫、主人等时都是平等的。"①在极端民主中，甚至公共生活的夹层都弥漫着在此可以称之为无分化愿望的平等愿望。事情不再仅仅是关于赋予两性同等权利的问题，而是最终允诺两性有相同的职权、成就、空间。继孟德斯鸠和卢梭的世界——一个技巧与天性相妥协的世界——之后，取而代之的是一个纯意志世界，在这样的世界里差异注定走向消亡的命运。

法国大革命者们隐隐约约地感到这个由他们首创的运动趋于无差异化。是出于这个原因，出于对平庸民主的忧虑以及为了避免此种情况的出现，他们做出的反应是加重两性的隔离？这是热娜维耶芙·弗莱斯提出的假设。②在一个充斥着不平等的世界里，她写道，例外保持其例外性。因此除非无人为之激动甚至惊奇，否则可以成为一个主宰心灵和情感的出类拔萃的女性。反之，在一个平等的世界里，任何成功都可能成为规则。由此可知男性会感到的恐惧以及他们大力推行排斥的原因。也可以另有说法和感觉；不将这种恐惧视为性恐惧（被褫夺其特权的男性的恐惧），而是看作对一种无特质世界、一种非人的灰色抽象化的普遍恐惧（女性也得分担的恐惧）。也只需认为我们的世界就是这样的无差异世界，认为我们越来越难以接受自然规定性

---

① 《论法的精神》，版本同前，第352页（第8卷，第3章）。
② 参见热娜维耶芙·弗莱斯（Geneviève Fraisse）撰写的《双重原因和绝无仅有性：性别差异的基础》（« La double raison et l'unique nature: fondements de la différence des sexes »），载于伊雷娜·泰里（Irène Théry）和克里斯蒂安·比耶（Christian Biet）编辑的《家庭、法律、国家：从法国大革命到民法典》（La Famille, la loi, l'État: de la Révolution au Code civil），巴黎，国家印刷厂，1989年，第45—52页。

（疾病、贫瘠、残疾、死亡、性），认为我们愈来愈致力于征服或取消它们，就足以明白即使法国大革命的这种思想在我们看来畏首畏尾，我们也始终是它的孩子。而这使我们避免了无政府主义，避免过于赞同回归感——所有这些女性在担任公职之后又回归各自家庭所产生的回归感，并且准许我们回答本文一开始所提出的那个问题。在性别平等方面，或者仅仅在两性关系方面，法国大革命的确改变了一切。它使一切不平等成为非法存在，使所有预设的角色分配岌岌可危，肯定艺术足以建立政治秩序。所以我们可以支持以下这一论据，即法国大革命通过将其包裹于对立思想之内而把对女性的奴役变为一种多余苦痛，革命使得这种苦痛更清晰可见、更乱人心弦、更难以忍受，并且至少最终向后者允诺了阻止其发展的对抗措施。

因此，如同当今的一些美国历史学家的作为那样是不妥当的。他们认为法国大革命致力于加剧女性服从男性的情形，认为法国大革命欺骗性地为一般人权辩护，却将这些一般人权置于白种男人的体内。[1]琼·斯科特和卡萝尔·帕特曼认为，法国大革命的可耻悖论就是寓一般性于白种男性的特殊性之中。[2]正是

---

[1] 我在"雄性白人"这个丑陋的表达方式前却步。然而在那些美国女作者的笔下，的的确确就是"雄性白人"。

[2] 参见琼·瓦莱士·斯科特（Joan Wallach Scott）的《法国女权主义者和"人"权：奥兰普·德·古兹的宣言》（« French Feminists and the Rights of "Man": Olympe de Gouge's Declarations »），载于《历史工作室日记》（*Historical Workshop Journal*），第28卷，1989年；以及卡萝尔·帕特曼的《两性契约》，同前书。另参见林·亨特（Lynn Hunt）对他们所作的中肯而有分寸的批评，几乎不怎么相信自由化政治与排斥女性之间的必然联系：《法国大革命时期的家庭罗曼史》（*Le Roman familial de la Révolution française*[1992]），塞内（J.-Fr. Sené）译，巴黎，阿尔班·米歇尔出版社，1995年，第221—224页。

大革命使女性不能进入社会契约中，在妇女们的仇恨与民主政治之间建立起了必然联系，因而将对女性的排斥置于民主的基础之上。然而民主政治恰恰就是拒绝使人权受制于某种特殊性的政治，是使人权同时面向无穷尽要求开放的政治。事实上，民主政治使得排斥女性变成更加令人质疑的问题。因为即使自然确定性暂时具有一种新的革命力量，也无法在一个一切自我谋求、自我构建的世界里长久坚持下去。

此外，法国大革命刚刚以进步观在女性的生活中引入了"总有一天会到来"的小曲。孔多塞所重视的精益求精观甚至征服了最闻名的反革命者。比如阿玛尔就是如此：既然男性的政治和道德教育"尚"处于蹒跚起步的阶段，如何能不这样评价女性教育呢，她们几乎没有受过任何政治、道德教育？迟到却也是令人憧憬的话语：因为，假使以精益求精来定义人类的话，同时又如何不承认会越来越难于把人类界定为其自然规定性？本书的诸位女性立即捕捉到这一令人鼓舞的回旋曲。事实上，对卢梭的作品知之甚深的德·斯塔尔夫人就确信女性在近代共和国里不再是毫无价值。不过，怎样理解这一点呢？女性再也不是她们曾经那样的毫无价值，不过这个旧状况多为虚幻，一旦人们抛开幻觉，就必须以一个真实的优点来取代它。她们极其重视的这种教育会有什么用呢？德·沙里埃夫人、德·斯塔尔夫人、罗兰夫人，她们所有人都确信启蒙时代的这一弊端只有凭借更多的启蒙之光才能得以从女性身上根除掉。而这一点，要求人人接受教育，承诺接受一种并非专门针对女性因而不再是处于从属地位的教育，这也是法国大革命的一个创新。这部在法兰西第一共和

论法国的独特性

国二年霜月颁布的法律（禁止成立妇女组织的禁令的数周之后）相当大方地让男孩和女孩接受相同的教育，并以让所有这些六岁的小女公民在节日看台上集体背诵《人权宣言》的实际行动对其加以说明。这个革命性的创新大概很快就被束之高阁：尽管如此，法国特性还是在一个世纪之后经由它表现出来。

* * *

男女混合的社交生活、幽闭的家庭生活、对任务和职能的平等分担：为女性提供的这三种模式在整个19世纪的法国并未经历过相同的命运。我们可能会认为第一种模式受到法国大革命的诸多唾骂，肯定会被全然抛弃。走出大革命的男人们和女人们似乎的确比他们进入大革命之初显得更分离得多，这一点得到无数人的证明。缪塞曾经描述过王朝复辟时期沙龙的那种双色场面，女性服装纯朴，男性身着黑色衣服，彼此陌生。当维日－勒布兰夫人从国外回到巴黎去拜访塞居尔伯爵夫人时无法相信自己的眼睛，邀请了二十位客人来家晚餐的伯爵夫人凄凉得独自一人：受邀的客人们不再如以前的社交礼仪所规定的那样有将社交延长至夜晚的闲暇。在一次大型的音乐晚会上，她自己也惊愕地发现女士们待在这边，而男士们则待在另一边："好像面对面的敌人；除了男主人外，没有一位男士来到我们女士这边。"①在本书介绍的女性中，有几位早已预感到这种新的划分。

---

① 伊丽莎白·维日－勒布兰（Elisabeth Vigée-Lebrun）：《回忆录》（*Souvenirs*），巴黎，德法姆出版社，1982年，两卷本，第2卷，第107—108页。

德·斯塔尔夫人已经宣告了充斥着缄默不语的美女、上流社会男性绝迹的沙龙时代的到来。有些人则知道它已经发生了：德·雷米萨夫人的儿子夏尔给在外祖母的沙龙的"女性氛围"中长大的母亲写信描述自己在莫莱沙龙里目瞪口呆地看到男士们站在那里热烈地、滔滔不绝地探讨着公众利益问题，女士们则沉默地围成圆圈坐着一言不发：一幅失色的《贺拉提乌斯兄弟誓言》的社交版本。

即使这个"法国调"此后显得过时，难道它却是完全消失不见了吗？它既未消失于现实之中，也未消失在人们的记忆中。事实上：黛尔菲娜·德·吉拉尔丹嘲讽有人在痛惜沙龙的消失时所持的哀歌口吻；沙龙之所以变得看不见，恰好正因为它的增多和扩散。玛丽·达古的座右铭就是创建一个沙龙需要二十位男性和五位女性：在这一巧妙的安排中，她认为巴黎女性仍在继续推销其最高理想。在司汤达笔下的主人公如吕西安·勒文等人看来，令人陶醉的幸福始终在于"对于风趣的男士来说身边有一些风趣的女性"[①]。至于那些对早前社交生活的回忆，它们远远没有烟消云散。克莱尔·德·雷米萨说，那些热烈欢迎革命、将其视为点缀其沙龙谈话的女性们很快认识到这完全是另一回事，她们意识到从此以后必须使她们的行动和话语更为严肃庄重。然而她们并未因此丧失其女性伟大艺术的天性，即在同一个聊天圈子里汇聚"多位渴望发言却由于某种不知名的原因而自我

---

① 《吕西安·勒文》（*Lucien Leuwen*），载于《长篇小说与中短篇小说》（*Romans et nouvelles*），巴黎，伽利玛出版社，七星文库丛书，1977年，第824页。

克制、若无人引导就往往一言不发的男性"①。她相信法国女性的优雅在新社会里也始终有其用武之地，它们会以一种较之前更少轻浮的方式出现。虽然乔治·桑总是感觉自己不擅长活跃谈话气氛，她也知道自己身为女性，她的出席对马尼饭店的晚宴意味着什么，以及自己从这种有男性参与的社交聚会所得到的收获。

贵族社交徒然地成为一个没落世界的象征，它仍然继续令一些人钦佩和怀旧。在其法兰西学院的入院演讲中，勒南始终将法兰西独特性置于其中。更好：只要这种男女混杂社交持续下去，他坚信法国相对于其他国家而言的优势就必然会保持下去。"当一个民族，他说道，将会生成某些东西，会被我们轻忽的特性，一个比我国17、18世纪的贵族更有教养的阶层，一些比我国那些精通哲学的女性更有魅力的妇女，以及一个比我们父辈的社会更令人惬意、更具精神性的社会，那么我们必将被打败。"普鲁斯特在他描绘奥松维尔伯爵夫人的沙龙的速写片段中引用了这段话，狡黠地暗示在法国，即使最凶悍的社会主义者本人也同意知识女性的这种权威性。②饶勒斯参加一位以收藏画作之丰而闻名的贵妇举办的晚宴，当这位贵妇人因有可能出现的集体化前景而担忧时，饶勒斯安抚她说东西属于那些对它们最有感觉、最了解它们的人所有。所以正是这样，对普鲁斯特来说，昔日的芬芳始终浸润着现在和未来，使其软化和人性化，尽管后两

---

① 德·雷米萨夫人：《书简》，同前，第2卷，第465页。
② 马塞尔·普鲁斯特：《传闻》(*Chroniques*)，巴黎，伽利玛出版社，1927年，第49页。

者看似令前者化为乌有。

　　与贵族模式相反，给女性们分配了一个精心划定的空间的角色互补模式似乎取得了胜利。德·雷米萨夫人认为这种模式适合于一个公民身份成为其中所有人的真正人生动力的社会。公民社会希望男性更忙碌，而女性更隐居。虽然克莱尔·德·雷米萨不否认这一判决对女性来说显得十分残酷，但是她认为这是不可避免的。她在卢梭思想的启迪下，想着这种模式也包括了一些对女性的补偿：不仅拥有公民的配偶和母亲这些同样崇高的头衔，而且也可以行使母亲这个为女性提供了许多新工作的社会角色，于是从中得到自我安慰。关于这条如此这般面向女性敞开的笔直和平的大路，克莱尔·德·雷米萨认为它为女性勾勒的命运并不低于旧制度用来引诱女性所勾画的命运："可以这么说，合法地行使已被认可但被明智限定了的权利，不是比行使那些以尊严和美德为代价窃取到的始终有争议的权利更光荣百倍吗？"①她是这样给这一模式作担保，它的影响十分深远，甚至那些致力于妇女解放的伟大人物们都对该模式留恋不已。在她致马尔西的信中，乔治·桑承认法国社会已经不再有这些伟大的女性人物的生存空间，司汤达也惋惜她们的消失。再也没有爱洛漪丝、圣女贞德、罗兰夫人，从此以后给予独立女性的生命力和独特性的唯一活动就是艺术家的生活。可是除了这个前所未有的例子之外，女性的角色从此以后被严格地限定了：妇女并不适合那些工作，那些男性迄今为止拒绝她们从事的工作；相反地，

---

① 德·雷米萨夫人：《论女性的教育》，同前，第57页。

她们极其适合上天赋予她们的工作：人类的童年归她们所有。由此她们对家人和家庭合乎情理地产生巨大的道德影响。①

整个19世纪都在展示这种两个世界之间的分割。甚至在1848年，继共和国的诞生之后又重新出现了女性的希望曙光——被视为共和主义政体开始不再严酷对待女性的信号——还是依然存在两性角色的这种功能划分。妇女们是基于纯女性的义务来要求享有公民权。她们不提及与男公民们的主要相似之处，而是强调她们自自己的家庭角色中得来的特殊能力：她们要求制定代表风俗习惯的法律。她们指望通过传统的对母亲角色的颂扬来把自己的权限扩展到人类大家族；她们更情愿地讲着实用性和公正的字眼，而不谈权利。而公民权在她们看来依然——乔治·桑已经作了表率——比政治权利更具有决定性。的确如此，《拿破仑法典》也认可了女性的少数公民权，指定她们享有那些最迫切需要得到的权利——亲子关系的寻求、已婚妇女的法律能力、离婚——由此统一了她们的务实要求。②因此不管当时如何动荡，依然可以认为1848年这个历史片段对两个领域的思想做出了贡献，而不是对两种思想的驳斥。

可是，一切都如此简单吗？首先，"尚未实现，不过有朝一日

---

① 《致马尔西的信》是乔治·桑应拉梅内的请求为《世界报》而写。女作家在信中向一位有天分的贫苦姑娘解释女性如何规划自己的人生。请参见《里拉竖琴的七弦》(*Les Sept Cordes de la lyre*)，巴黎，米歇尔－莱维兄弟出版社，1869年。
② 关于这个问题，见约瑟夫·古瓦（Joseph Goy）的《民法典》(« Code civil »)，载于弗朗索瓦·孚雷（François Furet）和莫娜·奥祖夫主编的《法国大革命批评词典》(*Dictionnaire critique de la Révolution française*)，巴黎，弗拉马里翁出版社，1988年。

女性的话语

可能会实现"的主题显然自法国大革命开始就贯穿于所有发言，主要是妇女们的发言之中。乔治·桑把女性的气质而非她们所受的教育视为永恒（"我看到女性永远臣服于其自身的心灵和情感"①）。女性的任务在当下不可能改变。然而未来呢？还是无法知道未来将会怎样。至于作为该世纪特色的男人翱翔于其中的社会与女性封闭于其中的私生活两者之间的分离，它当时在法国真的如人所说的那么严密封闭吗？在农民阶层，由于工作的原因两性始终混杂相处：在村庄里，伊冯娜·维尔迪耶所描述的洗衣女工、缝纫女工、厨娘仰仗着她们的本领和能力，来来回回地自由穿梭于两性边界。②在工人阶层，女性不仅走出家门到工厂工作，而且她们对家里的钱财有支配权。在中产阶级社会，虽然年轻姑娘与她们的德国或英国姊妹们相比显得更为与世隔绝，正如托克维尔、海涅和泰纳异口同声所说的那样，不过根据他们的看法，法国已婚妇女反而重新得到了比另两国的已婚妇女更多的行动自由。她们有许多逃避被幽禁在家里的机会，例如慈善活动和宗教活动——赈济、医院、朝圣——需要到百货商店甚至频繁光顾百货商店。虽然她们尚未被允许肩并肩地参加政治示威游行，总之她们这样做会受到嘲笑，不过她们已经开始——如于贝蒂娜·奥克莱尔——闯入市政府和公众场所。工作和休闲场所比习惯说法更易被渗透。

---

① 乔治·桑：《通信集》，第18卷，巴黎，加尼埃出版社，1984年，第269页。
② 伊冯娜·维尔迪耶（Yvonne Verdier）：《表达方式、行为方式：洗衣女工、缝纫女工、厨娘》（Façons de dire, façons de faire. La laveuse, la couturière, la cuisinière），巴黎，伽利玛出版社，1979年。

托克维尔对美国民主社会中的女性命运的看法为法国的这种两性交往提供了一个反证："美国是世界上最持之以恒地致力于为两性划分出泾渭分明的行动分隔线，并且希望两性在始终不同的道路上平等前进的国家。"①平等的美国比欧洲更甚地把女性关在家庭圈子里，不过这个圈子一经划定，则尽可能地在这个圈子里抚养教育她们（泰纳随后对于英国也有着同样的观察结果：英国女性比法国妇女受到更多的局限，她们被局限于家庭管家的职务，然而却令她们在这样的束缚中闪耀着各种道德品质的光辉，使她们备受尊敬）。简言之，卡尔·德格勒的那篇著名的综合评述证实了托克维尔关于美国社会男女两性的活动范围相互区分的观点，指出美国社会赋予女性以家庭内的强烈情感和高尚道德之地，一个因为美国人对孩子的喜爱和重视而更加突出的作用：男性们所承认的实际权力。因此几乎没有女性希望再加入那些女性主义共同体或者感受女性主义先驱者的境遇，后两者提供了重新质疑传统的角色分工的可能性。②

在美国社会的这个成功安排中，在这个由丈夫的住所重新构成的"禁区"里，托克维尔解读出一种深邃的明智。在他看来，民主个性正是在那其中同时找到了自己的论据和平衡力。作为论据，因为在那个私人领域周围竖起的栅栏阻止了国家闯入其中，从而保护了家庭单位免受国家的不当干预。而作为平衡力

---

① 托克维尔：《论美国的民主》（*De la démocratie en Amérique*），载于《托克维尔作品全集》第1卷，巴黎，伽利玛出版社，1961年，第220页。
② 卡尔·德格勒（Carl Degler）：《差异：自独立革命至今的美国妇女和家庭》（*At Odds. Women and the Family in America from the Revolution to the Present*），牛津，牛津大学出版社，1980年。

量，家庭内的热烈氛围成功地与民主社会的庸俗相抗衡，因为在民主社会里，人与人都极其相似。民主那无可抗拒的动力带来了无差异化，然而也导致了对同质性的焦虑，美国的家庭模式延迟并抵消了这一弊病：这儿依然存在家长与其下属之间的地位不平等；在这里，每个性别都被分配了各自的空间和角色，这种分配正处于最信赖边界的民主社会的人工论的对立面。建立在自然属性——亦即两性各自属性内的不可控制的特性——基础上的性别歧视，是对意志的一次胜利遏制。因此对女性差异的颂扬避免了民主的自我反对。不过，我们可以自问，这种令人嘲讽的增值－隔离的回报是否并非激进女性主义过早出现在美国的原因，美国的激进女性主义可能会有众多的追随者，其象征性的代表人物就是那位奥莉芙·昌斯勒*，她对男性做出了终审判决，认为男性是"可鄙的伴侣"，他们自古以来一直都只做了一件事——压迫女性，她声嘶力竭地呼吁："应当让他们付出代价！"①

不过，对美国的描述也使得托克维尔回过头来描绘欧洲模式的特征，并且突出强调了那些阻碍，阻碍欧洲发展成为美国那种令人钦佩的两性领域分离模式的对立因素。尤其是在法国，自然差异常常不为人所知。人们十分乐意赋予男性和女性相同的职权，在一切事务上都男女混合。其结果却不为人所喜，既因为其造成的折中性影响（软弱的男人，不诚实的女人，前者受到女性气质的传染，后者则受到阳刚气质的传染），更是因为它所预

---

* 美国小说家亨利·詹姆斯的小说《波士顿人》中的女性人物名。——译者
① 亨利·詹姆斯：《波士顿人》(Les Bostoniennes)，科林－勒梅西埃（J. Collin-Lemercier）译，巴黎，伽利玛出版社，1973年，第292—293页。

示的后果：假使越过最后那道屏障，世界将会成为一个缺乏人情味的冷酷世界。托克维尔对此有所迟疑，他提出了那个著名的问题，想弄明白民主是否"真正能对男女两性间的这个重大的不平等产生影响，因为这种不平等直至今日都看似永远以人的天性为依据"。因为他沿着其作品的逻辑继续展开思考，认为："社会运动拉近了父子、主从、上下级的距离，提升了妇女的地位，而且必定会逐渐成为与男性地位相等的半边天。"不过，他又以分外严肃的口吻强调了他认为这一平等必将遇到的那个问题："正是在这一点上，我比以往更加感到自己的思想有必要得到很好的理解。因为没有什么主题能令我们这个世纪的粗浅而混乱的想象得到更自由的随心所欲的发挥。"[①]与美国相比，托克维尔——比较历史学在此与他的观点相矛盾——在焦虑不安地思索着这个两性混杂有可能会继续发展到两性无分化的法国社会，因为在这个国家里，无节制民主的锅子始终在危险地沸腾着。

这种极端平等的思路——法国人的第三个遗产——有可能还会出现于法国的政治结构中吗？宣扬男女绝对平等的圣西门的言论似乎最接近法国大革命伊始提出的政治解放的要求。克莱尔·戴玛尔的作品里有完整的表述。《一位妇女向人民发出的女性解放的呼吁》的作者为其姐妹们要求选举权和参与权，"不仅仅家庭内部的参与权，还有参与市政和国家事务的权利"，同

[①]《论美国的民主》，同前，第219页。

时认为有必要让女性参与制定所有的法律法令。①圣西门主义颂扬女性是男性与上帝之间的媒介，是爱情和社会变革希望的鲜活象征，不再坚信人类祖先们所判定的夏娃为邪恶诱惑者的形象，它或许使女性爆发了无比的热情，苏珊娜·瓦尔坎曾对此作过描述。女人们首先激动地欢迎那些庄严声明，那些声明向女性许诺她们"不再是男人的黯淡卫星，不再成为注定在某个专横的恒星轨道内打转并反射其微弱光芒的卫星"，并给予女性"自主运动"和"原生光线"。②

不过，人们可能怀疑圣西门主义是否充分体现了革命平均主义的遗产。男人和女人，圣西门曾经说过，昂方丹引用了他的这句话，是社会个体。然而这个"社会个体"，这个形象模糊了社会与个体之间的边界——"没有任何什么比社会性更具有个体性，夏尔·勒莫尼埃曾经说过，也没有什么比个体性更具社会性"③——并非启蒙时代和法国大革命意义上的个体。圣西门主义特别注重个体的感性，将其置于理性之前。尤其是并非将个体视为自由意志的锻造地，而视其为社会目的的体现之处。在圣西

---

① 克莱尔·戴玛尔（Claire Démar）:《一位妇女向人民发出的女性解放的呼吁》（*L'Appel d'une femme au peuple pour l'affranchissement de la femme*），巴黎，作者自费出版，1833 年，再版作品的标题为《女性解放》（*L'Affranchissement des femmes*），巴黎，帕约出版社，1976 年。

② 巴洛（Barrault）:《女人们》（« Les femmes »），载于玛丽娅·特雷莎·布尔乔鲁（Maria Teresa Bulciolu）主编的《圣西门派和女性：1828—1833 年圣西门社会的女性角色简史》（*L'École saint-simonienne et la femme. Notes et documents pour une histoire du rôle de la femme dans la société saint-simonienne, 1828—1833*），意大利比萨，1980 年，第 108 页。

③ 夏尔·勒莫尼埃（Charles Lemonnier）:《女性的未来》（« Avenir de la femme »），同上引书，第 125 页。

门主义者们看来，目的比权利更重要，至于所追求的目标，远非个体化，而是融合。他们在热情洋溢的讲话中赞美由男人和女人共同组成的新式夫妻，以此鼓励漫长时间以来一直处于屈辱地位的女人们重新抬起头来。然而这既非基于认同，亦非基于真正的平等。没有认同，因为处于圣西门主义思想核心的依然是角色的互补性：男性更偏理性，女性更偏感性，男性从事政治，女性信仰宗教，男性是往昔历史的代言人，女性是未来的预言家，这类他们曾经认为在德·斯塔尔夫人身上所认出的"预言家"特性。也没有平等，至少暂时如此：昂方丹反复提醒说社会状况尚不允许在社会等级内部实现男女之间的救世主式夫妻。即使女性不再处于被奴役的地位，她们依然处于次要地位，在等待发现女救世主的过程之中，在他们去往东方寻觅她的过程之中，是由圣父独自一人来调节这个完全是等级社会的复杂多样的等级，而女性则暂时被排除在外。1831年11月28日的《环球报》写道："我们的传教任务还是仅仅由男人们来执行：因为自由的女性尚未开口说话……"

昂方丹以如此令人震惊的前所未有的方式提出的女性问题首先引起了种种争执，随后导致了圣西门主义整个宗派的分裂。昂方丹认为对于性情易变的人，应该给予他们恋爱的自由，性爱的多变性应当得到神圣夫妻的祝福：其中的某些说法令许多圣西门主义的忠实信徒退避三舍。女性们也很快表明自己不愿放弃她们所给予爱情的排他性。卡萝琳·西蒙试图说服安热莉克·阿诺相信圣西门主义的目的是向世人传授新形式的爱情，并鼓吹真正的爱情、严肃的爱情，在传播过程中日益丰富起来,这万难令其通信者不反感。①塞西尔·富尔内尔说她在该学说中觉察到某种极度不道德的东西。此外,许多女性也即时察觉到圣西门主义的美好前景里隐藏的屈从,和被简化为赞同神甫教谕的自由骗局。苏珊·瓦尔坎相信在那些追随者身上分辨得出那位爱发号施令的老头儿所残存的强悍生命力,并坚决表达了自己对等级制度的拒绝。无论如何,由那对至高无上的夫妻来管辖和控制其他夫妻的情感关系只会伤害到每位妻子内心的自由感。

乔治·桑就是女性的这种双重保留意见的典型代表。她曾经在自己的早期小说里,在《瓦朗蒂娜》的序言中这样写道,她曾经在不知不觉中信仰圣西门主义,并在《雅克》一书中创造了男人的典型形象,为了体验更高尚的爱而放弃了自己的妻子。她赞同圣西门主义者们的观点,认为女性(如同孩子)"与来自上天的精神有着更直接的关系",并且与无形有着联系。②她尤其不赞成圣西门主义的一点,是她确实表现出来的对性自由的敌意,敌视由昂方丹明确提出的决定信徒们的爱情命运的要求。在《致马尔西的信》中,她鞭笞了"滥交的可怕错误"③。但是,在其内心最深处,是她对宗派政治的怀疑和面对显见不忠实的革

① 请看贝尔纳黛特·路易(Bernadette Louis)编著的《圣西门主义者通信集:安热莉克·阿诺和卡萝琳·西蒙(1833—1838)》(*Une correspondance saint-simonienne: Angélique Arnaud et Caroline Simon* [1833—1838]),巴黎,科泰法姆出版社,1990年。
② 《通信集》,版本同前,第8卷,1971年,第481页(1848年5月28日致泰奥菲勒·托雷的信)。
③ 《致马尔西的信》,同前,第228页。

命性个人主义的退却。在一封致爱德华·罗德里格斯的信里，她在尊重昂方丹的意向的同时，指出"圣西门主义的社会势必解体，因为它为了另外两项的利益而吸收了构成它的三项中的一个；法律与城邦牺牲了个人。由于过于轻率地打破了夫妻的婚姻关系，该学说也打破了家庭的个性化，而那对于社会大家庭来说正是一大危机"[1]。面对圣西门主义为肉欲平反昭雪以及为融合而作的巧辩，乔治·桑保持了个人的距离——这同时也是整个共和主义反对派的距离——伴随有一个战略意图：在她看来，仅仅有一些解放女性的正确说法并不够，还应该让大家听到这些话语；应以此为条件说服他人。

因此，任何沿袭下来的传统都并非以纯粹的方式得到传承。没有任何传统曾经确切地找到过所假想找到的优胜者。在工人运动中正为了个人解放而斗争的男性们继续认为由女性行使公共管理权是不伦不类的。女人们一直保持着自己的家庭妇女的意识形态，直至利用母亲的角色来走出家庭。男女两性交换并混合着他们的论据。那些从女性的顽强天性中提取论据的男人们时而以此为根据，为解放辩护，时而为特定的女性价值观的深化而辩护。他们时而从劣等模式方面，时而从优势模式尤其是精神优势方面，拒绝女性的特性。即使这些合理化论据再多样化，它们都来自于唯一的一个并且是同一个直觉，这个直觉有时带有一丝焦虑，有时又含有一线希望。两者当然都属于一个过渡时期，在这一时期中，没有什么比女性角色是否永存更不确定的

---

[1] 乔治·桑：《通信集》，巴黎，加尼埃出版社，第7卷；1983年，第590页。

了。所有人都暗自觉得未来就是对异化的减少。准确地说,减少到什么程度呢？正是在这个问题上,法国共和主义做出了一种回答。

* * *

当一个可持续发展的共和国在一个完全由政治掌控的时期里在法国安家落户时,由法国大革命产生并遗留下来的大问题又一次出现了：个体的普遍平等与排斥赋予女性公民权之间的矛盾问题。男女之间的离婚问题也直截了当地重新出现（男人们得到了解放,而女人们受到奴役,被要求奉献）,这个问题由于始终抱有把女性从教会那儿争取过来的想法的共和主义思想而被夸大。历年来,女性得到了民事行为能力,以及开立储蓄账户、享有国家退休金、自由支配自己的薪水、在民事案件中做证的权利。特别是她们成为共和派的教育努力的中心。于勒·费里*于1870年在莫里哀大厅所作的那篇伟大演说拉开了积极倡导女孩教育的改革时代的序幕,这篇辩护词的主导思想是把女性造就为她们丈夫的真正的有知识的伴侣,其灵感后来得到于勒·西蒙的复述。于勒·费里有着直截了当的优点。他十分清楚法国大革命为女性预留了缅怀往昔的怀旧角色。她们甚至就是那个昔日,假使真的相信卡米耶·塞：女性是17世纪的人,而男性是19世纪的人。因此女性成为新旧体制之间的决定性关键。那些相信她们处于中立地位的人"未意识到她们在悄悄地且持之以恒地

---

* 于勒·费里（Jules Ferry, 1832—1893）,法国政治家,提倡义务教育。——译者

支持着这个日益远去的社会"①。因此，如果想恢复夫妻和谐并且最终建立起共和制社会，就应该把她们从那个濒临灭亡的社会那儿争取过来。1880年关于女子中学的"卡米耶·塞"法正是对这一举措的说明，该法案遭到了保守派的嘲笑，但也得到了如于贝蒂娜·奥克莱尔等女性主义者的赞同。

以当代人的视角来看，"卡米耶·塞"法可能会招致强调其缩手缩脚的恶意阐说。对于中学——用以取代有产阶级家庭的女孩子们所上的私立寄宿学校——卡米耶·塞曾经设想过一种致力于保护女性气质的教育。此外，负责商议该计划实施的委员会曾经倾向于更加强调女性特征以及突出女子中学与男子中学的脱钩。卡米耶·塞曾希望在女子中学的教学大纲里保留拉丁语，也很乐意把哲学纳入其中，然而委员会将两者都排除了。他也提出了寄宿制的建议，而委员会因为想给相关市政当局留下一定的行动灵活性，所以更喜欢走读制。因此卡米耶·塞的让女子中学教育向男子中学看齐的愿望最终并未付诸实现，在后来的实施过程中被修改了。而这种新式学习的桂冠不是中学毕业证书，却是一个装饰性的文凭，它为这个规避问题的法案进行了辩解，一个由事实上绝非自由主义者的男性所构想的法案，人们确信他尤其希望看到在包括指导孩子的学业、向身为共和主义者的丈夫提供帮助和建议等方面，女性能够更好地履行其传统角色，适应于新的政治目的的传统角色。于是卡米耶·塞被描述为一个毫不在乎是否给

---

① 于勒·费里：《论教育平等》（«Discours sur l'égalité d'éducation»），载于《演说与主张》（Discours et opinions），保尔·罗比凯（Paul Robiquet）版本，第1卷，巴黎，阿尔芒·科兰出版社，1893年，第305页。

予女孩子以更大的知识和道德开放度的人，而其法案则是以将其培养成共和国的宣传员为目标。因此是完全出于政治功利性的法案。卡米耶·塞由于自身性格的原因而明确表示对男女生混合制的拒绝，只需这个补充说明就足以看清——当时甚至有人支持这一做法——共和派学校在两性隔离中的一个根本支柱。

367　　然而大家还在犹豫着是否迈出这一步。人们大概也从费里在莫里哀大厅发表的那篇伟大演说中看出了费里在实证主义观（以对社会有用的名义所提倡的女孩教育）与孔多塞的理性主义观（以个人应享有的权利为名所主张的女孩教育）之间摇摆不定。打着孔多塞招牌的费里不同于那位伟大的先辈，他本能地对个体解放和女孩教育所确保的丰富个性没有兴趣。相反地，他却对于这种教育所带来的希望更有兴趣：经由男女两性有智之士的最终协议所做的夫妻财产分割的联合行动；以及由此而来的避免了民族分裂的危险，是对现代法国的巨大政治断层的修复。虽然这笔债务已经偿还给了实证主义，费里仍然继续相信这个有用的工具是男女共同的（说、写和讨论的）自由。一旦认可了女子教育的特殊功用并确定了全国统一的目标，费里就将其视为权利的必然发展的组成部分：以打破特权来定义民主社会；如果没有这种权利的平等（实证主义则教导说，要求这种平等是无意义的，因为它会再现最初的混杂），那么民主社会必然是不完整的。关于女孩子的教育问题，费里因而持有两种互不兼容的说法。不过值得注意的是其中一种话语（女性的特殊能力以及共和国从中所得的利益）从属于另一话语（即权利话语），后者对他并无诱惑力。虽然费里摇摆不定又含糊其辞，他仍然首倡

论法国的独特性

了一种十分独特的结合,一种强烈的差异感甚至是女性的优越感,与人类对知识的天生认同感两者之间的结合。

况且,虽然放弃了卡米耶·塞构想的女子中学,因为它必须对资产阶级教育所假定的美德和恩典做出一定让步,但是人们确信对于共和主义者来说,这种基础教育十分宝贵。相反地,当涉及人民的女儿和她们的学校时,共和主义者们设想了一些与男孩教育极其相似的教育标准。因为不应当——然而这也是大家常常做的——给予过多的缝纫和家政教育,这种教学内容或许会为女孩教育增添些女性气质,但是远远没有实现共和主义者们希望它起到的分离作用。科莱特曾讲述过圣索弗尔-昂皮塞的女学生们是如何滥用那本《好主妇》教材的。然而即使不以科莱特及其有意颠覆共和主义教育的形象为例,关于这一点,也可以查阅法国北方省于1899年所做的一次调查:从该调查中可以看到女孩子们所给予缝纫和家政教育的十分从属的地位。①来自于小学女老师们自己的证词也并未改变这一结果。她们很少提及她们教学的鲜明特点,她们自己也把爱国和道德价值观放在首位,与男同事们一样,她们也十分重视"学习成绩"——拿到毕业证书的学生人数——并且坚信知识的力量。②

---

① 关于这个主题,参见琳达·L. 克拉克(Linda L. Clark)的著作,《玛丽安娜的女儿们的学校教育:现代法国小学中的女生课本和社会化》(*Schooling the Daughters of Marianne. Textbooks and the Socialization of Grils in Modern French Primary Schools*),阿尔巴尼,纽约州立大学出版社,1984年,第69页。
② 有关这个主题,请参看雅克·奥祖夫、莫娜·奥祖夫与韦罗妮克·奥贝尔(Véronique Aubert)以及克莱尔·斯坦代克(Claire Steindecker)合著的《小学教师共和国》(*La République des instituteurs*),巴黎,色伊-伽利玛出版社,1992年。

因此，如果排除针线活在女校教育中所传播的女性色彩，一切——正式的教学大纲、行政报告、教材——都显出一种致力于一个相同未来的共和主义教育：一堵墙把操场一分为二，在墙的两边，对男生和女生的公民教育是一样的，道德教育是一样的，义务和处罚也无二致。如同对待地区的多样性，即总是巧妙地将其纳入国家整体，不关心差异性的世俗学校声称只讲授相似的知识：世俗学校很少关心性别差异。诚然，教科书在继续赞美女孩子成为家庭守护者的特殊使命，并且承认，正如富耶夫人在《弗朗西奈》(Francinet)一书中所说的那样，女性有一个不如男性"显眼"①却具有同等社会重要性的角色。然而甚至是专门为女孩子撰写的教材，例如亨利·格雷维尔夫人编写的教材，也仅仅花了三分之一的篇幅来讲述女性被特别要求应具有的责任和美德：这些职责里还包括了与拥护共和主义的丈夫探讨政治问题，她不仅应当倾听也应当平缓其情绪……并打消其参加罢工的念头。②

而且这很快将会加强这种教学一体化。共和主义者所关注的主要问题并非女性的职业独立性而是她们应该很快地站在最前列：女孩子们的公民教育教科书常常现实地考虑到那些家境贫困、不得不养家糊口或者单身的女孩子们参加工作的必要性。罗斯－埃利斯·沙拉梅编写的教材教导女孩子们说在外面工作

---

① 阿尔弗雷德·富耶夫人：《弗朗西奈：道德、工业、商业和农业的原则》(*Francinet, principes de la morale, de l'industrie, du commerce et de l'agriculture*)，巴黎，贝兰出版社，1869年。

② 亨利·格雷维尔夫人：《女孩子的道德与公民教育》(*L'Instruction morale et civique des jeunes filles*)，巴黎，魏尔和莫里斯出版社，1882年。

不应与家庭内的秩序相冲突。①在这些共和主义教材里，老师起到了模范作用。职业可以阐明理想的母亲身份，每个女孩子无一例外地都能拥有的身份：平等就这样在令人欣慰的母亲话语的名义下得到传播。另一方面，共和主义教育的组织者们早已预见到，至少在最初阶段，从数量上看，一些单身女性们将会加入小学教育的行列。这些女孩子在村庄里将会被孤立，她们除了发掘自身外不会有其他财源，因此不能将她们以妻子的身份锁在家里。保守派报纸大肆攻击这些背井离乡、在两个世界间游走的可怜女性——这种蔑视依然可见于科莱特对圣索弗尔小学女教师的肖像描写，费迪南·比松通过强调指出尊严感加以反驳，女孩子可以从中得到经济上和智力上的独立。②

因此正是在教学职业内部，同化运动最为明显；那儿出现了女教员，她们与男教员一样，履行相同的必需义务，遵循相同的招聘模式，参加相同的考试，接受相同的审查。女性很快就在省教育委员会获得了与男性相同的投票权——于贝蒂娜·奥克莱尔为这一胜利而欢呼，她从中看到了全面平等化的开端——很快在包括大学理事会的各级公共教育体系具有参选资格。中央集权制国家在这一平等权的出现方面起了决定性的作用，因为

---

① 罗斯－埃利斯·沙拉梅（Rose-Elise Chalamet）：《家庭经济、家庭、家务、园艺、洗衣、衣物保养、女校缝纫之预备学年》（*L'Année préparatoire d'économie domestique, ménage, devoirs dans la famille, jardinage, blanchissage, entretien du linge, couture à l'usage des écoles de filles*），巴黎，阿尔芒·科兰出版社，1893年。

② 费迪南·比松（Ferdinand Buisson）：《从事教育的女性与〈两个世界〉杂志》（«Les femmes qui enseignent et la *Revue des deux mondes*»），载于《初等教育普通手册》（*Manuel général de l'instruction primaire*），1897年6月19—26日。

对职能同化的抵制有时来自社会底层以及教师本身：在1889年召开的小学教育国际会议的讨论中，虽然有奥克塔夫·格雷亚尔的善意以及波利娜·凯戈马尔的强有力辩护，大多数与会人员还是反对女性在男女生合读的学校里担任职务或者成为学校督察员。然而最重要的问题不在于这些抵制，例如实现工资平等化方面的迟缓，而是在于抵制女性进入男性的世界。身为成功者的佩科可以对他在丰特奈的女学生们说，在法国"各地的中学和师范学校中，我们敢于让女性承担最高层次的文理科教学任务。这是任何一个欧洲国家，甚至那些最发达的欧洲国家，似乎都不打算承认的大胆举措"①。

而这个法国特色也是法国女性主义的一个机遇。正是在这个由小学女教师所体现的新人类身上汇聚了广大工薪阶层和有学问的精英人士的共同渴望。学校曾经是某个女权运动的最佳场地，该女权运动主张女性的特殊利益首先就是这种教育平等，本书中提及的两位女士也证明了这一点，她们就是那两位同名为西蒙娜的女士：西蒙娜·薇依和西蒙娜·德·波伏瓦。

法国的创新还表现在所出现的前所未有的夫妻形式：夫妻双方均为小学教师，分担同样的教学任务，承担同样的家务烦恼，共享同样的空间。政府很快积极鼓励这样的婚姻，虽然出于一些并非全无利害关系的原因（双份薪水令抗议精神哑火），可是也再一次证明了这个法国特色。费迪南·比松在1876年的费

---

① 费利克斯·佩科（Félix Pécant）：《公共教育和国民生活》（*L'Éducation publique et la vie nationale*），巴黎，阿歇特出版社，1907年，第279页。

城世博会上所作的关于小学教育的报告中指出，在美国，女性的教学职业是临时性的职业，一个被婚姻中断了的职业——公众舆论不理解已婚女性为什么继续在学校工作。相反地，法国接受已婚女性担任小学教师。很快地，法国不仅仅是接受这些已婚女教师，而且会更加鼓励她们，而格雷亚尔可能会满意地指出"宽容的法国并不认为应该顽固不化地把母亲隔离在那些工作之外，那些她们天生就适合从事的工作"①。又一次地，差异在此并非用于拒绝通行身份，而是用来作为其证明。总之，这些"教育界婚姻"的增多预告了一种模式的出现，它有着光明的未来，其中单身不再是为了工作而必须支付的代价。还要考虑到该模式最终致力于实现两性合作教学。身处法国乡村的小学教师夫妇将会把曾经遭到教会激烈反对的"男女生混合学校"——根据年龄而不再根据性别把所有的孩子划分为两个班级的这种可能性——变为他们的主要要求之一：或许是为了教学的方便，但也是作为自他们开始的这种平等存在的自然延续。

由此，在一个和平共和国所经历的全部岁月里，某种关于两性关系和女性差异的看法逐渐出现：女性差异从未被否认过——应当让他人听到这个话语，同时如费利克斯·佩科曾经希望过的那样，"公平而灵活"②地行事——但是严格地从属于理性平等和人权。有时候，那些教科书——例如亨丽埃特·马西编

---

① 奥克塔夫·格雷亚尔（《教育和训练》[*Éducation et instruction*]，巴黎，阿歇特出版社，1895年，第286页）介绍了比松在费城世博会上所作的报告。
② 费利克斯·佩科：《关于国民教育的每日研究》（*Études au jour le jour sur l'éducation nationale*），巴黎，阿歇特出版社，1879年，第102页。

写的教材——明确地提出了这个从属关系问题。[1]这是为了永远不排除职能等级制,而始终将其置于共和主义平等的管辖之下。那些在法国教育理念中起着极其重要作用的新教立法者们将这一安排理论化,费里当时还对此犹豫不决。佩科,人们常常认为是他创立了针对女性的独特教学法(这种道德教育被丰特奈-奥罗兹师范大学视为神秘剧),他曾经设想过性别教学法吗?在他的作品中有着强烈的女性独特感的痕迹:比深受外界生活吸引的男性更敏感于良心的呼唤,女性在他看来是道德真理的保管者。对于那位即将走马上任的师范大学女校长,其教育机构的核心部件,他建议她培育"女人天性的神秘精髓和女性尊严"。对于他来说,女性是"这种对无限上帝的每一个生灵讲话的内心声音,这种存在于我们的个体生活和短暂生命中的内心声音"的天生翻译者,他认为不是自然,而是超自然——与彼世的自发交流——造就了女性的自我。[2]

亦即,尽管有这些特点,或者说由于这些特点,他梦想着开发其丰特奈门徒们的心灵和个性力量。他怀着全然纯意志主义的目的,鼓励她们成为"自我修正""克制自己""自制"的女强人——十分合宜的迫切需要——而且还要成为"敢于""行动"的女强人。[3]他要求他的宠儿们每天做检查——类似于一种世俗

---

[1] 亨丽埃特·马西夫人(Mme Henriette Massy):《女孩子用的公民教育基础读本》(*Notions d'éducation civique à l'usage des jeunes filles*),巴黎,皮卡尔-贝尔南出版社,1884年。
[2] 费利克斯·佩科:《公共教育》,同前,第176页。
[3] 载于《15年的教育:每日笔记》(*Quinze ans d'éducation : notes écrites au jour le jour*),巴黎,德拉格拉夫出版社,1902年,第187页。

论法国的独特性

的晚祈祷，他将其命名为"智力检查"而非"内心反省"。他劝诫自己的每一位女学生激发体内的人之灵性。"人"这个词，佩科总是把它用作人类的同义词：这是"具有共性的人"，他对他的年轻姑娘们说，是无须经过锻造的特殊个体。在被要求解释这个具有共性的人时，他说希望人类获得发展，"亦即自我发展，成为与众不同的、自由的、独创的、过自己的生活而不是模仿他人的人"①。最后，他要求他的年轻女弟子们要明确意识到她们与一个伟大的理想相连，她们应该在各自的村镇为公共精神的诞生而努力。他眼中的丰特奈远非一个学习场所，而应该成为女公民生活的前厅。

为了捍卫这种被视为发源于全人类的共和主义教育，在听到到处都有与男性一样热切的女性声音响起时，佩科高呼："在短短数年走过了多少路啊！"②事实上，民主正在大步向前，两种教育的同化趋势不可逆转：拉丁语选修课被加入女校的教学大纲，越来越多的女孩子想参加中学毕业会考，因为她们鄙视那个无价值的毕业文凭，而所有这一切很快（在1924年）产生了同一性的男女生教育的结果，事实上它从一开始就包含在政教分离的政治计划内，并且也得到了那些主张一致性的法国人的支持。时至今日还有一些人仍然为该整合运动如此之快地把可贵的相异性视如敝屣而感到惋惜。而这些声音只是更加突出了该运动的无可抵制性。

---

① 《15年的教育：每日笔记》，同前，第391页。
② 《公共教育》，同前，第83页。

于是人们领悟了坚持认为第三共和国的办学方针建立在性别隔离的基础之上是多么无知：聚焦于平等化的迟缓和延误、却将深层动力置于暗处的诠释。[1]有人甚至依此主张女性教育的"进步"是又一个骗局，它其实结束了根本性的社会排斥。这完全搞错了运动的方向。第三共和国的教育中所余留的两性分化在我们看来并不那么难以忍受，因为我们也处于这样的相似世界之中，共和主义学校的的确确为此做出过巨大的贡献。本书所提到的最后两位女性西蒙娜·薇依和西蒙娜·德·波伏瓦就是纯粹的国家平等教育的产物，她们没有想过从其性别中得到一些特性和特殊知识：因为前者已经习以为常地认为一切规范都是可憎的；因为后者很晚才发现这一点，她曾经顽固地拒绝认为自己可以被赋予这个天性，而且即使在成为女权运动的偶像之后，她也始终嗤之以鼻地拒绝承认自己可能因此而受到伤害。

* * *

这个共和主义，它曾经在教育上投入如此之多并让一切都取决于教育平等，的确可以将其视为一个法国特色。在法国，教育曾经是国家发明的等权利的场所，是为女性赢得了决定性胜利的场所：20世纪中期的欧洲和法国的统计数字对比又一次确认了这一点。在1963年，43%的法国大学生是女生，而英国的女大学生仅仅占32%，女大学生在西德仅占24%。同一时期，在

---

[1] 参见玛塞勒·马里尼（Marcelle Marini）：《文化生产中的女性地位》（«La place des femmes dans la production culturelle»），载于乔治·杜比和米谢勒·佩罗主编的《女性历史》，巴黎，普隆出版社，1991年，五卷本，第5卷，第289页。

法国第三产业工作的女性人数比欧洲其他各个国家都多。由女性创作的理论文学，因为文学文化始终受到国人的尊重，而显得更加璀璨夺目。想从这样一幅图景得出如下结论：这里曾经可能发生过一场轰轰烈烈的女性主义运动，可以令人接受一些比其他地方更早、更稳固的胜利。然而，事实正好相反。法国的普选畏缩不前，女性主义团体对于政府的影响力极其微薄，而那些改变了女性命运的改革正是来自于国家，而非一些相关团体。在法国19世纪末的所谓"妇女问题"无限超前于当时的北美、英国、斯堪的纳维亚国家。现在依然如此，法国妇女没有形成政治力量，法国女性参与公共生活的比率处于最低水平。这是另一个特色，看似与第一个特色背道而驰。

对这个矛盾的经典阐释例证由妇女选举权提供，法国女性很晚才获得选举权，甚至在印度和土耳其女性之后。为什么如此关心面向女性放开教育空间问题的共和国那么不愿意向她们开放政治空间呢？经典的问题，法国政治力量态势提供了经典的回答。法国大革命已经把女性变为教会的支柱，这个革命者曾经与其进行过激烈斗争的天主教会的支柱。同时，共和主义者不得不持久地提防那些妇女，因为她们的所见所得并非是教会对她们的拉拢和奴役，而是她们把教会视为得到认同和权力的场所。给予这些女性以选举权就等于把共和国置于其死敌之手。实际上，革命思想主张把那些在行使自己的选择权时依赖他人的人排除在选举权之外，忠实于这一革命思想的共和主义者们认为女性的选举没有独立性，受到神甫的操纵。因此他们坚信给予女性选举权尚为时过早，这个信念与他们"有一天会到来"的教育

女性的话语

努力相一致：参议院对妇女投票的长期敌视就说明其强烈意识到，或真实或想象地意识到教权对共和国的威胁。

皮埃尔·罗桑瓦隆在最新出版的著作中所作的解释认为该理由并不充分。① 在其他国家，他写道，左派对妇女选举并未显示出多少热情，然而也没有激烈地抵制过。那些国家的教会或许不像法国那样女性教民占大多数并强烈反对共和政体。然而，真正的原因，按照他的观点，应该去别处寻找。如果说美国或大不列颠十分乐意给予女性投票权，那是根据盎格鲁－撒克逊民主所特有的功利主义逻辑，即不反对权利从属于特殊权限。如果说呼吁妇女投票，"那是因为她们是作为女性而非作为个体"②：因此它考虑到女性的特殊性。不是因为这些特性在盎格鲁－撒克逊国家表现得十分独特：那儿的人们总是以鲜明的政治生活归属来定义女性。

在法国，截然相反。法国人从天性的归属得出了结论：女性是受影响的人。女性是具有双重含义的人，不仅因为她的身体拥有她，而且还因为她属于她的家庭，就像"修女属于她的修道院"，罗桑瓦隆引用了卢梭的这个论断。妇女是受到约束的人，而于贝蒂娜·奥克莱尔本人也几乎承认这一点，她承认女性，严格地说，可能会被剥夺选举权，在她被（以男人服兵役的方式）捆绑到婚姻上时。因此，法国如此长久地把女性驱逐于投票室之外，正是出于对特殊利益的厌恶——雅各宾主义的遗产——以

---

① 皮埃尔·罗桑瓦隆：《公民的盛典：法国普选史》，巴黎，伽利玛出版社，1992年。
② 同上，第395页。

及难以将女性视为独立个体。因此女性更彻底地、更持久地被排除在奉行抽象个人主义的国家之外，这个厌恶把自由设想为某种归属关系的成果的国家之外。

因此，解释妇女选举权延迟的原因就是法国人观念上的激进主义，而非他们的畏缩不前。我们的毕生都在致力于获得选举权的于贝蒂娜，她以自己的方式体现了这种激进主义，她深切地感到发挥女性特有能力所能取得的利益，然而她踟蹰于是否走这条与共和主义倾向背道而驰的道路。没有什么比费迪南·比松于1911年撰写的那部关于妇女选举权的著作能更好地说明这种果敢与审慎的混合——换言之，法国特色，作者本人是妇女选举权的坚定支持者，他在书中以孔多塞的演绎方式，努力地一一消除那些在他看来常常是相互对立的反对意见：没有任何特性，无论是生理特性还是智力特性，能够作为将女性排除在投票之外的严肃理由。①比松自己也注意到，法国选举制的缺陷，当将其与盎格鲁-撒克逊的强大、不懈、高贵的运动相比，以及与世界各地的女性胜利相比时，对于法兰西民族的自豪感来说相当丢脸。在英国，妇女很自然地享有市议会的投票权，不再有任何人想着探讨一下这么做的价值或者庆贺什么由此而来的好处。在比松执笔的时候，斯堪的纳维亚国家的女性刚刚获得了市政参政资格，挪威甚至发展到直接得到国家议会的选举权。"我们很快就会被落在后面，或者说几乎与西班牙和土耳其一样"②，

---

① 费迪南·比松：《妇女的投票》(*Le Vote des femmes*)，巴黎，迪诺和皮纳出版社，1991年。
② 同上，第306页。

比松忧伤地叹息道，而且他相信这种惰性应该归因于天主教，而新教，公民信仰的宗教，则带动了思想的独立和个人意见的自由表达。虽然这么想，但是他不赞成从法国天主教及其对共和国的持久敌意推论得出把妇女排斥在选举之外的结论：对他来说，自从在乡镇小学直至在中学开始实行对女性的公民和政治教育以来，情况显然完全不同了。平等教育的创举没有得到公众舆论的强烈反响，他欣喜地说道，是不可能的。

然而书中最有意思的地方不在于此，而是比松肯定女性会享有投票权。当德塞维涅夫人出席布列塔尼三级会议的时候，他指出，她并非作为女性而出席，而是作为她当时所代表的那片地域而出席。事实上，从那些众多的允许旧制度下的妇女参加会议的习俗惯例中做出结论，即认为已经发现了人的同等权利的结论，这并非理智之举。同样地，在英国，投票权最初也曾经是"从属于一些相当复杂的条件，例如入住条件或者拥有若干房产的条件"①。在向那些能够在公共生活中看到女性所能带来的众多利益并且明智地分阶段进行的国家的实用主义精神脱帽致敬的同时，比松自问法国是否有模仿那些国家的能力。或许从战术上说，希望区分女性类别和选举类别，将选举权与参选权分开：这样就可以让妇女选举适应法国的"气候"，并且使公众熟悉女性投票。但是所有这些权益措施，即使适合于那些由经过岁月沉淀而成的习俗来制定规则的经验政体，它们会真正适合于法兰西精神吗？在法国，"公民以收入或赋税为基础享有一些重要权益

---

① 《妇女的投票》，第308页。

并有权捍卫其权益,而社会没有窃取这一评估公民收入或税赋的权利。社会从理论上提出:所有生活在其中的个人都拥有自己在该社会中享受阳光的一席之地,并且构成了包括他在内的那些潜在的平等单位之一"①。

比松赞成渐进策略,因而他还是对基于特定类别(寡妇、单身女子、离婚女性)和(在家庭、卫生、社会救助、儿童保护方面)特殊权限的选举表示犹豫。他提供了深层次的原因,他对普选本质的看法:普选不在于允许某一类具有相同利益和相同权限的公民的投票权,而是在于承认"全体成年公民"的投票权。"幻想,就算是吧。纯粹的程式,同意。然而这就是该制度的灵魂。民主是使选举权成为以人为本的自然权利的制度,并且这种自然权利独立于人类身处其中的物质和精神条件、经济和社会条件之外。"②总之,比松并不十分拥护那些矗立于妇女争取选举权的道路之上并且"注定要被一一拔除掉"③的"小路障"。的确感觉得到,他宁愿一鼓作气地直达目标。因此他的思考佐证了皮埃尔·罗桑瓦隆的论点:法国的民主,正如托克维尔曾经之所见,自发地转向两个极端。它鼓吹的信仰把个人看作潜在的平等单位。与女性的实际生活有着天壤之别的信条。与不那么浮夸的功利主义逻辑相反,这一信条成为女性分阶段获得其自由的障碍。

吉斯拉·卡普兰刚刚完成的关于欧洲各国女性主义成果对

---

① 《妇女的投票》,第327页。
② 同上,第307页。
③ 同上,第328页。

比的巨著也为这个解释提供了论据。①吉斯拉·卡普兰也注意到法国妇女请愿运动的畏首畏尾、不可靠合作、缺少能够转化为政治行动的领导者（著名的"选择"运动除外，然而确切地说，"选择"在个人拥有自决权的一般权利这面旗帜下为获得合法避孕权而灵活地斗争）。然而一方面，它强调了国家对社会变革的参与，而且又再一次地着重指出法国人的激进性，厌恶于想象并进行那些看似令女性独特化的调整：女性就业没有像在其他国家那样有所进展，而且法国在整个欧洲社会以最低的女性半日工作率而著称。对法国人来说，不被排除在投票权之外的唯一办法似乎就是绝对平等的完全同化。由于这一原则上的平等与经验背道而驰，所以它迟迟未能得以实现和表达出来。不过，它也从其激进主义思想中汲取力量，以至于表面的劣势最终可能会变成优势。

关于法国的迟滞，我们可以提出另一种与前面截然相反的解释，并且在米谢勒·萨尔德处找到同样的说法：在她看来，正是因为女性差异的自然表现曾经被法国女性内在化，所以相反地，法国妇女有可能偏离了获得选举权的斗争道路，或者，总而言之，她们可能并没有花费更多的战斗力：面对破坏她们获取选举权的行为，几乎所有法国妇女都却步不前，而且这一点更加突出了于贝蒂娜的前所未有的举动。根据米谢勒·萨尔德的观点，法国妇女本应该在别人赋予她们的美德和强加给她们的特殊义

---

① 吉斯拉·卡普兰（Gisela Kaplan）：《当代西欧女性主义》（*Contemporary Western European Feminism*），伦敦，艾伦和安文出版社，1992年。

务中发现一种不同于男权却同样现实的权力的关键之处。她们本应该机智而恰当地使用它们：灵活地抓住她们可以从中得到的优势，并且如同科莱特那样，相信司法平等和政治平等的徒劳无益。①

难道不能在赞同皮埃尔·罗桑瓦隆的分析的同时，保留米谢勒·萨尔德的某些观点吗？事实上，将平等女权论（司法女权将是真正的法国女权）与差异女权论（即盎格鲁－撒克逊国家的女权）对立起来，这是一种过于简单化的方式。如果说法国妇女在体验其特殊赋性时不像美国妇女那样焦虑而非难，难道不是更因为在法国，差异与平等的关系是前者从属于后者而非两者对立吗？在内心确实认为个体的抽象平等总是必定战胜差异时，必须能够做到既不强烈否决也不盲目崇拜地体验这些差异。为了更好地理解这一点，很有必要暂时离开妇女问题，思考一下路易·迪蒙所精彩分析过的法国人的特异政治反应性。②

路易·迪蒙在对法国和德国进行比较之后指出，法国人，在那面自我欣赏的镜子中，认为自己从本质来说是人，偶然地成为法国人；而德国人首先认为自己是德国人，其次才是具有德国人性质的人。法国人认同普遍文化（从中可以看到他们的自大或天真），以米什莱或佩吉的方式，认为自己的国家是各个民族的教育者，认为法国是世界自由的见证人和保护者。路易·迪蒙

---

① 米谢勒·萨尔德：《法国女性观察（10—20世纪）》，巴黎，斯托克出版社，1983年。
② 路易·迪蒙（Louis Dumont）：《德国意识形态：法－德及德－法》（*L'Idéologie allemande : France-Allemagne et retour*），巴黎，伽利玛出版社，1991年。

认为，法国人的意识形态完全建立在一个内容相当贫瘠、然而力量却十分强大的论断之上，即人类主体的普遍性。令人奇怪的是看到这样的统一论信念竟然诞生在一片对比丰富的土地上，在乡土、家族体系、生死方式方面具有大量而生动的丰富类比中出现。这个悖论令外国史学家们印象深刻，常常启发他们想到在法国，祖国意识是后期出现的产物，是必须简化并且战胜巴斯克人、布列塔尼人、加泰罗尼亚人的集体认同感的强制性文化教育的结果。①共和主义教育毫无顾忌也毫无差别地致力于获得"国家"教育的胜利，在费利克斯·佩科看来，这种"国家"教育的本源既非政党亦非宗派，而只是源于人类，并且企图——这是他在对莫雷翁的巴斯克小学教师们的演讲中所说的话——"将学生们从他们那种特殊传统下的不自觉的轻率生活中抢过去"②。

然而，雅各宾思想与乡土情怀之间的斗争竟如此艰巨、如此戏剧化吗？没有那么确信，若指出这一点：对伟大祖国的极为抽象的归属感并不一定意味着必须放弃小乡土。效忠法国丝毫不意味着背叛自己的乡土，因为法国并非一个全凭经验的理所当然的祖国，而是一个理性的祖国，是人类的化身：如此普遍而精神性的爱国情感可以让自身毫不矛盾地包容对乡土的根深蒂固的特殊感情。事实说明，尽管法国地区的极端多样性本来可能会滋生分裂主义思想，然而此类思想还是微不足道的；尽管毫不留

---

① 参见厄让·韦伯（Eugen Weber）:《乡土的终结：法国乡村的现代化（1870—1914）》（*La Fin des terroirs. La modernisation de la France rurale*[1870—1914]），巴黎，法雅出版社，1983年。

② 费利克斯·佩科:《15年的教育》，同前，第149页。

情地镇压少数民族语言,却很少有恐怖主义,在我们两个世纪的历史进程中有节制地表现出来的地方主义以及反复重申的共和主义效忠:费里布里日(Félibrige)*的历史就是佐证。或许法国的政治不断地预先策划着离心倾向,不断地捏造一些联邦主义的政敌,然而,准确地说,它们都是它虚构出来的:自法国大革命以来,它们都是纸老虎。

由此产生民族情感的诸多后果,它们与本书的主旨并不相关,也许除了借用埃马纽埃尔·托德刚刚提出的若干反思。[①]那些在法国国土上发展起来的真实差异所造成的威胁并不那么容易被击败,因为情感的根植服从于对全体法国人(乃至全人类)具有共同本质的确信。同时,所有人都可以养成地域差异,感受其魅力和代价,为此而卖弄甚或骄傲,却没有分裂精神:包含在抽象的统一性之内并早已同意服从其命令的无焦虑、无攻击性的差异。

难道不可以把这种在路易·迪蒙看来如此具有民族精神特性的水平等级制应用于解决我们此处所关注的这个问题,即两性关系问题吗?妇女们的请愿常常把普遍性与特殊性结合在一起,而于贝蒂娜·奥克莱尔则轮流为其辩护。但是并非是同等程度的辩护,因为于贝蒂娜没有忽视她的两个论据的主次之分。属于经验和情感范畴的特殊性论据服从于抽象而理性的普遍性论

---

* 这是一个组织的名称,建立于 1854 年 5 月 11 日,致力于保护法国南方奥克语地区的方言和文化等。——译者

① 埃马纽埃尔·托德(Emmanuel Todd):《移民的命运:西方民主国家中的同化与隔离》(*Le Destin des immigrés. Assimilation et ségrégation dans les démocraties occidentales*),巴黎,色伊出版社,1994 年。

据。那么，我们的确可以把我们想要的有关男性统治和女性服从的所有证明集中在一起：它们根本无法反对个体等价的理论可靠性，乔治·桑在1867年1月15日写给福楼拜的一封信中与此相关的原话如下："况且，对于那些擅长解析的人来说还有这个：只有一个性别。男人和女人是如此相同，以至于我们几乎很难理解为什么社会上充斥着这么多与此相关的微妙区分和繁琐推理。"① 如果给予法国女性这个强烈的原始信念——她们首先视自己为自由和平等的个体——我们认识到她们在这样一种信念的托庇之下，可以无怨恨地体验性别的差异，幸福兼讽刺地培养这种两性差异，而拒绝将其本质化。或许这解释了法国女性主义的独特进程，及其与盎格鲁-撒克逊国家的女权模式的明显差别。

＊ ＊ ＊

一个令人生畏的反对意见与焉出现。激进的女性主义似乎正是在法国开始了它的萌芽时期，于20世纪60年代和70年代在那里找到了一些享有盛名的笔杆子，并为一些作品提供了灵感，这些作品随即被翻译、被模仿和激起赞赏。这些女性传统主义者们，她们在说什么呢？首先，女性的存在重心是她们与身体的关系，这种关系把每个女人变成物种的附身对象。早已多次听过的言语，常常是讲女性的坏话，在此则反转为对女性有利的话语。在妇女们为了获得独立、避免隔离和享有政治责任而在数百年来努力表现得不过于女性时，主张差异论的女性主义者们却提出妇

---

① 乔治·桑：《通信集》，巴黎，加尼埃出版社，第20卷，1985年，第297页。

女从来未曾足够女性。在回顾了漫长的女性文学史后，埃莱娜·西克苏气愤而惊愕地发现她几乎无法从中搜集到什么东西。在女作家的作品中没有对女性气质的深入研究，照她所说，她们不知道，或者不愿意让自己的写作和作品区别于男性的写作和作品。在本书所罗列的女性当中，埃莱娜·西克苏几乎只看到科莱特曾经尝试过表达这种铭刻于身体内的女性气质，而从理论上说它本该滋养出前所未有并取之不尽、用之不竭的想象力。① 其他女作家则充耳不闻这种身体的声音，的确，几乎听不到，因为它因耻辱而窒息，然而今后，在我们重新发现其音色时，应当将其视为世界上的一种独特关系来赞美它。它同时也作为一个引人注目的优势，表现为生命的赠礼，并经由生物日历而立足于宇宙日历之中：女性的限制和约束被扭转为荣耀，成为歌颂自然性的赞歌——不再是对自然性的否决，而是赞同自然性的话语。女性的天性，这种与主动掌握命运相对立的模糊约束现在成了迫切渴望的对象。

同时，这种身份论女性主义旨在反驳长期以来对女性身体的贬低。它有时被描述为纯商品，交易物品。有时被描述为——弗洛伊德的精神分析理论对此负有特殊责任——不完整的东西，被剥夺了价值拥有者的性别：小女孩不得不痛苦地哀悼男性生殖器；不得不离开母亲，因为母亲没有阴茎；并且不得不寄希望于生育，视生育为提供阴茎替代品的唯一手段。没有因此而挽救原初的不幸。有大量相关的贬义文学作品，法国女性主义者们不是试图批判，而是尝试着通过面向女性意识敞开未经勘探的新

---

① 埃莱娜·西克苏（Hélène Cixous）：《美杜莎的笑》（« Le rire de la Méduse »），《弧》（*L'Arc*）第 61 期，1975 年，第 42 页。

女性的话语

领域来规避此类作品。埃莱娜·西克苏、露西·伊里加雷[*]仅仅允诺了一个新世界,一种新女性。一个恢复自然平衡的新世界。一段与打着罪行、战争、牺牲烙印的父权历史正好相反的新历史。一种新的两性人际关系,更是女性和女性之间的新关系,因为在女同性恋的视野内,一个幸福地挣脱了男权和社会规则束缚的完全平等的幸运岛屿在闪耀着光芒。最后,也是一种新的写作,新的艺术。而在这个截然不同的世界的尽头是一种绝对前所未有的女性快感。[①]

  正如所有的乌托邦一样,这个空想不愿意承认在时间上有着逐步达成的阶段性成就的存在。它声称一口气达到彻底的相异性,瞧不起局部胜利,妇女们可能会因这些局部胜利而自夸;那些故弄玄虚的进步,总是有可能转过来反对女性,尤其因为对她们遮蔽了问题的本质——即奇妙的差异——而应当受到谴责。也是如同所有的乌托邦一样,这个空想使人权服从于人们的假定目的。《人权宣言》,露西·伊里加雷写道,与这个空想没有丝毫关系,在人类以及一般女性的日常生活中依然是一个听不到回声的抽象概念。[②]我们在此衡量出其偏离幅度。对

---

[*] 露西·伊里加雷(Luce Irigaray, 1930—),法国女性主义语言学家和精神分析学家。——译者

[①] 尤其参见露西·伊里加雷的作品《女性他者的窥镜》(*Speculum de l'autre femme*),巴黎,子夜出版社,1974年;埃莱娜·西克苏、玛德莱娜·加尼翁(Madeleine Gagnon)、安妮·勒克莱尔(Annie Leclerc)合著,《来到写作》(*La Venue à l'écriture*),巴黎,出版社联合总会,1977年;埃莱娜·西克苏、卡特琳娜·克莱芒(Catherine Clément)合著的《新生的女青年》(*La Jeune-Née*),巴黎,出版社联合总会,1975年。

[②] 露西·伊里加雷:《差异的时代》(*Le Temps de la différence*),巴黎,法国总书店出版社,1989年。

于平等论女性主义而言，批判《人权宣言》就是在批判一个不完整的外延和一个临时性的谎言。然而这一次，所牵涉到的内容更多：揭露一种最终的欺骗；为女性要求特殊的权利，从属于女性自身经验和天性的权利。没有非"内在"的权利：正是因为权利是内在的，所以女性无法享有《人权宣言》所规定享有的权利，因为权利之中的理性、公共性、男性和普遍性完全是一回事。抽象的权利附属于男性所有，普遍性是一个骗局和侮辱。

把差异权转变为对不同权利的要求，这样的话语在美国得到了广泛的回应，并由此产生了一整个流派的文学作品。如同露西·伊里加雷一样，阿德里亚娜·里奇[*]把母女关系作为首要关系和配偶原型进行了分析。[①]如同埃莱娜·西克苏一样，卡萝尔·吉利根[**]认为女性在面对道德困境时有着特殊的行为方式：更富有同情心，更关心他人，对有形的生命更有感受力，她们可能就是对狂热迷恋竞争的男人们的统治世界的救赎。[②]还是如同露西·伊里加雷和埃莱娜·西克苏一样，卡萝尔·帕特曼断言女性以分娩为中介所产生的与自然的特殊关系使得女性无法作为自主

---

[*] 阿德里亚娜·里奇（Adrienne Rich, 1929—2012），美国女诗人、女性主义文论家。——译者

[①] 阿德里亚娜·里奇：《身为女人：作为经验和制度的生育》（*Naître d'une femme : la maternité en tant qu'expérience et institution*），法文译者 J. 富雷－库赞（J. Fauré-Cousin），巴黎，德诺埃尔－贡捷出版社，1980 年。

[**] 卡萝尔·吉利根（Carol Gilligan, 1936— ），美国哲学家、女性心理学家。——译者

[②] 卡萝尔·吉利根：《一个如此大的差异》（*Une si grande différence*），法文译者奎亚泰克（A. Kwiatek），巴黎，弗拉马里翁出版社，1986 年。

的个体进入社会契约。①美国女作者们比一些停留在活力论——生命就是女性的尼采观——的文章走得更远。她们也认为女人之间的同性恋关系是没有支配关系的快乐模式,未受污染的身份认同模式,并且赞美这个女性世界,在这个世界中,性欲不再是一个被羞辱的权利的象征。她们也贬低妇女们为了赢得职业平等而取得的进展,并解释说——这正是苏珊·法鲁迪*的书中的全部意思——这些进步究竟在何种程度上隐藏着事与愿违的反作用。②

然而这是悖论,它隐藏在这个表面类似性里。的确,法国的差异论女性主义话语受制于某种费解难懂的表达——写作想让自己与众不同,结果与众不同到全然隐晦不明的程度——而仅限于知识分子并且驻留于社会的边缘。而大西洋彼岸的差异论女性主义则在美国社会得到了广泛的传播。它走进了机构,获得了公共和私人来源的大笔财政支持。它成为许多研究中心的重要研究内容,强制规定了招聘熟练工人的两性配额,致力于重修大学的教学大纲,出版教科书,书中不再有描绘幸福的母爱和幸福婚姻的图片。它明言要打破一切旧的教育体制,其罪责在于它提出了一个形式的、男性的、欧洲的、异质的、精英的现实观。它通过新闻媒体散布一些可怕的统计数字:通过数字说明四分之一的妇女是强奸的受害者;每年有 15 万妇女因为愚蠢地成为美的奴隶而死于厌食症;男性对怀孕妇女的凶暴是造成婴儿死

---

① 卡萝尔·帕特曼:《两性契约》,同前书。
* 苏珊·法鲁迪(Susan Faludi, 1959—   ),美国女性主义者。——译者
② 苏珊·法鲁迪:《反击,针对女性的冷战》(*Backlash, la guerre froide contre les femmes*),法文译者波米耶(L.-É. Pommier)、沙特兰(É. Châtelain)、雷韦耶(Th. Réveillé),巴黎,德法姆出版社,1993 年。

亡的最主要原因；教育体系有利于男孩子，是造成女孩子们认为自己微不足道的看法的罪魁祸首。它为女性要求安全空间，换言之，非两性混杂的空间。总之，它得出的结论是一个全部由女性组成的世界。在法国看不到任何此类现象，而只需列举美国的这一新女性宗教的文章就足以衡量法美两国之间的距离。①

　　第一篇奉行该信念的文章认为有一个女性的"我们"，被集体认同为受害者的"我们"。所有的女人都是受害者，所有的男人都是刽子手，这就是美国新女性主义的公理。为了提出一个如此荒谬的真理，就必须承认在所有遭受到男性暴力的女性受害者之中，完全是这个性别本身受到了侵犯和伤害。必然的结果就是第一个出现的刽子手代表着有罪的全体男性。由此很容易得出两性战争的结论："当一个物种的半数成员一贯地侵犯另外一半成员时，这个物种能够继续生存下去吗？"马里利·弗朗什严肃地提出这个问题。有人可能怀疑问题的合理依据以及那个副词。然而马里利·弗朗什已经掌握着她的答案：事实上并非所有的男性都对女性使用暴力；但这仅仅是因为单纯的威胁对她们而言足矣。男性的武器库里有着许许多多的武器："男人可以停止供养他的亲生孩子；可以要求他的伴侣如女仆那样地照顾他。他可以揍或者杀死那个他声称爱着的女人；他可能强暴他的妻子、伴

---

① 我不知道是否存在数个派别的美国女性主义，以及是否并非所有的女性主义都割裂了与世界性的人文主义传统的联系。我在此仅仅探讨最鲜明、最引人注目的那个流派，即被克丽丝蒂娜·霍夫·索默兹（Christina Hoff Sommers）称为"性别女性主义"的那一派。参见《谁窃取了女性主义》（Who stole Feminism），纽约，西蒙与舒斯特出版公司，1994年。

侣、一个熟人甚至是一个他不认识的女人。他可能强奸或者性骚扰他的女儿、侄女或甥女、儿媳或者他声称爱着的那个女人的孩子。世界上的绝大多数男人都犯过上述的某个或者几个罪行。"①

令人佩服的一般化,就是控诉男性,控诉所有男人的集体犯罪:所有的男性都是强奸犯,或者至少是有可能犯强暴妇女罪行的人。此外,强奸这个概念正是这种极端主义的象征。在美国,这个概念被赋予了一个十分灵活的定义,它涵盖了一切引诱的企图,无须再使用包括暴力或者威胁的手段,哪怕仅仅是口头上的一再坚持,都可以被视为犯了强奸罪。在这样的概念外延背后隐藏着这样的想法,即没有自愿的性关系。甚至毫不含糊的同意也无法作为其保证,假定历经数百年潜移默化的女性从属地位已经先于这种同意之前为此做好了准备的话。强奸犯男孩,被强奸的女孩,这就是,按照纳奥米·沃尔夫*的说法,两性关系的标准:必要性的产物,而不是由意愿而生的结果。②

然而,法国女性主义所缺少的正是这种原则上的敌对。在此起了作用的是两性交流的悠久传统,这个理想的德廉美旧梦,其中互为"正直伙伴"的男人和女人彼此交谈,这个传统延续了相当长的时间,以至于甚至如费利克斯·佩科这样的共和主义教育理论家都在继续颂扬18世纪的对话精神。在这样的民族结构

---

① 马里利·弗朗什:《对抗女性的战争》,法文译者布约、塔特,巴黎,群岛出版社,1992年,第235页。
* 纳奥米·沃尔夫(Naomi Wolf, 1962—),美国女性主义作家、政治顾问。——译者
② 纳奥米·沃尔夫:《女性的地位》(«A Woman's Place»),《纽约时报》,1992年5月31日。

内很难传播男性暴力论,也不容易如美国作者通常所写的那样,把男女两性关系完全设想为另一种形式的压迫的符号、模式和尺度。法国女性主义在格劳丽亚·斯坦奈姆[*]的断言前退步不前,后者认为"父权体制需要暴力或者暴力的潜在威胁得以延续自身的存在",其结果是"对于妇女来说,最大的危险不是街道上的陌生男人,甚至不是战争时期的男性敌人,而是在自家的僻静之处的丈夫或情人"。[①]这正是令法国女性无法信服的地方。也不容易让美国女性接受这个说法。因此必须辩解说一种普遍的系统化的误导对受压迫的妇女们掩盖了她们遭受悲惨压迫的事实。它是对米歇尔·福柯的经典论断的改写,为女性所用的改写,其含义是没有任何压迫比这种由于内在化而令人无法察觉的压迫更糟糕的了:男性的暴力行为越不明显,越没有经过事先计划而来的结果,它就越是有效,苏珊·法鲁迪解释说,因为它能够让女性本人无法察觉到它,有时甚至会让女性成为其帮凶。

因此,没有什么——这正是该宗教的第二篇文章——比对抗更迫在眉睫的事情了,对抗女性对其命运的虚假意识。无数的团体和檄文都在致力于完成这个任务,致力于提高女性的认识水平,致力于对妇女们进行反面的心理治疗:它的目标并非使女性"适应"社会,而是,恰恰相反,让后者更奇怪、更令人厌恶。意识提升包括两种学习,一种是消极被动的学习,另一种是积极主动的学习。它是

---

[*] 格劳丽亚·斯坦奈姆(Gloria Steinem, 1934—),美国记者、女性主义活动家。——译者
[①] 格劳丽亚·斯坦奈姆:《来自内部的革命:一本自尊之书》(*Revolution from Within : A Book of Self-Esteem*),波士顿,小布朗出版社,1992年,第259、261页。

女性的话语

教妇女们找到埋藏在其怨恨之中的源泉并为它开启一条通道。另一方面,教妇女们探索她们与自然秩序之间的联系,把对身体的认知转化为知识。完完全全就是一次彻底的自我重塑。

埃莱娜·西克苏和露西·伊里加雷没说什么别的。但是她们一致同意在法国比在其他国家更难以探讨性别差异的问题,而且她们把这种再造的可能性寄托于一种十分抽象的修辞。美国女性主义有其他手法,它们也同样令人衡量出法国与美国之间的距离。在法国,任何女性(和任何男性)都不会建议从一个纯粹的女性视角来重写文学、艺术和科学通史。任何女性都不会有把伟大的作品阐释为反映男性中心倾向作品的想法,任何女性都不会在阅读拉辛和蒙田的作品的时候把他们视为纯粹的男性意识形态的代表。找不到,如美国的凯瑟琳·麦金农[*]的笔下那样,在认识自然和"认识"女性之间的比较,两者均被判定为男性的举动,一则侵入自然,一则侵犯女性,因而同样都是有罪的。[①]没有人打算像要求"无产阶级科学"那样要求一种"女性科学",也没有人打算像曾经出现的日丹诺夫[**]劳动者艺术那样要求一种"女性艺术"。法国女性主义还抵制某些美国大学的做法,它们曾经制定一些语言校正准则来彻底地改造词汇和句法。没有任何一位法国女大学教师会感谢她的学生们愿意积极参加

[*] 凯瑟琳·麦金农(Catharine MacKinnon, 1946—),美国法学家、女性主义活动家。——译者
[①] 凯瑟琳·麦金农:《女性主义、马克思主义、方法和国家》(«Feminism, Marxism, Method and the State»),载于《符号》(*Signes*)第636期,1993年。
[**] 日丹诺夫(Andreï Jdanov, 1896—1948),苏联社会主义政治家和理论家。——译者

论法国的独特性

她的"卵子会"(ovular),由一位美国女哲学家发明的作为"研讨会"(seminar)一词——在她看来,该词太过强烈地崇拜男性生殖器——的怪诞替换词。①或许已经有某些与此类话题相关的改革建议和著作。法国女性仍然继续平静地挂着"医生"或"教授"*的头衔,不觉得有必要在这些词语的后面添加那个多余的字母 e 来表明性别。

这种抵制还是并且始终归于法兰西民族对普遍性的确定。美国女性主义可以毫无困扰地辩解说普遍性附属于男性所有;法国女性主义做不到这一点,因为它自身就是那么普遍地存在着。法国妇女难以察觉到自己是少数群体——而那很可能也正是与美国女性的最主要区别,美国的妇女运动通常与其他少数群体——性别上的少数群体或者少数民族——联合在一起。法国女性难以克服那种本能的怀疑,即她们表现出的对于因其特殊天性而形成的所谓"认识道路"的怀疑。哺乳之中有哲理,规则之中有睿智,面对此类被其视为蒙昧主义的想法,她们畏缩不前。

---

① 原话如下:"我感谢(……)于1982年春季学期在华盛顿大学参加我的妇女研究卵子会的学生们。"("I am grateful [...] to the students of my women's studies ovular at Washington University in the spring semester of 1982.")这段话摘自作者致编辑乔伊斯·特勒比尔科特(Joyce Trebilcot)的序言中,参见《生育:女性主义理论随笔》(*Mothering : Essays in Feminist Theory*),新泽西特沃塔,日欧曼和爱伦海尔德出版社,1984年,第7页,引用者克丽丝蒂娜·霍夫·索默兹,《谁窃取了女性主义》,同前书,第50页。

* 法语的名词分为阴性和阳性两大类,表示职业、头衔一类的名词通常有与自然性别相对应的阳性和阴性两个形式,例如"律师"一词的阴性和阳性形式分别拼写为 avocat 和 avocate(阴性单词的拼写是在阳性单词后面加了一个字母 e),但是由于历史原因,"医生"和"教授"只有阳性形式而无阴性,这样的词语还有"工程师""画家"等。——译者

425

女性的话语

她们并不那么追求她们的"女性未来"。她们怀疑提升"女性文化"的价值可能会以故步自封为代价：她们对一切特殊化的文化分隔嗤之以鼻。她们不希望自己的职业生涯和成就是归功于配额制。她们知道无法以天性的名义来争取平等，她们十分清楚只有挣脱天性的限定（而不是依附于天性）才能追求平等。这正是她们赞美避孕药发明的原因：与数千年来女性身上的不可控因素的决裂。总之，她们不是作为女人而是作为个体来要求自己的权利。

没有什么比贝蒂·弗里丹[*]和西蒙娜·德·波伏瓦的话语更能很好地说明法美两国女性主义观之间的鸿沟了。[①]尤其因为她们看起来立场相对而更能说明问题。贝蒂·弗里丹属于人道主义女性主义派，她在读过格劳丽亚·斯坦奈姆的著作后，强烈抗议对妇女的性别歧视，与她在新女性主义中的猜测相反。而波伏瓦，同为人道主义女性主义的象征——总之是弗里丹的偶像——则在差异论的压力下背道而驰地向激进女性主义的方向迈出了几步。因而是相互矛盾的话语。不过，民族精神分别在这两人的话语中发挥着作用。弗里丹完全信奉女性主义平等论的普遍观，她关注生活的实际问题——在美国，女性的日常生活的确比在法国更艰难，美国的社会援助体制远没有法国有效。完全受到女性主义差异论诱惑的波伏瓦不了解真正的妇女，她所说

---

[*] 贝蒂·弗里丹（Betty Friedan, 1921—2006），美国女作家、女性主义者。——译者

[①] 贝蒂·弗里丹：《我的生活发生了变化：妇女解放运动的著作》（*Ma vie a changé : écrits sur le mouvement de libération de la femme*），法文译者德萨尔（È. Dessarre），巴黎，法雅出版社，1977年。

的话语在对方看来极为缺乏理论依据。聋子的对话。弗里丹谈到幼儿园、母亲的工资、社会保障。波伏瓦冠冕堂皇地略过这些无足轻重的问题,她衷心地祈求专制革命自上而下地同时解决所有困难并且迫使每个个体——男人或女人——自己担当自己的责任。弗里丹这位美国女性主义者则反对差异主义,继续提及一些具体问题并希望具体地解决这些问题。波伏瓦这位法国女性主义者已经成为差异主义者,尽管她最初的分析并非如此,她身不由己地倚靠着这个民族传统,该传统看到妇女参与到男性运动中并寄希望于一个总体的政治解决办法。

在这个漫长的对话之中,波伏瓦的僵化刻板令人印象深刻,甚至还有她那令人惊讶的狭隘,哪怕对于那些仍然记得《第二性》的人来说亦然。感觉得到她的局促,因为与她首倡的存在主义女性主义背道而驰而产生的局促。可能女性主义差异论的一切理论都会与她相抵触——而且极有可能在暗地里与她冲突。女性主义差异论所提出的迫切要求——根据你的身体来进行思考,她会如何使其为自己所用呢?她曾经把女性的束缚描绘为"境遇"而非命运,是可以通过体验它们来加以改变并成为自由对面的偶然因素的"境遇"。她为所有人——也包括男性——的摆脱天性束缚的能力作了许多辩解,说女性主义差异论似乎不大可能收复失地。人们感觉到她的犹豫和恼火,急切地想与弗里丹了结这个话题。再者,当需要将波伏瓦归类时,新女性主义者们没有弄错。她们责备她过于投入到男性领域,有时甚至强调指出"没有任何女理论家像她那样既把普遍性视为男人的属性作了彻底的分析,又如此彻底地站在不利于女性的立场上谈论问题"①。法国女性主义运动的主流则更为感激她如同曾经的乔治·桑那样从未停止过思考:"我们不是在为女性事业辩护;我们并未将其分为各个不同的事业,无知者和贫困者的这个伟大的、永恒的事业。"②

关于法国女性主义厌恶进行差异主义论证的问题,在阅读1992年为马里利·弗朗什著作的法译本撰写的后记中可以找到一个突出的例子,马里利·弗朗什指出男性对女性发动了不可遏制的、旷日持久的战争,并以发动反击相威胁。弗朗索瓦兹·迪库先是看似赞同这一推论。她回顾了女性主义者的长期斗争,女性为了进入职场而付出的沉重代价,当时被勒令调和这一不可调和的矛盾:事业、生育、爱情。不过她的文章仍然以极其法国式的风格作结:为那些杰出的女性而骄傲自豪,如尤瑟纳尔*和卡雷尔·当科斯**先后当选为法兰西学院院士——而且没有暗示说这些女性精英的成功是一种额外的故弄玄虚;对于"女性身体写作"的有益质疑;确定一种新人类(新的男性)即将出现在法国,并且祝愿这个前所未有的物种能够跨越法国边界走向世界。弗朗索瓦兹·迪库让法国女性听到了美国女性主义者的咄咄逼人的话语,她抹去了后者的激进性,欢迎"对两性亦即对

---

① 马里尼,参见前述文章,第289页。
② 乔治·桑:《对各种异议的答复》(« Réponse à diverses objections »),载于《社会政治问题》(*Questions politiques et sociales*),巴黎,卡尔曼-莱维出版社,1879年,第96页。
* 尤瑟纳尔(Marguerite Yourcenar, 1903—1987),法国女作家,1980年入选法兰西学院,是法兰西学院历史上第一位女院士。——译者
** 卡雷尔·当科斯(Hélène Carrère d'Encausse, 1929—),法国女历史学家,1990年入选法兰西学院。——译者

论法国的独特性

个体名誉的相互承认和尊重"①所带来的前所未有的和谐曙光，从而以大团圆结局告终。

因此，个体：法国人的鲜明的反社团主义倾向在此重新出现；如此独特的结合，对首倡两性幸福交往的贵族阶层的怀念，对平等思想毫不设限的"极端民主"的现实，此二者的结合。由此产生一个特殊的社会，在这个社会中，人的平等要求必不可少，不过可以与对差异的强调相结合，差异总是被视为居于从属地位；通过利用爱情关系的暧昧和诱惑力，简言之，以徜徉于无限的浪漫领域的方式，在心平气和地体验差异的同时甚至可以成功地使用它们。如休谟所言，两性混杂的社会，对俱乐部的单性社交丝毫不感兴趣，无视那些妻子联合会的存在——其中，身为"女性"（物理学家、画家、历史学家、总统）既不被当作一个定义，也不被视为一个职业。仍然保留有未分化状态的社会，

---

① 弗朗索瓦兹·迪库：《六角形：地方状况》（«Hexagone: l'état des lieux»），马里利·弗兰什的《对抗女性的战争》的后记，同前，第273—278页。而且她也不是唯一的一位已经感到应该使美国话语适合于法国公众的女性。那些女译者本人也是这样的想法。不做这个假设就不会明白英语文本与法语文本之间的差距。判断的原因如下：玛丽莲·弗兰茨在列举男性罪行的时候写道："他可能无法供养他的亲生子女，要求与他一起生活的女人像仆人般地照顾他。他可以揍或杀死他声称自己爱着的女人；他可以强奸女人，无论她是伴侣、熟人还是陌生人；他可以强奸或者性骚扰他的女儿、侄女、继女或他声称爱着的女人的孩子。世界上的绝大多数男人都犯过上述的一种或多种罪行。"弗朗索瓦兹·布约和亚娃·塔特则翻译如下："男人可以停止供养他的亲生孩子；可以要求他的伴侣如女仆那样照顾他，全身心地奉献于他，完全服从他。他可以强暴他的妻子、情人、女邻居甚至是一个全然陌生的女人。他可能强奸他自己的女儿或者无论什么亲戚的女儿。几乎少有男人意识到自己是犯过所有这些罪行的有罪之人。在世界各地，几乎少有男人意识到自己犯过某种或另外某种罪行。"法语译文省略了英文版本的一个句子，又添加了一个自创的句子。两处改动缓和了原文的激烈性。

它拒绝对平等有着致命威胁的分化。法国的女性刊物成功地运用两种笔调,其一为必然平等,其二为宝贵的差异。它哀叹妇女状况的痛苦,也赞美与之相关的机遇。它解释如何化痛苦为机遇,这也是本书中与我们同行的十位女性对我们的教导。它从未声言放弃确信男女两性的共同领地。

这种确信处于当今法国女性主义的核心。它仍然会保持这种核心地位吗?可否想象到妇女的要求,正如其自发的行为,不是使特殊性从属于普遍存在的价值,而是深入到特殊性的内部?能够预期法国平等主义的倒转并且应该相信美国勾勒了女性主义的未来吗?这样的发展机遇——不幸——可能在于女性主义特殊论的能力之中,该能力为由于20世纪的历史事件而声名受损的马克思主义提供一种可供替换的意识形态。因为女性主义特殊论可以栖身于同样的知识框架内。同马克思主义一样,它把个体与集体联系在一起,个体在集体里,这种所属关系是存在的至关重要的条件;它把人类思想与生育的必要程序——这一次由性生理学取代了社会经济基础——联系在一起;它把个体变为权益的玩具,权益经由工具得到表达,如此内在化以至于不再被理解为像这样:男性的欺骗替代了有产阶级的骗局。

为了让女性主义特殊论战胜民主精神,还可以设想该理论使用了另一种知识框架,更符合时代的旋律。因为马克思主义决定论并未丧失寻找真理的雄心壮志,它一直把无产阶级视为真理的拥有者,并且宣称要通过无产阶级结束畸形意识形态的漫长历史。取而代之的决定论松开了最后一根缆绳。它始终认为思想是属于群体所有的产物,然而却不再给予任何群体以事实的特权，并鼓吹阐释的无限相对论：在知识与意识形态、教义与真理之间画出某个边界，这不再具有任何意义。利益与合理化的无限异质性（而且这种异质性也得到了差异论女性主义的承认，后者分裂为相互竞争的群体）不再给个体留下任何找到并说出真理的机会。对个体的全部要求就是表达该个体与某个群体——性群体、年龄群体、种族群体、性取向群体——之间的特殊联系，在开口之前深化并公然要求这种联系，这是"证实"其话语的唯一办法。但是并没有因此而使之更加真实：必须放弃有朝一日离开主观经验世界的所有希望。①

在这个民主思想的新式结构中，看得出差异论女性主义如何进驻于其中。但是也看得出它所必须接受的依然与法国女性主义相对立：无法逃脱虚假认识的宿命。对自我的虚假认识，对他人的虚假认识。那些最近着手撰写鸿篇巨著《妇女史》的女性因而得到提醒，她们很可能无法分析她们遭受的剥削，甚至也无法分析她们的感知，因为这种剥削和感知早已身不由己地嵌入由男性规定的秩序和言语之中：②女性视角由于男性的统治而永

---

① 甚至不是"希望"，因为女性主义差异论的迫切要求正好与深入到主观经验内部的做法背道而驰。在《差异的时代》一书中，露西·伊里加雷解释说，只要这是事实，即真理始终由某人提出来，那么赞同存在一门中性的、普遍的科学的想法就是愚蠢的。
② 在评述这一举动时，皮埃尔·布尔迪厄自问"创作关于妇女史著述的女性在撰写妇女（包括作者她们自己）的历史时，是否她们不接受有关女性的主导观点，迫使自己把形成女性视角的关键束之高阁，例如历史的小侧面（例如通过讣告从后方观察到的第一次世界大战，等等），镜像历史（根据卡比尔人的比喻，女人是月亮），从私生活、家庭的角度所看到的公共生活"。看到此"关键"一词的定义忠实地再现了与女性相关的最为传统的话语，这很有意思。皮埃尔·布尔迪厄：《关于〈妇女史〉的几点意见》（《 Remarques sur l'*Histoire des femmes* 》），载于乔治·杜比、米歇勒·佩罗主编的《妇女与历史》，巴黎，普隆出版社，1993年，第66页。

女性的话语

久存在，并且因为它意识不到自身的存在而更缺乏自主性。接受这样的沙皇敕令等同于承认女性的话语从未属于女性所有。本书经常提及的那十位女士要我们提防的正是这一信条：她们留给我们的话语，由她们写下的话语，（不仅仅）关于她们的话语，并非为她们而作。而是为所有人而作，期待着交流，确信拥有相通的语言和共同的信念。

人名、地名译名对照表

Abélard (Pierre)　阿伯拉尔（皮埃尔）
Adam (Juliette)　亚当（朱丽叶特）
Agoult (Marie d')　达古（玛丽）
Aiglonette　艾格洛内特
Aiguillon (duchesse d')　艾吉永（公爵夫人）
Aïssé (mademoiselle)　埃西（小姐）
Alain (Émile-Auguste Chartier)　阿兰（埃米尔-奥古斯特·沙尔捷）
Albémar (mademoiselle d')　达尔贝玛尔（小姐）
Albert　阿尔贝
Alexis　阿莱克西
Alfieri　阿尔菲耶里
Alix　阿利克斯
Allart (Hortense)　阿拉尔（霍腾斯）
Amar (Jean-Pierre-André)　阿玛尔（让-皮埃尔-安德烈）
André (Jacques)　安德烈（雅克）
Anhalt (comte d')　安哈尔特（伯爵）
Arblay (madame d')　达尔布莱（夫人）

Arendt (Hannah)　阿伦特（汉娜）
Arnaud (Angélique)　阿诺（安热莉克）
Artois (comte d')　阿图瓦（伯爵）
Auclert (Hubertine)　奥克莱尔（于贝蒂娜）
Aulard (Alphonse)　奥拉尔（阿尔封斯）
Avila (Thérèse d')　达维拉（泰蕾丝）
Bacciochi (madame)　巴乔基（夫人）
Bach (Jean-Sébastien)　巴赫（让-塞巴斯蒂安）
Bailly (Jean Sylvain)　巴伊（让·西尔万）
Balayé (Simone)　巴莱耶（西蒙娜）
Bancal　邦卡尔
Barante　巴朗特
Barante (Madame de)　德·巴朗特（夫人）
Barney (Nathalie Clifford)　巴内（娜塔莉·克利福）

433

女性的话语

Barruel 巴吕埃尔
Baudelaire (Charles) 波德莱尔（夏尔）
Beauharnais (Joséphine de) 博阿尔内（约瑟芬·德）
Beauharnais (madame de) 德·博阿尔内（夫人）
Beauharnais (monsieur de) 德·博阿尔内（先生）
Beauvoir (Simone de) 波伏瓦（西蒙娜·德）
Becker (Carl N.) 贝克尔（卡尔·N.）
Bellegarde (marquis de) 德·贝勒加德（侯爵）
Belmont 贝尔蒙
Bergson (Henri) 柏格森（亨利）
Berquin (Arnaud) 贝尔干（阿诺）
Berriau (Simone) 贝里奥（西蒙娜）
Berry (duc de) 贝里（公爵）
Berthelot (Marcellin) 贝特洛（马塞兰）
Beugnot (comte) 伯尼奥（伯爵）
Blanc (Louis) 布朗（路易）
Blanche 布朗什
Blanqui (Louis) 布朗基（路易）
Blum (Léon) 布鲁姆（莱昂）
Bonald (Louis) 博纳尔（路易）
Bonaparte (Louis-Napoléon) 波拿巴（路易-拿破仑）
Bonne 博纳
Bonstetten 邦斯泰唐
Bordeaux (duc de) 德·波尔多（公爵）
Bosc 博斯克

Bossuet (Jacques Bénigne) 博絮埃（雅克·贝尼涅）
Boswell (James) 鲍斯韦尔（詹姆斯）
Boufflers (comtesse de) 德·布夫莱（伯爵夫人）
Bouglé (Célestin) 布格莱（塞莱斯坦）
Boulanger (Georges) 布朗热（乔治）
Bourges (Michel de) 布尔热（米歇尔·德）
Bousquet (Joë) 布斯凯（若埃）
Brissot (Jacques-Pierre) 布里索（雅克-皮埃尔）
Brohan (Augustine) 布罗昂（奥古斯蒂娜）
Brunswick (duc de) 德·布伦瑞克（公爵）
Brutus 布鲁图
Buffon (comte de) 布丰（伯爵）
Buisson (Ferdinand) 比松（费迪南）
Buloz (François) 比洛兹（弗朗索瓦）
Burke (Edmund) 柏克（埃德蒙）
Burney (Fanny) 伯尼（范妮）
Buzot (François) 比佐（弗朗索瓦）

Caillaux (Joseph) 卡尤（约瑟夫）
Calas (Jean) 卡拉斯（让）
Carmontelle (Louis Carrogis) 卡蒙泰勒（路易·卡罗日）
Carlyle (Thomas) 卡莱尔（托马斯）
Caroline 卡罗琳娜
Cassandre 卡桑德拉
Castro (Fidel) 卡斯特罗

434

人名、地名译名对照表

Caton (d'Utique) 加图利特）
Cavaignac (Godefroy) 卡维涅阿克（戈德弗洛瓦）
Cécile 塞西尔
Cérésole (Pierre) 塞雷索尔（皮埃尔）
César (Jules) 恺撒
Chalamet (Rose-Elise) 沙拉梅（罗斯－埃利斯）
Champagneux 尚帕尼厄
Champcenetz 尚瑟讷茨
Champsaur (Félicien) 尚索尔（费利西安）
Chancellor (Olive) 昌斯勒（奥莉芙）
Chantepie (Marie-Sophie Leroyer de) 尚特皮（玛丽－苏菲·勒鲁瓦耶·德）
Chardin (Jean-Baptiste) 夏尔丹（让－巴蒂斯特）
Charlotte 夏洛特
Charlotte (Corday) 夏洛特（科黛）
Charrière (Isabelle de) 沙里埃（伊莎贝尔·德）
Charrière (madame de) 德·沙里埃（夫人）
Charrière (monsieur de) 德·沙里埃（先生）
Chateaubriand (François René) 夏多布里昂（弗朗索瓦·勒内）
Chatel (monsieur du) 杜·沙泰尔（先生）
Châtelet (madame du) 夏特莱（夫人）
Chatiron (Hippolyte) 夏蒂龙（依波

Chaumette (Pierre-Gaspard) 肖迈特（皮埃尔－加斯帕尔）
Choiseul (madame de) 德·舒瓦瑟尔（夫人）
Chopin (Frédéric) 肖邦（弗雷德里克）
Cicéron 西塞隆
Cixous (Hélène) 西克苏（埃莱娜）
Clary 克莱尔
Clavière (Étienne) 克拉维埃（艾蒂安）
Clemenceau (Georges) 克列孟梭（乔治）
Cocteau (Jean) 科克托（让）
Colet (Louise) 科莱（路易丝）
Colette (Sidonie-Gabrielle) 科莱特（西多妮－加布里埃尔）
Columelle 科卢梅拉
Condorcet (Antoine de) 孔多塞（安托万·德）
Considérant (Victor) 康西德朗（维克多）
Constance 康斯坦丝
Constant (Benjamin) 贡斯当（邦雅曼）
Consuelo 康絮爱萝
Conway 康威
Copeau (Jacques) 科波（雅克）
Corambé 科朗贝
Crébillon (Claude) 克雷比永（克洛德）
Crébillon (Prosper) 克雷比永（普罗斯珀）
Crèvecœur 克雷弗克

435

女性的话语

Curie (Pierre)　居里（皮埃尔）

d'Alembert (Jean Le Rond)　达朗贝尔（让·勒·隆）

Dalou (Jules)　达鲁（于勒）

Danton (Georges Jacques)　丹东（乔治·雅克）

David (Jacques-Louis)　大卫（雅克－路易）

Deffand (madame du)　迪·德芳（夫人）

Degler (Carl)　德格勒（卡尔）

Deitz (Simone)　戴兹（西蒙娜）

Delcassé (Théophile)　德尔卡塞（泰奥菲勒）

Démar (Claire)　戴玛尔（克莱尔）

Deraismes (Maria)　德雷斯莫（玛丽亚）

Descartes (René)　笛卡尔（勒内）

Deschartres　德沙尔特

Desmoulins (Camille)　德穆兰（卡米尔）

Desmoulins (Lucile)　德穆兰（露西尔）

Diderot (Denis)　狄德罗（德尼）

Ditie　迪蒂

Drumont (Edouard)　德吕蒙（爱德华）

Du Camp (Maxime)　迪康（马克西姆）

Ducout (Françoise)　迪库（弗朗索瓦兹）

Dudevant (Casimir)　杜德望（卡西米尔）

Dullin (Charles)　杜兰（夏尔）

Dumas (Alexandre Dumas fils)　小仲马

Dumont (Louis)　迪蒙（路易）

Dumouriez (Charles François)　迪穆里埃（夏尔·弗朗索瓦）

Du Peyrou　迪佩鲁

Dupin (Maurice)　杜邦（莫里斯）

Dupin (Aurore)　杜邦（奥罗尔）

Duplay (mademoiselle)　迪普莱（小姐）

du Plessis (Rœtiers)　迪普莱西（罗捷）

Durand (Marguerite)　迪朗（玛格丽特）

Duval (Georgie Raoul)　迪瓦尔（乔治娅·拉乌尔）

Duvernet (Charles)　迪韦内（夏尔）

Edgermont (madame)　埃德热蒙（夫人）

Edmée　埃德梅

Électre　厄勒克特拉

Eliot (George)　艾略特（乔治）

Émile　爱弥儿

Encausse (Hélène Carrère d')　当科斯（埃莱娜·卡雷尔）

Enclos (Ninon de)　昂克洛（尼侬·德）

Enfantin (Barthélemy Prosper)　昂方丹（巴泰勒米·普罗斯珀）

Enghien (duc d')　当甘（公爵）

Éponine　艾潘妮

Euclide　欧几里得

Eudora　欧多拉

436

人名、地名译名对照表

Fabrice	法布里斯
Fadette	法岱特
Faludi (Susan)	法鲁迪（苏珊）
Fargue (Léon-Paul)	法尔格（莱昂-保尔）
Fauchet (Claude)	福歇（克洛德）
Fénelon	费奈隆
Fenille (Varenne de)	费尼勒（瓦雷纳·德）
Fernel (madame)	费尔内（夫人）
Ferry (Jules)	费里（于勒）
Fiamma	菲亚马
Fiévée (Joseph)	菲耶韦（约瑟夫）
Fontenelle (Bernard de)	丰特奈尔（贝尔纳·德）
Forcalquier (monsieur de)	德·福卡尔基耶（先生）
Formont	福尔蒙
Foucault (Michel)	福柯（米歇尔）
Fouillée (Alfred)	富耶（阿尔弗雷德）
Fouque (Antoinette)	富可（安托瓦妮特）
Fourier (Charles)	傅立叶（夏尔）
Fournel (Cécile)	富尔内尔（塞西尔）
Friedan (Betty)	弗里丹（贝蒂）
Gambetta (Léon)	甘必大（莱昂）
Garat (Dominique-Joseph)	加拉（多米尼克-约瑟夫）
Gauthier-Villars (Henry)	戈蒂埃-维拉尔（亨利）
Genlis (madame de)	德·让利斯（夫人）
Gélieu (Isabelle de)	热利厄（伊莎贝尔·德）
Geneviève (Fraisse)	热娜维耶芙（弗莱斯）
Gerassi (John)	杰拉西（约翰）
Gilligan (Carol)	吉利根（卡萝尔）
Girardin (Émile de)	吉拉尔丹（埃米尔·德）
Girardin (Delphine de)	吉拉尔丹（黛尔菲娜·德）
Gœthe (Johann Wolfgang von)	歌德（约翰·沃尔夫冈·冯）
Goldoni (Carlo Osvaldo)	哥尔多尼（卡罗·奥斯瓦尔多）
Goncourt (les)	龚古尔（兄弟）
Goudeket (Maurice)	古德凯（莫里斯）
Gouges (Olympe de)	古兹（奥兰普·德）
Gracq (Julien)	格拉克（于连）
Gréard (Octave)	格雷亚尔（奥克塔夫）
Grégoire (Henri)	格雷古瓦（亨利）
Gréville (Henry)	格雷维尔（亨利）
Guéroult (Adolphe)	盖鲁（阿道夫）
Guesde (Jules)	盖德（于勒）
Guillemin (Henri)	吉耶曼（亨利）
Guizot (François)	基佐（弗朗索瓦）
Gutwirth (Madelyn)	格特沃思（玛德琳）

437

女性的话语

Guyomar (Pierre Marie Augustin) 居约玛尔（皮埃尔·玛丽·奥古斯丁）

Haussonville (comtesse d') 奥松维尔（伯爵夫人）
Heine (Heinrich) 海涅（海因里希）
Héloïse 爱洛漪丝
Helvétius (Claude) 爱尔维修（克洛德）
Hénault (président) 埃诺（庭长）
Henley (Mistriss) 汉雷（女士）
Hennequin (Philippe-Auguste) 埃内坎（菲利普-奥古斯特）
Henriette 亨丽埃特
Hermenches (Constant d') 埃尔芒什（贡斯当·德）
Hérold (Ferdinand) 埃罗尔德（费迪南）
Hervé (Gustave) 埃尔维（居斯塔夫）
Hetzel (Pierre-Jules) 赫泽尔（皮埃尔-朱尔）
Hollander (Paul d') 道朗代尔（保尔）
Homère 荷马
Horace 贺拉斯
Houdetot (madame d') 德·乌德托（夫人）
Hume (David) 休谟（大卫）

Indiana 印第安娜
Irigaray (Luce) 伊里加雷（露西）
Isidore 伊西多尔

Jacques 雅克
James (Henry) 詹姆斯（亨利）
Jammes (Francis) 雅姆（弗朗西斯）
Janin (Jules) 若南（朱尔）
Jaurès (Jean) 饶勒斯（让）
Jdanov (Andreï) 日丹诺夫（安德雷）
Jeanne 让娜
Jeanne d'Arc （圣女）贞德
Jérôme 热罗姆
Joséphine 约瑟芬
Jouvenel (Henri de) 茹弗内尔（亨利·德）
Julie 朱丽

Kant (Immanuel) 康德（伊曼纽尔）
Kaplan (Gisela) 卡普兰（吉斯拉）
Karamzine (Nikolaï Mikhaïlovitch) 卡兰金（尼古拉·米哈伊洛维奇）
Kelly (Linda) 凯利（琳达）
Keralio (Louise-Félicité Guynement de) 凯拉里奥（路易丝-费利西泰·吉内曼·德）
Kergomard (Pauline) 凯戈马尔（波利娜）

La Fayette (madame de) 德·拉法耶特（夫人）
Lafayette (marquis de) 德·拉法耶特（侯爵）
La Harpe 拉阿尔普

人名、地名译名对照表

Lamartine (Alphonse de)　拉马丁（阿尔封斯·德）

Lamennais (Félicité Robert de)　拉梅内（费利西泰·罗贝尔·德）

Lameth (Alexandre)　拉梅特（亚历山大）

Lanthenas　朗泰纳

La Tour (Quentin de)　拉图尔（康坦·德）

Lavalette (madame)　拉瓦莱特（夫人）

Lavoisier (Antoine de)　拉瓦锡（安托万·德）

Lavoisier (madame)　拉瓦锡（夫人）

Lebensei (monsieur de)　德·勒邦塞（先生）

Lecomte (Jules)　勒孔特（朱尔）

Ledru-Rollin (Alexandre Auguste)　勒德律－格兰（亚历山大·奥古斯特）

Lefebvre (Georges)　勒费弗尔（乔治）

le Grand (Frédéric)　勒格朗（弗雷德里克）

Lélia　雷丽亚

Lemonnier (Charles Jean Maurice)　勒莫尼埃（夏尔·让·莫里斯）

Léonce (Delphine de)　莱昂斯（黛尔菲娜·德）

Leroux (Pierre)　勒鲁（皮埃尔）

Lespinasse (Julie de)　莱丝比纳斯（朱丽·德）

Leuwen (Lucien)　勒文（吕西安）

Levasseur (Thérèse)　勒瓦瑟（戴莱丝）

Lévrier (Antonin)　莱乌烈（安托南）

Lévy (Benny)　列维（本妮）

Lezay-Marnésia (Adrien de)　莱泽－马赫内希亚（阿德里安·德）

Ligne (Charles de)　利涅（夏尔·德）

Littré (Emile)　利特雷（埃米尔）

Locke (John)　洛克（约翰）

Longueville (madame de)　德·隆格维尔（夫人）

Louise　路易丝

Louise (madame)　路易丝（夫人）

Louvel (Louis Pierre)　卢伏（路易·皮埃尔）

Luxembourg (Rosa)　卢森堡（罗莎）

Macaulay (madame)　麦考利（夫人）

Macaulay (Thomas Babington)　麦考利（托马斯·巴宾顿）

Macé (Jean)　马塞（让）

MacKinnon (Catharine)　麦金农（凯瑟琳）

Machiavel　马基雅维里

Magnus　玛纽斯

Maine (duchesse du)　迪·曼纳（公爵夫人）

Maintenon (madame de)　德·曼特农（夫人）

Maistre (Joseph de)　梅斯特尔（约瑟夫·德）

Malraux (André)　马尔罗（安德烈）

Marat (Jean-Paul)　马拉（让－保罗）

439

女性的话语

Marcie 马尔西
Marianne 玛丽安娜
Marie-Antoinette 玛丽－安托瓦内特
Marion 马里翁
Marivaux(Pierre Carlet de Chamblain de) 马里沃（皮埃尔·卡尔莱·德·尚布兰·德）
Marliani (Charlotte) 玛利亚尼（夏洛特）
Marmontel 马蒙泰尔
Martin (Maria) 马丁（玛丽亚）
Massy (Henriette) 马西（亨丽埃特）
Mathiez (Albert) 马蒂耶（阿尔贝）
Mauriac (François) 莫里亚克（弗朗索瓦）
Maurice 莫里斯
Mérimée (Prosper) 梅里美（普罗斯佩）
Meulan (Pauline de) 默朗（波利娜·德）
Michel-Ange 米开朗琪罗
Michel (Louise) 米歇尔（路易丝）
Michelet (Jules) 米什莱（于勒）
Mink (Paule) 明克（保萝）
Mirabeau 米拉波
Mirepoix (maréchale de) 德·米尔普瓦（元帅夫人）
Mirza 米尔扎
Missy (Mathilde de Morny) 米茜（马蒂尔德·德·摩尔尼）
Molé (Louis-Mathieu) 莫莱（路易－马蒂厄）

Molière 莫里哀
Mondoville (madame de) 德·蒙多维尔（夫人）
Monge (Gaspard) 蒙热（加斯帕尔）
Monglond 蒙格隆
Montaigne (Michel Eyquem) 蒙田（米歇尔·埃康）
Montespan (madame de) 德·蒙特斯庞（夫人）
Montesquieu 孟德斯鸠
Monteverdi (Claudio) 蒙特威尔地（克洛迪奥）
More (Hannah) 摩尔（汉娜）
Morellet (André) 莫雷莱（安德烈）
Moreno (Marguerite) 莫雷诺（玛格丽特）
Mornet 莫尔内
Morny (Auguste, duc de) 摩尔尼（奥古斯特）公爵
Murat (madame) 缪拉（夫人）
Musset (Alfred de) 缪塞（阿尔弗雷德·德）

Napoléon (prince) 拿破仑（亲王）
Naquet (Alfred) 纳凯（阿尔弗雷德）
Narbonne 纳尔博纳
Necker (Germaine) 内克尔（热尔曼娜）
Necker (Jacques) 内克尔（雅克）
Necker (madame) 内克尔（夫人）
Nemours (Pierre Samuel Dupont de)

人名、地名译名对照表

内穆尔（皮埃尔·萨米埃尔·杜邦·德）
Newton (sir Isaac) 牛顿（艾萨克）
Niboyet (Eugénie) 尼布瓦耶（欧仁妮）
Nietzsche (Friedrich) 尼采（弗里德里希）
Nini 妮妮

Orléans (Philippe d') 奥尔良公爵
Oswald 奥斯瓦尔德

Pagello (Pietro) 帕热洛（彼得罗）
Paine 潘恩
Palissot 帕利索
Parme 帕尔姆
Pascal (Blaise) 帕斯卡尔（布莱兹）
Pateman (Carole) 帕特曼（卡萝尔）
Paul Meurice 保罗·默里斯
Pécaut (Félix) 佩科（费利克斯）
Péguy (Charles) 佩吉（夏尔）
Perrot (Michèle) 佩罗（米谢勒）
Pétion (Jérôme) 佩蒂翁（热罗姆）
Phlipon (Marie-Jeanne) 菲利普（玛丽-雅娜）
Plutarque 普鲁塔克
Poincaré (Raymond) 普安卡雷（雷蒙）
Polaire 波莱尔
Pompignan 蓬皮尼昂
Prévost (Jeanne-Louise) 普雷沃（让娜-路易丝）

Proudhon (Pierre) 蒲鲁东（皮埃尔）
Proust (Marcel) 普鲁斯特（马塞尔）
Pulchérie 皮尔谢丽

Queffélec (Henri) 凯费莱克（亨利）
Quinet (Edgar) 基内（埃德加）

Racine (Jean) 拉辛（让）
Ramel (Jean-Pierre) 拉梅尔（让-皮埃尔）
Raynaud (Philippe) 雷诺（菲利普）
Rémusat (Augustin de) 雷米萨（奥古斯丁·德）
Rémusat (Charles de) 雷米萨（夏尔·德）
Rémusat (Claire de) 雷米萨（克莱尔·德）
Rémusat (madame de) 德·雷米萨（夫人）
Rémusat (monsieur de) 德·雷米萨（先生）
Rémusat (Paul de) 雷米萨（保罗·德）
Renan (Ernest) 勒南（埃内斯特）
Ribbing 里宾格
Rich (Adrienne) 里奇（阿德里亚娜）
Richardson (Samuel) 理查森（塞缪尔）
Richelieu (Armand Jean du Plessis, cardinal de) 黎世留（阿尔芒·让·迪普莱西）红衣主教
Richer (Léon) 里歇（莱昂）

441

女性的话语

Rimbaud (Arthur)　兰波（阿蒂尔）
Rivarol (Antoine)　里瓦罗尔（安托万）
Robert (Pierre-François-Joseph)　罗贝尔（皮埃尔－弗朗索瓦－约瑟夫）
Robespierre　罗伯斯庇尔
Rocca　罗卡
Rodrigues (Edouard)　罗德里格斯（爱德华）
Rœderer (Pierre-Louis)　勒德雷尔（皮埃尔－路易）
Roland　罗兰
Roland (Manon, dit madame)　罗兰（玛侬）夫人
Rollinat(François)　罗利纳（弗朗索瓦）
Romain (Jules)　罗曼（于勒）
Rosanvallon (Pierre)　罗桑瓦隆（皮埃尔）
Rousseau (Jean-Jacques)　卢梭（让－雅克）
Royer (Clémence)　鲁瓦耶（克莱芒丝）
Rozières (Marie de)　罗兹耶尔（玛丽·德）
Rumford (comte de)　朗福德（伯爵）

Sainte-Beuve　圣伯夫
Saint-Just (Louis)　圣茹斯特（路易）
Saint-Lambert　圣朗贝尔
Saint-Preux　圣普乐
Salluste　萨卢斯特

Salm (madame de)　德·萨尔姆（夫人）
Sand (George)　桑（乔治）
Sandeau (Jules)　桑多（于勒）
Sarde (Michèle)　萨尔德（米谢勒）
Saurin (madame)　索兰（夫人）
Scève (Maurice)　塞夫（莫里斯）
Scherer　谢雷
Schiller (Johann Christoph Friedrich von)　席勒（约翰·克里斯托弗·弗里德里希·冯）
Schlegel (August Wilhelm von)　施勒格尔（奥古斯特·威廉·冯）
Schumann (Maurice)　舒曼（莫里斯）
Scott (Joan Wallach)　斯科特（琼·华莱士）
Scudéry (Georges de)　斯居代里（乔治·德）
Scudéry (Madeleine de)　斯居代里（马德莱娜·德）
Sée (Camille)　塞（卡米耶）
Ségur (comtesse de)　塞居尔（伯爵夫人）
Séverine　塞弗丽娜
Sévigné (marquise de)　塞维涅（侯爵夫人）
Sèze (Aurélien de)　塞兹（奥雷利安·德）
Shaftesbury (comte de)　沙夫茨伯里（伯爵）
Shakespeare (W. William)　莎士比亚

（威廉）

Sido 茜朵

Simmel (Georg) 西美尔（乔治）

Simon (Caroline) 西蒙（卡萝琳）

Simon (Jules) 西蒙（于勒）

Sismondi 西斯蒙第

Solange 索朗日

Sophocle 索福克勒斯

Spinoza (Baruch de) 斯宾诺莎（巴吕奇·德）

Staël (Auguste de) 斯塔尔（奥古斯特·德）

Staël (Germaine de) 斯塔尔（热尔曼娜·德）

Staël (madame de) 德·斯塔尔（夫人）

Staël-Holstein (baron de) 德·斯塔尔－霍尔斯坦（男爵）

Steinem (Gloria) 斯坦奈姆（格劳丽亚）

Stendhal 司汤达

Sténio 斯戴里奥

Sterne (Laurence) 斯特恩（劳伦斯）

Strachey (Lytton) 斯特拉奇（里顿）

Strindberg (August) 斯特林堡（奥古斯特）

Suard (Jean-Baptiste-Antoine) 叙阿尔（让－巴蒂斯特－安托万）

Tacite 塔西佗

Tailleferre (Germaine) 塔耶费尔（热尔曼娜）

Taine (Hippolyte) 泰纳（伊波利特）

Talleyrand (Charles Maurice de) 塔列朗（夏尔·莫里斯·德）

Tarde (Jean-Gabriel) 塔尔德（让－加布里埃尔）

Théroigne (Anne-Josèphe) 泰鲁瓦涅（安娜－约瑟夫）

Thomas (Antoine Léonard) 托马（安托万·莱昂纳尔）

Tinan (Mercédès Lebarbier de) 蒂南（梅尔塞代斯·勒巴尔比耶·德）

Titien (Tiziano Vecellio) 提香（提齐亚诺·维切里奥）

Tocqueville (Alexis de) 托克维尔（亚历克西·德）

Todd (Emmanuel) 托德（埃马纽埃尔）

Tourgueniev(Ivan Sergueïevitch) 屠格涅夫（伊万·谢尔盖耶维奇）

Trahard (Pierre) 特拉阿尔（皮埃尔）

Trenmor 特朗莫尔

Tristan (Flora) 特里斯坦（弗洛拉）

Trotski (Léon) 托洛茨基（莱昂）

Ulbach (Louis) 于尔巴克（路易）

Utrecht 于特雷希特

Vallès (Jules) 瓦莱斯（于勒）

Verdier (Yvonne) 维尔迪耶（伊冯娜）

Vergennes (Claire de) 韦尔热讷（克

443

女性的话语

莱尔·德）

Vergennes (comte de)　德·韦尔热讷（伯爵）

Vergennes (madame de)　德·韦尔热讷（夫人）

Vergniaud (Pierre Victurnien)　韦尼奥（皮埃尔·维克杜尼昂）

Vichy-Chamrond (Marie de)　薇奇－香露（玛丽·德）

Vigée-Lebrun (Louise-Elisabeth)　维日－勒布兰（路易丝－伊丽莎白）

Vigny (Alfred de)　维尼（阿尔弗雷德·德）

Villèle (comte de)　维莱尔（伯爵）

Vinca　万卡

Vinci (baronne de)　德·万西（男爵夫人）

Virgil　维吉尔

Vivien (Renée)　维维安（勒妮）

Voilquin (Suzanne)　瓦尔坎（苏珊娜）

Voltaire　伏尔泰

Walpole (Horace)　沃波尔（霍勒斯）

Weil (Simone)　薇依（西蒙娜）

West (Anthony)　韦斯特（安东尼）

Wilde (Oscar)　王尔德（奥斯卡）

William　威廉

Witgenstein　维特根斯坦

Wolf (Naomi)　沃尔夫（纳奥米）

Wolmar　沃尔玛

Wolstonecraft (Mary)　沃斯通克拉夫特（玛丽）

Yourcenar (Marguerite)　尤瑟纳尔（玛格丽特）

Yseut　伊瑟尔

Zola (Émile)　左拉（艾米尔）

Zulma　聚尔玛

Zuylen (Belle de)　祖伊伦（贝勒·德）

Zuylen (Isabella Van)　范祖伊伦（伊莎贝拉）

Zuylen (Jacob Van Tuyll Van)　范祖伊伦（雅各布·范图伊尔）

译者后记

本书的翻译工作由蒋明炜和阎雪梅合作完成。其中前言及前六位女性作家的章节由蒋明炜翻译，后四位女性作家的章节及题为《论法国的独特性》的评论由阎雪梅翻译。

整本书的翻译过程可谓漫长而艰辛，因个人知识的欠缺，可查询资料的有限，其间很是耗费功夫。最终，通过我们的坚持和努力，反复地推敲润色，算是交出了一份成果。作为译者，期待能够隐身于著者与读者之间，令著者的思想准确传达，令读者的阅读顺畅而愉悦，将如万花筒般绚烂多姿的女性世界，如协奏曲般高低不同的女性之声，以及女性在法国历史上描画出的独特一笔完整而立体地呈现在读者面前。

本书能够顺利付梓，还得益于数位专家及学者的推动与帮助。清华大学的刘北成老师曾耐心地解答了翻译过程中遇到的一些疑问，并通读了整篇译稿，给予了肯定的评价和中肯的建议；商务印书馆的张艳丽女士陪伴着整个翻译过程，随时给予协助，待人之谦和耐心，工作之严谨细致，令人钦佩。对于出版社的信任，对于未曾谋面的老师和编辑人员自始至终的支持和帮助，我们心中充满感激。

译文虽反复修改，数次校阅，疏漏不当之处不可避免，敬请读者批评指正。

译者

2015 年 11 月

图书在版编目(CIP)数据

女性的话语:论法国的独特性 /(法)奥祖夫著;蒋明炜,阎雪梅译.—北京:商务印书馆,2017
ISBN 978-7-100-12127-9

Ⅰ.①女… Ⅱ.①奥… ②蒋… ③阎… Ⅲ.①妇女学—研究—法国 Ⅳ.①C913.68

中国版本图书馆 CIP 数据核字(2016)第 060852 号

权利保留,侵权必究。

女性的话语
论法国的独特性
〔法〕莫娜·奥祖夫 著
蒋明炜 阎雪梅 译

商 务 印 书 馆 出 版
(北京王府井大街 36 号 邮政编码 100710)
商 务 印 书 馆 发 行
北京通州皇家印刷厂印刷
ISBN 978-7-100-12127-9

2017 年 3 月第 1 版　　　　开本 880×1230　1/32
2017 年 3 月北京第 1 次印刷　印张 14 1/2
定价:52.00 元